U0915873

中国国土资源统计年鉴

CHINA LAND AND RESOURCES STATISTICAL YEARBOOK

2016

中华人民共和国国土资源部　编

Compiled by the Ministry of Land and Resources P. R. C.

地质出版社

Geological Publishing House

· 北　京 ·

Beijing

图书在版编目（CIP）数据

中国国土资源统计年鉴. 2016 / 中华人民共和国国土资源部编. — 北京：地质出版社，2017. 4

ISBN 978 - 7 - 116 - 10308 - 5

Ⅰ. ①中… Ⅱ. ①中… Ⅲ. ①国土资源 - 统计资料 - 中国 - 2016 - 年鉴 Ⅳ. ①F129. 9 - 54

中国版本图书馆 CIP 数据核字（2017）第 053524 号

Zhongguo Guotu Ziyuan Tongji Nianjian 2016

责任编辑：蔡　莹
责任校对：韦海军
出版发行：地质出版社
社址邮编：北京海淀区学院路 31 号，100083
电　　话：（010）66554649（邮购部）；（010）66554604（编辑室）
网　　址：http：//www. gph. com. cn
传　　真：（010）66554607
印　　刷：北京地大彩印有限公司
开　　本：890mm × 1240mm 1/16
印　　张：22. 75
字　　数：700 千字
版　　次：2017 年 4 月北京第 1 版
印　　次：2017 年 4 月北京第 1 次印刷
定　　价：198. 00 元
书　　号：ISBN 978 - 7 - 116 - 10308 - 5

（如对本书有建议或意见，敬请致电本社；如本书有印装问题，本社负责调换）

《中国国土资源统计年鉴 2016》编委会

主　　任　王世元

编　　委　刘随臣　蒋文彪　孙家海　魏莉华　赵　龙　廖永林　冷宏志
郑凌志　王　昆　姚华军　于海峰　关凤峻　李建勤　姜建军
张　陟　李　平　卜善祥　苏　迅　王起民　翁立新

《中国国土资源统计年鉴 2016》编辑部

总　　编　苏　迅　魏铁军

副 总 编　陈从喜　张建军

责任编辑　吴　琪　苏　宇

审核汇总　葛振华　朱先云　崔新悦　李　政　苏　宇　吴　琪　王　楠
孙　健　刘　洋　苗　强

编　　辑　（以姓氏笔画为序）
马建明　单卫东　王　忠　王正颐　王华兵　尹延东　卢　川
刘　斌　朱宁东　李美玉　李香菊　杨　地　杨晓辉　杨照宽
吴　珊　余海洋　邱少俊　张巨华　张垚垚　张福柱　陈　红
陈秀欣　金　川　周　鑫　周保铜　孟凡叶　程新歌　胡　杰
胡斌华　辛　宏　段晓康　高　宇　高晓桦　董北平　韩志强
薛永森

英文翻译　费振壁

英文校订　陈从喜　吴　琪　苏　宇

China Land and Resources Statistical Yearbook 2016
Editorial Board

Chairman: Wang Shiyuan

Editorial Board: Liu Suichen Jiang Wenbiao Sun Jiahai Wei Lihua Zhao Long
Liao Yonglin Leng Hongzhi Zheng Lingzhi Wang Kun Yao Huajun
Yu Haifeng Guan Fengjun Li Jianqin Jiang Jianjun Zhang Zhi
Li Ping Piao Shanxiang Su Xun Wang Qimin Weng Lixin

China Land and Resources Statistical Yearbook 2016
Editorial Staff

Editors-in-chief: Su Xun Wei Tiejun

Associate Editors-in-chief: Chen Congxi ZhangJianjun

Editors in Charge: Wu Qi Su Yu

Data Auditing and Collecting Staff: Ge Zhenhua Zhu Xianyun Cui Xinyue Li Zheng
Su Yu Wu Qi Wang Nan Sun Jian Liu Yang
Miao Qiang

Editorial Staff: (in order of strokes of Chinese surname)
Ma Jianming Shan Weidong Wang Zhong Wang Zhengyi Wang Huabing
Yin Yandong Lu Chuan Liu Bin Zhu Ningdong Li Meiyu Li Xiangju
Yang Di Yang Xiaohui Yang Zhaokuan Wu Shan Yu Haiyang
Qiu Shaojun Zhang Juhua Zhang Yaoyao Zhang Fuzhu Chen Hong
Chen Xiuxin Jin Chuan Zhou Xin Zhou Baotong Meng Fanye
Cheng Xinge Hu Jie Hu Binhua Xin Hong Duan Xiaokang Gao Yu
Gao Xiaohua Dong Beiping Han Zhiqiang Xue Yongsen

English Translator: Fei Zhenbi

English Proofreaders: Chen Congxi Wu Qi Su Yu

编者说明

一、《中国国土资源统计年鉴2016》是一部全面反映中华人民共和国国土资源状况和国土资源行政管理情况的资料性年鉴。本书收录了全国和各省（自治区、直辖市）2015年国土资源及行政管理各方面大量的统计数据，以及2013年以来3年的国土资源主要统计数据。

二、本年鉴的统计范围是全国土地资源、矿产资源、海洋资源，国土资源调查、勘查，国家、省（自治区、直辖市）、市（地）、县四级国土资源行政主管部门对土地资源、矿产资源的行政管理和国家对海洋资源的行政管理，国土资源科学技术研究和国土测绘。

三、本年鉴资料内容包括概况，国土资源调查、勘查，国土资源开发利用，国土资源行政管理，国土资源科学技术研究，测绘和其他资料。各章节后附有主要统计指标解释，对主要国土资源综合统计指标的含义、统计范围、统计口径、计算方法等作了简要说明。

四、本年鉴资料主要来源于国土资源部、全国各省（自治区、直辖市）国土资源行政主管部门、国家海洋局、国家测绘地理信息局、中国地质调查局和国土资源部其他直属单位，以及各地勘主管单位上报的国土资源综合统计年报。部分资料摘自《中国统计年鉴》。

五、本年鉴的全国性统计数据均未包括香港特别行政区、澳门特别行政区和台湾省。

六、一些数据的合计数或相对数，因受进位的影响，不一定等于分项的累加。

七、本年鉴各表中，对全表的有关注解均在该表上方，对表中部分指标的注解则在该表下方。凡带续表的资料，对部分指标的注解一律在最后一张续表的下方。

八、本年鉴表中的符号使用说明：空格表示该项统计指标数据不详或无该项数据；“①”表示本表下有注解。

PREFACE

Ⅰ. The *China Land and Resources Statistical Yearbook 2016* is an informative yearbook reflecting comprehensively the status of land and resources of the People's Republic of China and their administration. The *China Land and Resources Statistical Yearbook 2016* collects a wealth of statistical data of land and resources and their administration of the whole country and all the provinces (autonomous regions, and municipalities directly under the central government) in 2015, as well as the main statistical data of land and resources over three years since 2013.

Ⅱ. Statistics in the yearbook cover the national land, mineral and marine resources, land and resources survey and exploration, administration of land and mineral resources by competent administrative departments of land and resources at the state, provincial (autonomous region, and municipality directly under the central government), municipal (prefectural) and county levels, and administration of marine resources by the state, scientific and technological research on land and resources, and land surveying and mapping.

Ⅲ. The yearbook contains seven chapters: general status of land and resources, land resources survey and mineral resources exploration, land and resources development and utilization, land and resources administration, scientific and technological research on land and resources, surveying and mapping, and other data. In addition, explanatory notes on main statistical indicators follow each chapter, which give brief descriptions of the connotations, statistical scope, statistical approaches, and calculation methods of the main land and resources statistical indicators.

Ⅳ. The principal sources of the yearbook are annual comprehensive statistical reports on land and resources submitted by the competent land and resources administrative departments of the Ministry of Land and Resources and various provinces (autonomous regions, and municipalities directly under the central government) throughout China, State Oceanic Administration, National Administration of Surveying, Mapping and Geoinformation, China Geological Survey, other institutions affiliated to MLR and various departments in charge of geological exploration. Individual data are extracted from *China Statistical Yearbook*.

Ⅴ. The national statistical data involved in the yearbook do not include those of the Hong Kong Special Administrative Region, Macau Special Administrative Region, and Taiwan Province.

Ⅵ. Some aggregations or rates/ratios may not add up to the sum of the series because of rounding.

Ⅶ. The notes concerning the whole table are placed at the upper part of the table, while the notes concerning individual indicators are placed at the lower part. If the table is a continued one, the footnotes are placed in the last page.

Ⅷ. Notations used in the yearbook: blank indicates that the data of the statistical indicator of the item are either non-applicable or unavailable; "①" means see footnotes below.

土地资源状况 Land Resources

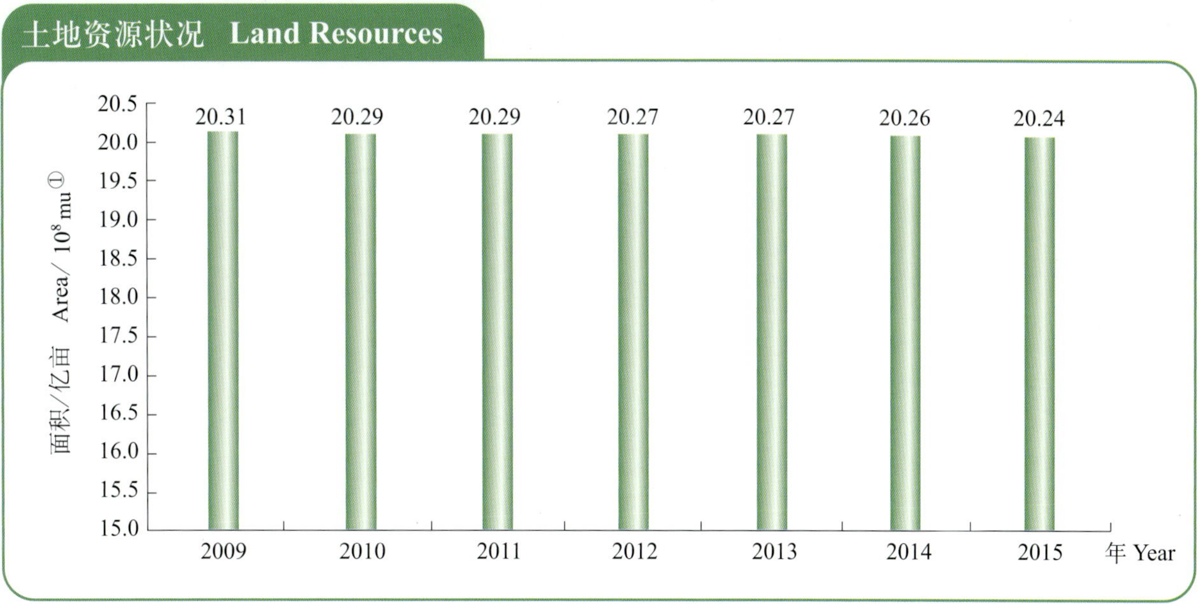

图 1 2009—2015 年全国耕地面积变化情况
Fig.1 Cultivated land area in 2009—2015

注：本图数据采用第二次全国土地调查数据。
Note: The histogram using the second national land survey data.

矿产资源勘查 Mineral Resources Exploration

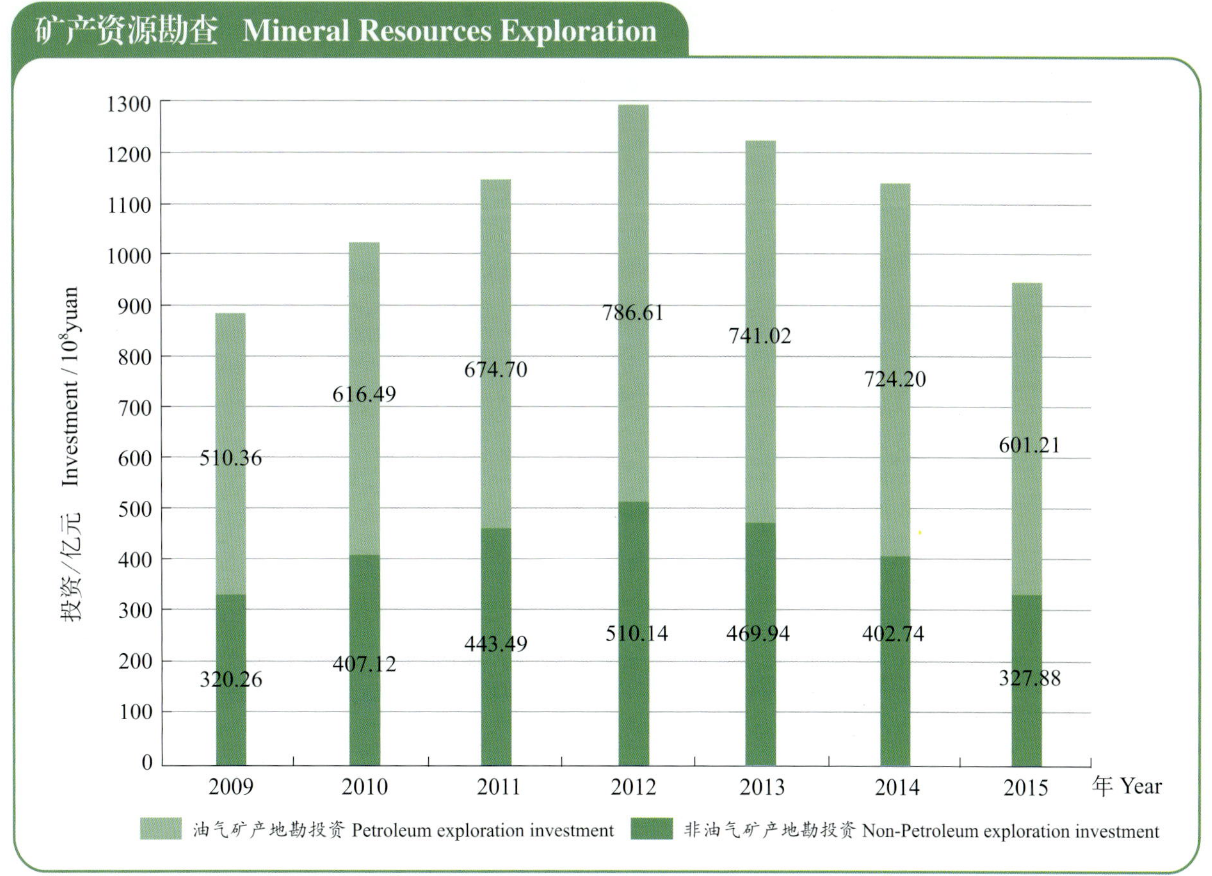

图 2 2009—2015 年全国地质勘查投资情况
Fig.2 Investment in China' s geological exploration in 2009—2015

① 1 亩 ≈ 0.067 公顷。
① 1mu ≈ 0.067 hectare.

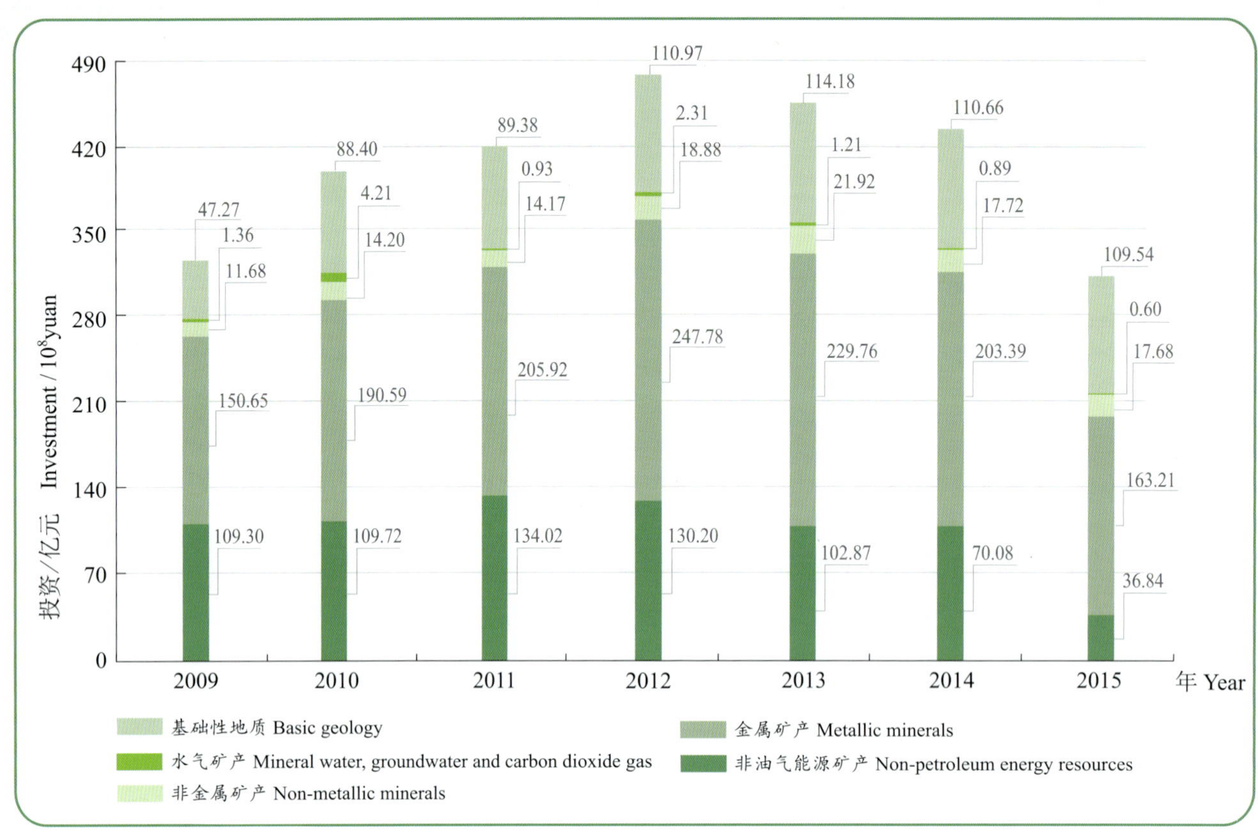

图 3　2009—2015 年全国非油气矿产地质勘查投资情况

Fig.3　Investment in China' s non-petroleum minerals exploration in 2009—2015

图 4　2009—2015 年我国地质勘查坑探和机械岩心钻探工作量的变化情况

Fig.4　Footage of pitting and core drilling for China' s geological exploration in 2009—2015

土地资源开发利用 Land Resources Development and Utilization

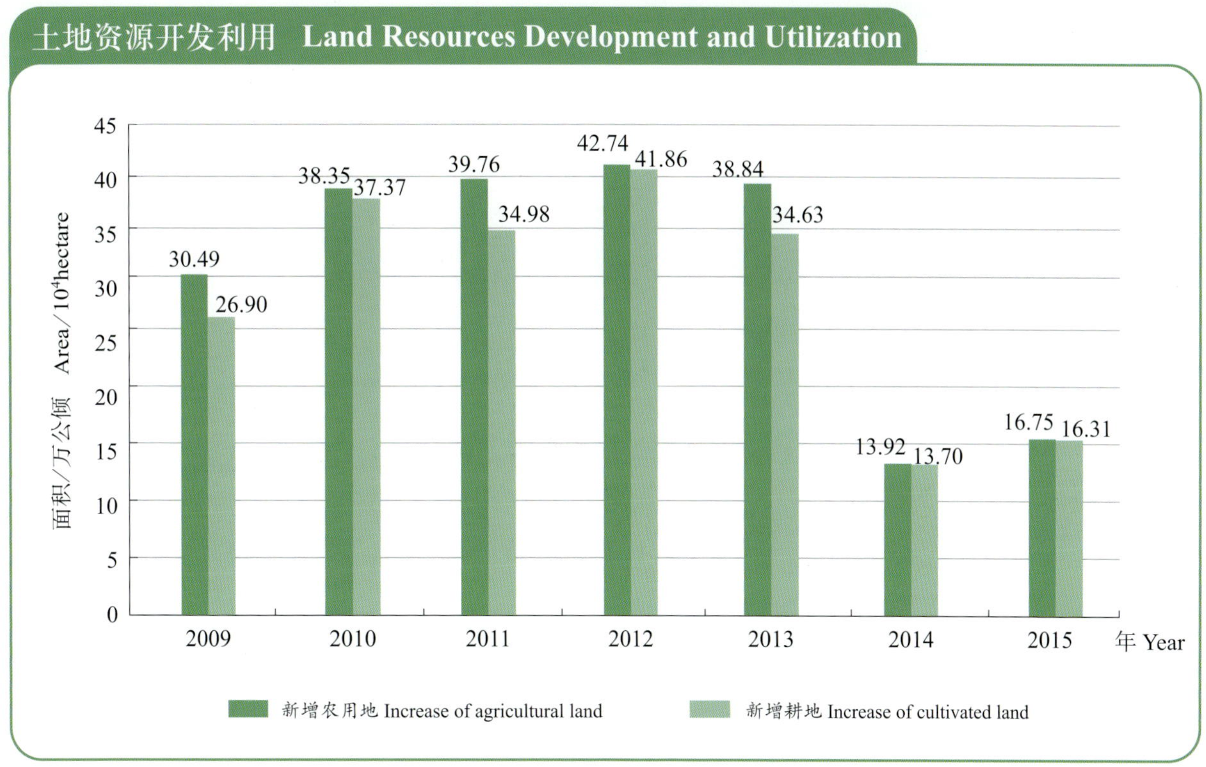

图 5　2009—2015 年土地整治增加农用地和耕地面积情况

Fig.5　Area of agricultural land and cultivated land increased by land consolidation and improvement in 2009—2015

国土资源管理机构 Land and Resources Administrative Agencies

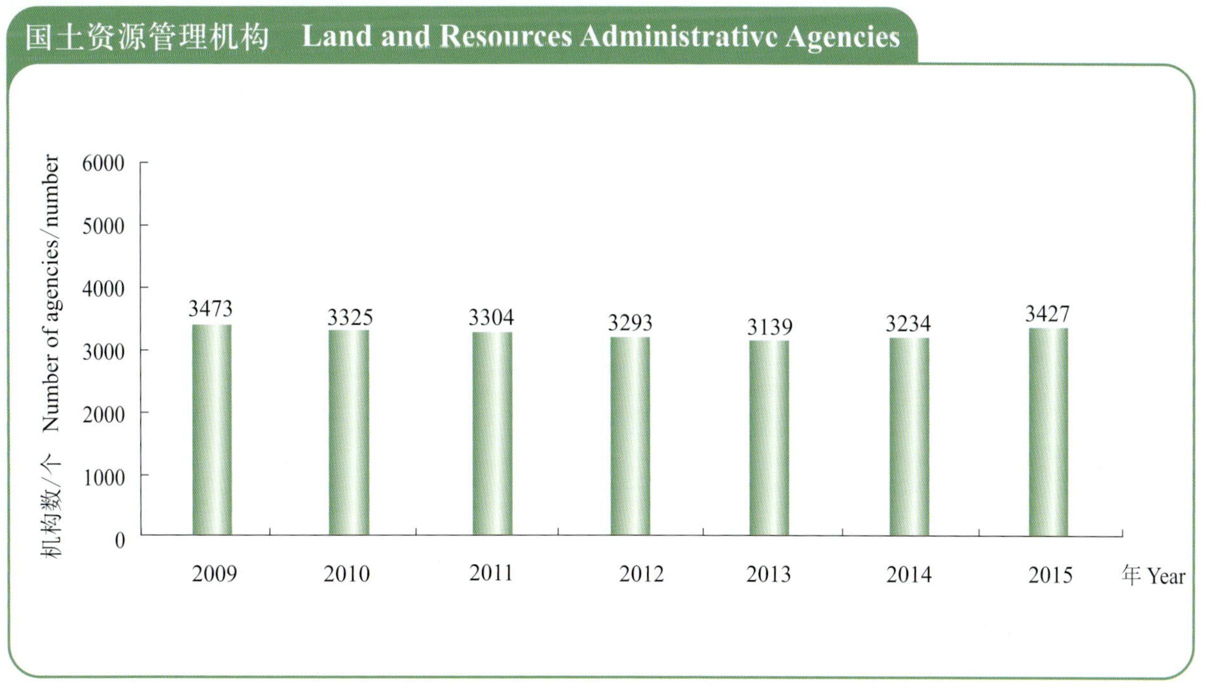

图 6　2009—2015 年全国省、市、县国土资源管理机构数

Fig.6　Number of land and resources administrative agencies of provincial, municipal and county levels of China in 2009—2015

土地资源管理 Land Resources Administration

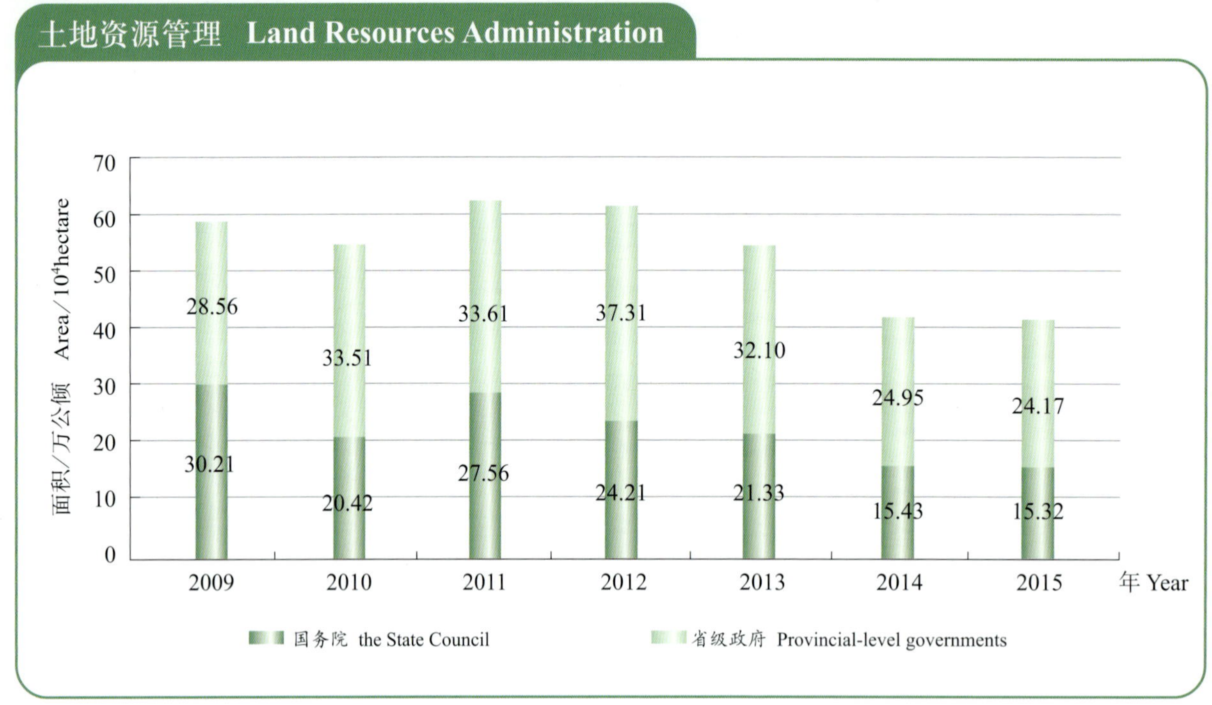

图 7 2009—2015 年审批建设用地情况

Fig.7 Examination and approval of land for construction in 2009—2015

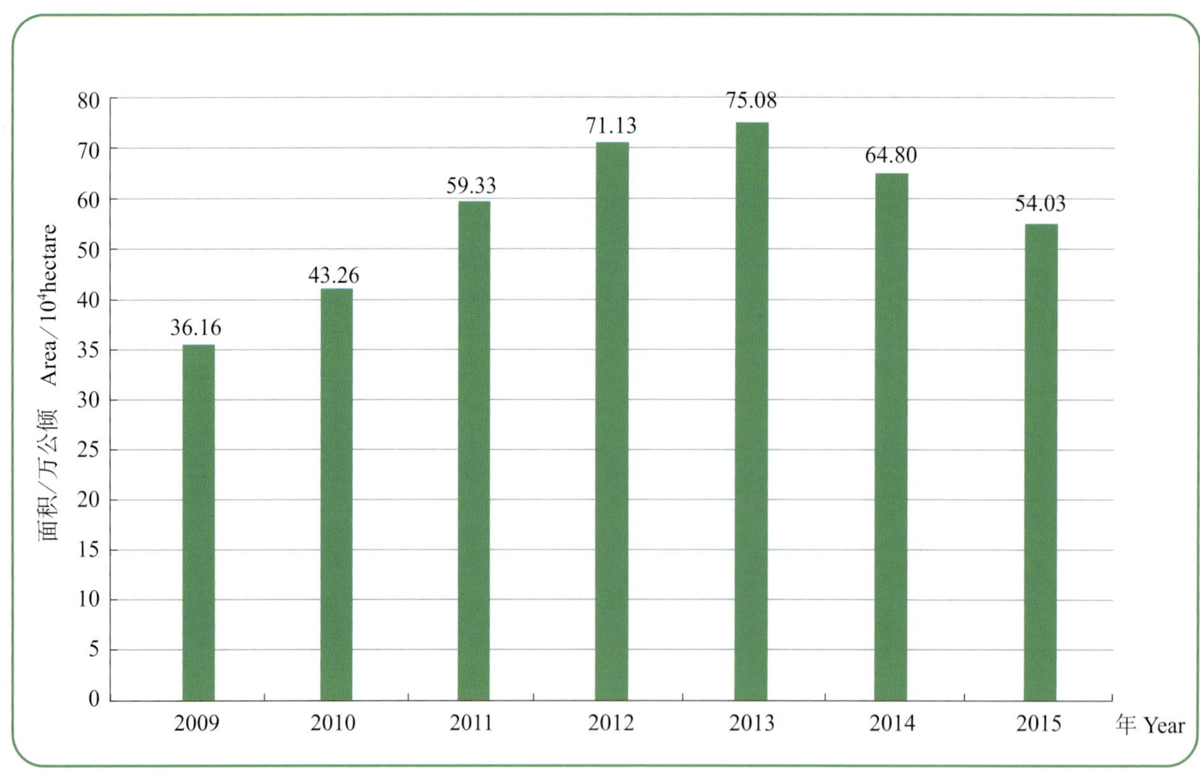

图 8 2009—2015 年国有建设用地供应情况

Fig.8 State-owned land of construction use supplied in 2009—2015

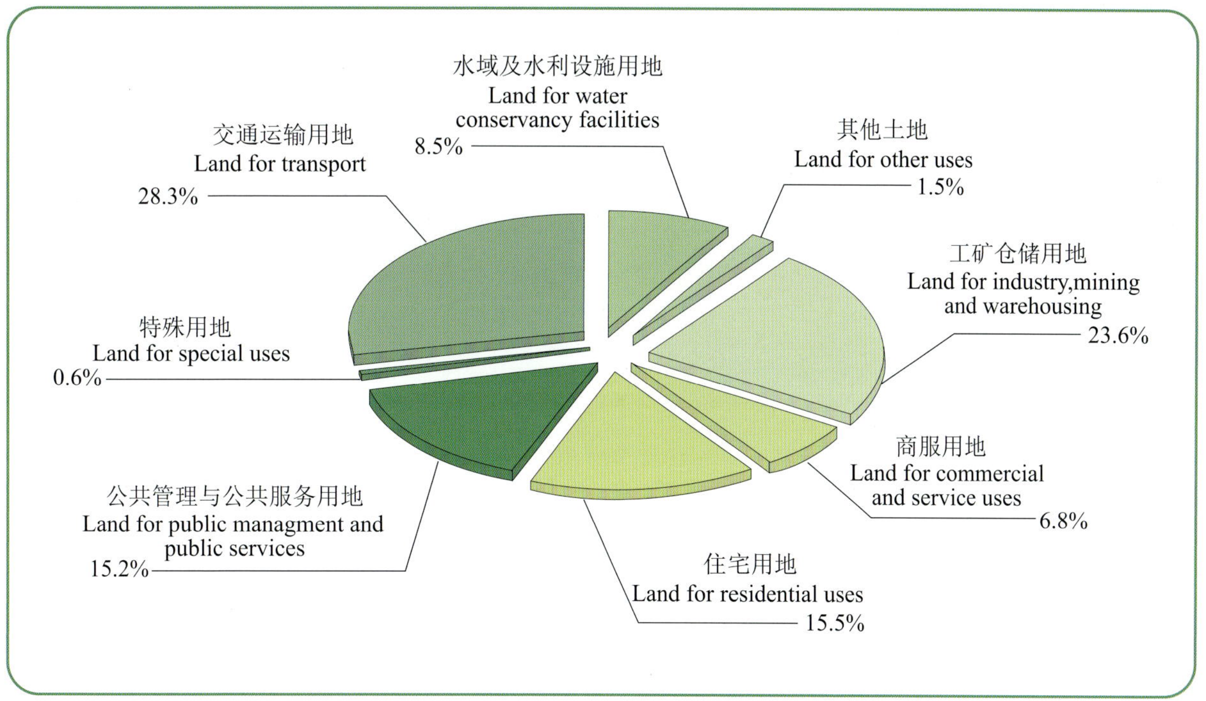

图 9　2015 年国有建设用地供应结构情况

Fig. 9 The structure of state-owned land of construction use supplied in 2015

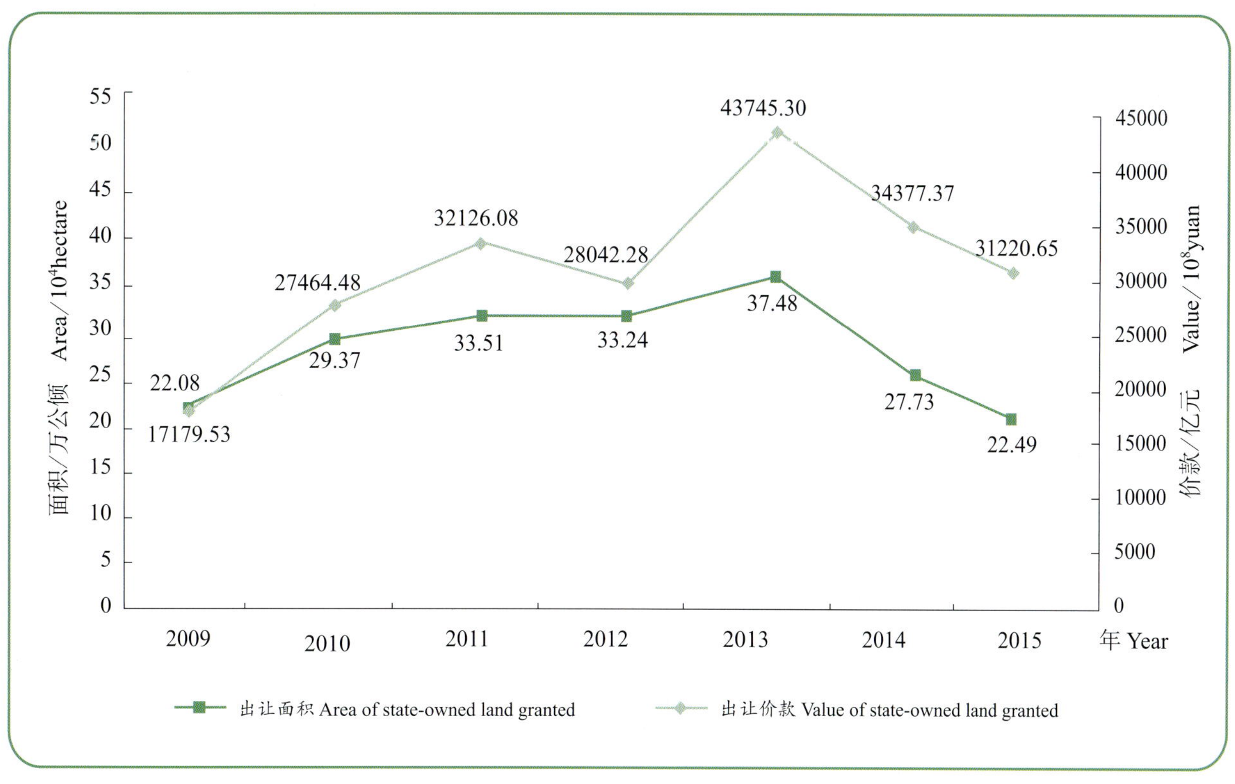

图 10　2009–2015 年国有建设用地出让情况

Fig.10 State-owned land of construction use granted in 2009–2015

图 11 2009–2015 年土地违法案件查处情况

Fig.11 Cases handling of land law violations in 2009–2015

矿产资源管理 Mineral Resources Administration

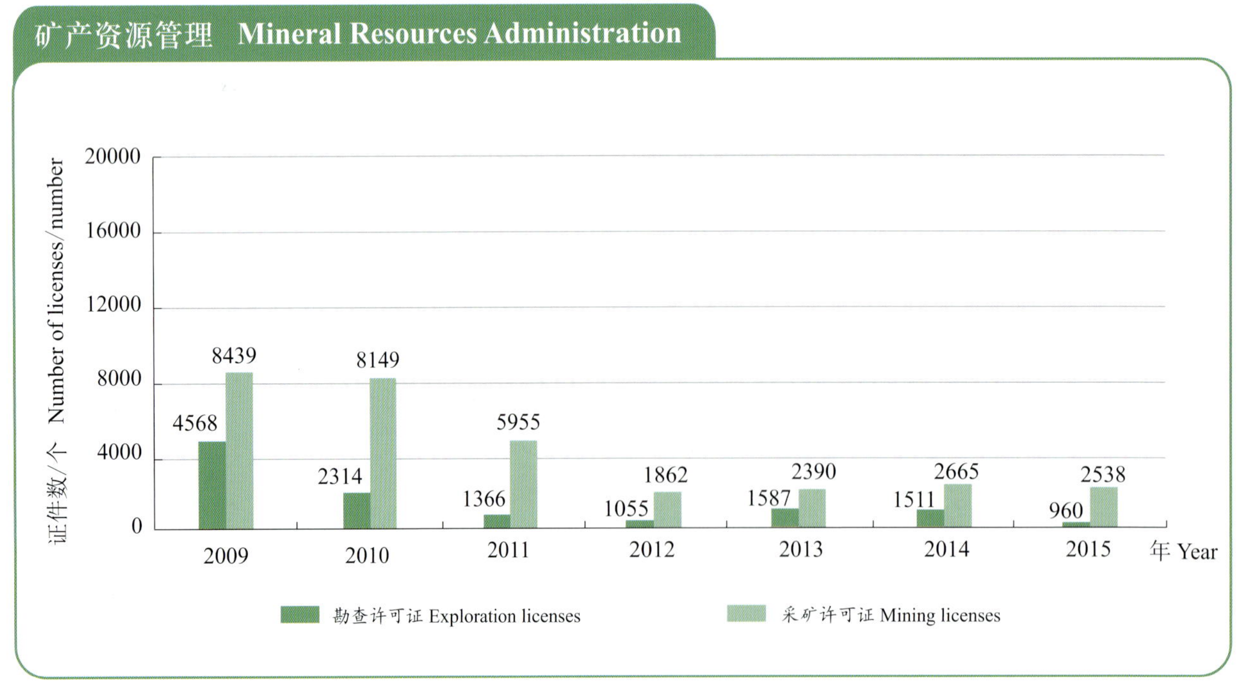

图 12 2009–2014 年新立的勘查、采矿许可证情况

Fig.12 Exploration and mining licenses newly issued in 2009–2014

图 13　2009—2015 年矿产资源勘查、开采违法案件查处情况
Fig.13　Cases handling of illegal exploration and mining in 2009—2015

地质环境管理　Geo-environmental Management

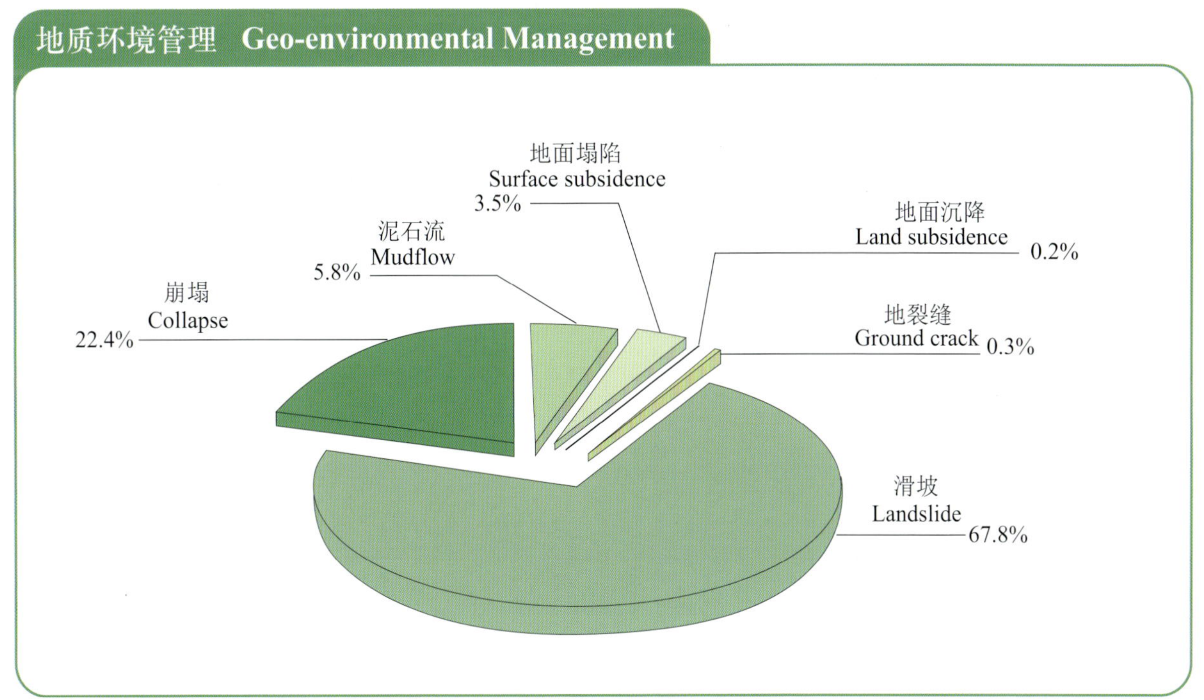

图 14　2015 年地质灾害构成情况
Fig.14　Composition of geohazards occurring in 2015

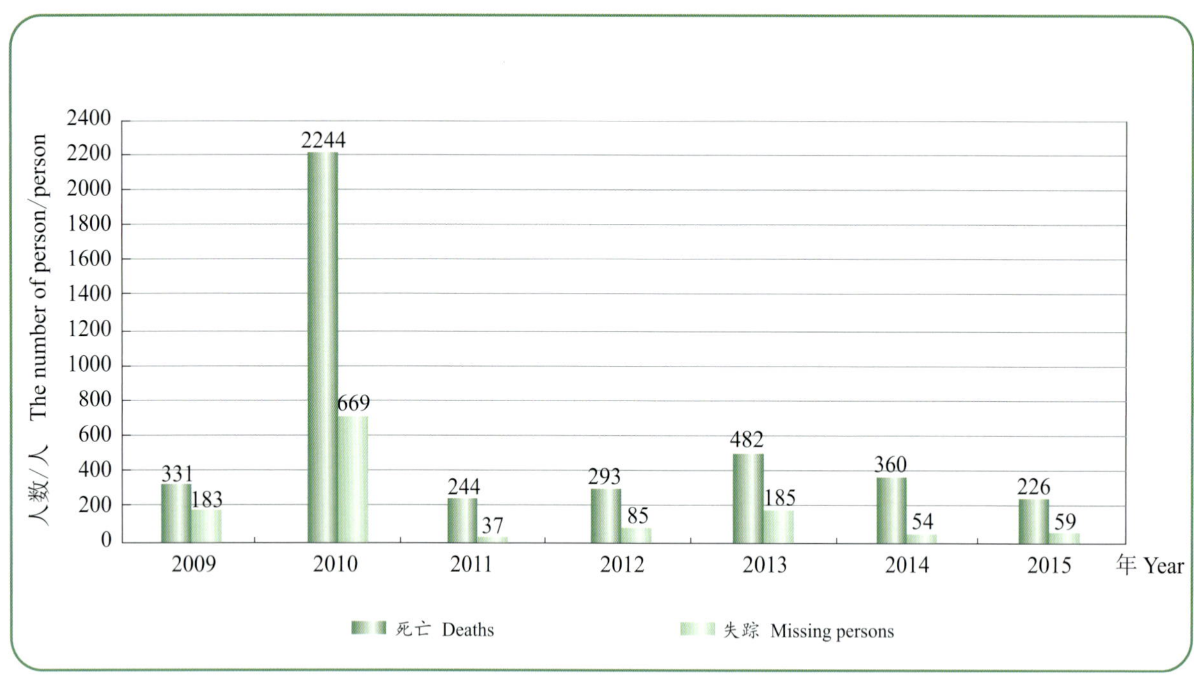

图 15 2009—2015 年地质灾害造成人员死亡和失踪情况
Fig.15 Deaths and missing persons caused by geohazards in 2009—2015

图 16 2009—2015 年地质灾害造成直接经济损失情况
Fig.16 Direct economic loss caused by geohazards in 2009—2015

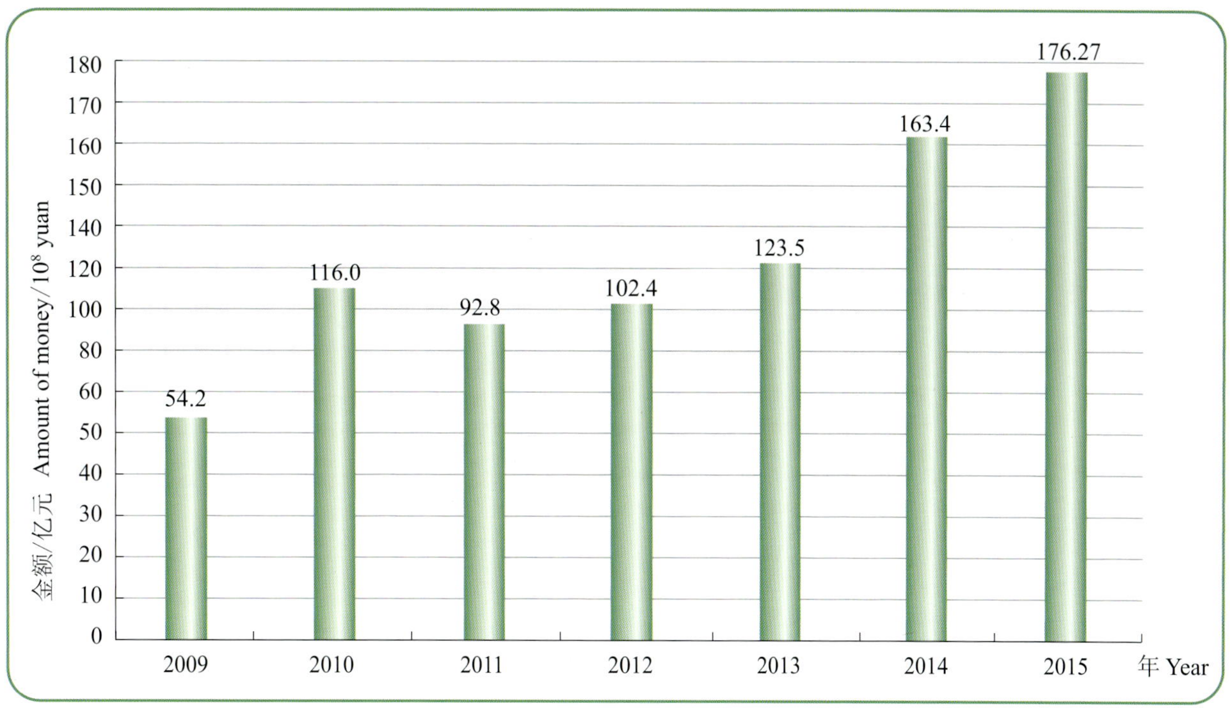

图 17　2009–2015 年地质灾害防治投入资金情况
Fig.17　Funds invested in the prevention and control of geohazards in 2009–2015

矿产品进出口情况　Imports and Exports of Mineral Commodities

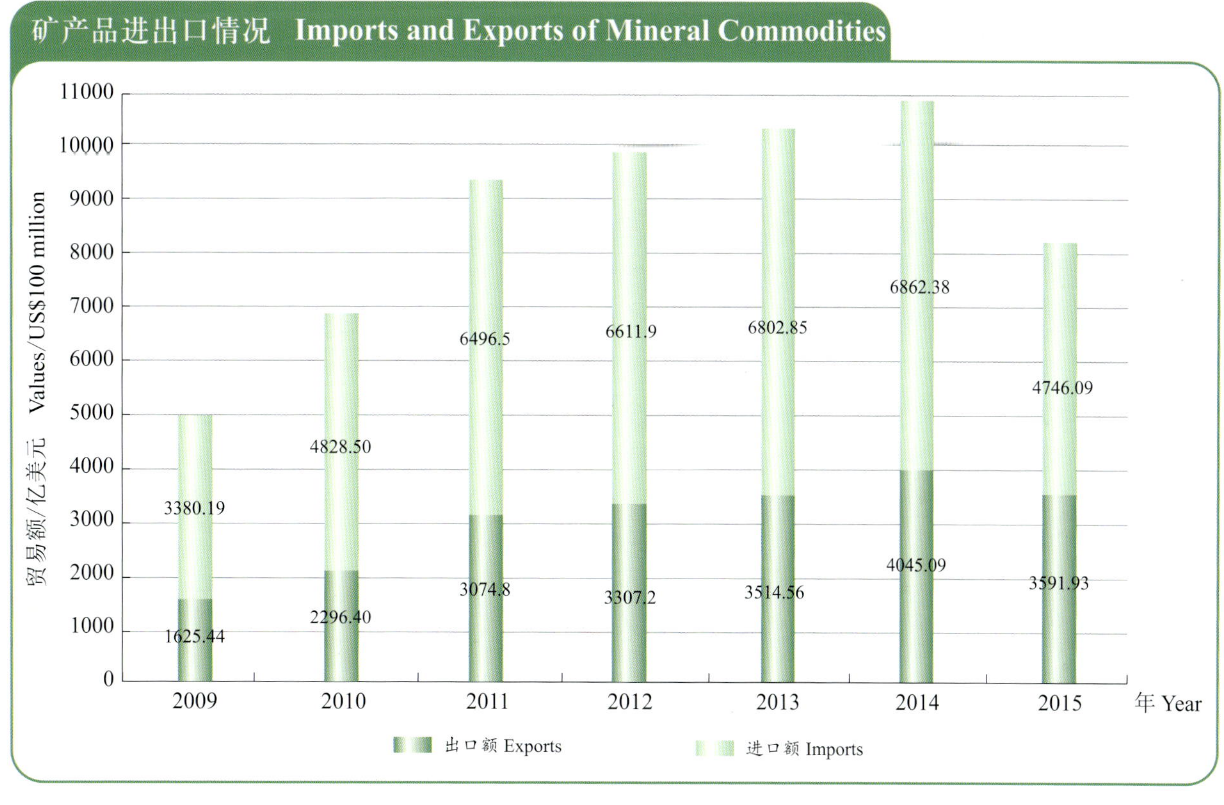

图 18　2009–2015 年我国矿产品及其相关产品的进出口贸易额变化趋势
Fig.18　Values of imports and exports of mineral commodities and related commodities of China in 2009–2015

目 录

CONTENTS

四、国土资源行政管理
Chapter 4 Land and Resources Administration

五、国土资源科学技术研究
Chapter 5 Scientific and Technological Research on Land and Resources

六、测绘
Chapter 6 Surveying and Mapping

一、概　　况

Chapter 1　General

土地资源状况

Land Resources Conditions

项　目	Item	2015年面积/万公顷 Area in 2015/10^4 hm^2
农用地		64545.68
耕　地	Cultivated Land	13499.87
园　地	Garden Land	1432.33
林　地	Forest Land	25299.20
牧草地	Pasture Land	21942.06
其他农用地	Other Agricultural Land	2372.22
建设用地		3859.33
城镇村及工矿用地	Land for Residential, Industrial/Mining Sites	3142.98
交通运输用地	Land for Transport	359.14
水利设施用地	Land for Water Conservancy Facilities	357.21

注：2015年土地变更调查的统一时点为12月31日。

Notes: The statistical time of The Land-use Alteration Survey in 2015 is changed to Dec.31 st.

二、国土资源调查、勘查

Chapter 2 Land and Resources Survey and Mineral Resources Exploration

土地资源

Land Resources

耕地增减

Changes in

单位：亩[①]

年份/地区	Year/Region	年内增加耕地面积 Increase of Cultivated Land Area during the Year			
		小计 Subtotal	补充耕地 Supplementary Cultivated Land	农业结构调整 Agricultural Restructuring	小 计 Subtotal
	2013	5394121.20	5064727.80	329393.40	5321106.75
	2014	4209770.25	3670373.85	539396.40	5819857.05
	2015	3634199.70	3076509.60	557690.10	4525981.95
北京	Beijing	2604.15	2012.40	591.75	11939.55
天津	Tianjin	23080.80	21936.15	1144.65	27682.35
河北	Hebei	157156.20	122127.00	35029.20	307405.20
山西	Shanxi	118108.95	117909.90	199.05	88834.35
内蒙古	Inner Mongolia	204533.55	87217.05	117316.50	94924.65
辽宁	Liaoning	42175.05	40479.60	1695.45	106167.00
吉林	Jilin	37139.85	37119.00	20.85	69194.10
黑龙江	Heilongjiang	29249.70	23864.25	5385.45	117591.90
上海	Shanghai	40726.95	40721.25	5.70	16716.60
江苏	Jiangsu	287642.70	257747.70	29895.00	275247.00
浙江	Zhejiang	180681.30	176770.65	3910.65	152302.20
安徽	Anhui	213975.30	201960.45	12014.85	202971.45
福建	Fujian	92848.20	92818.80	29.40	94796.10
江西	Jiangxi	102008.85	99244.50	2764.35	141794.85
山东	Shandong	183390.15	138166.20	45223.95	329073.75
河南	Henan	235959.15	209568.90	26390.25	416322.90
湖北	Hubei	140179.05	121624.50	18554.55	240847.50
湖南	Hunan	121757.25	90814.65	30942.60	104556.45
广东	Guangdong	23112.00	10547.85	12564.15	135340.95
广西	Guangxi	2963.85	2944.95	18.90	123868.80
海南	Hainan	17019.45	15070.20	1949.25	14650.80
重庆	Chongqing	159298.35	155902.50	3395.85	523328.25
四川	Sichuan	178869.75	168670.50	10199.25	223928.40
贵州	Guizhou	125324.40	115040.40	10284.00	169936.80
云南	Yunnan	143957.70	140851.20	3106.50	127609.05
西藏	Tibet	14246.85	13293.15	953.70	6978.90
陕西	Shaanxi	136849.20	119578.35	17270.85	130888.80
甘肃	Gansu	60618.60	53668.80	6949.80	105722.40
青海	Qinghai	57746.40	51410.85	6335.55	17935.50
宁夏	Ningxia	103038.15	91159.05	11879.10	39752.25
新疆	Xinjiang	397937.85	256268.85	141669.00	107673.15

① 1亩=0.067公顷。
① 1 mu=0.067 hectare。

变动情况
Cultivated Land

Unit: mu[①]

年内减少耕地面积 Decrease of Cultivated Land Area during the Year				年末耕地面积 Cultivated Land Area at the Year End
建设占用 Land for Construction Use	灾害损毁 Destroyed by Natural Hazards	生态退耕 Turned to Ecological Uses	农业结构调整 Agricultural Restructuring	
4389726.15	99741.30	115935.75	715703.55	2027450581.35
5011486.05	35714.85	40056.60	732599.55	2025860080.65
3706957.65	55288.65	371192.70	392542.95	2024980477.35
10303.20			1636.35	3289896.00
22061.85		286.20	5334.30	6553124.55
282110.25		1898.25	23396.70	97881989.85
76704.60		14.40	12115.35	60881809.95
64750.80	14815.80	551.55	14806.50	138569762.25
100056.45		5.25	6105.30	74661157.65
61526.70	309.15		7358.25	104988400.35
98264.70		596.25	18730.95	237811573.50
16224.00	149.55		343.05	2847105.75
243737.70	785.70		30723.60	68622773.10
145723.95	230.70	20.10	6327.45	29678747.40
194013.00		145.35	8813.10	88093102.35
82208.40	8727.90	147.30	3712.50	20044384.80
134930.40	3954.60		2909.85	46240999.20
269009.85	3850.80	93.15	56119.95	114164484.45
374140.95		533.55	41648.40	121588911.75
215074.50	3684.45		22088.55	78824871.60
100520.85	1419.15	31.50	2584.95	62252808.00
133039.20		508.50	1793.25	39237794.70
116172.60			7696.20	66034095.30
12717.75	0.30	1349.85	582.90	10888151.10
112259.25	6058.65	363301.65	41708.70	36456957.00
211739.10	281.10		11908.20	100971584.70
155671.80	2988.45		11276.55	68061163.80
116602.95	2316.15		8689.95	93128098.20
6363.75	7.05	8.55	599.55	6645262.65
115075.35	1141.50		14671.95	59927543.85
87007.80	4567.35		14147.25	80622924.30
15447.30			2488.20	8826282.45
35232.45		1441.80	3078.00	19351452.45
98266.20	0.30	259.50	9147.15	77833264.35

土地利用
Land Use

单位：万亩

地区/年	Region/Year	农用地 Agricultural Land 小计 Subtotal	耕地 Cultivated Land	园地 Garden Land	林地 Forest Land	牧草地 Pasture Land
	2013	969252.63	202745.06	21681.91	379880.89	329270.81
	2014	968611.70	202586.01	21567.29	379606.90	329199.06
	2015	968185.15	202498.05	21484.92	379487.98	329130.92
北 京	Beijing	1721.75	328.99	202.29	1105.62	0.31
天 津	Tianjin	1044.57	655.31	44.92	82.37	
河 北	Hebei	19626.42	9788.20	1255.79	6903.23	602.59
山 西	Shanxi	15044.37	6088.18	610.46	7286.00	50.73
内蒙古	Inner Mongolia	124345.95	13856.98	85.00	34854.53	74321.30
辽 宁	Liaoning	17303.43	7466.12	702.92	8425.61	4.83
吉 林	Jilin	24909.36	10498.84	98.77	13282.33	355.85
黑龙江	Heilongjiang	59884.10	23781.16	67.03	32734.34	1644.39
上 海	Shanghai	471.87	284.71	25.00	70.09	
江 苏	Jiangsu	9745.52	6862.28	451.59	386.28	0.13
浙 江	Zhejiang	12919.89	2967.87	877.69	8470.02	0.51
安 徽	Anhui	16730.74	8809.31	526.47	5624.78	0.71
福 建	Fujian	16320.37	2004.44	1159.46	12504.63	0.43
江 西	Jiangxi	21655.50	4624.10	489.12	15501.74	0.99
山 东	Shandong	17292.77	11416.45	1081.82	2234.18	8.64
河 南	Henan	19021.75	12158.89	330.84	5207.55	0.50
湖 北	Hubei	23648.74	7882.49	724.31	12902.19	3.05
湖 南	Hunan	27290.96	6225.28	996.56	18322.71	20.32
广 东	Guangdong	22459.35	3923.78	1906.96	15051.39	4.69
广 西	Guangxi	29335.51	6603.41	1627.07	19964.24	7.81
海 南	Hainan	4460.81	1088.82	1382.20	1798.28	26.99
重 庆	Chongqing	10620.55	3645.70	406.37	5710.66	68.29
四 川	Sichuan	63270.85	10097.16	1097.99	33237.94	16437.73
贵 州	Guizhou	22138.62	6806.12	246.86	13408.72	108.87
云 南	Yunnan	49415.97	9312.81	2450.84	34530.61	220.97
西 藏	Tibet	130860.17	664.53	2.35	24039.71	106038.44
陕 西	Shaanxi	27919.72	5992.75	1229.60	16791.68	3267.74
甘 肃	Gansu	27824.30	8062.29	385.59	9148.91	8880.93
青 海	Qinghai	67652.21	882.63	9.13	5312.24	61213.29
宁 夏	Ningxia	5714.80	1935.15	75.58	1150.36	2241.07
新 疆	Xinjiang	77534.25	7783.33	934.35	13445.02	53598.83

状况

Status

Unit: 10^4mu

	建设用地 Construction Land				
其他农用地 Other Agriculture Land	小计 Subtotal	城镇村及工矿用地 Land for Residential, Industrial/Mining Sites	交通运输用地 Land for Transport	水利设施用地 Land for Water Conservancy Facilities	未利用地 Unused Land
35673.97	56184.60	45910.92	5017.42	5256.27	
35652.43	57171.29	46584.90	5246.72	5339.67	
35583.29	57889.88	47144.63	5387.06	5358.19	
84.54	535.57	456.59	48.15	30.83	
261.97	617.82	493.59	44.21	80.02	
1076.61	3281.15	2837.28	282.23	161.64	
1009.00	1539.01	1326.82	155.75	56.44	
1228.15	2432.92	2009.99	320.18	102.75	
703.96	2435.30	1997.49	231.52	206.29	
673.58	1634.92	1292.71	138.52	203.68	
1657.18	2432.95	1835.11	232.50	365.34	
92.05	460.69	411.57	44.95	4.18	
2045.24	3406.14	2829.40	328.92	247.83	
603.79	1923.07	1497.44	215.17	210.45	
1769.46	2971.23	2454.86	206.22	310.15	
651.41	1229.51	942.30	179.68	107.53	
1039.56	1908.63	1441.55	163.71	303.38	
2551.68	4230.15	3565.31	317.54	347.30	
1323.97	3879.73	3327.59	271.99	280.16	
2136.70	2544.07	1958.35	181.44	404.28	
1726.10	2429.84	1990.96	210.28	228.59	
1572.53	3006.91	2446.93	269.08	290.90	
1132.98	1826.50	1354.21	201.35	270.94	
164.51	511.08	387.42	37.19	86.47	
789.54	989.69	840.18	91.83	57.68	
2400.04	2713.57	2315.75	221.29	176.54	
1568.06	1021.75	817.32	142.42	62.00	
2900.74	1597.80	1256.59	167.59	173.62	
115.14	217.55	150.48	56.29	10.79	
637.93	1412.15	1201.86	156.07	54.22	
1346.58	1343.56	1162.92	122.49	58.15	
234.93	515.64	346.40	73.77	95.47	
312.64	470.56	401.37	55.48	13.71	
1772.72	2370.43	1794.29	219.27	356.86	

土地登记发证与权属
Land Registration and License Issued

单位：宗

地区	Region	土地发证 Land License Issued					
		国有土地使用权 State-owned Land-use Right		集体土地所有权 Collective-owned Land-own Right		集体建设用地使用权 Right to the Use of Construction Land for Collectives	
		应发证宗数 Number of Land Plots Whose Registration should be Completed	已发证宗数 Number of Land Plots Whose Registration has been Completed	应发证宗数 Number of Land Plots Whose Registration should be Completed	已发证宗数 Number of Land Plots Whose Registration has been Completed	应发证宗数 Number of Land Plots Whose Registration should be Completed	已发证宗数 Number of Land Plots Whose Registration has been Completed
总 计	**Total**	**125584979**	**117595336**	**8407357**	**8063273**	**12560526**	**9549516**
北 京	Beijing	271536	131956	24856	23466	47530	9682
天 津	Tianjin	1831236	1799581	22585	22101	48868	13225
河 北	Hebei	2917059	2636936	161602	156346	523801	342780
山 西	Shanxi	809036	706779	115041	111149	167686	119913
内蒙古	Inner Mongolia	2082044	1858194	139084	130515	53115	38720
辽 宁	Liaoning	3391532	2635872	161559	156159	240171	154372
吉 林	Jilin	3524808	3325831	218184	214346	197914	153102
黑龙江	Heilongjiang	5052905	4308832	59399	56765	32662	23664
上 海	Shanghai	10380485	10376458	13801	13628	38674	38229
江 苏	Jiangsu	12894490	12588628	1035054	1033699	1174498	1126489
浙 江	Zhejiang	12832308	12568861	498480	380117	317343	303507
安 徽	Anhui	3849553	3310493	17548	17126	75325	64789
福 建	Fujian	5730282	5452162	93361	90976	504911	447406
江 西	Jiangxi	2775808	2441915	944602	938461	536813	157926
山 东	Shandong	5510681	5354026	327776	325634	420993	412931
河 南	Henan	4454156	3766566	1558102	1456548	5417951	4417965
湖 北	Hubei	5779221	5168119	75004	75809	238572	127717
湖 南	Hunan	5398014	5039981	54904	50689	418747	142832
广 东	Guangdong	8699864	8006181	1500056	1455970	788950	765942
广 西	Guangxi	2822395	2685672	46474	46463	29898	20514
海 南	Hainan	387100	387100	198969	196055	14770	14005
重 庆	Chongqing	5448316	5359275	81304	80444	43863	40676
四 川	Sichuan	9781439	9539930	395411	392705	158897	149572
贵 州	Guizhou	1631659	1462916	24415	24391	44875	38020
云 南	Yunnan	2845025	2680955	441321	427786	252682	117166
西 藏	Tibet	93356	74491	12137	293	58568	10009
陕 西	Shaanxi	657843	507408	105001	103534	139990	127348
甘 肃	Gansu	687895	655620	21254	21034	75656	55916
青 海	Qinghai	595006	538288	9181	8969	21939	6611
宁 夏	Ningxia	687912	657957	6072	7380	13468	5326
新 疆	Xinjiang	1762015	1568353	44820	44715	461396	103162

争议情况（2015年）

and Ownership Dispute (2015)

Unit: plot

宅基地使用权 Right to the Use of Original House Sites		土地权属争议 Land Ownership Dispute				
应发证宗数 Number of Land Plots Whose Registration should be Completed	已发证宗数 Number of Land Plots Whose Registration has been Completed	现有争议数 Number of Ownership Dispute Cases Available	当年受理现有争议数 Number of Ownership Dispute Cases Available Accepted in the Current Year	已处理争议数 Number of Ownership Dispute Cases Handled	当年已处理争议数 Number of Ownership Dispute Cases Handled in the Current Year	当年受理当年处理争议数 Number of Ownership Dispute Cases Accepted and Handled in the Current Year
245397306	201109749	51114	7648	120007	7480	4925
874138	498904	19	6	205	27	19
1344388	362998	667	13	6572	66	49
19216770	14901928	3617	430	9373	597	403
6309403	4580671	2224	186	3525	474	368
3686596	2809333	5347	566	636	183	143
6635415	4142001	85	16	356	60	43
3131803	2551519	6271	22	3515	149	98
4280398	3525998	1387	22	3006	662	151
1105214	1104863			172	4	
14360581	13704373	39	13	991	47	39
11461364	10707179	77	9	374	13	8
12468865	11620509	199	34	3923	166	120
6231802	5319177	106	8	455	41	20
9973948	6894522	2087	14	1338	97	30
21966187	21112894	7039	387	30276	1084	852
19228610	14607941	11744	3005	2756	416	242
12543286	7094574	417	29	2167	166	122
9441547	5531019	369	64	5848	398	320
14075826	12955919	1112	170	4639	300	179
7352106	6903164	171	47	8006	118	35
2567684	2511601	182	43	1018	447	322
6777661	6604951	202	30	754	104	47
17949652	17416369	121	34	11868	115	90
6151277	5216470	585	79	3005	274	100
10871684	7344385	5533	2162	7525	517	332
373150	113742	22	6	209	61	34
6243624	5386097	177	23	1060	107	79
4853333	3781442	229	21	5703	675	594
766293	359383	173	12	341	33	23
883020	847673	25	3	151	19	13
2271681	598150	888	194	240	60	50

主要统计指标解释

年末耕地面积 指年末统计区域内实有的全部耕地面积。

年内增加耕地面积 指本年度因土地整理、复垦、开发、农业结构调整而增加的耕地面积。

农业结构调整 指由于经济发展和保护生态环境需要,在报告期对原有种植业、林业、牧业、水产养殖业、副业等所占土地在农业生产中所占比例进行调整。

农业结构调整（增加耕地） 指由于农业结构调整，将原其他农业用途的土地改为耕地的面积。

年内减少耕地面积 指本年度因建设占用、灾害损毁、生态退耕和农业结构调整而减少的耕地面积。

建设占用 指因各类建设占用而减少的耕地面积。

灾害损毁 指因水冲、沙压、山崩、泥石流、沟蚀、地震等自然灾害破坏而减少的耕地面积。

生态退耕 指因生态环境建设需要，实际耕地退耕还林、还牧、还湖的面积。

农业结构调整（减少耕地） 指由于农业结构调整，将原耕地改为其他农业用途土地的面积。

Explanatory Notes on Main Statistical Indicators

Cultivated land area at the year end—refers to the area of all the cultivated land available within a geographic region of statistical surveys at the end of the year.

Increase of cultivated land area during the year—refers to the area of cultivated land increased during the year as a result of land consolidation, reclamation, new development, and agricultural restructuring.

Agricultural restructuring—refers to the adjustment of the percentages of the lands originally used by crop growing, forestry, livestock farming, aquatic products farming, and side-line occupation in agricultural production during the reporting period in order to meet the requirements for economic development and eco-environmental protection.

Agricultural restructuring (increase of cultivated land)—refers to the area of cultivated land to which the land for other agricultural uses is converted as a result of agricultural restructuring.

Decrease of cultivated land area during the year—refers to the area of cultivated land decreased during the year as a result of use for construction, damage by natural hazards, transfer of productive cultivated land to ecological preservation uses, and agricultural restructuring.

Land for construction use—refers to the area of cultivated land decreased due to various construction uses.

Destroyed by natural hazards—refers to the area of cultivated land decreased due to damage by natural hazards such as water erosion, sand coverage, landslides, mudflows, rill erosion, and earthquakes.

Turned to ecological uses—refers to the area of actual cultivated land converted for forestry, pasture, and lakes in order to meet the requirements for eco-environmental construction.

Agricultural restructuring (decrease of cultivated land)—refers to the area of land for other agricultural uses to which original cultivated land is converted as a result of agricultural restructuring.

矿产资源勘查

Mineral Resources Exploration

地质勘查投入和新发现矿
Input in Geological Exploration and Newly

年份/地区	Year/Region	地质勘查 Expenditures for Geological				
		合计 Total	中央财政拨款 Central Special Budgetary Allocations	地方财政拨款 Local Special Budgetary Allocations	Funds	
					小计 Subtotal	国内企事业 Funds from Domestic Enterprises and Institutions
2013		12109591.02	1042800.58	1239283.01	9827507.43	9334793.88
2014		11269366.67	891491.91	962230.46	9415644.30	8881495.89
2015		9290858.91	1002093.50	952418.11	7336347.30	6994961.08
北　京	Beijing	31173.71	3685.00	7598.23	19890.48	17078.22
天　津	Tianjin	352721.40	1555.00	8693.90	342472.50	325618.50
河　北	Hebei	307486.71	8967.00	48689.78	249829.93	245852.22
山　西	Shanxi	174276.92	5990.00	43410.81	124876.11	102248.95
内蒙古	Inner Mongolia	540424.72	62569.00	65697.00	412158.72	383923.72
辽　宁	Liaoning	163912.74	8642.00	22570.46	132700.28	132388.09
吉　林	Jilin	204160.57	8330.00	9847.82	185982.75	178490.74
黑龙江	Heilongjiang	383383.45	17037.00	153433.86	212912.59	208591.06
上　海	Shanghai	177896.79	450.00	909.49	176537.30	163155.30
江　苏	Jiangsu	165715.50	8955.00	9625.16	147135.34	146615.74
浙　江	Zhejiang	29049.13	3770.00	13693.33	11585.80	10357.80
安　徽	Anhui	105971.22	13095.00	33924.80	58951.42	50862.55
福　建	Fujian	32207.47	8439.00	10169.33	13599.14	10013.87
江　西	Jiangxi	79678.08	17421.00	29810.84	32446.24	32365.44
山　东	Shandong	479332.26	6655.00	30459.30	442217.96	441063.73
河　南	Henan	239852.56	5385.00	42152.27	192315.29	188404.04
湖　北	Hubei	109162.50	19650.00	15481.63	74030.87	69759.57
湖　南	Hunan	71569.23	22549.00	25823.45	23196.78	21297.95
广　东	Guangdong	1000297.50	13043.00	6315.55	980938.95	843579.21
广　西	Guangxi	57371.57	18972.00	19876.05	18523.52	16273.73
海　南	Hainan	41993.33	1655.00	7930.26	32408.07	32383.37
重　庆	Chongqing	167008.66	8835.00	24687.95	133485.71	133485.71
四　川	Sichuan	506245.60	32375.00	19267.48	454603.12	453726.53
贵　州	Guizhou	131526.42	24680.00	23137.47	83708.95	59266.52
云　南	Yunnan	131639.79	17856.31	20987.28	92796.20	73646.36
西　藏	Tibet	81691.02	61070.00	4726.53	15894.49	13873.05
陕　西	Shaanxi	701624.42	13665.59	41020.78	646938.05	629547.70
甘　肃	Gansu	353237.90	22410.00	50610.18	280217.72	274372.63
青　海	Qinghai	223818.93	43728.00	47339.68	132751.25	128453.32
宁　夏	Ningxia	104832.43	4055.00	8624.36	92153.07	92039.77
新　疆	Xinjiang	1704786.77	79795.00	105903.08	1519088.69	1516225.69
其 他	The Others	141809.60	141809.60			
地调局	CGS	295000.00	295000.00			

① 为2003年新增指标。
① Newly added indicators in 2003.

产地情况——按地区分列

Discovered Mineral Prospects by Region

经费/万元 Exploration/10⁴ yuan			机械岩心钻探工作量/米 Footage of Core Drilling/m	坑探工作量/米 Footage of Pitting/m	新发现矿产地 Newly Discovered Mineral Prospects
企事业资金 from Enterprises and Institutions					
港澳台商①投资 Investment from Hong Kong, Macao and Taiwan	外商投资 Foreign Investment	其他投入 Other Investments			
1694.44	295089.38	195929.73	28980156	821223	247
882.79	325947.43	207318.19	25878476	843807	287
624.26	210525.18	130236.78	20719306	410715	188
		2812.26	195731		
	16854.00		217419		3
		3977.71	792843	6676	1
	22110.20	516.96	447064		3
		28235.00	2282513	42331	33
	287.89	24.30	475042		3
		7492.01	612979	18243	2
		4321.53	469712	16357	
	13382.00		52645		2
		519.60	199446	800	
		1228.00	129145	5666	1
	3729.22	4359.65	652421	3643	5
94.26		3491.01	218731	6686	4
		80.80	564108	32170	29
	14.33	1139.90	1552412	3492	6
		3911.25	702924	9359	6
400.00	50.00	3821.30	386391	3872	2
	968.83	930.00	248924	4121	12
	137274.74	85.00	340713	1732	13
	429.60	1820.19	203660	17841	3
		24.70	118552	745	7
			103926	28	
		876.59	509611	55765	7
		24442.43	839228	7668	3
		19149.84	617972	35021	6
		2021.44	77590	90	
130.00	12118.50	5141.85	2726780	52688	3
	2378.75	3466.34	1193173	36762	6
	520.11	3777.82	378837	2212	4
		113.30	493790		
	407.00	2456.00	2915027	46749	24

地质勘查投入和新发现矿产地

Input in Geological Exploration and Newly Discovered

矿种	Mineral	合计 Total	中央财政拨款 Central Special Budgetary Allocations	地方财政拨款 Local Special Budgetary Allocations	
					小计 Subtotal
总 计	**Total**	**9290858.91**	**1002093.50**	**952418.11**	**7336347.30**
煤炭	Coal	323821.72	2050.00	151775.01	169996.71
石油天然气	Oil & natural gas	5838691.12	295000.00		5543691.12
煤层气	Coal bed methane	69429.49			69429.49
页岩气	Shale gas	103942.00			103942.00
天然沥青	Native bitumen	75.00			75.00
油页岩	Oil shale	9327.04		4319.04	5008.00
石煤	Stone coal	12961.29		8842.33	4118.96
地热	Geothermal	22197.19		2806.70	19390.49
铁矿	Iron	176071.92	8715.00	51646.00	115710.92
锰矿	Manganese	35169.31	1300.00	7577.76	26291.55
铬矿	Chromite	5492.89		2187.00	3305.89
钛矿	Titanium	3488.98		579.74	2909.24
钒矿	Vanadium	8468.91		1999.35	6469.56
铜矿	Copper	496745.57	14995.00	78177.90	403572.67
铝土矿	Bauxite	24122.50		10153.64	13968.86
镁矿	Magnesium	164.00			164.00
镍矿	Nickel	12746.47	500.00	4376.80	7869.67
钴矿	Cobalt	434.00		170.00	264.00
钨矿	Tungsten	24004.00	150.00	7863.81	15990.19
锡矿	Tin	10159.56	610.00	2853.47	6696.09
钼矿	Molybdenum	49411.05		19079.16	30331.89
锑矿	Antimony	9147.05	200.00	3078.00	5869.05
汞矿	Mercury	634.13			634.13
铅锌矿	Lead-zinc	193846.97	6064.00	44005.00	143777.97
铂族金属	Platinum-group metals	118.00			118.00
金矿	Gold	506091.91	6656.90	121167.52	378267.49
银矿	Silver	47127.55		19227.59	27899.96
铌钽矿	Columbotantalite	5991.93		2244.48	3747.45
铍矿	Beryllium	3802.93		512.10	3290.83
锂矿	Lithium	2184.18	680.00	572.82	931.36

情况——按矿种分列（2015年）

Mineral Prospects by Mineral（2015）

地质勘查经费/万元 Expenditures for Geological Exploration/10⁴ yuan				机械岩心钻探工作量/米 Footage of Core Drilling/m	坑探工作量/米 Footage of Pitting/m	新发现矿产地 Newly Discovered Mineral Prospects
企事业资金 Funds from Enterprises and Institutions						
国内企事业 Funds from Domestic Enterprises and Institutions	港澳台商 Investment from Hong Kong, Macao and Taiwan	外商 Foreign Investment	其他投入 Other Investments			
6994961.08	**624.26**	**210525.18**	**130236.78**	**20719306**	**410715**	**188**
158460.01	130.00	407.00	10999.70	2097629	9189	18
5376863.00		166828.12		7325861		26
31183.68		38245.81		117778		2
103942.00				39814		
75.00				422		
5008.00			0.00	44276		1
4094.15			24.81	59393		
13966.73			5423.76	510621		4
108795.51			6915.41	970931	22969	11
16417.68		429.60	9444.27	175774	5849	1
3305.89				13870	1532	1
2730.19			179.05	9398	643	
3161.90		720.00	2587.66	44043	2438	3
381826.49			21746.18	2318092	47508	7
12885.56			1083.30	275479	330	1
164.00				952		
5588.86			2280.81	77744	2204	
254.40			9.60	1953	100	
15136.59			853.60	181632	31309	3
5761.09			935.00	39110	4595	1
27195.68			3136.21	225772	4037	4
5469.05			400.00	38671	3989	2
234.13			400.00		941	
129275.34	400.00		14102.63	1375703	74173	13
118.00						
339959.38		3434.12	34873.99	2889545	131758	23
25813.17		460.53	1626.26	263091	11005	5
3747.45				31628	140	
3290.83				18242		
931.36				5949	170	

地质勘查投入和新发现矿产地

Input in Geological Exploration and Newly Discovered Mineral

矿种	Mineral	合计 Total	中央财政拨款 Central Special Budgetary Allocations	地方财政拨款 Local Special Budgetary Allocations	
					小计 Subtotal
锶矿	Strontium	530.00		252.77	277.23
铷矿	Rubidium	2509.99		1467.60	1042.39
铯矿	Cesium	348.52		227.52	121.00
锆矿	Zirconium	280.00			280.00
稀土矿	Rare earth	11955.34	6775.00	2096.25	3084.09
锗矿	Germanium	1174.25			1174.25
钪矿	Scandium				
蓝晶石	Kyanite	477.00		424.00	53.00
矽线石	Sillimanite	183.79		183.79	
红柱石	Andalusite	303.66		136.66	167.00
菱镁矿	Magnesite	439.00		355.00	84.00
普通萤石	Common fluorite	13310.54	610.00	3145.84	9554.70
熔剂用灰岩	Limestone flux	1489.27		350.37	1138.90
冶金用白云岩	Metallurgical dolomite	1370.55		488.09	882.46
冶金用石英岩	Metallurgical quartzite	655.00		125.00	530.00
冶金用砂岩	Metallurgical sandstone	16.00			16.00
陶瓷用砂岩	Sandstone for ceramsite	10.00			10.00
铸型用砂	Sand for casting	31.00			31.00
冶金用脉石英	Metallurgical vein quartz	323.60			323.60
耐火粘土	Fireclay	461.79		324.79	137.00
铸型用粘土	Clay for casting	18.00			18.00
熔剂用蛇纹岩	Serpentinite Flux	98.00			98.00
硫矿	Native sulfur	1606.69		193.50	1413.19
钠硝石	Natratine	1478.00			1478.00
明矾石	Alunite	322.64			322.64
芒硝	Mirabilite	963.00			963.00
重晶石	Barite	2486.15		161.68	2324.47
毒重石	Witherite	30.80		30.80	
天然碱	Trona	1499.70			1499.70
电石用灰岩	Limestone for calcium carbide	23.00			23.00
制碱用灰岩	Limestone for trona industry				
化工用白云岩	Dolostone for chemical industry	284.04			284.04
含钾岩石	K-bearing rock	125.00			125.00
化肥用蛇纹岩	Serpentinite for fertilizer	50.00			50.00
泥炭	Peat	837.00		300.00	537.00
盐矿	Salt	21223.34		10070.02	11153.32
钾盐	Potash	16107.29	8160.00	5737.50	2209.79
磷矿	Phosphate rock	42351.60		1396.38	40955.22
硼矿	Boron	338.37		338.37	
金刚石	Diamond	2045.06	570.00	1212.94	262.12

情况——按矿种分列（2015年） 续表1

Prospects by Mineral (2015) Continued 1

地质勘查经费/万元 Expenditures for Geological Exploration/10^4 yuan				机械岩心钻探工作量/米 Footage of Core Drilling/m	坑探工作量/米 Footage of Pitting/m	新发现矿产地 Newly Discovered Mineral Prospects
企事业资金 Funds from Enterprises and Institutions						
国内企事业 Funds from Domestic Enterprises and Institutions	港澳台商 Investment from Hong Kong, Macao and Taiwan	外商 Foreign Investment	其他投入 Other Investments			
277.23				2087		
1042.39				17883		1
121.00				4386		
280.00						
3084.09				54858	2200	4
1174.25				8118		
				262		
53.00				2209	83	
167.00				2688		
84.00				5413		1
8882.94			671.76	76278	11135	3
1138.90				15775		2
859.77			22.69	8375		2
530.00				921		
16.00				160		
10.00						
31.00						
317.71			5.89	2313		
137.00				2279	80	1
18.00				779		
98.00				700		
1356.45			56.74	7911	2289	
1478.00					1217	1
322.64				3140		
963.00				2351	65	
1397.13			927.34	21246	3700	
1499.70				2353		
23.00						
						1
284.04				58		
125.00				1742		
50.00				200		2
537.00				3214		
11153.32				65420	450	
1361.38			848.41	14322	265	
33037.62			7917.60	357859	15614	3
				7292		
262.12				8186		

地质勘查投入和新发现矿产地

Input in Geological Exploration and Newly Discovered Mineral

矿种	Mineral	合计 Total	中央财政拨款 Central Special Budgetary Allocations	地方财政拨款 Local Special Budgetary Allocations	小计 Subtotal
电气石	Tourmaline	200.00		200.00	
光学萤石	Optical fluorite	608.00		255.00	353.00
石墨	Graphite	13122.46	1070.00	6215.99	5836.47
硅灰石	Corundum	835.00		256.00	579.00
滑石	Talc	1112.00		594.00	518.00
长石	Feldspar	1106.70		55.05	1051.65
石榴子石	Garnet	1189.42		296.00	893.42
叶蜡石	Pyrophyllite	615.48		265.50	349.98
沸石	Zeolite	40.00			40.00
石膏	Gypsum	3152.68		1935.23	1217.45
方解石	Calcite	1108.57		175.00	933.57
宝石	Gem	97.14		12.14	85.00
玉石	Jade	1215.53		982.25	233.28
玛瑙	Agate	379.00		319.00	60.00
霞石正长岩	Nepheline syenite	130.00			130.00
玻璃用石英岩	Quartzite for glass	1450.08		591.32	858.76
玻璃用砂岩	Sandstone for glass	1137.59		1121.59	16.00
玻璃用砂	Sand for glass				
玻璃用脉石英	Vein quartz for glass	622.01		180.00	442.01
玻璃用大理岩	Marble for glass	118.66		118.66	
玻璃用灰岩	Limestone for glass				
水泥用灰岩	Limestone for cement	11572.41		4118.12	7454.29
泥灰岩	Marlstone	287.94			287.94
水泥配料用砂岩	Sandstone for cement	258.85		39.66	219.19
水泥配料用脉石英	Vein quartz for cement	200.00			200.00
硅藻土	Diatomaceous earth	351.51			351.51
高岭土	Kaolin	2515.43		652.65	1862.78
陶瓷土	Ceramic clay	927.53		571.20	356.33
伊利石粘土	Illite clay	35.00			35.00
膨润土	Bentonite	1551.25		1218.00	333.25
累托石粘土	Rectorite clay	16.00			16.00
陶粒用粘土	Clay for ceramic	193.60			193.60

情况——按矿种分列（2015年） 续表2
Prospects by Mineral（2015） Continued 2

地质勘查经费/万元 Expenditures for Geological Exploration/10[4] yuan				机械岩心钻探工作量/米 Footage of Core Drilling/m	坑探工作量/米 Footage of Pitting/m	新发现矿产地 Newly Discovered Mineral Prospects
企事业资金 Funds from Enterprises and Institutions						
国内企事业 Funds from Domestic Enterprises and Institutions	港澳台商 Investment from Hong Kong, Macao and Taiwan	外商 Foreign Investment	其他投入 Other Investments			
				1276		
353.00				969		
5836.47				53960	13472	5
579.00				3179		
518.00				6066	605	
1051.65				5901		
893.42				2509		
316.00			33.98	4766	63	
40.00						
1217.45				27864		
933.57				9428	120	
85.00					2907	
233.28				4696		
60.00				754		
130.00				437		
699.88			158.88	2927		1
16.00				3780		
				2000		
419.37			22.64	716		
				615		
				985		
6010.70	94.26		1349.33	67085	559	9
287.94				512		
219.19				2299		1
200.00				908		
351.51				5647		
1694.78			168.00	16280	84	2
356.33				10051		6
35.00				277		
333.25				4200		
16.00				160		
193.60				948		

地质勘查投入和新发现矿产地

Input in Geological Exploration and Newly Discovered Mineral

矿种	Mineral	合计 Total	中央财政拨款 Central Special Budgetary Allocations	地方财政拨款 Local Special Budgetary Allocations	小计 Subtotal
水泥配料用页岩	Shale for cement	60.00			60.00
水泥用凝灰岩	Tuff for cement	63.00			63.00
水泥用大理岩	Marble for cement	432.20		138.00	294.20
制灰用灰岩	Limestone for grey	188.05		108.05	80.00
砖瓦用砂	Sand for bricks and tiles	30.00			30.00
建筑用砂	Sand for building	95.00		95.00	
建筑石料用灰岩	Limestone for building stone	741.25		149.51	591.74
建筑用辉绿岩	Diabase for building	74.80		60.00	14.80
建筑用凝灰岩	Tuff for building	98.17		98.17	
建筑用玄武岩	Basalt for building	18.00		18.00	
建筑用花岗岩	Granite for building	1314.39		49.00	1265.39
建筑用大理岩	Marble for building	799.59		428.00	371.59
建筑用白云岩	Dolostone for building	969.59		311.36	658.23
建筑用砂岩	Sandstone for building	15.30			15.30
建筑用页岩	Shale for building	4.00			4.00
饰面用辉长岩	Facing gabbro	49.00			49.00
饰面用辉绿岩	Facing diabase	250.00		220.00	30.00
饰面用闪长岩	Facing diorite	14.58		14.58	
饰面用花岗岩	Facing granite	7628.48		1106.45	6522.03
饰面用灰岩	Facing limestone	974.71		300.00	674.71
饰面用大理岩	Facing marble	2959.30		2119.61	839.69
饰面用板岩	Facing slate	518.76		165.00	353.76
铸石用玄武岩	Basalt for casting	825.00			825.00
岩棉用玄武岩	Basalt for rockwool	110.00		110.00	
珍珠岩	Perlite	1137.25		734.00	403.25
石棉	Asbestos	102.00		72.00	30.00
云母	Mica	136.32			136.32
矿泉水	Mineral water	1484.41		1139.98	344.43
地下水	Groundwater	4549.64		781.58	3768.06
水工环科技及其他	Hydrology, engineering, environment, science and others	1095440.64	647987.60	349793.37	97659.67

情况——按矿种分列（2015年） 续表3

Prospects by Mineral（2015） Continued 3

地质勘查经费/万元 Expenditures for Geological Exploration/10^4 yuan				机械岩心钻探工作量/米 Footage of Core Drilling/m	坑探工作量/米 Footage of Pitting/m	新发现矿产地 Newly Discovered Mineral Prospects
企事业资金 Funds from Enterprises and Institutions						
国内企事业 Funds from Domestic Enterprises and Institutions	港澳台商 Investment from Hong Kong, Macao and Taiwan	外商 Foreign Investment	其他投入 Other Investments			
60.00				1687		
63.00						
294.20				3670		
80.00				1167		
30.00						
				253		4
561.74			30.00	2884		
14.80						
				742		1
				331		
1195.39			70.00	6719	650	1
369.29			2.30	1185		
658.23				3142		
14.10			1.20			
4.00						
49.00				110		
30.00				1954		
6324.03			198.00	31169	220	8
644.71			30.00	11058		
739.69			100.00	7013		
353.76				2066		1
825.00				3336		
				585		
403.25				5068		
30.00						
136.32				602		
344.43				1316		1
3168.28			599.78	36852		1
97659.67				501056	60	

地质勘查单位

Employees and Assets of

年份/地区	Year/Region	年末在职职工/人 On-the-job Employees at the Year End/Person							
			地质勘查人员 Geological Exploration Personnel				工程勘察与施工人员 Personnel Engaging in Engineering Surveys and Operations	矿产开发人员 Personnel Engaging in Mineral Resource Development	其他人员 Other Personnel
				技术人员 Technical Personnel					
					高级 Senior	中级 Intermediate			
2013		541794	253438	173430	51992	81142	89562	34270	164524
2014		496288	240295	167946	51751	81262	77997	23425	154571
2015		480315	238492	168425	52950	83152	76331	25232	140260
北京	Beijing	30876	11088	8598	3603	4142	4176	908	14704
天津	Tianjin	3010	1648	1440	576	735	569	95	698
河北	Hebei	33306	18297	12068	3483	5447	4370	696	9943
山西	Shanxi	20128	9739	7078	2094	3871	4163	489	5737
内蒙古	Inner Mongolia	12271	6602	4236	1415	2000	1124	453	4092
辽宁	Liaoning	21304	9535	7298	2460	3777	3515	2699	5555
吉林	Jilin	13337	6125	4343	1823	1818	1899	404	4909
黑龙江	Heilongjiang	18499	11414	6818	2125	3359	2524	310	4251
上海	Shanghai	2602	968	805	208	439	607	6	1021
江苏	Jiangsu	15000	8444	5959	1811	2826	2897	357	3302
浙江	Zhejiang	7247	2290	1860	582	681	2522	463	1972
安徽	Anhui	15705	9666	6439	1892	2861	2325	268	3446
福建	Fujian	11015	4701	3710	1148	1889	861	578	4875
江西	Jiangxi	23513	12086	8600	2039	3468	3620	316	7491
山东	Shandong	29797	14049	8165	2708	4160	5271	851	9626
河南	Henan	14288	8524	5941	1649	2817	2397	492	2875
湖北	Hubei	16948	8074	6236	2039	3113	4327	354	4193
湖南	Hunan	27654	10546	8008	2505	4366	5801	3346	7961
广东	Guangdong	11826	6958	5515	1882	2893	2466	318	2084
广西	Guangxi	13620	7055	5005	1508	2614	1572	1034	3959
海南	Hainan	1897	1268	1096	395	640	169	30	430
重庆	Chongqing	6713	3922	3044	975	1481	1441	331	1019
四川	Sichuan	31388	18005	12152	3199	6413	4327	921	8135
贵州	Guizhou	16519	5870	4456	1420	2568	1776	2337	6536
云南	Yunnan	16872	7258	5460	1952	2893	2827	2436	4351
西藏	Tibet	3270	1174	713	194	377	489	965	642
陕西	Shaanxi	25031	12534	8410	2906	4395	3771	2041	6685
甘肃	Gansu	13508	7332	5069	1221	1982	1751	1227	3198
青海	Qinghai	6294	3930	3174	1013	1743	643	149	1572
宁夏	Ningxia	4448	2158	1205	377	534	605	87	1598
新疆	Xinjiang	12429	7232	5524	1748	2850	1526	271	3400

人员及资产情况

Geological Exploration Units

平均从业人员/人 Average Employees/Person	劳动者报酬/万元 Remuneration Payment of Employees/10^4 yuan	离退休人员 Retirees		总资产/万元 Total Assets/10^4yuan			总负债/万元 Total Debts/10^4yuan	净资产/万元 Net Assets/10^4yuan
		年末人数/人 Number of Retirees at the Year End/Person	总费用/万元 Total Expenditure/10^4yuan		地勘专用仪器设备原值 Original Value of Special Instruments and Equipments	地勘专用仪器设备净值 Net Value of Special Instruments and Equipments		
551114	3266431.50	412749	1663392.80	53199560.50	2976138.30	1754490.50	30368239.60	22831320.90
500734	3078569.82	402981	1654223.95	53438818.69	2834652.48	1463526.82	30046923.98	23391894.71
484066	3167518.65	405500	1854755.29	53163982.28	3053920.06	1510894.46	28956586.36	24207395.92
31314	306356.92	9723	53461.84	7465178.78	290896.11	161259.54	4096731.02	3368447.76
3539	35523.36	1813	8862.86	349061.17	27509.89	10323.77	152487.18	196573.99
36326	194471.05	25597	99794.25	1712641.89	239231.46	84704.00	898374.72	814267.17
20068	105718.22	12481	51036.63	1709882.23	127287.05	64083.28	1148122.20	561760.03
12862	86958.12	15566	72663.86	1749159.46	90029.33	42599.72	1034563.46	714596.00
19259	103494.32	16698	68005.02	1317221.38	102118.95	42720.94	740352.05	576869.33
12581	67517.43	14267	53401.22	1443170.35	57475.03	25337.14	458618.13	984552.22
18339	77500.95	12457	63114.33	1298947.40	99668.12	45448.55	640969.18	657978.22
2484	24883.82	1026	3602.74	355770.72	148797.28	127508.71	144960.15	210810.57
16511	117566.60	10880	59362.00	530429.18	62613.17	33092.04	226675.32	303753.86
7798	70227.22	7348	44455.66	830336.95	24761.07	13754.84	382197.69	448139.26
16598	126012.91	17375	83147.80	1806696.28	72032.96	30029.06	1271530.02	535166.26
11109	92349.94	8092	24995.27	9160943.03	34792.85	16240.33	5246802.31	3914140.72
23582	129444.32	20817	98601.24	1543970.10	91037.06	46362.04	980412.17	563557.93
27317	182638.03	16150	93173.02	2800090.28	201416.54	105260.24	1609708.05	1190382.23
14039	165308.32	12894	51688.22	731902.18	145090.36	75404.66	367187.97	364714.21
16553	106823.17	19013	81335.93	1117738.72	119565.24	57484.99	706813.04	410925.68
28960	143699.05	21977	88803.17	1647230.92	94159.99	50286.45	843062.13	804168.79
11703	102582.99	14950	112952.76	869063.12	146160.19	55177.17	425891.93	443171.19
13675	67704.83	13827	66237.65	772740.95	46552.82	28007.03	407655.92	365085.03
1882	11065.90	642	1826.88	85412.35	11569.64	6032.81	42102.57	43309.78
6783	49232.67	4612	19304.45	703996.85	33835.93	20666.78	228651.13	475345.72
30264	175980.02	20810	93790.86	1805076.99	157097.25	79634.38	1171150.45	633926.54
16693	76724.65	18735	84634.38	1201460.14	64489.35	37096.28	800852.45	400607.69
16456	100867.72	11902	52724.52	2322214.10	85546.55	36004.97	1510727.85	811486.25
3311	26751.75	2266	22971.36	789286.70	13549.31	9562.53	307440.85	481845.85
26567	164262.65	19335	86145.81	2484536.45	166908.39	89271.69	1434762.02	1049774.43
14092	100175.15	27678	72737.01	1221607.74	74732.22	27233.08	581949.13	639658.61
6658	41657.88	9527	46050.00	740569.59	76446.24	32090.86	297449.33	443120.26
3932	27893.80	3781	19085.80	234254.55	42293.45	14864.35	102733.95	131520.60
12811	86124.89	13261	76788.75	2363391.73	106256.26	43352.23	695651.99	1667739.74

地质勘查单位

Revenue and Expenditure of

单位：万元

年份/地区	Year/Region	总收入 General Revenue							
		合计 Total	地质勘查业收入 Revenue from Geological Exploration						
				地质勘探费 Funds of Geological Exploration			地质专项拨款 Special Budgetary Allocations for Geological Projects		
					中央 Central	地方 Local		中央 Central	地方 Local
	2013	19634314	7619442	2480540	574667	1905873	1963149	955857	1007292
	2014	16701708	7378318	2730433	630855	2099578	1828341	890879	937462
	2015	16241241	6880915	2972277	629295	2342982	1730616	791830	938786
北京	Beijing	1435532	469872	103525	74739	28786	240562	227382	13180
天津	Tianjin	107928	57467	14687	6453	8234	25821	20376	5445
河北	Hebei	957238	451419	180399	84250	96149	119930	74462	45468
山西	Shanxi	379100	208172	74990	25799	49191	41041	1937	39104
内蒙古	Inner Mongolia	330433	266644	103170	31557	71613	44374	4790	39584
辽宁	Liaoning	542683	212308	116540	11700	104840	34487	23572	10915
吉林	Jilin	228571	183208	115486	6584	108902	36030	5314	30716
黑龙江	Heilongjiang	366137	268289	115873	3627	112246	93779	10105	83674
上海	Shanghai	126218	16961	2153	226	1927	10452	4638	5814
江苏	Jiangsu	360326	191899	76554	25488	51066	38919	32171	6748
浙江	Zhejiang	374411	93923	58791	7704	51087	14910	5330	9580
安徽	Anhui	696502	313692	177877	1625	176252	38730	4698	34032
福建	Fujian	233359	76652	28792	11322	17470	18073	7713	10360
江西	Jiangxi	864888	359225	215642	5136	210506	49091	7185	41906
山东	Shandong	1110968	488748	101393	30974	70419	104221	60624	43597
河南	Henan	301653	209411	112913	4597	108316	69797	9611	60186
湖北	Hubei	876422	283841	138007	33766	104241	47419	37844	9575
湖南	Hunan	630742	278618	157964	21170	136794	51947	6758	45189
广东	Guangdong	848073	235123	111216	13535	97681	76189	62765	13424
广西	Guangxi	394624	172512	110795	30326	80469	31155	8603	22552
海南	Hainan	23753	9078	3893	570	3323	2105	1589	516
重庆	Chongqing	328787	107985	55022	9327	45695	47315	4355	42960
四川	Sichuan	828427	406830	200956	71660	129296	75979	33856	42123
贵州	Guizhou	390863	229952	78912	4343	74569	49318	9311	40007
云南	Yunnan	1533661	201037	63803	15011	48792	47172	12873	34299
西藏	Tibet	81762	19610	1820	40	1780	11317	9390	1927
陕西	Shaanxi	826304	339817	121043	71063	49980	82582	59673	22909
甘肃	Gansu	369087	211576	115082	5140	109942	43520	10738	32782
青海	Qinghai	187091	126727	75216	7183	68033	25918	18083	7835
宁夏	Ningxia	114707	75497	35691	927	34764	16805	3325	13480
新疆	Xinjiang	390991	314822	104072	13453	90619	141658	12759	128899

收支情况

Geological Exploration Units

Unit: 10^4 yuan

地质勘查劳务收入 Revenue of Labor Services of Mineral Exploration	涉外 Foreign-related	矿业权转让收入 Revenue from Transfer of Mining Rights	工程勘察施工收入 Revenue from Engineering Surveys and Operations	矿产开发收入 Revenue from Mineral Resource Development	其他收入 Other Revenues	总支出 General Expenditures	地质勘查（项目）支出 Expenditures of Mineral Exploration (Projects)	自有资金 Self-owned Funds	矿产开发支出 Expenditures of Mineral Resource Exploitation
3175752	81910	227234	5602690	2246827	3938122	15959787	7289348	1926846	2141660
2819544	63880	136776	4700815	2181648	2304151	13587415	5930099	1428916	1859982
2178022	36248	95602	4405024	2248677	2611023	13342002	5517984	1271937	2188821
125785	4270	700	400172	159426	405362	1199328	518232	118921	159869
16959			23360		27101	74330	40581	3572	
151090			95433	337331	73055	930644	361192	59171	346316
92141	268		133949	950	36029	249832	172115	68685	11349
119100	50	2732	24099	1643	35315	279155	222067	33096	1120
61281	1200	372	173748	68722	87533	288613	123226	38009	53725
31692	155	6792	16299	238	22034	176866	108429	14123	836
58637			59128	68	38652	341224	166525	20555	7924
4356			38076		71181	74037	53607	8850	
76426	544		137338	3525	27564	284383	167902	32251	3762
20222		3500	180394	26208	70386	322467	54789	9035	19816
97085	105	2210	284258	252	96090	779162	212211	62096	124
29787	10	510	87957	42866	25374	212452	103526	32904	42191
94492		1263	428461	10678	65261	815326	130515	9805	7145
283134	2455	32903	182069	26143	381105	956870	439827	191241	30689
26701	4087	2346	63874	69	25953	271354	132939	30651	3463
98415	7216	8599	558079	660	25243	644172	264636	17616	464
68707	924	25	166502	18499	167098	540956	190844	36446	15713
47718	451	450	377907	203473	31120	494402	144956	18811	110860
30562	158	2230	58252	819	160811	229098	109405	16247	96
3080			7934		6741	30158	17936	8751	61
5648			79843	3151	137808	219215	184161	101569	10764
129895	9267	2636	325182	22690	71089	661209	416439	47754	31661
101722	1	9873	76948	16128	57962	278944	175454	51052	20320
90062	1863	1098	108267	1168909	54350	1448399	155628	50977	1152826
6473		13200	24641	12226	12085	35544	20764	5908	269
136192	50	2540	136284	88153	259510	630544	346017	98550	73812
52974			78337	34518	44656	276377	130856	28319	55503
25593	3174	1597	26955		31812	172117	111358	11329	4544
23001			14890	1213	23107	102711	39133	14057	1066
69092		26	36388	119	39636	322113	202714	31586	22533

主要统计指标解释

新发现矿产地 指报告期内通过各类地质调查工作，或者根据群众报矿、群众采矿线索新发现的，并经过矿产调查工作证实为有进一步工作意义或具有工业价值，具有一定规模，作出初步评价的矿区。

新查明资源量 在本书中的查明资源量主要是指推断的内蕴经济资源量（333）以上的资源量。

坑探工作量 指用凿岩机械或人工开凿的各种坑道工程，以“米”计量，取整数。

机械岩心钻探工作量 指用动力机械带动，回转或冲击回转钻进，并以取出岩心了解和研究地下地质情况为目的的钻探工作。如手轮给进钻机、油压钻机、石油钻机、海洋石油钻机、水文水井钻机和汽车钻机等。以“米”计量，取整数。

地质勘查经费 指报告期完成的来自各方面的地质勘查资金。包括完成的中央财政、地方财政地质勘查拨款，企事业单位、港澳台商、外商投入的地质勘查工作的资金及其他资金。

中央财政拨款 指报告期实际完成的，由国家预算收支科目安排的直接用于地质勘查的经费。

地方财政拨款 指报告期实际完成的，由地方财政拨付的地质勘查经费。

企事业资金 指报告期完成的各类企事业单位投入的地质勘查工作的资金。包括国内企事业资金、港澳台商投资和外商投资。

国内企事业资金 指报告期完成的国有、集体企事业单位和私营企业投入地质勘查工作的资金。

港澳台商投资 指港澳台企业和经济组织或个人按我国有关政策、法规，用现汇、实物（折资）和技术等投入地质勘查工作的资金。

外商投资 指报告期内完成境外投入地质勘查工作的资金，包括外商直接投资、对外借贷（外国政府贷款、国际金融组织贷款、出口信贷、外国银行商业贷款、对外发行债券和股票）及外商其他投资（包括补偿贸易和加工装配由外商提供的设备价款、国际租赁）。不包括我国自有外汇资金（包括国家外汇、地方外汇、流程外汇、调剂外汇和中国银行自有资金发行的外汇贷款等）。

地质勘查人员 指年末在职职工中，直接从事地质勘查工作的人员。

技术人员 指在国土资源调查项目中从事工作并取得劳动报酬的，具有初级及初级以上地质勘查或土地勘测技术职称的专业技术人员。包括地质技术人员，工程技术人员，物化探技术人员，土地勘测、测绘、岩矿鉴定、化验等技术人员。

平均从业人员 指报告期内在填报单位从事一定社会劳动并取得劳动报酬或经营收入的各类人员。平均从业人数=（年初人数+年末人数）/2或平均从业人数=年度各月平均人数之和/12。

总资产 指填报单位年末拥有或控制的全部资产总额，包括流动资产、长期投资、固定资产、无形及递延资产、其他长期资产、递延税项等，为本单位资产负债表的资产总计项。

总负债 指填报单位年末所承担的能以货币计量，将以资产或劳务偿付的债务。

总收入 指报告期内地质勘查资质单位从事地质勘查等经济活动所取得的各种收入，包括地勘业收入、矿业权转让收入、矿产开发收入、工程勘察施工收入和其他收入。

地质勘查业收入 指报告期内从事地质勘查经济活动所取得的各种收入。包括地质勘探费、地质专项拨款、矿产勘查劳务收入等。其中，矿产勘查劳务收入中包括在本地区注册登记或本系统直属的具有地质勘查资质的单位在本省及省外、境外从事地质勘查工作所获得的收入，以及以合作、入股等方式获得的地质勘查收入。

地质勘探费 指报告期内国家（中央和地方）预算用于本单位地质勘探工作的费用，包括地质勘查管理机构及其事业单位经费、地质勘探经费等，按中央财政和地方财政投入分别统计。

中央财政地质专项拨款 指在报告期内地勘单位取得的中央财政专项拨款费用。

地方财政地质专项拨款 指在报告期内地勘单位取得的地方财政专项拨款费用。

地质勘查劳务收入 指报告期内填报单位在本省及省外、境外从事地质勘查工作取得的收入及以合作、入股等方式取得的地质勘查收入。

涉外 指报告期内填报单位在从事的地勘项目中由境外投资所带来的收入。

矿业权转让收入 指地勘单位通过矿业权转让取得的收入。

矿产开发收入 指地勘单位从事矿产开发经营活动取得的收入。

工程勘察施工收入 指地勘单位从事工程勘察施工经营活动取得的各项收入。

其他收入 指报告期内地勘单位从事除地质勘查、矿业权转让、矿产开发、工程勘察施工等以外的经济活动所取得的其他收入。

矿产开发支出 指报告期内填报单位因矿产开发经营活动而发生的各项费用支出总额。

总支出 指地勘单位在报告期内发生的各种经济支出。

Explanatory Notes on Main Statistical Indicators

Newly discovered mineral prospects—refer to mineral occurrences that are newly found through all kinds of geological survey or on the basis of the ore information and clues reported by the broad masses of people, demonstrated through mineral surveys to be of value for further work or of industrial value and have certain sizes, and evaluated preliminarily during the reporting period.

Identified resources—mainly refer to resources above inferred potentially economic resources (333).

Footage of pitting—refers to the advances of various underground workings excavated by rock drills or manual operations. It is calculated by "meters" and rounded off.

Footage of core drilling—refers to the penetration of rotary or percussive drilling driven by power machinery that recovers the core in order to study the underground geology. The drills include hand-lever feed drills, hydraulic feed drills, oil drills, marine oil drills, hydrological water well drills, and truck-mounted drills. It is calculated in "meters" and rounded off.

Expenditures for geological exploration—refer to the funds for geological exploration from various sides completed during the reporting period. They include funds allocated from the Central and local financial budgets for geological exploration, funds invested by enterprises and institutions, Hong Kong, Macao and Taiwan businessmen, and foreign businessmen for geological exploration, and other funds.

Central special budgetary allocations—refer to expenditures directly used for geological exploration and arranged by the state budgeted revenue and expenditure account, which are actually completed during the reporting period.

Local special budgetary allocations—refer to expenditures for geological exploration and allocated by local finance, which are actually completed during the reporting period.

Funds from enterprises and institutions—refer to the funds invested by various enterprises and institutions for geological exploration, which are completed during the reporting period. They include funds invested by domestic enterprises and institutions, Hong Kong, Macao and Taiwan businessmen, and foreign businessmen.

Funds from domestic enterprises and institutions—refer to the funds invested by state-and collective-owned enterprises and institutions and private enterprises for geological exploration, which are completed during the reporting period.

Investments from Hong Kong, Macao and Taiwan—refer to the funds invested by Hong Kong, Macao, and Taiwan enterprises or economic establishments or individuals in cash, kind (converted into money according to the price indices), and technologies for geological exploration according to relevant policies, laws and regulations of China.

Foreign investment—refers to the funds invested from abroad for geological exploration, which are completed during the reporting period. They include foreign direct investments, foreign loans (loans from foreign governments, loans from international financial organizations, export credit loan, commercial loans from foreign banks, and bonds and stocks issued abroad) and other investments of foreigners (including compensation trade, processing and assembling for which the equipment and funds are provided by foreign businessmen, and international leasing),but China's free exchange funds (including national exchanges, local exchanges, floating exchanges, accommodation exchanges, and foreign exchanges loans issued using the equity capital of the Bank of China) are excluded.

Geological exploration personnel—refer to the personnel who directly engage in geological exploration among employees on the job at the year end.

Technical personnel—refer to professional technical personnel who work in geological exploration units and receive payments and have technical titles of geological survey or mineral exploration at and above the junior titles. They include geological technical personnel, engineering technical personnel, geophysical and geochemical technical personnel, surveying and mapping personnel, and technical personnel for identification and chemical analysis of rocks and minerals.

Average employees—refer to the average number of employees of geological exploration units during the reporting period. The average number of employees=(number of employees at year beginning + number of employees at year end)/2 or the sum of the average monthly numbers during the current year/12.

Total assets—refers to the total amount of all the assets owned or controlled by the reporting units at the year end, including current assets, long-term investment, fixed assets, immaterial assets, and deferred taxes.

Total debts—refer to the debts assumed by the filling units at the year end, which can be measured as currency and repaid by assets or labor services.

General revenue—refers to all kinds of revenue obtained in economic activities such as geological exploration carried out by qualified geological exploration units during the reporting period, including revenues from geological exploration, transfer of mining rights, mineral resources development, and engineering surveys and operations, and other revenues.

Revenue from geological exploration—refers to all kinds of revenue obtained in economic activities of geological exploration, including fees of geological exploration, special allocations for geology, and revenue of labor services of mineral exploration. Of these, the revenue of labor services of mineral exploration includes the revenue of geological exploration carried out by qualified geological exploration units registered in the area or affiliated to the system inside and outside the province and abroad and the revenue of geological exploration obtained through cooperation and investment as share-holders. Foreign-related refers to the revenue brought by Chinese investment abroad by geological exploration units in their geological exploration projects.

Funds of geological exploration—refer to the fees used for geological exploration of a unit from the State (Central and local) budgets during the reporting period, including funds of administration departments in charge of geological exploration and their institutions and funds of geological exploration, which are calculated separately according to the Central and local financial inputs.

Central special budgetary allocations—refer to the funds obtained by geological exploration units from the Central special budgetary allocations during the reporting period.

Local special budgetary allocations—refer to the funds obtained by geological exploration units from the local special budgetary allocations during the reporting period.

Revenue of labor services of geological exploration—refers to the revenue of geological exploration carried out by the reporting units during the reporting period inside and outside the province and abroad and the revenue of geological exploration obtained through cooperation and investment as share-holders.

Foreign-related—refers to the revenue brought by Chinese investment abroad of the reporting units in their geological exploration projects during the reporting period.

Revenue from transfer of mining rights—refers to the revenue obtained by geological exploration units through transfer of mining rights.

Revenue from mineral resource development—refers to the revenue obtained by geological exploration units through carrying out mineral resource developments and operations.

Revenue from engineering surveys and operations—refers to all items of revenues obtained by geological exploration units through carrying out engineering surveys and operations.

Other revenues—refer to other revenues obtained by geological exploration units during the reporting period through economic activities except geological exploration, transfer of mining rights, mineral resource development, and engineering surveys and operations.

Expenditures of mineral resource exploitation—refer to the total amount of all items of expenditures incurred due to mineral resource developments and operations of reporting units during the reporting period.

General expenditures—refer to all kinds of expenditures of geological exploration units incurred during the reporting period.

三、国土资源开发利用

Chapter 3 Land and Resources Development and Utilization

土地资源
Land Resources

土地整治项目竣工情况

Results of Completion of the Land Consolidation, Reclamation and Development Projects

年份/地区	Year/Region	土地整治项目个数/个 Number of Projects of Land Consolidation, Reclamation, and Developmen/ number	项目规模/公顷 Project Scale/hm^2				新增农用地面积/公顷 Increase of Agricultural Land/hm^2	
			合计 Total	土地整理 Land Consolidation	土地复垦 Land Reclamation	土地开发 Land Development		新增耕地面积 Increase of Cultivated Land Area
	2013	20460	2400983.26	2115125.57	46915.49	238942.20	388431.87	346335.47
	2014	6806	870019.09	761864.81	15532.15	92622.12	139235.01	136961.42
	2015	9918	1690252.55	1542127.61	19628.11	128496.84	167455.45	163088.08
北　京	Beijing	34	11972.05	11280.72	74.67	616.66	109.86	109.15
天　津	Tianjin	23	19503.70	19121.92		381.78	823.99	789.63
河　北	Hebei	289	169226.08	161944.44	20.98	7260.66	7603.83	7223.19
山　西	Shanxi	141	6544.92	3818.96	0.46	2725.51	2225.99	2219.65
内蒙古	Inner Mongolia	45	13712.49	8980.76	388.58	4343.15	4720.53	4678.70
辽　宁	Liaoning	107	75592.82	74924.27		668.56	879.85	879.85
吉　林	Jilin	11	43289.77	43289.77				
黑龙江	Heilongjiang	21	57062.03	55049.28	1910.27	102.48	1591.84	1454.14
上　海	Shanghai	205	2118.64	43.50	2075.14		1496.90	1437.44
江　苏	Jiangsu	2034	65091.99	56226.75	5700.84	3164.40	10951.93	10597.09
浙　江	Zhejiang	1706	88601.65	77639.48		10962.17	9762.64	9756.01
安　徽	Anhui	2015	501893.69	495964.82	4312.42	1616.45	7455.49	7387.34
福　建	Fujian	442	13515.37	12399.39	563.31	552.67	2086.50	1962.39
江　西	Jiangxi	232	7488.99	702.90	115.20	6670.89	6252.53	5979.55
山　东	Shandong	64	27854.99	24324.29	26.04	3504.65	3056.98	2904.56
河　南	Henan	80	77045.71	69441.85	682.15	6921.72	9261.75	9248.90
湖　北	Hubei	448	9845.71	5236.23	342.17	4267.31	5290.27	4989.41
湖　南	Hunan	493	96306.39	91357.06	159.28	4790.04	7128.31	6788.16
广　东	Guangdong	10	1463.46	945.56	284.83	233.07	210.85	210.85
广　西	Guangxi	130	18655.49	4232.98		14422.51	12161.27	12161.27
海　南	Hainan	7	2527.67	1530.10		997.57	646.82	646.82
重　庆	Chongqing	417	108148.56	107344.33	196.28	607.95	7628.98	7628.98
四　川	Sichuan	125	86119.62	85926.31		193.31	8032.45	8032.45
贵　州	Guizhou	114	8700.93	6158.70	48.94	2493.30	2067.22	2033.24
云　南	Yunnan	123	32735.16	16593.95	58.40	16082.81	16588.56	16509.06
西　藏	Tibet	20	1398.17	77.53		1320.63	1276.04	1269.68
陕　西	Shaanxi	293	5709.45	1227.21	10.52	4471.72	4227.33	4211.79
甘　肃	Gansu	209	69172.59	61352.24	2361.17	5459.17	8463.02	7891.28
青　海	Qinghai	36	6861.99	3455.82		3406.17	3348.56	3347.96
宁　夏	Ningxia	22	41539.61	27661.83		13877.78	13834.85	13834.85
新　疆	Xinjiang	22	20552.87	13874.66	296.46	6381.75	8270.31	6904.69

主要统计指标解释

土地整治 即土地整理、复垦、开发。

土地整理 指在一定区域内，按照土地利用规划，对田、水、路、林、村综合整治，提高耕地质量，增加有效耕地面积，改善农业生产条件和生态环境。其内容主要包括调整用地结构，平整土地，道路、渠道等的综合治理，村庄及乡村企业用地的集中、搬迁和内部改造。

土地复垦 指对生产建设过程中，因挖损、塌陷、压占、污染等造成破坏的土地，以及洪灾、滑坡、崩塌、泥石流、风沙等自然灾害损害的土地，采取生物和工程技术手段，使其恢复到可利用状态的活动。

土地开发 指按照土地利用总体规划，在保护和改善生态环境、防治水土流失和土地荒漠的前提下，对滩涂、盐碱地、黄草地、裸土地等未利用地的宜农土地进行整治。

项目规模 指完成土地整治项目即土地整理复垦开发项目所包括的面积，按实际验收数统计。

新增农用地、耕地 指经过土地整治即土地整理、复垦、开发分别增加的农用地、耕地面积，按实际验收数统计。

Explanatory Notes on Main Statistical Indicators

Land consolidation and rehabilitation—refers to land consolidation, reclamation, and development.

Land consolidation—refers to the process of comprehensive renovation of farmland, water, roads, forests, and villages in a particular region according to land-use planning in order to raise the cultivated land quality, increase the effective cultivated land area and improve the conditions of agricultural production and ecological environment. The content mainly includes land-use structure readjustment, consolidation of scattered parcels of land, land leveling, road and canal improvements, and concentration, relocation, and internal modification of land used for villages and village-and-town enterprises.

Land reclamation—refers to the process of restoring to the usable state the land damaged by excavation, collapse, surface land occupation, and pollution during the production and by natural disasters such as floods, landslides, rock falls, mud-flows, and wind-blown sand disasters by taking biotechnical and engineering technological means.

Land development—refers to the process of improving unused land suited to agricultural purposes such as shoals, saline-alkali land, land overgrown with weeds, and naked land according to land-use planning in order to protect and improve the ecological environment, prevent and control soil erosion, and land desertification.

Project scale—refers to the area included in the land renovation project completed, i.e. the project of land consolidation, reclamation, and development. It is calculated according to the number of hectares checked and accepted actually.

Increase of agricultural land and cultivated land—refer to the areas of farmland, cultivated land added separately through land renovation, i.e. land consolidation, reclamation, and development. They are calculated according to the number of hectares checked and accepted actually.

矿产资源

Mineral Resources

全国石油天然气开发利用情况
Oil and Gas Development

年份/地区	Year/Region	油气田总数/个 Number of Oil & Gas Fields/number				从业人数/人 Employees/person	油产量/万吨 Oil Production/10^4 t
			大型 Large	中型 Medium	小型 Small		
	2013	934	107	220	607	714548	20901.69
	2014	955	111	230	614	710718	21140.57
	2015	980	116	236	628	732602	21508.29
天 津	Tianjin	23	3	14	6	27635	444.10
河 北	Hebei	62	1	16	45	47661	580.10
山 西	Shanxi	3			3	1103	
辽 宁	Liaoning	40	4	10	26	45003	1037.07
吉 林	Jilin	48	4	11	33	28054	665.47
黑龙江	Heilongjiang	54	9	12	33	92127	3838.62
江 苏	Jiangsu	58		5	53	7584	190.51
山 东	Shandong	75	11	39	25	100760	2710.03
河 南	Henan	54	3	14	37	44961	453.26
湖 北	Hubei	31	1	3	27	26551	88.50
浙 江	zhejiang	2		1	1	495	5.00
广 西	Guangxi	1			1	88	2.24
广 东	guangdong	6			6	182	30.05
四 川	Sichuan	145	7	13	125	39941	15.43
陕 西	Shaanxi	66	15	21	30	184748	3735.03
甘 肃	Gansu	7		2	5	10052	44.00
青 海	Qinghai	29	5	5	19	20547	223.00
新 疆	Xinjiang	93	20	24	49	46248	2683.05
渤 海	Bohai Sea	67	19	14	34	5685	3052.68
南 海	South China Sea	100	14	27	59	2907	1680.73
东 海	East China Sea	16		5	11	270	29.42

注：①中国石油长庆、华北、大港和西南经济数据未按省分列，本汇总表将中国石油长庆全部计入陕西，中国石油华北全部计入河
②本表不包括煤层气。

Notes: ①The data of the Changqing, North China, Dagang and Southwest oil fields of China National Petroleum Corporation (CNPC) are not listed
China in Sichuan.

②The data of coal-bed methane are not included in the table.

——按地区分列

and Utilization by Region

气产量/亿立方米 Gas Production/10^8 m^3	工业总产值/万元 Gross Industrial Output Value/10^4 yuan	销售收入/万元 Sales Revenue/10^4 yuan	年利税总额/万元 Total Amount of Annual Profits and Taxes/10^4 yuan
1166.21	110313969.15	119182802.70	61936626.54
1248.04	113621825.31	117826774.20	62202344.05
1243.57	146170129.41	73823877.64	14911117.19
5.13	927961.00	970631.00	-220615.00
9.08	1572507.00	1718062.38	-120001.11
1.78	107875.00	105749.00	19382.00
5.77	2048832.00	1990447.00	-764127.00
19.72	1648569.00	1244439.00	-341751.00
35.64	9412664.00	9424334.00	2706420.00
0.37	884843.00	1014851.46	85440.00
4.57	6176789.00	5346970.61	271743.97
92.32	2130412.00	2853880.61	-259085.39
1.40	829864.00	919800.00	-21300.00
0.37	46007.00	46007.00	-98343.00
	388500.00	436000.00	40516.00
1.41	96152.00	93805.00	25505.00
194.35	3121460.00	3923820.00	997487.79
391.98	76441167.00	21538422.00	4781854.00
0.08	136580.00	344581.00	139626.00
61.37	19282669.00	1709456.00	966400.50
292.77	8412919.00	8819898.00	2148924.85
25.73	6479762.00	6400629.00	3793786.00
87.27	5784375.20	4700362.90	775229.30
12.46	240222.21	221731.68	-15975.72

北，中国石油大港全部计入天津，中国石油西南全部计入四川。

by province. In this table, CNPC Changqing is included in Shaanxi, CNPC North China in Hebei, CNPC Dagang in Tianjin and CNPC South-West

全国石油天然气开发利用情况

Oil and Gas Development and

年份/地区	Year/Region	油气田总数/个 Number of Oil & Gas Fields/number	大型 Large	中型 Medium	小型 Small	从业人数/人 Employees/person
总　计	**Total**	**980**	**116**	**236**	**628**	**732602**
国有企业	State-owned Enterprises	25	1	10	14	113900
国有联营企业	Joint State-owned Enterprises	1			1	88
股份有限公司	Share Holding Company Limited	954	115	226	613	618614

注：经济类型为公司在工商管理机关登记注册类型。

Note: The economic type refers to the type registered by a company at agencies or industrial and commercial administration.

——按经济类型分列（2015年）
Utilization by Economic Type（2015）

油产量/万吨 Oil Production/10^4 t	气产量/亿立方米 Gas Production/10^8 m^3	工业总产值/万元 Gross Industrial Output Value/10^4 yuan	销售收入/万元 Sales Revenue/10^4 yuan	年利税总额/万元 Total Amount of Annual Profits and Taxes/10^4 yuan
21508.29	**1243.57**	**146170129.41**	**73823877.64**	**14911117.19**
1254.24	17.38	66249574.00	11892859.00	30112.00
2.24		388500.00	436000.00	40516.00
20251.81	1226.19	79532055.41	61495018.64	14840489.19

全国非油气矿产资源开发
Non–Petroleum Mineral Resources

年份/地区	Year/Region	矿山企业数/个 Number of Mine Enterprises/number				
			大 型 Large	中 型 Medium	小 型 Small	小 矿 Small-scale Mine
	2013	99536	3908	5860	52719	37049
	2014	92061	4080	6650	53709	27622
	2015	83648	4140	6667	48390	24451
北 京	Beijing	182	75	38	64	5
天 津	Tianjin	400	118	124	109	49
河 北	Hebei	3419	118	235	2507	559
山 西	Shanxi	3945	335	730	1812	1068
内蒙古	Inner Mongolia	4776	213	366	2501	1696
辽 宁	Liaoning	3266	117	162	2126	861
吉 林	Jilin	1500	208	222	838	232
黑龙江	Heilongjiang	2555	170	182	1565	638
上 海	Shanghai	24	2	1	21	
江 苏	Jiangsu	1044	128	99	817	
浙 江	Zhejiang	1095	350	182	516	47
安 徽	Anhui	1764	195	194	774	601
福 建	Fujian	1515	223	218	981	93
江 西	Jiangxi	5236	74	388	3106	1668
山 东	Shandong	2518	278	399	1733	108
河 南	Henan	2623	157	251	1456	759
湖 北	Hubei	2985	51	128	1498	1308
湖 南	Hunan	5727	79	259	4136	1253
广 东	Guangdong	1651	397	361	801	92
广 西	Guangxi	3272	70	204	2195	803
海 南	Hainan	197	64	23	97	13
重 庆	Chongqing	2287	47	150	1708	382
四 川	Sichuan	5827	118	345	3776	1588
贵 州	Guizhou	4400	116	284	2742	1258
云 南	Yunnan	7206	54	208	4247	2697
西 藏	Tibet	43	5	10	23	5
陕 西	Shaanxi	4774	184	293	2177	2120
甘 肃	Gansu	3556	65	97	1240	2154
青 海	Qinghai	830	40	49	360	381
宁 夏	Ningxia	567	19	28	285	235
新 疆	Xinjiang	4464	70	437	2179	1778

利用情况—— 按地区分列

Development and Utilization by Region

从业人数/人 Employees/person	年产矿量/原矿，万吨 Annual Production/Crude Ore, 10^4t	工业总产值/万元 Gross Industrial Output Value/ 10^4 yuan	综合利用产值/万元 Output Value of Comprehensive Use/ 10^4 yuan	矿产品销售收入/万元 Sales Revenue of Mineral Commodities/10^4 yuan	利润总额/万元 Total Profits/10^4 yuan
6344625	867935.52	172445934.79	12486974.34	144884029.44	20534242.15
5842497	843578.80	155518276.48	12850582.92	124628923.10	11948428.75
5190077	774924.54	117356204.29	6908725.91	95617762.51	3645758.20
18382	1797.62	954177.62	38392.56	745296.79	-266590.01
13177	4391.23	136286.80	2055.00	135399.80	11288.02
235008	30992.83	4294654.76	87615.08	3868892.84	-120749.99
849433	88892.80	24109191.93	2932789.89	18214943.91	-209717.27
233345	81273.27	11462698.89	599899.31	10669523.86	1376812.11
209712	35162.27	4147338.07	80894.23	3048230.48	29016.75
90989	10645.50	1334478.60	14408.23	1072449.49	-62154.11
203651	14664.31	2097636.18	24357.42	1925974.75	-254995.55
1551	59.96	98217.70		91835.57	8614.82
97791	18565.18	1494359.71	68341.96	1301742.95	-87761.41
35380	44494.72	1261751.79	33128.92	978908.72	63731.32
264454	46600.99	7362265.03	533568.25	6620466.85	-700422.37
55219	14188.63	1171543.91	148406.20	1082064.43	137759.24
172172	25914.68	2992218.23	221039.93	2212816.22	251275.92
425412	42670.38	8303718.25	592388.37	7305409.44	-34284.34
519593	28682.79	6619565.63	83081.04	4567428.89	-392343.64
87671	20595.06	2143217.25	76660.43	1481446.73	190657.94
180769	23143.97	3005503.12	121890.45	2044780.03	200569.43
44085	29446.38	1551677.93	11165.75	1220665.50	172754.42
82530	25647.11	1311135.64	95243.57	893169.35	87353.16
10905	4862.29	349928.19	33398.87	241175.01	17204.51
111764	14626.99	1647296.45	25701.69	1325393.11	-30780.49
235495	23071.24	3065925.94	336430.38	2205086.49	172546.00
195665	28886.32	4299013.09	132990.21	3896287.48	622220.17
241493	23531.53	3811756.33	110527.71	3175388.32	249144.73
2987	645.60	98477.93	8833.00	66642.15	24383.53
232349	37417.28	8212975.23	30143.49	7443755.65	1501916.79
142103	12165.72	2073975.80	99747.70	1994530.21	120653.22
36079	9743.56	3587851.20	207485.66	1765968.74	168399.26
36880	7642.92	1228012.05	8514.80	1093633.33	13065.27
124033	24501.40	3129355.08	149625.82	2928455.42	386190.78

全国非油气矿产资源开发利用情况
Non-Petroleum Mineral Resources Development

矿种	Mineral	矿山企业数/个 Number of Mine Enterprises/number				
			大型 Large	中型 Medium	小型 Small	小矿 Small-scale Mine
总 计	**Total**	**83648**	**4140**	**6667**	**48390**	**24451**
煤炭	Coal	9686	817	1444	5843	1582
油页岩	Oil shale	24	6	7	9	2
油砂	Oil sand	1			1	
石煤	Stone coal	207	1		33	173
天然沥青	Natural asphalt	5			1	4
地热	Geotherm	1215	301	230	588	96
铁矿	Iron	4052	159	370	2677	846
锰矿	Manganese	430	26	47	291	66
铬矿	Chromite	14			11	3
钛矿	Titanium	110	16	6	73	15
钒矿	Vanadium	107	28	22	47	10
铜矿	Copper	875	34	67	605	169
铅矿	Lead	882	5	38	602	237
锌矿	Zinc	615	5	48	416	146
铝土矿	Bauxite	227	9	25	173	20
镁矿	Magnesium	4	1		1	2
镍矿	Nickel	67	7	12	37	11
钴矿	Cobalt	4	1	0	3	
钨矿	Tungsten	150	4	23	98	25
锡矿	Tin	117	2	12	77	26
铋矿	Bismuth	5			3	2
钼矿	Molybdenum	211	26	39	109	37
汞矿	Mercury	30			15	15
锑矿	Antimony	70		4	50	16
铂矿	Platinum	6	2	1	3	
金矿	Gold	1620	79	187	1052	302
银矿	Silver	124	6	17	77	24
铌钽矿	Columbotantalite	12		1	9	2
铌矿	Niobium	2			2	
钽矿	Tantalum	6			6	
铍矿	Beryllium	1				1
锂矿	Lithium	17	5		9	3

——按矿种分列（2015年）
and Utilization by Mineral（2015）

从业人数/人 Employees/person	年产矿量/原矿，万吨 Annual Production/Crude Ore, 10^4 t	工业总产值/万元 Gross Industrial Output Value/10^4 yuan	综合利用产值/万元 Output Value of Comprehensive Use/ 10^4 yuan	矿产品销售收入/万元 Sales Revenue of Mineral Commodities/10^4 yuan	利润总额/万元 Total Profits/10^4 yuan
5190077	**774924.54**	**117356204.29**	**6908725.91**	**95617762.51**	**3645758.20**
3126311	266321.22	67303613.48	4223836.34	58336929.40	730835.61
2827	491.51	36019.29	283.00	14351.53	-554.00
3					
1406	106.41	3332.91	5.00	3270.55	130.94
37					
45006	11753.73	1520635.24		1252906.83	43019.84
304626	52448.16	8768969.43	484959.65	6619953.38	-132666.30
14064	448.56	215447.21	15339.73	79873.38	-14350.25
135	2.27	1580.00		49.97	-118.43
2106	34.54	2577.50	280.00	1465.16	-4973.95
4090	29.02	34670.00		14775.85	
113048	15030.22	3407939.37	267054.53	2592097.72	319823.88
38618	929.95	651384.19	93844.50	560054.39	122221.07
55963	2687.62	1487654.85	150846.69	1324451.29	228303.98
13001	1821.34	382740.35	13313.96	342221.44	9434.82
129	206.73	44596.00	190.00	8662.39	0.20
11413	1365.20	557484.79	42470.16	496032.27	-12281.44
30					
30338	1154.47	656784.01	23242.12	528523.75	-28555.46
22991	807.73	443390.65	66879.97	344949.37	-28903.45
106	2.00	1200.00	20.00	450.00	30.00
29318	8173.39	1136856.62	28898.92	617084.79	42652.57
904	19.14	13827.60	280.00	11381.60	1813.10
11283	82.86	224745.32	1515.44	36874.38	615.17
151					
159513	11976.96	4269903.27	395685.26	3932094.66	523066.68
14925	535.21	459428.03	49690.19	364533.12	55183.94
1511	231.37	38587.60	20.00	27842.06	1572.70
16					
141					
14					
1707	486.62	83804.13	80464.21	73144.16	9726.90

全国非油气矿产资源开发利用情况
Non-Petroleum Mineral Resources Development

矿种	Mineral	矿山企业数/个 Number of Mine Enterprises/number				
			大型 Large	中型 Medium	小型 Small	小矿 Small-scale Mine
锆矿	Zirconium	7	5	2		
锶矿	Strontium	14	1	1	7	5
重稀土矿	Heavy rare earths	13	3	1	9	
轻稀土矿	Light rare earths	64	5	12	42	5
锗矿	Germanium	7			2	5
碲矿	Tellurium	2			1	1
蓝晶石	Kyanite	6	1	2	3	
矽线石	Sillimanite	6	1	1	4	
红柱石	Andalusite	14	7	4	3	
菱镁矿	Magnesite	112	8	12	86	6
普通萤石	Common fluorite	1237	16	49	803	369
熔剂用灰岩	Limestone for flux	236	21	28	162	25
冶金用白云岩	Metallurgical, dolomite	288	15	19	198	56
冶金用石英岩	Metallurgical, duartzite	551	7	20	387	137
冶金用砂岩	Sandstone for metallurgy	16	1		13	2
铸型用砂岩	Sandstone for casting	13			10	3
铸型用砂	Sand for casting	52	1	3	42	6
冶金用脉石英	Metallurgical, vein quartz	269	1	2	186	80
耐火粘土	Fireclay	199	4	10	124	61
铁矾土	Ferruginous bauxite	11			6	5
铸型用粘土	Clay for casting	2			2	
耐火用橄榄岩	refractory peridotite	6		1	3	2
熔剂用蛇纹岩	Serpentinite for flux	8	2	5	1	
自然硫	Native sulfur	1				1
硫铁矿	Greigite	200	8	16	123	53
钠硝石	Nitratite	5		1	2	2
明矾石	Alunite	2	1	1		
芒硝	Mirabilite	81	22	22	32	5
重晶石	Barite	440	11	45	241	143
毒重石	Witherite	35	1	1	14	19
天然碱	Trona	12	2	1	8	1
电石用灰岩	Tourmaline limestone	102	14	8	51	29
制碱用灰岩	Limestone for soda ash	26	2	2	21	1
化肥用灰岩	Limestone for fertilizer	6	1		3	2
化工用白云岩	Dolostone for chemical industry	27			21	6
化肥用石英岩	Quartzite for fertilizer	13		3	9	1
化肥用砂岩	Sandstone for fertilizer	17			15	2
含钾砂页岩	Potassium bearing sandshale	6		2	4	
含钾岩石	Potassium bearing rock	9		3	6	
化肥用橄榄岩	Peridotite for fertilizer	2			2	
化肥用蛇纹岩	Serpentinite for fertilizer	20		3	16	1
泥炭	Peat	42			22	20
盐矿	Salt	202	96	34	67	5
镁盐	Magnesium	6	1	4	1	
钾盐	Potash	20	6	9	4	1

——按矿种分列（2015年） 续表 1

and Utilization by Mineral（2015） Continued 1

从业人数/人 Employees/person	年产矿量/原矿，万吨 Annual Production/Crude Ore, 10^4 t	工业总产值/万元 Gross Industrial Output Value/10^4 yuan	综合利用产值/万元 Output Value of Comprehensive Use/ 10^4 yuan	矿产品销售收入/万元 Sales Revenue of Mineral Commodities/10^4 yuan	利润总额/万元 Total Profits/10^4 yuan
168	387.09	1619.42	592.32	1255.52	
506	5.32	1963.40		1963.40	132.00
302	122.35	89734.49	5200.00	36792.75	3056.84
1950	737.24	91552.01	1770.00	60741.79	12060.87
969	39.59	8648.93		7504.83	786.00
10					
141	1.07	445.00		445.00	70.00
268					
455	20.16	2954.13	835.00	2902.61	152.71
5145	1005.84	117437.59	52.50	80750.37	-1606.62
17728	397.95	155139.45	14661.69	132785.20	13955.35
14420	6135.16	262992.55	34664.88	202391.49	4960.40
6072	2185.59	115016.41	4740.00	74250.46	2030.99
4914	400.53	40444.69	741.86	38522.11	3530.97
236	74.17	3372.67	189.30	3035.37	359.62
156	92.93	1050.93		1024.87	309.77
1092	48.37	12030.40	20.00	10010.34	927.94
2276	29.65	4938.44	553.00	4819.79	560.80
4178	111.92	33967.91	997.40	23389.58	2074.71
38					
31	3.00	150.00		150.00	10.00
232	7.11	211.40		172.16	0.50
319	59.78	989.51	55.00	979.68	108.28
30					
14571	815.64	336922.06	41464.74	295156.12	53390.87
80					
830	9.09	4869.70	145.84	2549.92	-313.60
7472	1106.30	166004.19	15496.23	149238.72	5600.25
4487	226.77	51960.55	2632.00	33079.87	5546.06
343	10.93	6025.00		5578.20	69.80
2764	272.75	182894.00	1370.00	177508.00	50991.00
1784	1782.05	82113.34	735.10	38627.59	8429.77
1460	657.88	124055.24	132.00	11145.76	-8619.03
66	0.90	13.10		7.20	0.60
245	52.05	1527.80	2.00	1244.52	160.30
165	16.02	848.66	200.00	329.88	46.48
649	2.39	144.00	6.50	144.00	26.22
25	1.44	73.67		72.87	10.84
114	27.46	2617.00	0.20	2406.00	10.60
8	1.15	86.00		86.00	
184	2.59	103.80		93.80	1.25
439	35.37	4437.17	28.16	4386.73	889.76
49781	6323.19	1395058.04	119695.94	962016.72	53353.21
768	6.02	8221.00	2692.00	6263.35	3200.00
9597	7568.55	3014500.56	102899.15	1517741.92	202903.13

全国非油气矿产资源开发利用情况
Non-Petroleum Mineral Resources Development

矿种	Mineral	矿山企业数/个 Number of Mine Enterprises/number				
			大型 Large	中型 Medium	小型 Small	小矿 Small-scale Mine
溴矿	Bromine	49			49	
砷矿	Arsenic	6			4	2
硼矿	Boron	58	4	6	46	2
磷矿	Phosphate rock	337	38	107	174	18
金刚石	Diamond	5	2	3		
石墨	Graphite	171	51	16	79	25
熔炼水晶	Smelting quartz	1				1
光学水晶	Optical crystal	1				1
工艺水晶	Crystal for artware	6			3	3
硅灰石	Wollastonite	215	4	5	131	75
滑石	Talc	130	6	11	81	32
石棉	Asbestos	34	10	2	21	1
云母	Mica	26			17	9
长石	Feldspar	373	5	10	259	99
电气石	Tourmaline	5			2	3
石榴子石	Garnet	22	2		12	8
叶蜡石	Pyrophyllite	73	2	26	39	6
透辉石	Diopside	37		8	23	6
蛭石	Vermiculite	16	1	2	12	1
沸石	Zeolite	55		2	39	14
透闪石	Tremolite	11	1		6	4
石膏	Gypsum	550	38	111	310	91
方解石	Calcite	682	9	30	453	190
冰洲石	Iceland spar	1				1
光学萤石	Optic fluorite	1			1	
宝石	Gem	7		1	1	5
玉石	Jade	170		1	48	121
玛瑙	Agate	5			1	4
玻璃用灰岩	Limestone for glass	5		1	2	2
水泥用灰岩	Limestone for cement	2739	444	330	1476	489
建筑石料用灰岩	Limestone for building stone	13155	163	341	8338	4313
饰面用灰岩	Facing limestone	228	1	5	102	120
制灰用石灰岩	Limestone for mortar	674	9	13	485	167
泥灰岩	Marlstone	29		1	18	10
白垩	Chalk	3			3	
玻璃用白云岩	Dolostone for glass	57	2	1	40	14
建筑用白云岩	Dolostone for building	924	13	32	623	256
玻璃用石英岩	Quartzite for glass	456	19	38	302	97
玻璃用砂岩	Sandstone for glass	92	5	37	40	10
水泥配料用砂岩	Sandstone for cement	285	14	41	167	63
砖瓦用砂岩	Sandstone for bricks and tiles	281	2	22	195	62
陶瓷用砂岩	Sandstone for ceramics	74	1	12	47	14
建筑用砂岩	Sandstone for building	1419	66	121	837	395
玻璃用砂	Sand for glass	54	13	10	14	17

——按矿种分列（2015年） 续表 2
and Utilization by Mineral（2015） Continued 2

从业人数/人 Employees/person	年产矿量/原矿，万吨 Annual Production/Crude Ore, 10^4 t	工业总产值/万元 Gross Industrial Output Value/10^4 yuan	综合利用产值/万元 Output Value of Comprehensive Use/ 10^4 yuan	矿产品销售收入/万元 Sales Revenue of Mineral Commodities/10^4 yuan	利润总额/万元 Total Profits/10^4 yuan
2064	8.64	69549.22	22053.22	56767.76	6327.75
52	0.33	104.32		104.32	-88.76
1263	92.05	35935.35	2599.00	34593.87	49.99
41424	6828.51	1779638.48	63848.15	1257719.38	252696.50
705					-887.00
5357	408.09	33554.09	125.00	32320.65	1679.82
5					
10					
12					
2145	135.55	18484.50	907.00	15457.49	2649.92
3518	184.62	41199.69	594.57	36819.56	1903.09
2066	501.97	17164.14	500.00	7942.14	-319.17
160	2.51	2341.35		469.35	30.62
3531	268.41	17939.07	1914.83	16539.26	1565.87
57					
185	6.85	200.00		158.50	14.80
872	77.53	10186.10	303.29	9480.69	1251.09
484	40.89	3110.00	170.00	2302.11	330.00
113	2.05	985.00		985.00	98.50
442	25.69	703.36		668.88	84.36
110	4.02	129.60		129.60	33.15
18097	1633.15	101956.36	3309.03	88662.98	6082.44
5532	626.15	44425.13	708.70	38434.45	7207.50
1					
16	0.20	20.00		20.00	
51		200.00		43.96	10.00
2663	7.09	57252.24	647.50	21340.45	-3025.16
171					
36	9.90	270.00		267.30	20.00
84291	121185.71	8680386.79	202765.42	5287392.75	570717.72
160006	84350.26	2023787.06	59620.98	1967388.23	221147.36
2291	235.36	32293.57	517.30	26860.56	4219.27
7572	3494.53	106854.02	3970.40	91925.09	4584.57
427	22.78	956.74	10.00	867.10	102.70
9					
625	212.83	5075.76	72.40	3249.76	387.00
9767	5290.22	98900.41	4572.47	88810.13	16609.35
4845	1194.89	54365.28	1559.52	50124.61	952.40
1413	423.94	27048.68	420.00	20792.58	2630.91
5216	2060.75	165648.92	10875.63	75170.50	21596.06
4656	666.46	37140.13	714.46	33217.29	3658.02
557	76.52	1956.57	151.10	1730.86	347.09
14200	7222.57	198795.55	6131.07	178336.21	16704.24
2114	565.01	37825.52	744.29	24868.34	2110.94

全国非油气矿产资源开发利用情况

Non-Petroleum Mineral Resources Development

矿种	Mineral	矿山企业数/个 Number of Mine Enterprises/number				
			大型 Large	中型 Medium	小型 Small	小矿 Small-scale Mine
建筑用砂	Sand for building	4019	31	254	1752	1982
水泥配料用砂	Sand for cement	16	1	3	9	3
水泥标准砂	Cement standard sand	3			2	1
砖瓦用砂	Sand for bricks and tiles	104		1	23	80
玻璃用脉石英	Vein quartz for glass	206	4	9	141	52
水泥配料用脉石英	Vein quartz for cement	27		1	15	11
粉石英	Powdery quartz	44		3	36	5
天然油石	Natural whetstone	1				1
硅藻土	Diatomite	42	1	13	26	2
陶粒页岩	Haydite shale	35	2	5	26	2
砖瓦用页岩	Shale for bricks and tiles	6373	10	683	4400	1280
水泥配料用页岩	Shale for cement	171	6	27	79	59
建筑用页岩	Shale for building	375		53	230	92
高岭土	Kaolin	456	38	72	276	70
陶瓷土	Ceramic clay	516	37	128	306	45
凹凸棒石粘土	Attapulgite clay	37	4	9	23	1
海泡石粘土	Sepiolite clay	6			5	1
伊利石粘土	Illite clay	49	2	6	36	5
累托石粘土	Rectorite clay	5			3	2
膨润土	Bentonite	253	8	23	160	62
砖瓦用粘土	Clay for bricks and tiles	10927	3	271	3938	6715
陶粒用粘土	Earthenware clay	153	4	8	91	50
水泥配料用粘土	Clay for cement	136	7	8	68	53
水泥配料用红土	Laterite for cement	12		1	4	7
水泥配料用黄土	Loess for cement	13		1	9	3
水泥配料用泥岩	Mudstone for cement	24	2	2	9	11
保温材料用粘土	Clay for thermal insulating material	5			3	2
白云母粘土矿	Muscovite clay mine	1				1
建筑用橄榄岩	Peridotite for building	8			6	2
饰面用蛇纹岩	Facing serpentinite	56		1	48	7
饰面用辉石岩	Facing pyroxenite	2			2	
建筑用辉石岩	Pyroxenite for building	2			2	
铸石用玄武岩	Basalt for casting	20	1	1	13	5
岩棉用玄武岩	Basalt for wool rock	1			1	
饰面用玄武岩	Facing basalt	54	2	1	40	11
水泥混合材玄武岩	Basalt for addition of cement	3			2	1
建筑用玄武岩	Basalt for building	565	60	56	301	148
饰面用角闪岩	Facing amphibolite	5			5	
建筑用角闪岩	Amphibolite for building	25	1	1	15	8
水泥用辉绿岩	Diabase for cement	5	1	1	1	2
铸石用辉绿岩	Diabase for casting	2		1	1	
饰面用辉绿岩	Facing diabase	176	3	4	121	48
建筑用辉绿岩	Diabase for building	213	10	16	136	51
饰面用辉长岩	Facing gabbro	2			1	1

——按矿种分列（2015年） 续表3

and Utilization by Mineral（2015） Continued 3

从业人数/人 Employees/person	年产矿量/原矿，万吨 Annual Production/Crude Ore, 10^4 t	工业总产值/万元 Gross Industrial Output Value/10^4 yuan	综合利用产值/万元 Output Value of Comprehensive Use/10^4 yuan	矿产品销售收入/万元 Sales Revenue of Mineral Commodities/10^4 yuan	利润总额/万元 Total Profits/10^4 yuan
34311	11385.61	241361.51	11955.48	214443.45	38432.61
389	341.35	19566.38		14786.38	506.90
27	5.90	452.69	10.00	452.69	118.02
906	50.23	9229.79	66.20	3810.82	498.04
1486	90.63	6739.35	68.00	5580.83	629.34
99	4.24	253.25		253.25	2.36
329	9.54	809.99	1.30	504.99	50.90
10					
790	20.83	24182.11	50.00	11885.61	-831.00
416	19.93	1383.59		1361.09	70.60
111280	11067.53	771629.99	59626.51	649987.05	81543.37
1844	606.27	13021.48	204.00	12097.98	2071.09
5998	723.01	41907.74	3267.55	35614.77	5318.93
8368	641.38	101276.31	3159.80	86141.63	6002.48
5192	1046.99	51103.71	600.30	43959.25	4645.65
586	36.68	10916.80	1707.00	8731.76	1317.50
29					
482	10.48	525.25	109.17	508.15	33.17
32					
4783	175.48	103436.63	2439.70	99242.70	6930.61
286784	12425.17	888237.16	61188.32	772899.97	80191.32
2310	116.02	6475.94	452.85	4981.68	1006.38
2191	459.49	31664.61	446.20	8265.71	-3318.92
150	20.99	647.00	350.00	646.00	38.00
270	82.80	20675.50	10.00	1924.50	-10849.00
285	273.16	158173.34	1380.69	157472.14	11813.92
28					
20					
143	19.96	572.85		447.85	18.00
371	37.74	1471.10	1.00	444.10	113.00
40	0.53	913.87		895.58	895.58
13	4.00	62.00		24.00	0.60
243	44.74	2151.32	100.00	1718.32	163.50
2					
838	35.05	8522.90	1399.00	6647.95	1174.72
35					
7153	4618.56	118086.77	16895.59	97337.37	8775.08
43	0.26	30.00	30.00	20.00	18.00
350	134.52	1828.28	270.00	1826.47	147.66
33	20.51	400.00		174.00	155.00
13					
1465	102.81	9636.89	531.50	8727.77	3312.42
2187	478.39	18038.60	136.50	16095.50	3313.98
25	0.64	552.24		552.24	110.45

全国非油气矿产资源开发利用情况
Non-Petroleum Mineral Resources Development

矿种	Mineral	矿山企业数/个 Number of Mine Enterprises/number				
			大型 Large	中型 Medium	小型 Small	小矿 Small-scale Mine
建筑用辉长岩	Gabbro for building	6			5	1
饰面用安山岩	Facing andesite	7	1	1	3	2
建筑用安山岩	Andesite for building	483	115	19	246	103
水泥混合材用安山玢岩	Andesitic porpilyrite for addition of cement	1		1		
建筑用闪长岩	Diorite for building	288	46	17	171	54
水泥混合材用闪长玢岩	Diorite porpilyrite for addition of cement	1				1
饰面用闪长岩	Facing diorite	34		2	23	9
建筑用二长岩	Monzonite for building	2	1			1
建筑用正长岩	Syenite for building	2			2	
建筑用花岗岩	Granite for building	3126	569	342	1788	427
饰面用花岗岩	Facing Granite	1413	35	66	1020	292
麦饭石	Medical Stone	10		1	4	5
珍珠岩	Perlite	71	1	3	48	19
建筑用流纹岩	Rhyolite for building	1			1	
黑曜岩	Obsidian	4			4	
浮石	Float-stone	20		1	14	5
水泥用粗面岩	Trachyte for cement	2			2	
铸石用粗面岩	Trachyte for casting	13			10	3
霞石正长岩	Nepheline syenite	12	1	3	8	
水泥用凝灰岩	Tuff for cement	37	1		20	16
建筑用凝灰岩	Tuff for building	1350	280	119	694	257
火山灰	Pozzuolana	5		2	3	
火山渣	Volcanic cinder	13		1	12	
饰面用大理岩	Facing marble	564	8	5	318	233
建筑用大理岩	Marble for building	433	20	24	275	114
水泥用大理岩	Marble for cement	176	15	15	121	25
玻璃用大理岩	Marble for glass	37			36	1
饰面用板岩	Facing slate	170	2	10	92	66
水泥配料用板岩	Slate for cement	35	1		24	10
片石	Schist	75	1	1	46	27
片麻岩	Gneiss	332	22	28	196	86
千枚岩	Phyllite	12			11	1
砚石	Inkstone	4			3	1
矿泉水	Mineral Water	784	54	67	533	130
地下水	Ground water	4			2	2
其他矿产①	Other Minerals①	148		3	113	32

① 其他矿产为未命名矿产。

① Other minerals are unnamed minerals.

——按矿种分列（2015年） 续表4

and Utilization by Mineral（2015） Continued 4

从业人数/人 Employees/person	年产矿量/原矿，万吨 Annual Production/Crude Ore, 10^4 t	工业总产值/万元 Gross Industrial Output Value/10^4 yuan	综合利用产值/万元 Output Value of Comprehensive Use/ 10^4 yuan	矿产品销售收入/万元 Sales Revenue of Mineral Commodities/10^4 yuan	利润总额/万元 Total Profits/10^4 yuan
67	4.89	394.54		123.39	−295.00
37	2.99	49.38	0.50	49.38	3.47
6826	4727.78	97663.61	8612.30	85236.30	17893.42
8		5.50			
3771	2137.13	32942.61	411.45	30875.90	3617.77
8	5.76	144.00		144.00	48.00
363	15.19	3634.60	33.00	3388.98	429.00
14					
3					
42437	30501.29	666451.75	17230.41	544083.09	54902.01
23503	4827.58	303798.44	8961.31	255364.49	27342.61
65	0.11	52.50		52.50	18.00
1215	72.38	15237.55	533.00	11407.99	1805.18
2					
26					
188	8.79	591.48	115.00	173.48	94.00
15	5.20	20.81		20.81	10.00
152	21.90	378.50		268.13	11.00
250	19.08	1102.02	50.00	680.02	236.00
318	116.51	4576.66	147.00	4426.97	1188.98
24699	32645.63	779293.23	18978.11	538068.31	40431.03
86	17.75	234.10		234.10	27.02
144	6.05	114.36		97.86	10.45
6539	1158.11	82854.38	2151.22	69057.59	19266.20
3811	1475.07	34812.56	288.30	30379.38	3886.72
3593	1962.86	75089.42	425.44	73968.58	−2882.83
399	63.87	3989.54		3583.22	2200.00
1324	125.24	7733.98	236.00	6330.88	883.30
470	114.89	3759.23		3414.72	579.75
886	195.19	3962.75	54.70	3945.75	396.75
3576	1895.49	35702.93	2531.71	32921.47	6974.61
61	5.00	100.00		201.50	42.00
43	0.27	150.00		55.00	6.00
28049	1332.15	737094.68		681297.43	−207265.01
487	46.56	3988.00		6873.00	−640.00
1963	506.84	13655.20	12.00	13075.04	1427.79

全国非油气矿产资源开发利用情况
Non-Petroleum Mineral Resources Development

经济类型	Economic Type	矿山企业数/个 Number of Mine Enterprises/number				
			大型 Large	中型 Medium	小型 Small	小矿 Small-scale Mine
总计	**Total**	**83648**	**4140**	**6667**	**48390**	**24451**
内资企业	**Domestic Funded Enterprises**	**83107**	**3970**	**6570**	**48158**	**24409**
国有企业	State-owned Enterprises	2967	643	619	1434	271
集体企业	Collective-owned Enterprises	4725	62	225	2672	1766
股份合作企业	Cooperative Stock Enterprises	892	57	71	527	237
联营企业	Joint Ownership Enterprises	290	14	35	166	75
有限责任公司	Limited Liability Corporations	17401	1458	2267	10397	3279
股份有限公司	Share Holding Company Limited	3976	464	571	2255	686
私营企业	Private Enterprises	50020	1197	2640	29132	17051
其他企业	Other Enterprises	2836	75	142	1575	1044
港澳台商投资企业	**Enterprises with Funds from Hong Kong, Macao and Taiwan**	**245**	**69**	**41**	**116**	**19**
外商投资企业	**Foreign Funded Enterprises**	**296**	**101**	**56**	**116**	**23**

——按经济类型分列（2015年）
and Utilization by Economic Type（2015）

从业人数/人 Employees/person	年产矿量/原矿，万吨 Annual Production/Crude Ore, 10^4 t	工业总产值/万元 Gross Industrial Output Value/10^4 yuan	综合利用产值/万元 Output Value of Comprehensive Use/10^4 yuan	矿产品销售收入/万元 Sales Revenue of Mineral Commodities/10^4 yuan	利润总额/万元 Total Profits/10^4 yuan
5190077	**774920.54**	**117356204.29**	**6908725.91**	**95617762.51**	**3645758.20**
5119067	**744371.55**	**112618267.08**	**6563317.39**	**92139723.32**	**3245250.37**
1331490	167112.76	34544477.51	2345038.21	29651518.25	573486.51
155371	12129.29	1021075.98	98580.43	886671.59	-236996.75
57295	10119.32	1613862.33	146112.78	1504450.16	123023.71
22439	3604.15	639747.68	117317.11	581600.60	82560.61
1532969	235392.80	33239956.43	2058220.51	27074336.51	265947.47
918222	124646.16	29255649.87	1188330.22	21824612.12	1688097.81
1050699	180609.96	11684468.80	601877.48	10093656.61	723406.96
50582	10757.12	619028.48	7840.65	522877.50	25724.06
22432	**13641.33**	**1470658.56**	**28321.32**	**1128983.25**	**156751.33**
48578	**16911.67**	**3267278.65**	**317087.21**	**2349055.93**	**243756.50**

主要统计指标解释

矿种 指矿山企业开采的矿产名称。

矿山规模 指依据国土资源部矿山生产规模划分标准确定的大型、中型、小型、小矿。

小矿 指矿山生产规模为小型规模上限1/10以下的矿山。

经济类型 指工商行政管理部门对企业登记注册的类型。

矿山企业数 指各类矿山企业的数量，以“个”计量。

从业人数 指报告期内矿山企业中从事矿业生产劳动，并取得劳动报酬或经营收入的年平均就业人数。当年在矿山企业中从事采矿活动的临时工、轮换工，应加入此项统计。非独立法人矿山企业只填报本矿山的平均就业人数。

年产矿量 指矿山企业当年采矿作业实际生产的符合产品质量要求的各类矿产的实物数量。应严格按各对应矿产的计量单位，分固、液、气三种状态分别合计填报。

工业总产值 指以货币表现的矿山企业报告期生产的最终工业产品总价值量。

综合利用产值 指在总产值中，由于对共生、伴生矿及“三废”综合利用的最终工业产品的价值量总和。

利润总额 指企业当年实现的利润总量。反映企业最终的财务成果。

矿产品销售收入 指矿山企业当年度销售该矿产品（包括产成品、半成品及废品）所取得的收入。以销售实现为原则进行填报。

Explanatory Notes on Main Statistical Indicators

Mineral—refers to the name of the mineral mined by a mining enterprise.

Size of mine—refers to large, medium and small sizes as well as small-scale mines defined according to the production scale standards of mines set by the Ministry of Land and Resources.

Small-scale mine—refers to a mine whose production scale is small below 1/10 of the upper limit of a small-sized mine.

Enterprise type—refers to the type of registration of an enterprise stipulated by administrative agencies for industry and commerce.

Number of mine enterprises—refers to the number of various kinds of mining enterprises.

Employees—refers to the annual average number of all the persons who are engaged in mining labor and get remuneration payment or earn income in mining enterprises during the report period. Temporary laborers and rotated laborers who are engaged in mining operations in mining enterprises during the current year should be included in this statistics. Mining enterprises that are non-independent legal persons are demanded to report the average number of employees in their own mines only.

Annual production—refers to the quantity of various mineral materials that are actually produced by a mining enterprise in mining operations during the current year and meet the requirements of the product quality. The ore outputs should be reported according to the related measuring units of the minerals and separately according to the solid, liquid and gas states.

Gross industrial output value—refers to the gross value of the final industrial products produced by mining enterprises during the report period, which is expressed in currency.

Output value of comprehensive use—refers to the total sum of the values of final industrial products in the gross value of mining output due to the comprehensive use of co-products, by-products and "three wastes" (waste slag, waste gas, waste liquid).

Total profits—refers to the total amount of profits achieved by an enterprise during the current year, which reflects the final financial outcomes of an enterprise.

Sales revenue of mineral commodities—refers to the revenue earned by selling mineral commodities (including finished commodities, half-finished commodities and wastes) by a mining enterprises during the current year, which is demanded to be reported in light of the principle of achieving sales.

海洋资源

Marine Resources

海洋资源利用情况
Uses of Marine Resources

年份/地区	Year/Region	海洋石油/万吨 Marine Oil/10^4 t	海洋天然气/亿立方米 Marine Natural Gas/10^8m^3	海滨砂矿/万吨 Beach Placers/10^4 t	海洋渔业/万吨 Marine Aquatic Products/10^4 t		海洋盐业/万吨 Marine Salt Industry/10^4 t
					捕捞产量① Marine① Fishing Production	养殖产量 Mariculture Production	
2013		**4541.09**	**117.65**	**4434.32**	**1399.58**	**1739.25**	**2681.13**
2014							
2015		**4613.95**	**130.89**	**4727.40**	**1456.17**	**1812.65**	**3085.30**
天津	Tianjin	2674.09	28.26		6.56	1.16	161.10
河北	Hebei	237.74	8.53		23.96	49.20	336.30
辽宁	Liaoning	48.27	0.19		140.63	289.05	128.70
上海	Shanghai	19.53	8.81		16.96		
江苏	Jiangsu				56.79	93.60	81.40
浙江	Zhejiang			2243.70	377.54	89.79	8.90
福建	Fujian			316.70	223.96	379.43	38.10
山东	Shandong	300.30	1.29	1507.00	266.22	479.91	2316.60
广东	Guangdong	1334.02	83.82		156.20	294.40	8.40
广西	Guangxi			454.40	65.34	109.10	0.60
海南	Hainan			205.60	122.01	27.01	5.30

① 捕捞产量全国总计包括北京13222吨，中农发集团260847吨。

① Data for marine fishing production includes 13222t form Beijing and 260847 from the China National Agricultural Deve lopment Group.

主要统计指标解释

海洋捕捞产量 指国内海域捕捞产量，不包括远洋渔业产量。

海水养殖产量 指从人工投放苗种或天然纳苗并进行人工饲养管理的海水养殖水域中捕捞的水产品产量。

海洋盐业 指利用海水生产以氯化钠为主要成分的盐产品的活动，包括采盐和盐加工，不包括盐化工，盐化工列入海洋化工业。

Explanatory Notes on Main Statistical Indicators

Marine fishing production—refers to the fishing production in China seas, excluding overseas fisheries production.

Mariculture production—refers to the output of aquatic products managed with artificial breeding in sea water.

Marine salt industry—refers to those activities that using sea water to produce salt products with sodium salts as main components, including salt mining and salt processing, not including salt chemical industry which is included in marine chemical industry.

四、国土资源行政管理

Chapter 4　Land and Resources Administration

国土资源管理机构

Land and Resources Administrative Agencies

全国省、市、县级国土资源管理机构数

Number of Land and Resources Administrative Agencies of the Provincial, Municipal and County Level

单位：个 Unit: number

年份/地区	Year/Region	合计 Total	省级 Provincial Level	市（地）级 Municipal (Prefecture) Level	县（区）级 County (District) Level
	2013	3139	32	440	2667
	2014	3234	32	362	2840
	2015	3427	32	360	3035
北　京	Beijing	17	1		16
天　津	Tianjin	12	1		11
河　北	Hebei	196	1	11	184
山　西	Shanxi	145	1	11	133
内蒙古	Inner Mongolia	129	1	14	114
辽　宁	Liaoning	79	1	14	64
吉　林	Jilin	54	1	10	43
黑龙江	Heilongjiang	143	1	16	126
上　海	Shanghai	18	1		17
江　苏	Jiangsu	114	1	13	100
浙　江	Zhejiang	105	1	11	93
安　徽	Anhui	119	1	16	102
福　建	Fujian	85	1	9	75
江　西	Jiangxi	113	1	11	101
山　东	Shandong	191	1	17	173
河　南	Henan	177	1	18	158
湖　北	Hubei	118	1	16	101
湖　南	Hunan	152	1	14	137
广　东	Guangdong	152	1	21	130
广　西	Guangxi	103	1	14	88
海　南	Hainan	19	1	2	16
重　庆	Chongqing	40	1		39
四　川	Sichuan	206	1	21	184
贵　州	Guizhou	113	1	9	103
云　南	Yunnan	161	1	16	144
西　藏	Tibet	81	1	7	73
陕　西	Shaanxi	129	1	11	117
甘　肃	Gansu	102	1	15	86
青　海	Qinghai	55	1	8	46
宁　夏	Ningxia	24	1	5	18
新　疆	Xinjiang	275	2	30	243

注：不包含国土资源部机关及直属事业单位。

Note: The date of the MLR and its units affiliated are not included.

土地资源管理

Land Resources Administration

审批建设用地情况

Examination and Approval of Land for Construction Use

单位：公顷 Unit: hm^2

年份/地区 Year/Region		合计 Total	农用地转用 Agriculture Land Transform to Construction-used Land	耕地 Cultivated Land	国务院批准建设用地 Land for Contruction Approved by the State Council	农用地转用 Agriculture Land Transform to Construction-used Land	耕地 Cultivated Land	省级政府批准建设用地 Land for Contruction Approved by Provincial Governments	农用地转用 Agriculture Land Transform to Construction-used Land	耕地 Cultivated Land
	2013	534335.97	372392.16	219620.36	213329.11	160705.15	86858.53	321006.86	211687.02	132761.84
	2014	403821.55	279388.17	160776.15	154326.38	114830.62	61633.62	249495.17	164557.55	99142.53
	2015	394817.79	279944.55	159400.27	153168.85	116087.33	63418.61	241648.93	163857.22	95981.66
北　京	Beijing	1408.13	700.32	417.51	981.03	535.20	308.99	427.10	165.12	108.52
天　津	Tianjin	2228.71	1622.12	847.62	812.58	712.72	267.84	1416.13	909.39	579.78
河　北	Hebei	9611.46	6410.76	4300.92	4452.24	3690.88	2583.83	5159.22	2719.88	1717.09
山　西	Shanxi	8401.13	5553.64	4184.74	3982.71	2618.31	1953.30	4418.42	2935.33	2231.44
内蒙古	Inner Mongolia	24546.87	14228.29	5107.94	9961.31	8135.19	2732.33	14585.56	6093.10	2375.61
辽　宁	Liaoning	9364.02	7428.61	5619.22	4429.91	3636.73	2726.52	4934.11	3791.88	2892.70
吉　林	Jilin	4843.43	3555.67	2789.61	1769.45	1421.20	1101.00	3073.98	2134.47	1688.62
黑龙江	Heilongjiang	14557.70	12225.49	9012.06	9719.50	8064.83	5686.73	4838.20	4160.66	3325.34
上　海	Shanghai	3562.87	1697.87	1236.25	428.01	218.92	166.71	3134.86	1478.95	1069.54
江　苏	Jiangsu	24293.31	15791.34	11031.47	9787.91	6762.69	4634.18	14505.40	9028.64	6397.29
浙　江	Zhejiang	13892.52	10312.40	7324.99	6173.31	4473.92	3175.10	7719.20	5838.48	4149.89
安　徽	Anhui	13880.23	9877.19	6826.67	3477.37	2796.78	1699.96	10402.85	7080.41	5126.70
福　建	Fujian	15200.14	12268.71	5023.63	5056.73	4158.81	1566.45	10143.41	8109.90	3457.18
江　西	Jiangxi	21567.98	16699.64	6341.13	6697.40	6095.70	1590.19	14870.58	10603.94	4750.94
山　东	Shandong	23281.65	15928.76	11459.01	7580.89	6821.77	5139.12	15700.76	9106.99	6319.89
河　南	Henan	24908.06	18534.59	15428.68	6399.26	4850.34	3979.93	18508.81	13684.25	11448.75
湖　北	Hubei	10200.07	8612.87	5463.42	3144.60	2665.55	1809.27	7055.47	5947.32	3654.15
湖　南	Hunan	16649.47	14035.37	7522.40	3960.51	3400.47	1728.24	12688.95	10634.90	5794.16
广　东	Guangdong	32302.62	25833.69	8266.05	11336.71	9640.79	3113.08	20965.91	16192.90	5152.98
广　西	Guangxi	12193.47	10078.34	5138.97	5255.74	4244.60	2296.93	6937.73	5833.74	2842.04
海　南	Hainan	2867.71	2505.58	693.24	1291.52	1153.36	274.39	1576.18	1352.23	418.85
重　庆	Chongqing	7878.36	7036.55	4236.77	1366.76	1233.24	535.72	6511.60	5803.31	3701.05
四　川	Sichuan	12951.98	9611.12	6210.33	5175.78	4101.57	2473.80	7776.20	5509.55	3736.53
贵　州	Guizhou	13771.56	10424.52	6684.75	2792.15	2099.54	1435.84	10979.42	8324.98	5248.91
云　南	Yunnan	16045.27	10579.33	4838.97	14457.04	9262.93	4074.31	1588.23	1316.40	764.66
西　藏	Tibet	1453.37	926.28	284.00	1453.37	926.28	284.00			
陕　西	Shaanxi	8732.36	6887.85	4745.56	5473.53	4770.40	3284.09	3258.83	2117.45	1461.47
甘　肃	Gansu	5624.08	3043.19	2344.71	2298.70	1182.89	819.03	3325.37	1860.30	1525.68
青　海	Qinghai	3209.00	2801.93	194.61	255.57	20.28	3.78	2953.43	2781.65	190.83
宁　夏	Ningxia	7325.35	4756.31	2058.40	3315.13	2626.65	1105.15	4010.22	2129.66	953.25
新　疆	Xinjiang	28064.92	9976.21	3766.63	9882.12	3764.79	868.80	18182.80	6211.43	2897.83

审批建设用地情况 续表

Examination and Approval of Land for Construction Use Continued

单位：公顷 Unit: hm^2

年份/地区	Year/Region	城镇村建设用地 Land for Construction in City, Town and Village						单独选址建设用地 Land for Construction at Separated Selected Sites			
			商服用地 Land for Commercial and Service Uses	工矿仓储用地 Land for Industry, Mining and Warehousing	住宅用地 Land for Residential Uses	公共管理与公共服务用地 Land for Public Management and Public Services	交通运输用地 Land for Transport		交通运输用地 Land for Transport	水利设施用地 Land for Water Conservancy Facilities	能源用地[①] Land for Energy Projects
	2013	346826.06	50564.97	137006.94	87221.23	40808.37	23358.23	187509.91	114274.45	22958.34	39715.92
	2014	262717.84	41103.11	97931.99	67161.91	28513.26	18868.40	141103.71	82874.61	25133.62	21751.99
	2015	241187.09	36721.61	93378.30	52339.52	30555.95	20652.82	153630.70	100797.63	17188.16	27812.14
北　京	Beijing	967.10	75.00	72.40	302.15	263.45	232.33	441.03	441.03	0.00	0.00
天　津	Tianjin	1110.10	72.62	453.15	270.16	106.76	207.40	1118.61	597.42	340.34	11.26
河　北	Hebei	6339.24	1001.92	3085.60	1624.25	489.61	109.40	3272.22	2154.82	690.44	248.04
山　西	Shanxi	4304.80	704.70	1445.47	992.77	844.46	182.44	4096.33	2822.58	1016.37	254.44
内蒙古	Inner Mongolia	13372.55	2381.49	7098.42	1459.30	1809.77	429.50	11174.32	9211.23	190.61	1158.82
辽　宁	Liaoning	7132.59	1313.64	2589.73	1519.35	909.62	723.40	2231.43	2079.29	0.00	68.84
吉　林	Jilin	3006.29	353.22	1312.79	708.49	380.66	244.29	1837.14	952.47	39.70	753.19
黑龙江	Heilongjiang	5125.33	617.09	2575.50	873.35	525.74	447.12	9432.37	5226.54	2530.44	695.44
上　海	Shanghai	2512.75	75.10	263.12	241.59	587.37	644.61	1050.12	618.23	270.05	31.58
江　苏	Jiangsu	13894.97	2015.30	5833.23	3012.52	1580.10	449.22	10398.34	7497.96	2196.10	162.06
浙　江	Zhejiang	9110.83	1141.16	2135.57	2369.06	1640.35	1620.58	4781.69	3383.96	1322.37	47.96
安　徽	Anhui	8846.41	1248.11	3367.35	1826.37	1256.00	1113.53	5033.82	3678.85	47.66	905.99
福　建	Fujian	8404.41	896.34	3242.62	1464.01	1488.47	1126.20	6795.72	5800.50	413.10	62.77
江　西	Jiangxi	14475.39	2010.05	6061.76	3051.74	2113.16	1159.06	7092.59	5449.56	213.16	1339.65
山　东	Shandong	19049.60	2696.88	7888.45	5294.05	2388.82	666.60	4232.05	1956.90	933.23	1109.76
河　南	Henan	20953.36	3467.22	8176.33	6354.32	1615.69	1185.37	3954.71	3413.49	257.74	140.04
湖　北	Hubei	7551.37	713.50	2956.22	1860.30	705.72	828.44	2648.70	1958.27	637.36	11.44
湖　南	Hunan	11947.13	2468.47	3979.83	2328.48	1345.97	1791.82	4702.34	4101.46	70.57	91.39
广　东	Guangdong	21437.09	3526.41	9614.02	4037.71	1957.07	943.77	10865.52	9802.47	66.91	871.85
广　西	Guangxi	8153.55	2011.01	2953.10	1352.42	894.45	889.83	4039.92	2187.44	1106.81	405.34
海　南	Hainan	1896.19	397.30	171.66	223.01	490.50	521.14	971.51	948.72	0.00	22.80
重　庆	Chongqing	6280.03	116.50	3226.77	645.92	1261.73	968.44	1598.33	668.57	131.99	323.55
四　川	Sichuan	8222.39	1166.86	2947.55	2364.84	1136.00	535.00	4729.60	2035.41	1084.27	1589.89
贵　州	Guizhou	12210.22	2745.23	3201.05	3240.38	1828.90	961.93	1561.34	1386.14	8.65	142.40
云　南	Yunnan	2346.85	735.92	485.04	369.26	463.06	271.19	13698.42	5348.74	33.86	8179.81
西　藏	Tibet	515.07	189.41	0.00	12.67	131.70	181.29	938.30	158.10	0.00	780.20
陕　西	Shaanxi	4146.48	653.57	1292.76	1129.24	773.49	286.54	4585.88	4317.20	0.00	268.68
甘　肃	Gansu	2806.39	552.93	896.21	792.08	334.78	228.36	2817.69	2154.02	210.86	168.61
青　海	Qinghai	599.82	21.89	274.70	104.12	169.86	7.93	2609.18	246.39	0.00	2305.13
宁　夏	Ningxia	3252.72	30.00	1123.16	40.00	50.00	48.00	4072.63	3717.52	29.03	282.09
新　疆	Xinjiang	11216.07	1322.74	4654.75	2475.62	1012.67	1648.07	16848.84	6482.35	3346.54	5379.12

土地征收情况

Land Requisition

单位：公顷 Unit: hm^2

年份/地区	Year/Region	土地征收合计 the Total of Requisitioned Land Area			国务院批准 Requisition Land Area Approved by the State Council			省级政府批准 Requisition Land Area Approved by the Provincial Government		
		土地征收面积 Requisitioned Land Area	农用地 Agricultural Land	耕地 Cultivated Land	土地征收面积 Requisitioned Land Area	农用地 Agricultural Land	耕地 Cultivated Land	土地征收面积 Requisitioned Land Area	农用地 Agricultural Land	耕地 Cultivated Land
2013		453070.75	337575.45	206905.94	152235.30	127018.51	69589.73	300835.46	210556.94	137316.21
2014		389607.91	291955.50	181205.98	110051.28	93857.07	53287.69	279556.64	198098.43	127918.29
2015		373202.76	298589.76	177663.07	117727.11	110782.36	58489.81	255475.65	187807.40	119173.26
北京	Beijing	1198.65	641.96	400.02	574.16	341.61	214.03	624.49	300.35	186.00
天津	Tianjin	2704.87	2258.85	1241.73	1045.57	909.70	355.54	1659.30	1349.15	886.19
河北	Hebei	15468.97	11668.40	7794.79	3581.97	3435.91	2395.40	11887.01	8232.49	5399.40
山西	Shanxi	8063.20	5503.79	4073.95	3741.22	2641.00	1879.35	4321.97	2862.79	2194.60
内蒙古	Inner Mongolia	21316.27	12978.30	4847.52	8626.81	8049.43	2624.87	12689.46	4928.87	2222.65
辽宁	Liaoning	9395.61	7714.40	5802.23	4131.93	3763.61	2811.98	5263.68	3950.79	2990.25
吉林	Jilin	4886.55	3692.75	3066.92	1956.57	1666.01	1305.88	2929.98	2026.75	1761.04
黑龙江	Heilongjiang	10265.78	10518.99	7720.50	6914.48	7629.28	5243.38	3351.30	2889.72	2477.12
上海	Shanghai	2242.72	1613.13	1146.36	311.31	182.56	136.30	1931.41	1430.56	1010.06
江苏	Jiangsu	20995.42	14779.45	10386.53	7615.07	6160.98	4197.67	13380.34	8618.46	6188.86
浙江	Zhejiang	13568.00	10976.25	7752.07	4885.24	4370.06	3106.55	8682.75	6606.19	4645.52
安徽	Anhui	17189.53	12763.01	9040.41	2993.97	2663.81	1611.34	14195.56	10099.21	7429.07
福建	Fujian	15253.59	12515.71	5312.01	4839.07	4068.14	1526.13	10414.52	8447.57	3785.88
江西	Jiangxi	22030.38	18246.52	7083.29	5265.00	6012.84	1538.03	16765.38	12233.68	5545.27
山东	Shandong	29774.00	23768.92	17613.60	6704.88	6010.47	4205.25	23069.12	17758.45	13408.35
河南	Henan	24940.90	18698.30	15453.67	5464.65	4335.41	3380.05	19476.24	14362.89	12073.62
湖北	Hubei	9951.69	8517.11	5283.41	2513.93	2335.99	1509.58	7437.77	6181.12	3773.82
湖南	Hunan	17506.22	15323.24	7985.42	4186.98	3676.25	1742.43	13319.24	11646.98	6242.99
广东	Guangdong	27378.48	23031.39	7557.01	9988.36	9357.32	2890.93	17390.12	13674.06	4666.07
广西	Guangxi	14834.56	12707.24	6403.64	4684.18	4128.02	2162.23	10150.38	8579.22	4241.40
海南	Hainan	2578.89	2577.79	899.77	1093.86	1313.36	426.45	1485.03	1264.43	473.33
重庆	Chongqing	9928.99	9071.76	5735.32	1538.27	1562.24	910.43	8390.72	7509.52	4824.89
四川	Sichuan	14991.36	11088.01	7215.44	3995.95	3801.57	2223.80	10995.41	7286.44	4991.63
贵州	Guizhou	13932.04	10741.81	6931.29	1743.96	1418.47	967.82	12188.07	9323.34	5963.47
云南	Yunnan	14554.72	12373.12	5869.01	10016.76	8697.99	3659.91	4537.95	3675.13	2209.10
西藏	Tibet	210.52	634.97	126.93	210.52	634.97	126.93			
陕西	Shaanxi	14942.95	10806.54	7310.04	5068.19	4638.37	2969.85	9874.76	6168.17	4340.19
甘肃	Gansu	5247.52	3872.54	3318.83	1411.79	1179.33	814.19	3835.73	2693.21	2504.64
青海	Qinghai	633.45	389.95	316.92	181.64	45.30	19.09	451.81	344.65	297.83
宁夏	Ningxia	4237.39	4008.58	2063.70	2049.76	2556.38	1054.15	2187.63	1452.20	1009.55
新疆	Xinjiang	2979.57	5106.99	1910.75	391.07	3195.99	480.29	2588.49	1911.00	1430.46

国有建设用地供应情况
State-owned Land for Construction Use

年份/地区	Year/Region	建设用地供应总量 Total Amount of Construction-used Land Supplied			划拨 Allocation			出让 Granting		
		宗数/宗 Number of Plots/plots	土地面积/公顷 Land Area/hm²	新增 Newly Increased Area	宗数/宗 Number of Plots/plots	土地面积/公顷 Land Area/hm²	新增 Newly Increased Area	宗数/宗 Number of Plots/plots	土地面积/公顷 Land Area/hm²	新增 Newly Increased Area
	2013	227109	750835.48	309617.91	57704	373275.34	63445.35	168844	374804.03	245326.56
	2014	182581	647995.91	311650.02	50028	369833.12	129489.28	132398	277346.32	181884.37
	2015	163674	540327.28	252438.22	54001	314535.83	101669.15	109408	224885.95	150266.45
北　京	Beijing	1411	6463.50	879.07	1193	5672.81	168.17	218	790.69	710.89
天　津	Tianjin	1924	8380.65	3061.81	1173	6040.13	1726.22	751	2340.51	1335.58
河　北	Hebei	6753	19440.49	10854.94	1086	7307.09	2049.29	5667	12133.40	8805.65
山　西	Shanxi	2309	10360.45	3599.37	702	7289.05	1270.29	1606	3070.26	2327.95
内蒙古	Inner Mongolia	4730	21021.25	9137.37	1666	12879.79	3119.12	3045	8024.76	6018.25
辽　宁	Liaoning	4023	18038.31	6554.78	1381	9767.16	2251.79	2640	8254.10	4302.98
吉　林	Jilin	3484	11218.04	4624.24	1087	7998.39	2344.42	2393	3179.42	2279.81
黑龙江	Heilongjiang	4021	10437.74	4713.33	1886	5581.70	1803.52	2064	4652.46	2884.99
上　海	Shanghai	965	3090.37	944.23	737	1984.58	334.86	228	1105.79	609.37
江　苏	Jiangsu	13840	41764.09	25476.37	4071	17409.60	13638.53	9715	24085.29	11639.48
浙　江	Zhejiang	9374	21240.07	13885.38	3690	12826.22	9671.68	5677	8384.74	4186.25
安　徽	Anhui	7800	26673.76	10000.90	3320	14070.12	2798.59	4480	12603.65	7202.32
福　建	Fujian	3302	14003.78	11717.88	1510	8886.89	8429.55	1790	5112.61	3284.04
江　西	Jiangxi	5835	18040.89	11004.86	2027	8162.53	4378.11	3808	9878.36	6626.75
山　东	Shandong	9891	30251.22	17620.98	2454	9193.66	2615.34	7434	21057.05	15005.64
河　南	Henan	7684	24617.74	10087.79	3588	12660.01	1877.01	4096	11957.73	8210.78
湖　北	Hubei	8781	23711.97	11853.80	2473	10825.16	2613.06	6251	12868.75	9240.74
湖　南	Hunan	12226	21709.46	9323.22	2535	13359.18	2957.26	9691	8350.28	6365.96
广　东	Guangdong	9156	16150.87	11902.47	1360	5137.85	4314.06	7795	11010.96	7588.41
广　西	Guangxi	8100	15931.52	5832.24	2292	10085.86	1739.01	5807	5845.65	4093.22
海　南	Hainan	485	1950.24	829.02	180	893.05	172.27	286	991.48	656.75
重　庆	Chongqing	2458	12182.19	5007.45	958	4860.37	828.69	1500	7321.82	4178.76
四　川	Sichuan	10357	47857.38	17928.88	2694	38116.80	10246.78	7661	9738.66	7680.28
贵　州	Guizhou	5151	16153.80	6509.99	2002	10014.52	2406.36	3136	6030.98	4012.57
云　南	Yunnan	5399	18052.74	6622.70	1325	14829.48	4398.00	4074	3223.25	2224.70
西　藏	Tibet	435	513.80	276.16	228	237.06	136.61	207	276.74	
陕　西	Shaanxi	3068	12282.21	6142.80	1110	6939.53	1639.52	1958	5342.68	4503.28
甘　肃	Gansu	2746	16172.94	8225.22	1081	11297.65	4220.43	1665	4875.29	4004.79
青　海	Qinghai	975	8576.02	1359.13	377	7430.48	444.64	596	1130.93	900.32
宁　夏	Ningxia	1912	10719.38	4886.13	1026	7575.46	2126.85	886	3143.92	2759.28
新　疆	Xinjiang	5079	33320.44	11575.75	2789	25203.66	4949.09	2283	8103.74	6626.66

——按供地方式和地区分列
Supplied by Land Supply Way and by Region

成交价款/万元 Transaction Price Value/10^4 yuan	租赁 Lease				其他供地方式 Other Land Supply Ways			
	宗数/宗 Number of Plots/plots	土地面积/公顷 Land Area/hm^2	新增 Newly Increased Area	租金/万元 Rent/10^4yuan	宗数/宗 Number of Plots/plots	土地面积/公顷 Land Area /hm^2	新增 Newly Increased Area	收入/万元 Income/10^4yuan
437452967.12	543	2728.75	844.90	995055.74	18	27.36	1.10	1257.13
343773734.05	148	814.18	276.38	20884.94	7	2.30		4907.42
312206471.49	244	838.80	362.18	34596.43	21	66.71	0.90	123828.95
20597768.11								
5808875.85								
11400679.17								
2733605.19	1	1.14	1.14	81.21				
2202510.74	19	116.70		6672.27				
6652887.11	2	17.05		1641.80				
2271817.50	4	40.24		1160.77				
2202112.39	71	203.58	24.81	4882.55				
16088143.28								
46523725.31	54	269.20	198.35	14835.76				
19510290.16	7	29.11	27.44	2805.00				
15160245.99								
11868694.21	2	4.29	4.29	324.96				
10134906.92								
19779815.41	3	0.52		181.54				
11417986.61								
14838406.11	57	18.06		1358.34				
9711753.20								
29701334.08	1	2.06		117.00				
6077608.68					1			8.94
2143234.38					19	65.71		121221.49
14362158.95								
13160711.39	1	0.92	0.92	8.00	1	1.00	0.90	2598.52
5342284.26	13	108.30	91.06	328.70				
2823169.34								
100791.40								
4075952.23								
2383297.97								
343187.74	2	14.60	14.17	106.49				
902340.00								
1886177.79	7	13.03		20.04				

国有建设用地供应情况——按供地
State-owned Land for Construction Use Supplied by Land Supply

地区	Region	建设用地供应总量 Total Amount of Construction-used Land Supplied			划拨 Allocation			
		宗数/宗 Number of Plots/plots	土地面积/公顷 Land Area/hm²	新增 Newly Increased Area	宗数/宗 Number of Plots/plots	土地面积/公顷 Land Area/hm²	新增 Newly Increased Area	宗数/宗 Number of Plots/plots
总 计	**Total**	**163674**	**540327.28**	**252438.22**	**54001**	**314535.83**	**101669.15**	**109408**
北京	**Beijing**	**1411**	**6463.50**	**879.07**	**1193**	**5672.81**	**168.17**	**218**
天津	**Tianjin**	**1924**	**8380.65**	**3061.81**	**1173**	**6040.13**	**1726.22**	**751**
河北	**Hebei**	**6753**	**19440.49**	**10854.94**	**1086**	**7307.09**	**2049.29**	**5667**
石家庄市	Shijiazhuang City	725	1694.79	1061.58	162	472.93	80.21	563
唐山市	Tangshan City	929	2716.39	1418.86	101	925.85	508.10	828
秦皇岛市	Qinhuangdao City	196	430.13	266.18	33	103.61	11.75	163
邯郸市	Handan City	647	2224.43	827.58	213	1244.28	63.69	434
邢台市	Xingtai City	560	1879.59	1524.05	58	719.33	589.70	502
保定市	Baoding City	794	1963.54	1242.05	85	429.71	46.89	709
张家口市	Zhangjiakou City	395	1341.03	591.64	79	579.03	26.41	316
承德市	Chengde City	378	1193.73	867.80	92	569.25	378.13	286
沧州市	Cangzhou City	809	2512.36	1336.77	124	807.42	161.87	685
廊坊市	Langfang City	706	1561.38	1008.97	85	263.65	30.57	621
衡水市	Hengshui City	614	1923.12	709.46	54	1192.04	151.97	560
山西	**Shanxi**	**2309**	**10360.45**	**3599.37**	**702**	**7289.05**	**1270.29**	**1606**
太原市	Taiyuan City	215	813.58	347.44	53	285.71	1.48	162
大同市	Datong City	130	652.13	181.33	55	500.93	84.40	75
阳泉市	Yangquan City	67	139.01	74.24	20	79.63	19.93	47
长治市	Changzhi City	174	290.52	190.04	43	89.42	12.75	131
晋城市	Jincheng City	154	1755.02	173.09	62	1593.02	46.47	91
朔州市	Shuozhou City	125	475.75	127.74	43	344.35	9.35	82
晋中市	Jinzhong City	339	554.69	252.74	44	191.01	10.70	295
运城市	Yuncheng City	301	810.10	460.51	67	292.61	74.80	234
忻州市	Xinzhou City	316	3362.00	1161.04	130	2920.04	768.47	186
临汾市	Linfen City	368	1278.04	455.48	164	958.37	220.02	204
吕梁市	Lüliang City	120	229.61	175.71	21	33.97	21.92	99
内蒙古	**Inner Mongolia**	**4730**	**21021.25**	**9137.37**	**1666**	**12879.79**	**3119.12**	**3045**
呼和浩特市	Hohhot City	228	1314.49	797.40	60	453.40	49.56	168
包头市	Baotou City	174	959.94	210.14	80	738.06	67.41	94
乌海市	Wuhai City	44	127.74	53.39	13	53.75	26.61	31
赤峰市	Chifeng City	373	2527.43	1258.73	122	1715.63	644.01	251

方式和省市分列（2015年）
Way and by Province,Autonomous Region and Municipality（2015）

出让 Granting			租赁 Lease				其他供地方式 Other Land Supply Ways			
土地面积/公顷 Land Area/hm^2	新增 Newly Increased Area	成交价款/万元 Transaction Price Value/10^4 yuan	宗数/宗 Number of Plots/plots	土地面积/公顷 Land Area/hm^2	新增 Newly Increased Area	成交价款/万元 Transaction Price Value/10^4 yuan	宗数/宗 Number of Plots/plots	土地面积/公顷 Land Area/hm^2	新增 Newly Increased Area	成交价款/万元 Transaction Price Value/10^4 yuan
224885.95	**150266.45**	**312206471.49**	**244**	**838.80**	**362.18**	**34596.43**	**21**	**66.71**	**0.90**	**123828.95**
790.69	**710.89**	**20597768.11**								
2340.51	**1335.58**	**5808875.85**								
12133.40	**8805.65**	**11400679.17**								
1221.86	981.37	2552576.72								
1790.54	910.75	843706.04								
326.52	254.43	369520.61								
980.16	763.89	789697.78								
1160.26	934.35	785557.87								
1533.82	1195.16	1812686.21								
762.00	565.23	606391.85								
624.48	489.67	475538.78								
1704.94	1174.90	781539.37								
1297.74	978.40	2089576.55								
731.09	557.49	293887.40								
3070.26	**2327.95**	**2733605.19**	**1**	**1.14**	**1.14**	**81.21**				
527.86	345.96	1493068.68								
151.20	96.93	112750.56								
59.38	54.31	60436.57								
201.10	177.30	97925.72								
160.87	125.49	89397.99	1	1.14	1.14	81.21				
131.41	118.39	48941.85								
363.69	242.03	265770.02								
517.49	385.71	153836.50								
441.95	392.57	107528.31								
319.68	235.46	220398.51								
195.64	153.80	83550.47								
8024.76	**6018.25**	**2202510.74**	**19**	**116.70**		**6672.27**				
861.09	747.84	653157.99								
221.88	142.73	137104.81								
74.00	26.78	36380.33								
811.79	614.72	262514.46								

国有建设用地供应情况——按供地
State-owned Land for Construction Use Supplied by Land Supply Way and

地区	Region	建设用地供应总量 Total Amount of Construction-used Land Supplied			划拨 Allocation			
		宗数/宗 Number of Plots/plots	土地面积/公顷 Land Area/hm²	新增 Newly Increased Area	宗数/宗 Number of Plots/plots	土地面积/公顷 Land Area/hm²	新增 Newly Increased Area	宗数/宗 Number of Plots/plots
通辽市	Tongliao City	524	2455.86	522.03	113	1675.01	18.41	411
鄂尔多斯市	Erdos City	551	3392.23	1650.54	193	1842.48	408.85	358
呼伦贝尔市	Hulunbuir City	974	3302.46	929.55	516	2428.67	449.23	458
巴彦淖尔市	Bayannur City	210	637.67	470.72	46	160.58	49.73	164
乌兰察布市	Ulanqab City	424	2102.55	1466.25	179	1206.66	655.81	245
兴安盟	Xing'an League	427	1014.41	291.10	157	754.58	127.00	270
锡林郭勒盟	Xilingol League	565	1543.58	671.52	128	786.91	211.38	437
阿拉善盟	Alxa League	236	1642.89	816.01	59	1064.08	411.13	158
辽宁	**Liaoning**	**4023**	**18038.31**	**6554.78**	**1381**	**9767.16**	**2251.79**	**2640**
沈阳市	Shenyang City	484	2752.98	1290.09	117	1494.27	318.12	367
大连市	Dalian City	422	2295.25	1023.76	236	1227.27	664.90	184
鞍山市	Anshan City	350	1170.59	673.05	87	369.53	42.76	263
抚顺市	Fushun City	133	223.77	117.80	39	52.53	20.14	94
本溪市	Benxi City	202	993.10	832.82	62	501.98	407.58	140
丹东市	Dandong City	315	775.48	156.58	80	189.33	36.48	235
锦州市	Jinzhou City	334	3342.66	503.21	44	2632.14	203.15	290
营口市	Yingkou City	426	1574.05	233.39	261	1227.13	12.91	165
阜新市	Fuxin City	178	439.09	259.00	57	187.33	107.67	121
辽阳市	Liaoyang City	174	449.92	312.51	33	122.81	107.39	141
盘锦市	Panjin City	283	1730.60	343.81	72	365.71	42.96	211
铁岭市	Tieling City	198	492.30	310.67	72	166.28	82.71	126
朝阳市	Chaoyang City	293	1337.50	398.09	119	981.78	166.15	174
葫芦岛市	Huludao City	231	461.02	99.99	102	249.06	38.88	129
吉林	**Jilin**	**3484**	**11218.04**	**4624.24**	**1087**	**7998.39**	**2344.42**	**2393**
长春市	Changchun City	628	1620.72	868.53	226	659.87	133.80	402
吉林市	Jilin City	441	916.67	398.60	164	455.13	59.02	277
四平市	Siping City	554	1742.06	776.88	97	1334.16	429.36	457
辽源市	Liaoyuan City	102	133.46	62.43	28	33.26	10.96	74
通化市	Tonghua City	252	2318.09	719.15	123	2035.32	521.79	125

方式和省市分列（2015年） 续表 1

by Province,Autonomous Region and Municipality（2015） Continued 1

出让 Granting			租赁 Lease				其他供地方式 Other Land Supply Ways			
土地面积/公顷 Land Area/hm²	新增 Newly Increased Area	成交价款/万元 Transaction Price Value/10⁴ yuan	宗数/宗 Number of Plots/plots	土地面积/公顷 Land Area/hm²	新增 Newly Increased Area	成交价款/万元 Transaction Price Value/10⁴ yuan	宗数/宗 Number of Plots/plots	土地面积/公顷 Land Area/hm²	新增 Newly Increased Area	成交价款/万元 Transaction Price Value/10⁴ yuan
780.85	503.62	160225.18								
1549.76	1241.70	265674.96								
873.79	480.31	209527.47								
477.09	420.99	111514.46								
895.89	810.44	128933.17								
259.83	164.10	47350.81								
756.68	460.14	119567.99								
462.11	404.88	70559.10	19	116.70		6672.27				
8254.10	**4302.98**	**6652887.11**	**2**	**17.05**		**1641.80**				
1258.71	971.97	1564309.70								
1050.93	358.86	888939.32	2	17.05		1641.80				
801.06	630.29	544468.36								
171.23	97.66	198180.15								
491.12	425.25	128267.48								
586.15	120.11	223146.48								
710.52	300.06	680600.02								
346.92	220.48	180665.86								
251.76	151.33	98782.89								
327.11	205.12	259204.84								
1364.89	300.84	1343627.40								
326.01	227.96	168590.89								
355.73	231.94	229541.77								
211.95	61.12	144561.95								
3179.42	**2279.81**	**2271817.50**	**4**	**40.24**		**1160.77**				
960.85	734.73	1179099.76								
461.54	339.58	260832.47								
407.91	347.52	176028.38								
100.20	51.47	57201.89								
242.52	197.36	135902.89	4	40.24		1160.77				

国有建设用地供应情况——按供地

State-owned Land for Construction Use Supplied by Land Supply Way and

地区	Region	建设用地供应总量 Total Amount of Construction-used Land Supplied			划拨 Allocation			
		宗数/宗 Number of Plots/plots	土地面积/公顷 Land Area/hm²	新增 Newly Increased Area	宗数/宗 Number of Plots/plots	土地面积/公顷 Land Area/hm²	新增 Newly Increased Area	宗数/宗 Number of Plots/plots
白山市	Baishan City	331	1107.84	330.18	66	970.73	261.87	265
松原市	Songyuan City	333	684.81	430.20	118	449.62	294.67	215
白城市	Baicheng City	299	560.21	391.62	105	338.42	238.21	194
延边朝鲜族自治州	Yanbian Korean A.P.	544	2134.18	646.64	160	1721.87	394.75	384
黑龙江	**Heilongjiang**	**4021**	**10437.74**	**4713.33**	**1886**	**5581.70**	**1803.52**	**2064**
哈尔滨市	Harbin City	512	1340.15	729.43	189	452.87	67.65	313
齐齐哈尔市	Qiqihar City	356	1391.49	330.83	161	887.27	94.77	185
鸡西市	Jixi City	183	395.00	105.44	89	234.03	2.38	89
鹤岗市	Hegang City	118	301.01	119.26	42	118.06	76.91	59
双鸭山市	Shuangyashan City	179	377.35	201.50	68	192.06	65.95	110
大庆市	Daqing City	260	840.33	392.69	100	665.98	288.89	160
伊春市	Yichun City	90	237.26	75.58	50	188.57	59.54	39
佳木斯市	Jiamusi City	226	1124.97	306.01	119	545.57	40.69	102
七台河市	Qitaihe City	114	319.98	185.74	42	81.72	21.69	71
牡丹江市	Mudanjiang City	202	1022.36	391.45	90	671.40	159.70	99
黑河市	Heihe City	552	516.70	246.91	473	301.30	105.14	77
绥化市	Suihua City	404	1081.46	754.96	150	264.95	145.60	253
大兴安岭地区	Da Hinggan Ling Prefecture	121	131.82	21.12	28	57.17	1.88	93
农垦总局	General Bureau of Agriculture	339	574.42	343.91	141	252.52	182.70	198
森工总局	General Bureau of Forest Industry	346	715.36	507.75	138	641.20	490.03	205
友谊国土资源局	Youyi Land and Resources Bureau	14	66.11	0.75	5	26.71		7
五大连池风景名胜区	Wudalianchi	5	1.97		1	0.33		4
上海	**Shanghai**	**965**	**3090.37**	**944.23**	**737**	**1984.58**	**334.86**	**228**
江苏	**Jiangsu**	**13840**	**41764.09**	**25476.37**	**4071**	**17409.60**	**13638.53**	**9715**
南京市	Nanjing City	856	3710.16	2283.09	365	2144.52	1491.13	491

方式和省市分列（2015年） 续表 2

by Province,Autonomous Region and Municipality（2015） Continued 2

出让 Granting			租赁 Lease				其他供地方式 Other Land Supply Ways			
土地面积/公顷 Land Area/hm^2	新增 Newly Increased Area	成交价款/万元 Transaction Price Value/10^4 yuan	宗数/宗 Number of Plots/plots	土地面积/公顷 Land Area/hm^2	新增 Newly Increased Area	成交价款/万元 Transaction Price Value/10^4 yuan	宗数/宗 Number of Plots/plots	土地面积/公顷 Land Area/hm^2	新增 Newly Increased Area	成交价款/万元 Transaction Price Value/10^4 yuan
137.11	68.32	44631.15								
235.19	135.53	104397.61								
221.79	153.41	89574.45								
412.31	251.89	224148.89								
4652.46	**2884.99**	**2202112.39**	**71**	**203.58**	**24.81**	**4882.55**				
885.39	661.78	1353064.97	10	1.89		14.87				
500.39	235.25	183948.27	10	3.83	0.80	23.62				
160.95	103.07	26614.05	5	0.02		4.42				
70.51	31.47	24054.04	17	112.44	10.89	223.46				
182.96	133.22	42739.87	1	2.33	2.33	19.00				
174.36	103.80	74831.42								
46.77	16.04	12327.55	1	1.92		14.62				
574.75	265.32	83807.27	5	4.64		7.55				
237.15	164.05	43929.49	1	1.11		21.33				
288.36	227.20	102733.02	13	62.60	4.54	3814.47				
212.33	141.78	40315.08	2	3.07		36.77				
815.62	609.36	157094.37	1	0.89		36.40				
74.65	19.25	6174.65								
321.90	161.21	37736.94								
66.31	11.46	7076.92	3	7.86	6.25	639.61				
38.43	0.75	4898.10	2	0.97		26.44				
1.64		766.39								
1105.79	**609.37**	**16088143.28**								
24085.29	**11639.48**	**46523725.31**	**54**	**269.20**	**198.35**	**14835.76**				
1565.64	791.96	9186969.51								

国有建设用地供应情况——按供地
State-owned Land for Construction Use Supplied by Land Supply Way and

地区	Region	建设用地供应总量 Total Amount of Construction-used Land Supplied			划拨 Allocation			
		宗数/宗 Number of Plots/plots	土地面积/公顷 Land Area/hm^2	新增 Newly Increased Area	宗数/宗 Number of Plots/plots	土地面积/公顷 Land Area/hm^2	新增 Newly Increased Area	宗数/宗 Number of Plots/plots
无锡市	Wuxi City	665	2080.01	1330.09	312	1052.37	712.50	341
徐州市	Xuzhou City	884	3954.50	2024.64	267	1924.68	1045.15	617
常州市	Changzhou City	1481	4206.38	3031.00	320	1720.33	1573.15	1119
苏州市	Suzhou City	1069	3561.09	1751.82	335	1167.12	646.91	734
南通市	Nantong City	2617	6501.05	4544.82	918	2919.83	2565.58	1699
连云港市	Lianyungang City	520	2223.34	815.34	193	577.23	468.01	327
淮安市	Huai'an City	963	1904.16	1245.42	197	687.09	640.79	766
盐城市	Yancheng City	1305	4173.83	2271.78	213	1073.30	1013.13	1092
扬州市	Yangzhou City	1020	2619.28	1404.18	184	1087.26	825.11	836
镇江市	Zhenjiang City	623	1708.90	1135.79	115	722.71	607.82	508
泰州市	Taizhou City	710	2427.41	1786.09	125	712.11	636.07	585
宿迁市	Suqian City	1127	2693.99	1852.32	527	1621.04	1413.19	600
浙江	**Zhejiang**	**9374**	**21240.07**	**13885.38**	**3690**	**12826.22**	**9671.68**	**5677**
杭州市	Hangzhou City	1043	2774.79	1727.61	507	1720.13	1028.40	536
宁波市	Ningbo City	1237	3300.18	2137.19	612	2017.09	1603.18	625
温州市	Wenzhou City	1119	3109.52	2357.39	701	2440.57	2047.70	418
嘉兴市	Jiaxing City	976	1833.52	1041.71	376	570.47	330.14	593
湖州市	Huzhou City	533	1187.22	725.16	112	419.72	343.96	421
绍兴市	Shaoxing City	1532	2019.04	1445.40	281	1059.51	928.75	1251
金华市	Jinhua City	1090	2534.23	1506.19	368	1735.05	1133.88	722
衢州市	Quzhou City	283	894.25	581.79	115	575.57	435.14	168
舟山市	Zhoushan City	194	508.92	376.68	102	209.01	175.49	92
台州市	Taizhou City	805	2253.93	1606.46	249	1571.81	1358.93	556
丽水市	Lishui City	562	824.47	379.78	267	507.28	286.12	295
安徽	**Anhui**	**7800**	**26673.76**	**10000.90**	**3320**	**14070.12**	**2798.59**	**4480**
合肥市	Hefei City	817	4005.06	1375.52	422	2623.17	679.64	395
芜湖市	Wuhu City	469	1893.89	642.11	183	873.84	30.10	286
蚌埠市	Bengbu City	286	1026.60	332.51	86	272.33	29.93	200
淮南市	Huainan City	245	1377.04	400.49	121	842.45	133.55	124

方式和省市分列（2015年） 续表 3

by Province, Autonomous Region and Municipality（2015） Continued 3

出让 Granting			租赁 Lease				其他供地方式 Other Land Supply Ways			
土地面积/公顷 Land Area/hm^2	新增 Newly Increased Area	成交价款/万元 Transaction Price Value/10^4 yuan	宗数/宗 Number of Plots/plots	土地面积/公顷 Land Area/hm^2	新增 Newly Increased Area	成交价款/万元 Transaction Price Value/10^4 yuan	宗数/宗 Number of Plots/plots	土地面积/公顷 Land Area/hm^2	新增 Newly Increased Area	成交价款/万元 Transaction Price Value/10^4 yuan
1008.37	603.38	1382912.66	12	19.27	14.21	1627.22				
2029.82	979.49	2694894.30								
2236.12	1273.71	6070257.95	42	249.93	184.15	13208.54				
2393.97	1104.91	7787153.80								
3581.22	1979.24	6178085.74								
1646.11	347.32	1379634.34								
1217.06	604.63	1912292.18								
3100.53	1258.65	2614174.09								
1532.02	579.07	2266512.83								
986.19	527.97	1297248.38								
1715.30	1150.01	3066856.30								
1072.95	439.14	686733.24								
8384.74	**4186.25**	**19510290.16**	**7**	**29.11**	**27.44**	**2805.00**				
1054.65	699.21	6323585.00								
1283.09	534.02	2955447.21								
668.95	309.69	3326993.19								
1233.93	684.13	1284083.15	7	29.11	27.44	2805.00				
767.50	381.21	806069.71								
959.53	516.65	1773294.76								
799.19	372.31	1147512.38								
318.67	146.66	282084.16								
299.91	201.19	193327.50								
682.12	247.53	1109116.62								
317.19	93.66	308776.48								
12603.65	**7202.32**	**15160245.99**								
1381.88	695.88	3681383.10								
1020.05	612.00	1014173.68								
754.27	302.58	581177.45								
534.59	266.93	255288.58								

国有建设用地供应情况——按供地

State-owned Land for Construction Use Supplied by Land Supply Way and

地区	Region	建设用地供应总量 Total Amount of Construction-used Land Supplied			划拨 Allocation			
		宗数/宗 Number of Plots/plots	土地面积/公顷 Land Area/hm²	新增 Newly Increased Area	宗数/宗 Number of Plots/plots	土地面积/公顷 Land Area/hm²	新增 Newly Increased Area	宗数/宗 Number of Plots/plots
马鞍山市	Ma'anshan City	160	487.02	245.67	44	136.30	21.25	116
淮北市	Huaibei City	107	338.43	79.88	33	118.09		74
铜陵市	Tongling City	82	312.37	98.88	19	72.03		63
安庆市	Anqing City	767	2098.12	411.72	386	1545.08	119.82	381
黄山市	Huangshan City	279	397.76	223.06	127	175.75	65.73	152
滁州市	Chuzhou City	986	2573.80	1293.54	489	1236.96	479.90	497
阜阳市	Fuyang City	466	1894.25	631.00	157	680.56	41.38	309
宿州市	Suzhou City	453	1595.16	650.27	150	861.19	173.10	303
巢湖市	Chaohu City	598	2384.52	546.00	339	1841.36	221.55	259
六安市	Lu'an City	826	2520.31	1253.55	264	1082.27	291.00	562
亳州市	Bozhou City	294	1032.16	583.17	70	213.99	78.82	224
池州市	Chizhou City	434	1072.79	525.43	202	414.87	74.32	232
宣城市	Xuancheng City	531	1664.48	708.11	228	1079.87	358.49	303
福建	**Fujian**	**3302**	**14003.78**	**11717.88**	**1510**	**8886.89**	**8429.55**	**1790**
福州市	Fuzhou City	502	3528.66	2900.87	264	2469.23	2355.61	238
厦门市	Xiamen City	253	755.78	421.94	166	379.38	185.84	87
莆田市	Putian City	255	1332.69	1084.00	131	826.78	796.02	122
三明市	Sanming City	308	954.82	770.98	169	653.58	611.71	139
泉州市	Quanzhou City	606	2378.75	2055.59	217	1554.43	1529.50	389
漳州市	Zhangzhou City	539	1867.03	1693.60	232	1048.27	1034.33	307
南平市	Nanping City	254	790.76	712.75	106	451.30	443.87	148
龙岩市	Longyan City	231	963.43	879.85	103	593.51	572.28	128
宁德市	Ningde City	354	1431.86	1198.30	122	910.40	900.39	232
江西	**Jiangxi**	**5835**	**18040.89**	**11004.86**	**2027**	**8162.53**	**4378.11**	**3808**
南昌市	Nanchang City	421	2180.92	1041.81	86	821.61	56.81	335
景德镇市	Jingdezhen City	205	829.72	460.30	65	337.06	144.02	140
萍乡市	Pingxiang City	240	623.55	456.61	77	136.64	72.50	163
九江市	Jiujiang City	900	3338.78	2441.99	355	1550.93	1139.04	545
新余市	Xinyu City	135	259.26	115.67	43	88.17	21.92	92

方式和省市分列（2015年） 续表4

by Province,Autonomous Region and Municipality（2015） Continued 4

出让 Granting			租赁 Lease				其他供地方式 Other Land Supply Ways			
土地面积/公顷 Land Area/hm^2	新增 Newly Increased Area	成交价款/万元 Transaction Price Value/10^4 yuan	宗数/宗 Number of Plots/plots	土地面积/公顷 Land Area/hm^2	新增 Newly Increased Area	成交价款/万元 Transaction Price Value/10^4 yuan	宗数/宗 Number of Plots/plots	土地面积/公顷 Land Area/hm^2	新增 Newly Increased Area	成交价款/万元 Transaction Price Value/10^4 yuan
350.71	224.42	348461.14								
220.34	79.88	108823.00								
240.34	98.88	573808.27								
553.05	291.90	446512.03								
222.01	157.34	91931.39								
1336.84	813.64	868248.63								
1213.68	589.62	1816427.16								
733.97	477.17	665631.80								
543.16	324.45	351659.31								
1438.04	962.55	1896847.81								
818.17	504.36	1172987.82								
657.91	451.11	847108.19								
584.62	349.62	439776.62								
5112.61	**3284.04**	**11868694.21**	**2**	**4.29**	**4.29**	**324.96**				
1059.43	545.26	4897478.48								
376.40	236.09	3127597.55								
501.62	283.69	638657.51	2	4.29	4.29	324.96				
301.24	159.27	242867.50								
824.32	526.09	1294894.77								
818.75	659.27	602170.96								
339.46	268.88	169467.67								
369.92	307.57	463791.04								
521.46	297.91	431768.74								
9878.36	**6626.75**	**10134906.92**								
1359.31	985.00	1795451.03								
492.66	316.28	344508.78								
486.91	384.11	612420.21								
1787.86	1302.95	2357912.82								
171.09	93.74	154256.95								

国有建设用地供应情况——按供地
State-owned Land for Construction Use Supplied by Land Supply Way and

地区	Region	建设用地供应总量 Total Amount of Construction-used Land Supplied			划拨 Allocation			
		宗数/宗 Number of Plots/plots	土地面积/公顷 Land Area/hm²	新增 Newly Increased Area	宗数/宗 Number of Plots/plots	土地面积/公顷 Land Area/hm²	新增 Newly Increased Area	宗数/宗 Number of Plots/plots
鹰潭市	Yingtan City	151	555.24	310.96	55	243.06	113.35	96
赣州市	Ganzhou City	828	2108.05	690.34	313	1348.62	244.16	515
吉安市	Ji'an City	680	1783.51	1206.94	298	1079.52	703.82	382
宜春市	Yichun City	989	3170.45	2269.49	374	1374.42	1081.01	615
抚州市	Fuzhou City	480	1180.43	731.18	141	359.28	264.72	339
上饶市	Shangrao City	806	2010.97	1279.58	220	823.22	536.75	586
山东	**Shandong**	**9891**	**30251.22**	**17620.98**	**2454**	**9193.66**	**2615.34**	**7434**
济南市	Jinan City	560	2032.26	1160.40	162	674.99	124.56	398
青岛市	Qingdao City	1333	3780.63	2159.69	556	1360.00	526.20	777
淄博市	Zibo City	529	1142.25	702.85	170	387.59	164.78	359
枣庄市	Zaozhuang City	250	827.56	334.26	77	413.09	18.98	173
东营市	Dongying City	470	1345.81	937.91	156	294.32	88.59	314
烟台市	Yantai City	694	2032.13	1190.45	76	442.06	183.59	615
潍坊市	Weifang City	1301	3953.51	1859.93	243	828.21	255.40	1058
济宁市	Jining City	737	1854.10	1132.60	95	162.71	67.33	642
泰安市	Tai'an City	372	1076.20	584.95	129	416.94	26.59	243
威海市	Weihai City	573	1758.38	796.89	67	441.05	124.42	506
日照市	Rizhao City	319	1353.87	1183.01	80	238.35	160.42	239
莱芜市	Laiwu City	222	437.21	353.67	29	108.32	69.37	193
临沂市	Linyi City	759	2226.71	1460.25	221	696.41	236.55	538
德州市	Dezhou City	468	2461.33	985.98	157	1525.76	205.47	311
聊城市	Liaocheng City	378	1076.83	915.48	62	243.38	198.89	316
滨州市	Binzhou City	432	1399.42	689.25	67	721.13	101.06	365
菏泽市	Heze City	494	1493.02	1173.41	107	239.36	63.16	387
河南	**Henan**	**7684**	**24617.74**	**10087.79**	**3588**	**12660.01**	**1877.01**	**4096**
郑州市	Zhengzhou City	1775	5461.05	2706.01	990	2671.79	377.11	785
开封市	Kaifeng City	234	1244.33	392.72	58	764.14		176
洛阳市	Luoyang City	407	1960.17	609.28	135	1100.00	34.13	272
平顶山市	Pingdingshan City	341	1395.80	324.94	146	860.50		195

方式和省市分列（2015年） 续表5

by Province,Autonomous Region and Municipality（2015） Continued 5

出让 Granting			租赁 Lease				其他供地方式 Other Land Supply Ways			
土地面积/公顷 Land Area/hm²	新增 Newly Increased Area	成交价款/万元 Transaction Price Value/10^4 yuan	宗数/宗 Number of Plots/plots	土地面积/公顷 Land Area/hm²	新增 Newly Increased Area	成交价款/万元 Transaction Price Value/10^4 yuan	宗数/宗 Number of Plots/plots	土地面积/公顷 Land Area/hm²	新增 Newly Increased Area	成交价款/万元 Transaction Price Value/10^4 yuan
312.19	197.61	147278.26								
759.44	446.18	707801.05								
703.98	503.13	367283.87								
1796.03	1188.48	1420765.67								
821.14	466.45	696941.18								
1187.75	742.82	1530287.10								
21057.05	**15005.64**	**19779815.41**	**3**	**0.52**		**181.54**				
1357.28	1035.84	3838709.47								
2420.63	1633.49	3291069.81								
754.66	538.07	708952.89								
414.47	315.28	476576.25								
1051.49	849.32	381172.00								
1589.55	1006.86	1209234.86	3	0.52		181.54				
3125.31	1604.53	2225572.38								
1691.39	1065.27	1721224.80								
659.26	558.36	544354.35								
1317.32	672.48	1373050.91								
1115.52	1022.60	739282.69								
328.89	284.30	202893.95								
1530.30	1223.69	975927.55								
935.57	780.51	475221.06								
833.45	716.59	518700.49								
678.29	588.18	415615.48								
1253.66	1110.26	682256.48								
11957.73	**8210.78**	**11417986.61**								
2789.26	2328.90	5531254.20								
480.19	392.72	473749.98								
860.17	575.15	684001.61								
535.30	324.94	414026.23								

国有建设用地供应情况——按供地

State-owned Land for Construction Use Supplied by Land Supply Way and

地区	Region	建设用地供应总量 Total Amount of Construction-used Land Supplied			划拨 Allocation			
		宗数/宗 Number of Plots/plots	土地面积/公顷 Land Area/hm^2	新增 Newly Increased Area	宗数/宗 Number of Plots/plots	土地面积/公顷 Land Area/hm^2	新增 Newly Increased Area	宗数/宗 Number of Plots/plots
安阳市	Anyang City	452	1201.30	655.42	263	563.49	189.93	189
鹤壁市	Hebi City	147	643.55	242.80	44	172.26	5.61	103
新乡市	Xinxiang City	501	1495.38	561.75	157	587.37	66.03	344
焦作市	Jiaozuo City	237	578.73	261.94	112	152.56	44.94	125
濮阳市	Puyang City	701	975.75	203.58	557	639.84	15.99	144
许昌市	Xuchang City	246	858.32	557.79	59	174.92	1.57	187
漯河市	Luohe City	366	662.40	182.75	146	340.18	11.92	220
三门峡市	Sanmenxia City	96	320.00	157.57	21	75.43		75
南阳市	Nanyang City	462	1572.26	541.64	146	859.21		316
商丘市	Shangqiu City	419	2553.88	470.93	214	1819.15	156.67	205
信阳市	Xinyang City	344	983.33	504.79	122	497.31	166.45	222
周口市	Zhoukou City	311	1303.10	1077.13	151	867.89	746.48	160
驻马店市	Zhumadian City	645	1408.39	636.74	267	514.00	60.18	378
湖北	**Hubei**	**8781**	**23711.97**	**11853.80**	**2473**	**10825.16**	**2613.06**	**6251**
武汉市	Wuhan City	932	4403.94	2117.06	447	2261.35	461.29	429
黄石市	Huangshi City	519	1868.70	476.48	292	1120.32	122.16	227
十堰市	Shiyan City	269	1134.54	807.72	52	547.16	303.97	216
宜昌市	Yichang City	823	3386.92	1719.43	248	1588.63	646.77	575
襄阳市	Xiangyang City	644	1845.45	846.43	103	900.00	85.17	541
鄂州市	Ezhou City	162	1039.21	667.43	59	461.10	104.98	103
荆门市	Jingmen City	383	999.22	516.59	78	204.33	45.96	305
孝感市	Xiaogan City	569	1339.82	822.42	91	387.77	134.64	478
荆州市	Jingzhou City	1427	1962.71	1120.93	170	653.15	262.81	1257
黄冈市	Huanggang City	419	1256.35	674.48	74	395.88	56.76	345
咸宁市	Xianning City	427	1290.00	698.76	55	504.64	28.54	372
随州市	Suizhou City	253	428.44	252.81	69	154.70	18.83	184
恩施土家族苗族自治州	Enshi Tujia & Miao A.P.	1571	1305.69	412.59	634	907.14	126.89	937

方式和省市分列（2015年） 续表 6

by Province,Autonomous Region and Municipality（2015） Continued 6

出让 Granting			租赁 Lease				其他供地方式 Other Land Supply Ways			
土地面积/公顷 Land Area/hm²	新增 Newly Increased Area	成交价款/万元 Transaction Price Value/10⁴ yuan	宗数/宗 Number of Plots/plots	土地面积/公顷 Land Area/hm²	新增 Newly Increased Area	成交价款/万元 Transaction Price Value/10⁴ yuan	宗数/宗 Number of Plots/plots	土地面积/公顷 Land Area/hm²	新增 Newly Increased Area	成交价款/万元 Transaction Price Value/10⁴ yuan
637.81	465.49	317124.34								
471.29	237.19	211842.94								
908.02	495.72	404502.03								
426.17	217.00	194920.31								
335.91	187.59	194099.75								
683.40	556.23	427099.46								
322.22	170.83	293006.84								
244.58	157.57	131279.83								
713.05	541.64	646283.68								
734.74	314.27	454795.65								
486.02	338.34	301054.86								
435.21	330.65	240349.39								
894.39	576.55	498595.52								
12868.75	**9240.74**	**14838406.11**	**57**	**18.06**		**1358.34**				
2128.69	1655.77	7306218.36	56	13.90		1358.34				
748.38	354.32	495557.83								
583.22	503.76	383866.92	1	4.16						
1798.29	1072.67	1951478.15								
945.45	761.26	793133.46								
578.11	562.45	554041.50								
794.90	470.63	503972.49								
952.05	687.78	669908.06								
1309.56	858.12	765916.49								
860.47	617.71	491706.29								
785.36	670.22	319874.62								
273.75	233.98	101003.48								
398.55	285.71	206579.89								

国有建设用地供应情况——按供地

State-owned Land for Construction Use Supplied by Land Supply Way and

地区	Region	建设用地供应总量 Total Amount of Construction-used Land Supplied			划拨 Allocation			
		宗数/宗 Number of Plots/plots	土地面积/公顷 Land Area/hm²	新增 Newly Increased Area	宗数/宗 Number of Plots/plots	土地面积/公顷 Land Area/hm²	新增 Newly Increased Area	宗数/宗 Number of Plots/plots
省直辖县级行政区划	County-level Administrative Units Directly Under the Provincial Government	383	1450.97	720.68	101	739.00	214.31	282
湖南	**Hunan**	**12226**	**21709.46**	**9323.22**	**2535**	**13359.18**	**2957.26**	**9691**
长沙市	Changsha City	804	3325.70	1703.46	319	1910.50	743.42	485
株洲市	Zhuzhou City	429	1666.10	504.60	180	1114.47	51.61	249
湘潭市	Xiangtan City	467	1284.96	362.21	134	964.27	77.98	333
衡阳市	Hengyang City	606	1755.71	1273.02	58	493.86	155.32	548
邵阳市	Shaoyang City	908	1296.97	421.51	177	901.50	114.54	731
岳阳市	Yueyang City	577	1397.72	939.92	167	472.76	161.74	410
常德市	Changde City	1585	2141.04	587.63	267	1480.88	193.23	1318
张家界市	Zhangjiajie City	292	279.25	69.49	46	199.65	0.22	246
益阳市	Yiyang City	1759	1444.98	660.77	168	976.15	305.01	1591
郴州市	Chenzhou City	1160	2324.34	780.42	304	1768.02	392.89	856
永州市	Yongzhou City	1108	1580.40	1044.22	236	842.63	476.21	872
怀化市	Huaihua City	1113	1753.08	463.16	177	1266.74	116.23	936
娄底市	Loudi City	752	684.24	279.27	99	416.31	77.08	653
湘西土家族苗族自治州	West Hunan Tujia & Miao A.P.	666	774.98	233.53	203	551.45	91.76	463
广东	**Guangdong**	**9156**	**16150.87**	**11902.47**	**1360**	**5137.85**	**4314.06**	**7795**
广州市	Guangzhou City	352	1858.21	1403.27	167	1171.48	959.53	185
韶关市	Shaoguan City	398	593.26	345.15	49	86.87	79.62	349
深圳市	Shenzhen City	237	475.07	67.81	27	38.25	4.78	210
珠海市	Zhuhai City	172	626.38	313.46	84	252.15	145.05	88
汕头市	Shantou City	89	378.79	269.02	30	180.31	169.66	59
佛山市	Foshan City	2235	1450.32	951.37	80	513.24	441.53	2155
江门市	Jiangmen City	322	944.75	697.49	84	424.18	391.42	238
湛江市	Zhanjiang City	459	2081.95	1847.20	83	311.31	295.33	375

方式和省市分列（2015年） 续表 7

by Province,Autonomous Region and Municipality（2015） Continued 7

出让 Granting			租赁 Lease				其他供地方式 Other Land Supply Ways			
土地面积/公顷 Land Area/hm^2	新增 Newly Increased Area	成交价款/万元 Transaction Price Value/10^4 yuan	宗数/宗 Number of Plots/plots	土地面积/公顷 Land Area/hm^2	新增 Newly Increased Area	成交价款/万元 Transaction Price Value/10^4 yuan	宗数/宗 Number of Plots/plots	土地面积/公顷 Land Area/hm^2	新增 Newly Increased Area	成交价款/万元 Transaction Price Value/10^4 yuan
711.97	506.37	295148.58								
8350.28	**6365.96**	**9711753.20**								
1415.20	960.04	2356642.66								
551.62	452.99	536526.00								
320.69	284.23	253453.54								
1261.85	1117.70	1771558.68								
395.47	306.97	438257.08								
924.97	778.17	815435.87								
660.16	394.39	723649.75								
79.60	69.27	75955.70								
468.83	355.76	415804.66								
556.31	387.53	442109.51								
737.77	568.01	889464.20								
486.34	346.93	418571.68								
267.93	202.19	367040.99								
223.53	141.77	207282.88								
11010.96	**7588.41**	**29701334.08**	**1**	**2.06**		**117.00**				
686.73	443.74	9534344.35								
506.40	265.53	303913.79								
436.81	63.03	6599378.51								
374.23	168.41	2013550.05								
198.48	99.36	728917.84								
937.08	509.84	3741427.36								
520.57	306.06	453296.88								
1768.58	1551.87	541689.07	1	2.06		117.00				

国有建设用地供应情况——按供地

State-owned Land for Construction Use Supplied by Land Supply Way and

地区	Region	建设用地供应总量 Total Amount of Construction-used Land Supplied			划拨 Allocation			
		宗数/宗 Number of Plots/plots	土地面积/公顷 Land Area/hm²	新增 Newly Increased Area	宗数/宗 Number of Plots/plots	土地面积/公顷 Land Area/hm²	新增 Newly Increased Area	宗数/宗 Number of Plots/plots
茂名市	Maoming City	356	412.63	301.14	69	176.03	148.73	287
肇庆市	Zhaoqing City	745	864.53	687.79	72	257.74	210.66	673
惠州市	Huizhou City	859	758.88	350.92	80	112.40	51.16	779
梅州市	Meizhou City	1113	880.78	627.51	29	57.40	20.40	1084
汕尾市	Shanwei City	63	300.95	201.81	24	40.80	9.61	39
河源市	Heyuan City	114	314.08	247.91	20	33.01	23.96	94
阳江市	Yangjiang City	178	566.94	467.21	80	229.33	169.98	98
清远市	Qingyuan City	675	811.62	621.03	104	103.73	83.09	571
东莞市	Dongguan City	279	1605.26	1414.63	90	682.94	682.94	189
中山市	Zhongshan City	207	510.50	465.23	140	380.42	344.01	67
潮州市	Chaozhou City	98	164.04	111.63	6	12.88	12.47	92
揭阳市	Jieyang City	95	301.17	274.55	13	15.01	13.54	82
云浮市	Yunfu City	110	250.75	236.33	29	58.36	56.59	81
广西	**Guangxi**	**8100**	**15931.52**	**5832.24**	**2292**	**10085.86**	**1739.01**	**5807**
南宁市	Nanning City	1058	2743.45	1011.32	268	1621.63	198.65	790
柳州市	Liuzhou City	706	2374.14	872.14	198	1681.45	421.38	508
桂林市	Guilin City	1282	1698.12	290.30	259	1174.10	0.20	1022
梧州市	Wuzhou City	304	622.75	118.78	117	501.66	11.19	187
北海市	Beihai City	555	420.75	111.25	27	250.58		528
防城港市	Fangchenggang City	258	819.25	252.59	126	432.12		132
钦州市	Qinzhou City	313	1273.65	973.09	113	896.63	737.43	200
贵港市	Guigang City	204	823.26	275.48	62	454.53		142
玉林市	Yulin City	379	898.88	406.30	155	380.34		224
百色市	Baise City	1253	1222.37	546.87	463	714.63	134.97	790
贺州市	Hezhou City	421	1326.89	285.61	118	897.20	0.63	303
河池市	Hechi City	372	513.24	97.03	133	378.52	10.61	239
来宾市	Laibin City	556	698.38	212.18	100	414.99	21.75	456
崇左市	Chongzuo City	439	496.39	379.29	153	287.51	202.21	286

方式和省市分列（2015年） 续表 8

by Province,Autonomous Region and Municipality（2015） Continued 8

出让 Granting			租赁 Lease				其他供地方式 Other Land Supply Ways			
土地面积/公顷 Land Area/hm²		成交价款/万元 Transaction Price Value/10⁴ yuan	宗数/宗 Number of Plots/plots	土地面积/公顷 Land Area/hm²		成交价款/万元 Transaction Price Value/10⁴ yuan	宗数/宗 Number of Plots/plots	土地面积/公顷 Land Area/hm²		成交价款/万元 Transaction Price Value/10⁴ yuan
	新增 Newly Increased Area				新增 Newly Increased Area				新增 Newly Increased Area	
236.60	152.41	348886.99								
606.79	477.13	306713.81								
646.48	299.76	727349.45								
823.38	607.11	721526.68								
260.16	192.20	160193.68								
281.08	223.95	147102.42								
337.61	297.23	240416.67								
707.89	537.94	482918.92								
922.32	731.69	1911248.64								
130.09	121.23	122342.05								
151.15	99.16	226160.27								
286.16	261.01	207462.36								
192.38	179.74	182494.27								
5845.65	**4093.22**	**6077608.68**					**1**			**8.94**
1121.83	812.67	2761993.45								
692.69	450.76	949105.58								
524.02	290.11	558202.67					1			8.94
121.09	107.59	86521.88								
170.16	111.25	82075.84								
387.13	252.59	167120.02								
377.02	235.66	192896.22								
368.73	275.48	117912.33								
518.54	406.30	396211.47								
507.74	411.90	277454.57								
429.69	284.97	157391.70								
134.72	86.42	108223.92								
283.39	190.42	137574.51								
208.89	177.09	84924.53								

国有建设用地供应情况——按供地
State-owned Land for Construction Use Supplied by Land Supply Way and

地区	Region	建设用地供应总量 Total Amount of Construction-used Land Supplied			划拨 Allocation			
		宗数/宗 Number of Plots/plots	土地面积/公顷 Land Area/hm²	新增 Newly Increased Area	宗数/宗 Number of Plots/plots	土地面积/公顷 Land Area/hm²	新增 Newly Increased Area	宗数/宗 Number of Plots/plots
海南	**Hainan**	**485**	**1950.24**	**829.02**	**180**	**893.05**	**172.27**	**286**
海口市	Haikou City	116	506.12	172.19	43	178.66		54
三亚市	Sanya City	23	197.47	125.61	11	89.45	37.52	12
省直辖县级行政区划	County-level Administrative Units Directly Under the Provincial Government	346	1246.65	531.22	126	624.94	134.75	220
重庆	**Chongqing**	**2458**	**12182.19**	**5007.45**	**958**	**4860.37**	**828.69**	**1500**
四川	**Sichuan**	**10357**	**47857.38**	**17928.88**	**2694**	**38116.80**	**10246.78**	**7661**
成都市	Chengdu City	1461	4169.86	2815.52	522	1663.90	559.39	939
自贡市	Zigong City	156	557.54	144.53	115	455.02	50.21	41
攀枝花市	Panzhihua City	191	622.63	256.18	84	533.20	205.30	107
泸州市	Luzhou City	377	1311.62	902.70	97	600.65	378.03	280
德阳市	Deyang City	692	952.00	597.13	165	403.49	192.04	527
绵阳市	Mianyang City	1760	1965.31	542.50	284	1366.37	110.55	1476
广元市	Guangyuan City	1776	12394.83	2807.05	124	12077.27	2660.52	1651
遂宁市	Suining City	216	582.71	378.53	60	209.90	20.51	156
内江市	Neijiang City	169	744.33	294.15	71	495.27	147.06	98
乐山市	Leshan City	368	1661.03	626.58	82	1041.18	146.10	286
南充市	Nanchong City	329	1952.01	452.61	75	1482.76	95.09	254
眉山市	Meishan City	459	2266.18	1844.62	151	1350.80	1148.64	308
宜宾市	Yibin City	307	2041.83	679.93	146	1631.73	324.58	161
广安市	Guang'an City	197	1106.88	495.92	65	682.04	110.07	132
达州市	Dazhou City	225	537.67	197.50	93	266.51	23.07	132
雅安市	Ya'an City	161	7706.79	602.35	92	7450.15	420.25	69
巴中市	Bazhong City	460	862.35	621.56	89	512.04	391.38	371
资阳市	Ziyang City	219	842.17	487.73	111	481.72	211.00	108
阿坝藏族羌族自治州	Aba Tibetan & Qiang A.P.	128	432.33	234.30	27	407.72	218.44	101

方式和省市分列（2015年） 续表 9

by Province,Autonomous Region and Municipality（2015） Continued 9

出让 Granting			租赁 Lease				其他供地方式 Other Land Supply Ways			
土地面积/公顷 Land Area/hm^2	新增 Newly Increased Area	成交价款/万元 Transaction Price Value/10^4 yuan	宗数/宗 Number of Plots/plots	土地面积/公顷 Land Area/hm^2	新增 Newly Increased Area	成交价款/万元 Transaction Price Value/10^4 yuan	宗数/宗 Number of Plots/plots	土地面积/公顷 Land Area/hm^2	新增 Newly Increased Area	成交价款/万元 Transaction Price Value/10^4 yuan
991.48	**656.75**	**2143234.38**					**19**	**65.71**		**121221.49**
261.75	172.19	887529.67					19	65.71		121221.49
108.02	88.09	421622.00								
621.71	396.47	834082.72								
7321.82	**4178.76**	**14362158.95**								
9738.66	**7680.28**	**13160711.39**	**1**	**0.92**	**0.92**	**80.00**	**1**	**1.00**	**0.90**	**2598.52**
2505.96	2256.13	5619685.56								
102.52	94.31	85425.61								
89.43	50.88	72577.62								
710.98	524.66	1010579.74								
548.51	405.09	165515.33								
598.94	431.95	597621.39								
316.64	145.61	200352.54	1	0.92	0.92	80.00				
372.82	358.03	472480.29								
249.06	147.09	374595.31								
619.85	480.48	425202.13								
469.25	357.52	593251.50								
915.38	695.98	1146602.69								
410.10	355.35	242654.88								
424.84	385.85	382477.89								
271.15	174.44	380910.26								
256.64	182.10	200521.99								
350.32	230.18	467876.51								
360.44	276.73	538086.45								
24.61	15.85	8043.93								

国有建设用地供应情况——按供地
State-owned Land for Construction Use Supplied by Land Supply Way and

地区	Region	建设用地供应总量 Total Amount of Construction-used Land Supplied			划拨 Allocation			
		宗数/宗 Number of Plots/plots	土地面积/公顷 Land Area/hm²	新增 Newly Increased Area	宗数/宗 Number of Plots/plots	土地面积/公顷 Land Area/hm²	新增 Newly Increased Area	宗数/宗 Number of Plots/plots
甘孜藏族自治州	Ganzi Tibetan A.P.	167	1385.56	84.57	40	1353.92	70.40	127
凉山彝族自治州	Liangshan Yi A.P.	539	3761.75	2862.92	201	3651.15	2764.14	337
贵州	**Guizhou**	**5151**	**16153.80**	**6509.99**	**2002**	**10014.52**	**2406.36**	**3136**
贵阳市	Guiyang City	361	2349.90	940.34	154	1377.80	105.11	207
六盘水市	Liupanshui City	324	824.32	643.18	35	177.90	96.42	282
遵义市	Zunyi City	1190	2645.09	880.27	609	1506.51	153.83	581
安顺市	Anshun City	293	1216.40	306.11	83	843.63	126.39	210
铜仁地区	Tongren Prefecture	466	2342.73	762.47	198	1529.22	335.82	268
黔西南布依族苗族自治州	Southwest Guizhou Buyei & Miao A.P.	548	1754.42	314.21	268	1399.31	137.39	280
毕节地区	Bijie Prefecture	473	1438.95	751.06	140	775.06	387.48	333
黔东南苗族侗族自治州	Southeast Guizhou Miao & Dong A.P.	863	2112.71	964.64	368	1627.04	611.64	489
黔南布依族苗族自治州	South Guizhou Buyei & Miao A.P.	633	1469.27	947.70	147	778.06	452.28	486
云南	**Yunnan**	**5399**	**18052.74**	**6622.70**	**1325**	**14829.48**	**4398.00**	**4074**
昆明市	Kunming City	870	3689.08	634.21	222	2935.44	60.30	648
曲靖市	Qujing City	264	1768.11	1062.55	92	1565.64	939.41	172
玉溪市	Yuxi City	315	765.21	406.09	84	453.82	259.35	231
保山市	Baoshan City	369	450.93	201.28	72	295.12	82.18	297
昭通市	Zhaotong City	643	501.26	125.06	89	454.20	95.34	554
丽江市	Lijiang City	204	166.60	89.42	84	79.79	24.79	120
普洱市	Pu'er City	324	1521.87	262.33	99	1402.33	184.53	225
临沧市	Lincang City	91	1117.21	757.04	35	1028.90	671.76	56
楚雄彝族自治州	Chuxiong Yi A.P.	343	517.01	194.95	80	301.74	80.07	263
红河哈尼族彝族自治州	Honghe Hani & Yi A.P.	735	2321.21	329.90	114	1887.41	20.15	621
文山壮族苗族自治州	Wenshan Zhuang & Miao A.P.	187	1024.23	217.85	110	810.11	85.53	77
西双版纳傣族自治州	Xishuangbanna Dai A.P.	79	104.79	84.24	16	26.15	16.03	63
大理白族自治州	Dali Bai A.P.	479	3781.48	2074.56	134	3511.19	1860.61	345

方式和省市分列（2015年） 续表 10

by Province,Autonomous Region and Municipality（2015） Continued 10

出让 Granting			租赁 Lease				其他供地方式 Other Land Supply Ways			
土地面积/公顷 Land Area/hm²	新增 Newly Increased Area	成交价款/万元 Transaction Price Value/10⁴ yuan	宗数/宗 Number of Plots/plots	土地面积/公顷 Land Area/hm²	新增 Newly Increased Area	成交价款/万元 Transaction Price Value/10⁴ yuan	宗数/宗 Number of Plots/plots	土地面积/公顷 Land Area/hm²	新增 Newly Increased Area	成交价款/万元 Transaction Price Value/10⁴ yuan
31.63	14.17	9755.58								
109.60	97.88	166494.20					1	1.00	0.90	2598.52
6030.98	**4012.57**	**5342284.26**	**13**	**108.30**	**91.06**	**328.70**				
972.11	835.23	717782.95								
555.36	455.70	1104159.18	7	91.06	91.06	290.39				
1138.58	726.44	861057.37								
372.77	179.72	147916.12								
813.51	426.66	539926.93								
355.11	176.82	176899.12								
663.89	363.58	791988.69								
468.43	353.00	258621.50	6	17.24		38.31				
691.22	495.43	743932.43								
3223.25	**2224.70**	**2823169.34**								
753.64	573.91	1326141.27								
202.47	123.14	94538.16								
311.40	146.74	192214.69								
155.81	119.10	111115.54								
47.05	29.72	33125.60								
86.81	64.62	39926.99								
119.54	77.80	84498.24								
88.31	85.27	47756.18								
215.27	114.88	121067.72								
433.80	309.75	337142.54								
214.11	132.32	119765.53								
78.63	68.21	61222.25								
270.29	213.95	148833.96								

国有建设用地供应情况——按供地
State-owned Land for Construction Use Supplied by Land Supply Way and

地区	Region	建设用地供应总量 Total Amount of Construction-used Land Supplied			划拨 Allocation			
		宗数/宗 Number of Plots/plots	土地面积/公顷 Land Area/hm²	新增 Newly Increased Area	宗数/宗 Number of Plots/plots	土地面积/公顷 Land Area/hm²	新增 Newly Increased Area	宗数/宗 Number of Plots/plots
德宏傣族景颇族自治州	Dehong Dai &Jingpo A.P.	204	262.12	144.80	82	60.03	17.94	122
怒江傈僳族自治州	Nujiang Lisu A.P.	265	24.37	7.48	8	11.28		257
迪庆藏族自治州	Diqing Tibetan A.P.	27	37.25	30.93	4	6.32		23
西藏	**Tibet**	**435**	**513.80**	**276.16**	**228**	**237.06**	**136.61**	**207**
拉萨市	Lhasa City	98	299.33	168.84	34	88.59	69.90	64
昌都地区	Qamdo Prefecture	63	20.39		42	19.59		21
山南地区	Lhokha Prefecture	32	33.75	28.35	26	31.30	25.94	6
日喀则地区	Xigaze Prefecture	27	44.37	43.69	24	37.51	37.18	3
那曲地区	Nagqu Prefecture							
阿里地区	Ngari Prefecture	103	41.12	2.25	88	39.77	2.25	15
林芝地区	Nyingchi Prefecture	112	74.84	33.03	14	20.30	1.34	98
陕西	**Shaanxi**	**3068**	**12282.21**	**6142.80**	**1110**	**6939.53**	**1639.52**	**1958**
西安市	Xi'an City	572	1901.97	876.97	258	921.03	80.35	314
铜川市	Tongchuan City	68	220.20	145.21	29	114.96	66.19	39
宝鸡市	Baoji City	193	906.39	608.20	51	402.64	122.79	142
咸阳市	Xianyang City	474	2380.47	1353.38	204	1535.04	555.11	270
渭南市	Weinan City	374	1362.30	722.48	123	656.59	57.97	251
延安市	Yan'an City	217	689.12	244.51	82	429.94	33.96	135
汉中市	Hanzhong City	353	706.45	466.32	40	231.30	55.20	313
榆林市	Yulin City	335	3523.81	1438.86	187	2363.78	596.63	148
安康市	Ankang City	326	348.79	140.49	90	147.59	8.92	236
商洛市	Shangluo City	156	242.71	146.36	46	136.65	62.40	110
甘肃	**Gansu**	**2746**	**16172.94**	**8225.22**	**1081**	**11297.65**	**4220.43**	**1665**
兰州市	Lanzhou City	366	1817.84	1207.00	117	663.62	181.11	249
嘉峪关市	Jiayuguan City	47	454.79	4.04	21	419.03		26
金昌市	Jinchang City	62	586.48	244.33	25	446.60	130.15	37
白银市	Baiyin City	286	928.49	286.65	96	512.74	85.44	190

方式和省市分列（2015年） 续表 11
by Province,Autonomous Region and Municipality（2015） Continued 11

出让 Granting			租赁 Lease				其他供地方式 Other Land Supply Ways			
土地面积/公顷 Land Area/hm^2	新增 Newly Increased Area	成交价款/万元 Transaction Price Value/10^4 yuan	宗数/宗 Number of Plots/plots	土地面积/公顷 Land Area/hm^2	新增 Newly Increased Area	成交价款/万元 Transaction Price Value/10^4 yuan	宗数/宗 Number of Plots/plots	土地面积/公顷 Land Area/hm^2	新增 Newly Increased Area	成交价款/万元 Transaction Price Value/10^4 yuan
202.09	126.85	90595.01								
13.10	7.48	4895.32								
30.93	30.93	10330.36								
276.74		**100791.40**								
210.74		70509.72								
0.80		204.97								
2.45		2073.00								
6.86		4247.00								
1.35		92.29								
54.54		23664.42								
5342.68	**4503.28**	**4075952.23**								
980.94	796.63	1914909.46								
105.24	79.02	54616.00								
503.75	485.41	298743.12								
845.43	798.26	600246.97								
705.71	664.52	295790.75								
259.18	210.56	212577.33								
475.15	411.12	302321.64								
1160.03	842.23	219664.33								
201.21	131.58	109294.94								
106.06	83.96	67787.69								
4875.29	**4004.79**	**2383297.97**								
1154.22	1025.89	1238379.47								
35.76	4.04	13773.02								
139.88	114.18	30800.57								
415.75	201.22	181535.91								

国有建设用地供应情况——按供地
State-owned Land for Construction Use Supplied by Land Supply Way and

地区	Region	建设用地供应总量 Total Amount of Construction-used Land Supplied			划拨 Allocation			
		宗数/宗 Number of Plots/plots	土地面积/公顷 Land Area/hm²	新增 Newly Increased Area	宗数/宗 Number of Plots/plots	土地面积/公顷 Land Area/hm²	新增 Newly Increased Area	宗数/宗 Number of Plots/plots
天水市	Tianshui City	168	1094.53	597.20	73	958.86	501.82	95
武威市	Wuwei City	308	2978.95	1432.06	168	2186.63	761.90	140
张掖市	Zhangye City	397	1239.04	702.50	118	499.52	28.60	279
平凉市	Pingliang City	138	341.34	213.73	41	115.11	42.43	97
酒泉市	Jiuquan City	343	3128.25	2037.00	160	2589.76	1537.76	183
庆阳市	Qingyang City	165	351.43	202.48	129	292.90	158.36	36
定西市	Dingxi City	159	558.09	354.06	50	323.52	146.80	109
陇南市	Longnan City	54	986.49	326.13	20	940.35	287.95	34
临夏回族自治州	Linxia Hui A.P.	190	1045.71	558.71	56	760.28	358.12	134
甘南藏族自治州	Gannan Tibetan A.P.	63	661.51	59.34	7	588.74		56
青海	**Qinghai**	**975**	**8576.02**	**1359.13**	**377**	**7430.48**	**444.64**	**596**
西宁市	Xining City	215	903.10	378.15	61	503.59	39.85	153
海东地区	Haidong Prefecture	113	517.93	137.03	40	365.37	8.60	73
海北藏族自治州	Haibei Tibetan A.P.	144	541.37	115.74	81	492.31	75.73	63
黄南藏族自治州	Huangnan Tibetan A.P.	33	66.89	37.66	16	49.05	27.11	17
海南藏族自治州	Hainan Tibetan A.P.	224	3787.62	66.92	82	3713.08		142
果洛藏族自治州	Golog Tibetan A.P.	38	178.77		14	177.63		24
玉树藏族自治州	Yushu Tibetan A.P.	32	28.16		13	15.34		19
海西蒙古族藏族自治州	Haixi Mongol & Tibetan A.P.	176	2552.19	623.63	70	2114.12	293.35	105
宁夏	**Ningxia**	**1912**	**10719.38**	**4886.13**	**1026**	**7575.46**	**2126.85**	**886**
银川市	Yinchuan City	648	3981.51	2036.88	260	2662.69	890.31	388
石嘴山市	Shizuishan City	127	619.69	346.55	73	392.38	139.74	54
吴忠市	Wuzhong City	676	3224.28	1253.66	440	2576.06	684.89	236
固原市	Guyuan City	232	1714.84	367.69	139	1535.32	240.48	93
中卫市	Zhongwei City	229	1179.06	881.34	114	409.01	171.43	115

方式和省市分列（2015年） 续表 12

by Province,Autonomous Region and Municipality（2015） Continued 12

出让 Granting			租赁 Lease				其他供地方式 Other Land Supply Ways			
土地面积/公顷 Land Area/hm^2		成交价款/万元 Transaction Price Value/10^4 yuan	宗数/宗 Number of Plots/plots	土地面积/公顷 Land Area/hm^2		成交价款/万元 Transaction Price Value/10^4 yuan	宗数/宗 Number of Plots/plots	土地面积/公顷 Land Area/hm^2		成交价款/万元 Transaction Price Value/10^4 yuan
	新增 Newly Increased Area				新增 Newly Increased Area				新增 Newly Increased Area	
135.68	95.38	149885.97								
792.33	670.16	116777.17								
739.52	673.90	126700.44								
226.23	171.30	182584.23								
538.50	499.24	52547.76								
58.53	44.12	39762.75								
234.57	207.26	73335.58								
46.13	38.18	24288.84								
285.43	200.58	130457.78								
72.77	59.34	22468.49								
1130.93	**900.32**	**343187.74**	**2**	**14.60**	**14.17**	**106.49**				
399.07	338.30	216181.04	1	0.44		7.03				
152.57	128.43	73257.57								
49.06	40.01	6525.57								
17.84	10.55	4498.32								
74.53	66.92	12471.63								
1.14		80.19								
12.82		5383.07								
423.90	316.10	24790.35	1	14.17	14.17	99.46				
3143.92	**2759.28**	**902340.00**								
1318.82	1146.57	626885.81								
227.31	206.81	37099.24								
648.22	568.77	71655.47								
179.52	127.21	47418.24								
770.05	709.91	119281.25								

国有建设用地供应情况——按供地

State-owned Land for Construction Use Supplied by Land Supply Way and

地区	Region	建设用地供应总量 Total Amount of Construction-used Land Supplied			划拨 Allocation			
		宗数/宗 Number of Plots/plots	土地面积/公顷 Land Area/hm^2	新增 Newly Increased Area	宗数/宗 Number of Plots/plots	土地面积/公顷 Land Area/hm^2	新增 Newly Increased Area	宗数/宗 Number of Plots/plots
新疆	**Xinjiang**	**5079**	**33320.44**	**11575.75**	**2789**	**25203.66**	**4949.09**	**2283**
乌鲁木齐市	Urumqi City	544	4529.83	854.01	283	3584.34	260.75	261
克拉玛依市	Karamay City	145	447.76	159.47	55	218.06	6.80	90
吐鲁番地区	Turpan Prefeture	232	1700.21	968.99	38	864.93	168.90	194
哈密地区	Hami Prefeture	235	2418.26	2078.61	125	1986.10	1733.53	110
昌吉回族自治州	Changji Hui A.P.	1403	7005.88	1501.08	1046	5488.80	124.90	357
博尔塔拉蒙古自治州	Bortala Mongol A.P.	148	939.32	386.12	51	697.33	241.34	97
巴音郭楞蒙古自治州	Bayingolin Mongol A.P.	443	2267.89	769.87	239	1343.17	78.01	204
阿克苏地区	Akesu Prefeture	217	3521.59	1769.50	92	2830.88	1172.64	125
克孜勒苏柯尔克孜自治州	Kizilsu Kirgiz A.P.	208	1175.84	379.85	154	1042.83	254.78	54
喀什地区	Kashi Prefeture	433	4553.88	795.52	169	3702.46	25.77	257
和田地区	Hotan Prefeture	89	444.10	298.99	21	177.36	75.15	68
伊犁哈萨克自治州	Ili Kazak A.P.	343	1402.11	416.92	119	1004.39	131.68	224
塔城地区	Tacheng Prefeture	203	871.26	192.00	89	612.62	16.24	114
阿勒泰地区	Altay Prefeture	374	1712.64	968.59	265	1366.55	644.78	109
石河子市	Shihezi City	62	329.87	36.23	43	283.84	13.82	19
阿拉尔市	Aral City							
图木舒克市	Tumxuk City							
五家渠市	Wujiaqu City							

方式和省市分列（2015年） 续表 13

by Province,Autonomous Region and Municipality（2015） Continued 13

出让 Granting			租赁 Lease				其他供地方式 Other Land Supply Ways			
土地面积/公顷 Land Area/hm²	新增 Newly Increased Area	成交价款/万元 Transaction Price Value/10^4 yuan	宗数/宗 Number of Plots/plots	土地面积/公顷 Land Area/hm²	新增 Newly Increased Area	成交价款/万元 Transaction Price Value/10^4 yuan	宗数/宗 Number of Plots/plots	土地面积/公顷 Land Area/hm²	新增 Newly Increased Area	成交价款/万元 Transaction Price Value/10^4 yuan
8103.74	**6626.66**	**1886177.79**	**7**	**13.03**		**20.04**				
945.48	593.26	716421.65								
229.70	152.67	49556.95								
835.29	800.09	73783.27								
432.17	345.08	56141.05								
1517.08	1376.18	370684.10								
241.99	144.77	22126.99								
924.72	691.86	145314.77								
690.72	596.86	40674.85								
133.00	125.07	11087.42								
838.38	769.75	123642.37	7	13.03		20.04				
266.74	223.84	36540.66								
397.72	285.24	130237.04								
258.64	175.76	41953.92								
346.09	323.81	27593.87								
46.03	22.41	40418.89								

国有建设用地供应情况
State-owned Land for Construction Use

单位：公顷

年份/地区	Year/Region	供地总量 Total Amount of Land Supplied	工矿仓储用地 Land for Industry,Mining and Warehousing	商服用地 Land for Commercial and Service Uses	住宅用地合计		
						普通商品住房 Ordinary Commercial House	
							中低价位、中小套型 Medium- and Low-price, Medium- and Small-sized Ordinary Commercial Houses
	2013	750835.48	213520.95	67042.26	141966.60	112913.41	39590.89
	2014	647995.91	149556.13	50216.74	104499.35	81680.46	28500.74
	2015	540327.28	127269.96	36949.57	83782.66	62868.57	20126.39
北　京	Beijing	6463.50	110.11	152.63	575.36	440.96	60.20
天　津	Tianjin	8380.65	1646.85	138.46	940.37	407.43	8.01
河　北	Hebei	19440.49	6657.17	1421.58	4210.33	3681.26	811.47
山　西	Shanxi	10360.45	1603.24	524.92	1055.75	671.72	196.23
内蒙古	Inner Mongolia	21021.25	5349.48	1167.42	1584.22	1199.67	532.26
辽　宁	Liaoning	18038.31	4255.65	1333.06	2042.06	1884.69	770.01
吉　林	Jilin	11218.04	2079.53	496.61	967.46	791.77	201.88
黑龙江	Heilongjiang	10437.74	3301.50	881.48	1402.80	894.93	274.70
上　海	Shanghai	3090.37	289.22	142.61	700.16	597.17	329.88
江　苏	Jiangsu	41764.09	12255.13	4413.86	9759.48	7292.26	3011.01
浙　江	Zhejiang	21240.07	4521.11	1315.47	3576.97	1979.61	1979.61
安　徽	Anhui	26673.76	6231.03	2542.69	5470.75	3836.79	903.38
福　建	Fujian	14003.78	3226.75	625.48	1433.25	1398.32	593.69
江　西	Jiangxi	18040.89	5569.02	1455.65	3425.75	2916.71	381.15
山　东	Shandong	30251.22	11134.15	3354.25	7025.38	6177.95	3034.07
河　南	Henan	24617.74	6952.26	1634.92	4359.32	3464.54	786.65
湖　北	Hubei	23711.97	7158.30	2282.38	5110.83	3794.28	1088.77
湖　南	Hunan	21709.46	3758.82	1950.75	3740.05	2432.47	122.76
广　东	Guangdong	16150.87	6442.37	1291.68	3313.82	3060.29	447.00
广　西	Guangxi	15931.52	2860.16	888.18	2280.64	1635.40	629.83
海　南	Hainan	1950.24	137.75	294.81	622.08	512.06	122.04
重　庆	Chongqing	12182.19	3290.32	917.96	3306.60	2880.13	642.06
四　川	Sichuan	47857.38	4614.13	1767.09	4413.30	3455.50	632.33
贵　州	Guizhou	16153.80	2413.87	1480.80	3194.13	2412.99	1428.39
云　南	Yunnan	18052.74	1420.98	790.61	1314.58	1092.14	83.09
西　藏	Tibet	513.80	172.60	71.81	57.14	30.35	3.21
陕　西	Shaanxi	12282.21	3157.69	751.91	1831.37	1373.03	205.50
甘　肃	Gansu	16172.94	2614.04	1201.43	1613.67	1101.24	328.63
青　海	Qinghai	8576.02	3977.59	212.30	245.68	116.55	7.72
宁　夏	Ningxia	10719.38	2558.47	356.96	949.64	306.47	138.86
新　疆	Xinjiang	33320.44	7510.67	1089.81	3259.71	1029.89	371.97

——按用地类型和地区分列
Supplied by Land-use Type and by Region

Unit: hm^2

Land for Residential Uses				其他用地 Other Types					
经济适用住房 Economically Affordable House	廉租住房 Cheap Rent House	公共租赁住房 Public Rent Housing	高档住宅 High-grade Residence		公共管理与公共服务用地 Land for Public Management and Public Services	特殊用地 Land for Special Uses	交通运输用地 Land for Transport	水利设施用地 Land for Water Conservancy Facilities	其他土地 Land for Other Uses
22072.37	3731.38	3124.77	124.67	328305.67	95745.09	3292.68	187944.28	36548.66	4774.96
17525.23	2244.99	2935.93	112.73	343723.70	73665.20	2794.99	178067.63	86128.57	3067.30
16143.80	1605.30	2927.73	237.27	292325.10	81864.45	3315.71	152710.06	45890.43	8544.46
107.54		26.86		5625.40	2542.02	0.86	2833.90	202.38	46.24
532.83			0.11	5654.97	795.70	25.07	4768.96	65.23	
342.14	55.90	121.35	9.67	7151.41	1701.58	66.95	5338.82	13.62	30.44
260.04	70.40	53.59		7176.54	977.69	69.70	4655.81	1473.33	
226.07	74.88	83.60		12920.14	3618.17	183.18	9008.36	64.69	45.74
136.22	0.68	4.56	15.91	10407.53	2801.47	77.45	4929.94	2567.79	30.88
147.42	11.97	16.30		7674.44	948.10	30.42	6354.54	341.38	
392.28	57.21	45.89	12.48	4851.95	1467.73	86.71	2895.33	402.19	
85.73		17.26		1958.38	592.93	7.68	965.98	390.22	1.58
2316.37	129.50	20.15	1.20	15335.61	4858.38	596.62	8973.51	765.40	141.71
1572.34	8.28	15.06	1.67	11826.52	3650.13	83.30	6409.28	1683.82	
1310.54	60.99	191.75	70.68	12429.30	4151.94	106.31	7552.88	390.07	228.10
14.34	9.95	6.10	4.53	8718.30	1655.94	99.91	6462.17	500.28	
248.37	70.25	185.41	5.01	7590.47	2610.87	116.15	4728.50	134.96	
733.20	31.93	72.08	10.20	8737.44	3482.12	111.64	4274.86	401.87	466.96
599.50	93.36	201.92		11671.25	4540.84	41.30	5731.02	204.70	1153.38
1017.14	132.72	163.34	3.35	9160.46	2269.71	81.26	6547.17	262.32	
875.26	193.46	238.86		12259.84	4241.53	90.94	6500.12	1427.13	0.12
168.25	7.57	36.78	40.92	5103.00	2315.67	99.65	2647.94	39.10	0.64
581.47	24.77	39.01		9902.53	3301.84	120.11	6118.73	334.39	27.47
96.84	10.89	2.29		895.61	198.30		697.32		
327.30	35.90	63.26		4667.30	1897.61	76.05	2281.45	412.19	
795.73	69.92	92.15		37062.85	6264.35	183.64	6714.61	23900.12	0.13
374.29	118.14	272.61	16.10	9065.01	3463.06	56.43	2877.17	213.02	2455.33
107.56	12.34	96.99	5.55	14526.57	1292.43	74.85	7860.70	5298.59	
0.12	26.67			212.25	81.08	33.95	22.18		75.04
216.40	117.34	124.58	0.02	6541.24	1119.32	209.21	5193.58	19.13	
224.03	11.69	276.71		10743.80	3958.65	112.86	6096.60	547.89	27.79
82.35	21.29	23.17	2.32	4140.45	434.18	71.27	2837.15	797.86	
420.15	25.48	192.75	4.80	6854.30	1962.90	101.95	4712.54	36.53	40.38
1831.95	121.83	243.32	32.72	21460.24	8668.23	300.28	5718.97	3000.24	3772.53

国有建设用地供应情况

State-owned Land for Construction Use Supplied by Land-use Type and by

单位：公顷

地 区	Region	供地总量 Total Amount of Land Supplied	工矿仓储用地 Land for Industry, Mining and Warehousing	商服用地 Land for Commercial and Service Uses	住宅用地合计		
						普通商品住房 Ordinary Commercial House	
							中低价位、中小套型 Medium- and Low-price, Medium- and Small-sized Ordinary Commercial Houses
总 计	**Total**	**540327.28**	**127269.96**	**36949.57**	**83782.66**	**62868.57**	**20126.39**
北京	**Beijing**	**6463.50**	**110.11**	**152.63**	**575.36**	**440.96**	**60.20**
天津	**Tianjin**	**8380.65**	**1646.85**	**138.46**	**940.37**	**407.43**	**8.01**
河北	**Hebei**	**19440.49**	**6657.17**	**1421.58**	**4210.33**	**3681.26**	**811.47**
石家庄市	Shijiazhuang City	1694.79	595.43	113.38	611.94	486.18	178.19
唐山市	Tangshan City	2716.39	1120.95	195.44	343.96	303.56	66.98
秦皇岛市	Qinhuangdao City	430.13	115.06	76.66	131.20	96.82	
邯郸市	Handan City	2224.43	633.72	175.05	404.01	225.56	36.22
邢台市	Xingtai City	1879.59	701.43	103.15	391.91	345.25	22.22
保定市	Baoding City	1963.54	763.70	140.68	636.45	609.58	48.44
张家口市	Zhangjiakou City	1341.03	219.43	127.19	363.47	358.61	118.54
承德市	Chengde City	1193.73	217.22	156.86	217.26	193.01	19.07
沧州市	Cangzhou City	2512.36	1283.10	125.73	318.78	295.98	29.43
廊坊市	Langfang City	1561.38	510.98	142.51	622.09	611.25	207.89
衡水市	Hengshui City	1923.12	496.14	64.94	169.26	155.45	84.49
山西	**Shanxi**	**10360.45**	**1603.24**	**524.92**	**1055.75**	**671.72**	**196.23**
太原市	Taiyuan City	813.58	220.66	71.06	222.52	182.16	69.17
大同市	Datong City	652.13	70.91	22.44	133.78	40.87	5.19
阳泉市	Yangquan City	139.01	24.37	11.93	64.44	23.08	18.04
长治市	Changzhi City	290.52	132.61	21.08	48.25	44.36	0.84
晋城市	Jincheng City	1755.02	78.64	38.32	68.61	45.80	5.32
朔州市	Shuozhou City	475.75	75.52	38.72	34.48	24.01	0.86
晋中市	Jinzhong City	554.69	182.90	72.38	101.96	81.43	34.50
运城市	Yuncheng City	810.10	346.81	87.87	107.55	75.56	0.92
忻州市	Xinzhou City	3362.00	210.53	53.99	86.13	32.46	1.20
临汾市	Linfen City	1278.04	146.84	80.56	149.71	87.75	51.02
吕梁市	Lüliang City	229.61	113.46	26.58	38.32	34.25	9.18
内蒙古	**Inner Mongolia**	**21021.25**	**5349.48**	**1167.42**	**1584.22**	**1199.67**	**532.26**
呼和浩特市	Hohhot City	1314.49	275.72	96.91	336.82	307.41	71.15
包头市	Baotou City	959.94	163.78	27.75	91.35	27.80	8.46
乌海市	Wuhai City	127.74	41.78	13.09	22.17	10.57	8.91
赤峰市	Chifeng City	2527.43	570.26	93.08	117.00	107.24	29.53
通辽市	Tongliao City	2455.86	568.23	115.33	103.56	96.77	70.43
鄂尔多斯市	Erdos City	3392.23	1151.27	180.37	120.65	118.78	88.52
呼伦贝尔市	Hulunbuir City	3302.46	542.21	158.66	285.90	170.49	99.44
巴彦淖尔市	Bayannur City	637.67	284.81	65.38	110.76	106.23	28.80
乌兰察布市	Ulanqab City	2102.55	710.19	122.07	129.25	58.85	15.90
兴安盟	Xing'an League	1014.41	196.87	24.58	64.04	30.35	8.83
锡林郭勒盟	Xilingol League	1543.58	495.45	172.18	96.22	87.55	37.14
阿拉善盟	Alxa League	1642.89	348.90	98.03	106.51	77.62	65.16

——按用地类型和省市分列（2015年）
Province,Autonomous Region and Municipality（2015）

Unit: hm^2

Land for Residential Uses				其他用地 Other Types					
经济适用住房 Economically Affordable House	廉租住房 Cheap Rent House	公共租赁住房 Public Rent Housing	高档住宅 High-grade Residence		公共管理与公共服务用地 Land for Public Management and Public Services	特殊用地 Land for Special Uses	交通运输用地 Land for Transport	水利设施用地 Land for Water Conservancy Facilities	其他土地 Land for Other Uses
16143.80	**1605.30**	**2927.73**	**237.27**	**292325.10**	**81864.45**	**3315.71**	**152710.06**	**45890.43**	**8544.46**
107.54		**26.86**		**5625.40**	**2542.02**	**0.86**	**2833.90**	**202.38**	**46.24**
532.83			**0.11**	**5654.97**	**795.70**	**25.07**	**4768.96**	**65.23**	
342.14	**55.90**	**121.35**	**9.67**	**7151.41**	**1701.58**	**66.95**	**5338.82**	**13.62**	**30.44**
112.91		12.85		374.03	171.65	14.30	188.08		
40.40				1056.03	81.50	7.89	966.64		
30.54	1.17	2.67		107.21	103.78	1.35	2.08		
60.59	37.06	80.80		1011.65	411.35	7.44	556.41	6.00	30.44
44.77	0.87	1.02		683.10	131.04	4.43	547.64		
18.14	8.20	0.53		422.71	194.32	5.11	223.28		
0.30	3.19	1.37		630.94	123.74	2.71	504.49		
19.21	3.67	1.38		602.39	104.21	6.56	491.62		
4.50		10.32	7.98	784.75	235.72	5.55	543.49		
7.11	1.23	2.51		285.80	93.33	0.33	192.14		
3.68	0.52	7.92	1.69	1192.79	50.94	11.28	1122.95	7.62	
260.04	**70.40**	**53.59**		**7176.54**	**977.69**	**69.70**	**4655.81**	**1473.33**	
30.39	2.92	7.05		299.34	291.18	5.62	2.54		
1.40	63.84	27.66		425.01	28.04	0.26	390.62	6.08	
41.36				38.27	27.79	4.62	5.86		
0.40		3.49		88.57	27.11	14.29	47.17		
21.15		1.66		1569.45	57.90	0.67	51.41	1459.47	
10.44	0.03			327.03	51.16	9.62	262.07	4.19	
19.35		1.18		197.46	64.31	11.74	121.41		
27.33	0.83	3.83		267.88	110.81	13.33	143.74		
47.04	1.35	5.29		3011.35	102.59	2.80	2902.36	3.59	
58.31	0.22	3.44		900.93	178.28	4.68	717.97		
2.85	1.22			51.25	38.51	2.07	10.66		
226.07	**74.88**	**83.60**		**12920.14**	**3618.17**	**183.18**	**9008.36**	**64.69**	**45.74**
29.41				605.04	222.85	3.67	378.52		
27.69	2.64	33.22		677.06	172.82		492.79		11.44
8.34	0.77	2.48		50.71	30.63		20.08		
3.45	0.61	5.70		1747.08	167.59		1545.19		34.30
0.01		6.77		1668.73	1237.93	19.27	411.53		
1.87				1939.95	580.46	114.36	1245.13		
84.45	26.79	4.17		2315.69	246.85	13.20	2055.64		
	1.14	3.39		176.73	114.01	1.73	60.99		
34.91	22.09	13.41		1141.04	230.06	20.17	826.12	64.69	
11.69	14.05	7.95		728.92	224.11	7.61	497.20		
2.54	4.27	1.85		779.74	161.82	2.50	615.42		
21.71	2.52	4.66		1089.45	229.04	0.68	859.73		

国有建设用地供应情况

State-owned Land for Construction Use Supplied by Land-use Type and by

地 区	Region	供地总量 Total Amount of Land Supplied	工矿仓储用地 Land for Industry, Mining and Warehousing	商服用地 Land for Commercial and Service Uses	住宅用地合计		
						普通商品住房 Ordinary Commercial House	
							中低价位、中小套型 Medium- and Low-price, Medium- and Small-sized Ordinary Commercial Houses
辽宁	**Liaoning**	**18038.31**	**4255.65**	**1333.06**	**2042.06**	**1884.69**	**770.01**
沈阳市	Shenyang City	2752.98	869.60	91.21	407.82	402.46	143.54
大连市	Dalian City	2295.25	340.97	29.29	216.08	210.93	113.34
鞍山市	Anshan City	1170.59	475.93	85.84	216.71	216.71	101.41
抚顺市	Fushun City	223.77	101.17	49.69	21.26	17.27	17.27
本溪市	Benxi City	993.10	417.86	91.56	43.80	27.61	
丹东市	Dandong City	775.48	124.10	35.80	58.30	54.86	
锦州市	Jinzhou City	3342.66	328.74	123.75	261.51	241.71	220.52
营口市	Yingkou City	1574.05	240.68	47.84	68.60	58.19	0.54
阜新市	Fuxin City	439.09	163.76	41.20	110.35	44.19	17.66
辽阳市	Liaoyang City	449.92	176.07	74.82	75.39	72.41	5.48
盘锦市	Panjin City	1730.60	516.46	498.72	349.48	349.48	74.04
铁岭市	Tieling City	492.30	220.24	20.53	64.11	63.43	46.03
朝阳市	Chaoyang City	1337.50	199.95	79.09	68.15	61.99	
葫芦岛市	Huludao City	461.02	80.11	63.73	80.50	63.43	30.19
吉林	**Jilin**	**11218.04**	**2079.53**	**496.61**	**967.46**	**791.77**	**201.88**
长春市	Changchun City	1620.72	644.95	103.84	236.29	203.61	23.37
吉林市	Jilin City	916.67	309.60	60.17	114.92	109.62	9.47
四平市	Siping City	1742.06	226.27	72.11	98.98	83.28	15.05
辽源市	Liaoyuan City	133.46	53.74	17.45	35.26	28.70	
通化市	Tonghua City	2318.09	208.67	30.04	49.02	40.74	16.61
白山市	Baishan City	1107.84	66.43	45.85	64.11	25.95	
松原市	Songyuan City	684.81	269.59	19.14	56.11	55.20	6.49
白城市	Baicheng City	560.21	111.03	46.62	144.86	123.72	62.57
延边朝鲜族自治州	Yanbian Korean A.P.	2134.18	189.26	101.38	167.92	120.97	68.32
黑龙江	**Heilongjiang**	**10437.74**	**3301.50**	**881.48**	**1402.80**	**894.93**	**274.70**
哈尔滨市	Harbin City	1340.15	430.67	222.16	253.84	219.70	40.18
齐齐哈尔市	Qiqihar City	1391.49	337.18	89.90	124.84	105.75	1.26
鸡西市	Jixi City	395.00	71.56	76.06	125.07	110.03	98.82
鹤岗市	Hegang City	301.01	140.54	18.58	125.29	23.83	
双鸭山市	Shuangyashan City	377.35	101.52	37.34	135.92	44.47	6.21
大庆市	Daqing City	840.33	324.51	45.08	38.10	37.19	3.77
伊春市	Yichun City	237.26	62.27	18.58	54.89	13.20	
佳木斯市	Jiamusi City	1124.97	531.30	42.07	50.74	29.42	13.24
七台河市	Qitaihe City	319.98	174.14	36.32	40.88	28.11	28.11
牡丹江市	Mudanjiang City	1022.36	226.46	53.56	103.46	70.72	6.70
黑河市	Heihe City	516.70	151.14	24.10	39.73	38.71	2.57
绥化市	Suihua City	1081.46	339.55	121.02	162.39	120.58	46.93
大兴安岭地区	Da Hinggan Ling Prefecture	131.82	17.16	28.12	56.36	2.99	

——按用地类型和省市分列（2015年） 续表 1

Province,Autonomous Region and Municipality（2015） Continued 1

Land for Residential Uses				其他用地 Other Types					
经济适用住房 Economically Affordable House	廉租住房 Cheap Rent House	公共租赁住房 Public Rent Housing	高档住宅 High-grade Residence		公共管理与公共服务用地 Land for Public Management and Public Services	特殊用地 Land for Special Uses	交通运输用地 Land for Transport	水利设施用地 Land for Water Conservancy Facilities	其他土地 Land for Other Uses
136.22	**0.68**	**4.56**	**15.91**	**10407.53**	**2801.47**	**77.45**	**4929.94**	**2567.79**	**30.88**
2.39		2.97		1384.36	325.55	28.40	845.94	184.46	
4.84		0.31		1708.90	292.57	5.15	1406.24	4.94	
				392.12	74.19		317.92		
3.99				51.64	35.17	2.43	13.33	0.72	
16.19				439.88	139.86		300.02		
3.44				557.28	47.99		509.29		
3.57		0.32	15.91	2628.65	147.30		126.21	2355.14	
10.40				1216.94	983.10	8.80	225.04		
66.16				123.78	94.76	4.21	24.81		
2.98				123.64	28.32		95.33		
				365.94	304.92	13.92	34.92	12.18	
	0.68			187.42	135.63	4.58	36.95	10.26	
5.20		0.96		990.30	91.37	3.14	895.71	0.08	
17.06				236.67	100.74	6.82	98.23		30.88
147.42	**11.97**	**16.30**		**7674.44**	**948.10**	**30.42**	**6354.54**	**341.38**	
27.56	5.13			635.64	320.63	0.38	313.61	1.02	
1.95	2.19	1.16		431.99	115.89		288.66	27.44	
8.77	0.61	6.32		1344.71	131.42		1196.90	16.38	
6.56				27.01	22.32	3.68	1.01		
8.28				2030.36	46.47	0.12	1956.16	27.61	
35.16	1.76	1.24		931.45	24.98		906.32	0.15	
		0.91		339.97	115.70	24.04	200.23		
20.54		0.60		257.71	69.87	2.17	185.62	0.04	
38.61	2.28	6.07		1675.62	100.83	0.02	1306.03	268.74	
392.28	**57.21**	**45.89**	**12.48**	**4851.95**	**1467.73**	**86.71**	**2895.33**	**402.19**	
30.92	1.15	2.08		433.47	256.41	14.63	162.43		
15.66	2.70	0.74		839.58	163.63	16.54	658.43	0.98	
15.05				122.31	42.81	0.78	78.72		
89.92	2.17	9.37		16.60	7.69	1.15	7.76		
76.68	2.29		12.48	102.57	50.23	5.72	46.62		
0.11	0.40	0.40		432.64	103.22	17.01	269.30	43.12	
41.69				101.52	29.98	0.79	70.74		
16.69	4.63			500.87	243.12		190.63	67.12	
4.94	5.36	2.47		68.65	29.02	8.94	30.68		
14.94	1.47	16.33		638.87	303.73	3.24	257.81	74.09	
1.02				301.74	35.15	1.62	238.44	26.53	
6.83	33.62	1.35		458.49	105.91	10.67	341.91		
40.84		12.53		30.18	7.60		22.58		

国有建设用地供应情况

State–owned Land for Construction Use Supplied by Land–use Type and by

地 区	Region	供地总量 Total Amount of Land Supplied	工矿仓储用地 Land for Industry, Mining and Warehousing	商服用地 Land for Commercial and Service Uses	住宅用地合计		
						普通商品住房 Ordinary Commercial House	
							中低价位、中小套型 Medium- and Low-price, Medium- and Small-sized Ordinary Commercial Houses
农垦总局	General Bureau of Agriculture	574.42	299.44	36.53	34.82	20.18	4.74
森工总局	General Bureau of Forest dustry	715.36	30.79	30.32	56.46	30.04	22.17
友谊国土资源局	Youyi Land and Resources Bureau	66.11	63.25	0.15			
五大连池风景名胜区	Wudalianchi	1.97	0.04	1.60			
上海	**Shanghai**	**3090.37**	**289.22**	**142.61**	**700.16**	**597.17**	**329.88**
江苏	**Jiangsu**	**41764.09**	**12255.13**	**4413.86**	**9759.48**	**7292.26**	**3011.01**
南京市	Nanjing City	3710.16	646.03	324.84	678.75	450.19	108.37
无锡市	Wuxi City	2080.01	616.48	283.57	233.62	116.55	16.34
徐州市	Xuzhou City	3954.50	815.93	468.19	938.89	702.01	557.85
常州市	Changzhou City	4206.38	1381.82	500.52	833.06	593.64	145.72
苏州市	Suzhou City	3561.09	1258.79	257.35	1263.97	820.16	291.53
南通市	Nantong City	6501.05	1600.44	628.10	1832.34	1262.66	388.91
连云港市	Lianyungang City	2223.34	618.13	616.06	599.15	561.24	45.78
淮安市	Huai'an City	1904.16	461.80	271.23	400.54	400.54	237.49
盐城市	Yancheng City	4173.83	1950.96	535.36	663.13	616.69	520.65
扬州市	Yangzhou City	2619.28	833.73	195.89	643.23	467.14	281.08
镇江市	Zhenjiang City	1708.90	489.34	140.64	315.80	315.80	269.34
泰州市	Taizhou City	2427.41	899.53	107.50	721.31	706.62	146.60
宿迁市	Suqian City	2693.99	682.16	84.60	635.69	279.02	1.35
浙江	**Zhejiang**	**21240.07**	**4521.11**	**1315.47**	**3576.97**	**1979.61**	**1979.61**
杭州市	Hangzhou City	2774.79	456.70	197.76	448.09	334.64	334.64
宁波市	Ningbo City	3300.18	675.66	234.53	685.14	269.36	269.36
温州市	Wenzhou City	3109.52	291.27	119.72	517.32	243.51	243.51
嘉兴市	Jiaxing City	1833.52	763.05	136.79	318.04	170.65	170.65
湖州市	Huzhou City	1187.22	392.18	163.30	243.85	157.41	157.41
绍兴市	Shaoxing City	2019.04	406.01	97.90	554.42	423.26	423.26
金华市	Jinhua City	2534.23	497.04	143.02	257.79	135.90	135.90
衢州市	Quzhou City	894.25	169.42	92.18	69.19	50.72	50.72
舟山市	Zhoushan City	508.92	215.34	37.22	41.54	15.58	15.58
台州市	Taizhou City	2253.93	435.64	78.08	271.58	127.65	127.65
丽水市	Lishui City	824.47	218.82	14.96	169.99	50.93	50.93
安徽	**Anhui**	**26673.76**	**6231.03**	**2542.69**	**5470.75**	**3836.79**	**903.38**
合肥市	Hefei City	4005.06	866.82	286.22	692.79	143.36	0.11
芜湖市	Wuhu City	1893.89	549.86	235.66	245.60	225.15	151.77
蚌埠市	Bengbu City	1026.60	388.09	120.46	330.11	243.06	161.51
淮南市	Huainan City	1377.04	433.08	25.42	213.43	92.31	
马鞍山市	Ma'anshan City	487.02	177.37	60.16	121.79	113.19	28.45
淮北市	Huaibei City	338.43	181.13	9.64	108.14	28.48	27.25

——按用地类型和省市分列（2015年） 续表 2

Province,Autonomous Region and Municipality（2015） Continued 2

Land for Residential Uses				其他用地 Other Types					
经济适用住房 Economically Affordable House	廉租住房 Cheap Rent House	公共租赁住房 Public Rent Housing	高档住宅 High-grade Residence		公共管理与公共服务用地 Land for Public Management and Public Services	特殊用地 Land for Special Uses	交通运输用地 Land for Transport	水利设施用地 Land for Water Conservancy Facilities	其他土地 Land for Other Uses
13.73	0.91			203.63	68.19	0.29	33.02	102.12	
23.29	2.52	0.61		597.80	18.15	5.16	486.24	88.25	
				2.71	2.55	0.16			
				0.33	0.33				
85.73		**17.26**		**1958.38**	**592.93**	**7.68**	**965.98**	**390.22**	**1.58**
2316.37	**129.50**	**20.15**	**1.20**	**15335.61**	**4858.38**	**596.62**	**8973.51**	**765.40**	**141.71**
214.18	9.93	4.45		2060.54	477.28	22.45	1493.61	2.67	64.53
78.97	36.85	1.26		946.33	420.02	4.05	520.83	1.43	
228.22	3.73	4.14	0.80	1731.49	451.82	482.71	629.85	167.11	
200.42	36.25	2.35	0.40	1490.98	433.66	21.23	915.25	120.84	
438.02	5.79			780.98	589.47	22.65	167.88	0.97	
566.82	2.87			2440.17	657.75	10.01	1720.86		51.55
37.29		0.62		389.99	185.80	2.18	120.54	55.84	25.63
				770.59	224.98	2.93	542.68		
35.78	10.65			1024.37	281.78	7.61	515.92	219.07	
171.65	4.07	0.37		946.44	163.36	9.37	772.03	1.67	
				763.13	551.01	1.49	203.58	7.04	
7.73		6.96		699.07	183.69	5.05	322.16	188.18	
337.30	19.37			1291.54	237.75	4.89	1048.31	0.58	
1572.34	**8.28**	**15.06**	**1.67**	**11826.52**	**3650.13**	**83.30**	**6409.28**	**1683.82**	
110.95		2.50		1672.23	825.41	26.31	781.51	39.00	
409.38		6.40		1704.85	630.09	5.64	892.62	176.49	
272.37	0.84		0.60	2181.22	560.93	1.28	1423.87	195.15	
147.38				615.64	259.86	1.77	240.45	113.56	
84.67	0.94		0.83	387.90	173.69	0.98	210.65	2.58	
129.83	1.34			960.71	387.38	0.03	308.62	264.69	
118.91	2.99			1636.37	262.32	15.14	1284.06	74.85	
18.47				563.46	95.85	2.67	247.24	217.69	
24.49		1.47		214.82	85.84	7.82	121.16		
140.34	2.13	1.22	0.24	1468.63	217.22	21.68	657.47	572.26	
115.55	0.05	3.47		420.70	151.52		241.63	27.55	
1310.54	**60.99**	**191.75**	**70.68**	**12429.30**	**4151.94**	**106.31**	**7552.88**	**390.07**	**228.10**
547.77		1.66		2159.24	760.76	24.73	1227.26	146.49	
5.93		14.52		862.77	242.91	0.83	596.50	22.54	
	18.47	68.58		187.94	67.62	0.07	57.75	6.85	55.65
79.06	21.73	2.82	17.50	705.11	98.67	2.18	604.26		
8.14	0.47			127.70	11.44	2.76	113.51		
79.66				39.52	29.44	4.89	5.19		

国有建设用地供应情况

State-owned Land for Construction Use Supplied by Land-use Type and by

地 区	Region	供地总量 Total Amount of Land Supplied	工矿仓储用地 Land for Industry, Mining and Warehousing	商服用地 Land for Commercial and Service Uses	住宅用地合计		
						普通商品住房 Ordinary Commercial House	
							中低价位、中小套型 Medium- and Low-price, Medium- and Small-sized Ordinary Commercial Houses
铜陵市	Tongling City	312.37	69.45	91.39	92.95	68.20	3.28
安庆市	Anqing City	2098.12	348.03	78.15	254.50	136.57	14.74
黄山市	Huangshan City	397.76	95.97	90.14	62.46	27.64	4.91
滁州市	Chuzhou City	2573.80	536.34	248.25	750.45	513.61	94.48
阜阳市	Fuyang City	1894.25	508.91	134.46	643.16	603.36	16.75
宿州市	Suzhou City	1595.16	310.30	183.88	333.70	300.91	162.30
巢湖市	Chaohu City	2384.52	249.59	37.43	358.97	327.59	67.46
六安市	Lu'an City	2520.31	517.53	399.96	616.35	513.60	130.85
亳州市	Bozhou City	1032.16	363.79	218.57	291.35	224.81	8.46
池州市	Chizhou City	1072.79	271.59	239.10	193.87	136.99	13.72
宣城市	Xuancheng City	1664.48	363.18	83.81	161.14	137.99	17.36
福建	**Fujian**	**14003.78**	**3226.75**	**625.48**	**1433.25**	**1398.32**	**593.69**
福州市	Fuzhou City	3528.66	574.50	159.14	332.88	319.95	146.70
厦门市	Xiamen City	755.78	162.69	133.53	97.42	94.63	33.04
莆田市	Putian City	1332.69	356.19	35.32	196.30	189.79	91.83
三明市	Sanming City	954.82	242.06	33.77	91.01	88.48	65.43
泉州市	Quanzhou City	2378.75	542.25	81.92	225.37	222.72	116.22
漳州市	Zhangzhou City	1867.03	553.68	74.32	180.52	176.89	30.80
南平市	Nanping City	790.76	207.14	51.88	73.75	73.59	4.16
龙岩市	Longyan City	963.43	253.28	20.22	127.18	123.46	80.88
宁德市	Ningde City	1431.86	334.96	35.39	108.82	108.82	24.64
江西	**Jiangxi**	**18040.89**	**5569.02**	**1455.65**	**3425.75**	**2916.71**	**381.15**
南昌市	Nanchang City	2180.92	890.18	134.50	424.21	278.75	46.21
景德镇市	Jingdezhen City	829.72	281.68	69.04	140.03	138.50	
萍乡市	Pingxiang City	623.55	213.89	48.64	259.52	240.73	17.88
九江市	Jiujiang City	3338.78	778.94	298.57	822.87	732.26	12.81
新余市	Xinyu City	259.26	93.67	30.46	70.47	45.79	25.71
鹰潭市	Yingtan City	555.24	174.20	56.81	86.67	75.73	
赣州市	Ganzhou City	2108.05	371.45	274.07	208.18	132.43	54.37
吉安市	Ji'an City	1783.51	433.72	70.97	220.64	164.71	20.37
宜春市	Yichun City	3170.45	1190.83	192.85	625.29	592.17	108.44
抚州市	Fuzhou City	1180.43	514.49	46.80	268.19	247.00	
上饶市	Shangrao City	2010.97	625.95	232.94	299.69	268.64	95.36
山东	**Shandong**	**30251.22**	**11134.15**	**3354.25**	**7025.38**	**6177.95**	**3034.07**
济南市	Jinan City	2032.26	590.66	166.79	659.94	575.33	24.05
青岛市	Qingdao City	3780.63	1428.94	257.73	761.34	616.76	408.55
淄博市	Zibo City	1142.25	455.29	127.89	238.26	234.52	10.27
枣庄市	Zaozhuang City	827.56	209.90	57.66	356.61	305.61	124.19
东营市	Dongying City	1345.81	757.59	62.02	161.90	158.86	19.95
烟台市	Yantai City	2032.13	830.77	194.08	454.22	449.42	343.29

——按用地类型和省市分列（2015年） 续表3

Province,Autonomous Region and Municipality（2015） Continued 3

Land for Residential Uses				其他用地 Other Types					
经济适用住房 Economically Affordable House	廉租住房 Cheap Rent House	公共租赁住房 Public Rent Housing	高档住宅 High-grade Residence		公共管理与公共服务用地 Land for Public Management and Public Services	特殊用地 Land for Special Uses	交通运输用地 Land for Transport	水利设施用地 Land for Water Conservancy Facilities	其他土地 Land for Other Uses
20.77	3.98			58.59	27.46	5.41	25.71		
69.25		48.56	0.12	1417.44	829.44	15.00	573.00		
24.89		9.92		149.20	50.10	0.73	97.20	1.17	
233.85		3.00		1038.75	469.38	6.54	562.83		
27.30		12.50		607.73	241.72	14.85	276.43	0.55	74.17
19.04	1.30	12.45		767.27	116.08	11.81	638.32	1.07	
28.99	0.60	1.79		1738.53	478.54	9.42	1049.72	102.58	98.27
85.47	8.90	8.38		986.47	306.52	3.40	676.55		
12.49		1.33	52.72	158.46	104.52		53.94		
50.63		6.25		368.23	93.33		265.96	8.94	
17.28	5.54		0.33	1056.35	224.02	3.68	728.74	99.89	
14.34	**9.95**	**6.10**	**4.53**	**8718.30**	**1655.94**	**99.91**	**6462.17**	**500.28**	
7.15	0.80	0.45	4.53	2462.14	641.66	13.26	1714.95	92.26	
2.79				362.14	173.50	23.05	164.21	1.38	
	6.51			744.88	62.08	19.21	585.85	77.75	
0.87		1.66		587.98	95.75	9.65	461.48	21.10	
	2.64			1529.22	211.07	4.44	1259.29	54.42	
		3.63		1058.50	176.89	3.56	877.75	0.29	
0.17				457.99	87.92	6.41	313.98	49.68	
3.36		0.36		562.75	99.36	1.68	365.38	96.33	
				952.69	107.71	18.64	719.28	107.06	
248.37	**70.25**	**185.41**	**5.01**	**7590.47**	**2610.87**	**116.15**	**4728.50**	**134.96**	
133.78		11.68		732.03	538.08	10.34	183.61		
		1.53		338.98	41.14	53.48	244.36		
6.67	8.40	3.72		101.49	35.35	10.18	55.96		
13.72	9.89	66.54	0.46	1438.40	410.41	8.65	1019.33		
	20.18	4.51		64.65	32.62		32.03		
2.28		8.66		237.57	44.74		192.82		
35.17	0.58	35.46	4.55	1254.35	403.01	0.12	847.64	3.58	
21.01	26.09	8.83		1058.18	441.72	0.82	496.39	119.25	
22.84	1.86	8.41		1161.49	332.64	7.60	820.34	0.90	
7.51		13.67		350.95	115.66	9.57	225.72		
5.39	3.26	22.41		852.40	215.49	15.37	610.30	11.24	
733.20	**31.93**	**72.08**	**10.20**	**8737.44**	**3482.12**	**111.64**	**4274.86**	**401.87**	**466.96**
77.99		6.63		614.88	202.16	22.75	374.55	2.99	12.43
128.47	1.01	15.10		1332.61	856.71	10.92	464.77	0.20	
1.06		2.67		320.81	116.56	4.79	199.46		
46.54		4.47		203.38	82.32		121.06		
0.33	0.07	2.64		364.30	154.89	0.84	208.57		
2.32	0.08	2.40		553.06	187.30	3.56	360.03	2.16	

国有建设用地供应情况

State–owned Land for Construction Use Supplied by Land–use Type and by

地 区	Region	供地总量 Total Amount of Land Supplied	工矿仓储用地 Land for Industry, Mining and Warehousing	商服用地 Land for Commercial and Service Uses	住宅用地合计		
						普通商品住房 Ordinary Commercial House	
							中低价位、中小套型 Medium- and Low-price, Medium- and Small-sized Ordinary Commercial Houses
潍坊市	Weifang City	3953.51	1452.66	720.97	1110.21	1107.37	552.77
济宁市	Jining City	1854.10	409.95	565.78	573.04	552.15	127.33
泰安市	Tai'an City	1076.20	335.24	182.37	300.18	118.21	13.73
威海市	Weihai City	1758.38	412.50	237.53	704.17	659.94	584.57
日照市	Rizhao City	1353.87	913.31	32.32	198.54	112.41	19.66
莱芜市	Laiwu City	437.21	206.90	30.44	103.38	64.15	
临沂市	Linyi City	2226.71	905.66	239.53	406.29	371.18	361.75
德州市	Dezhou City	2461.33	629.46	94.04	287.69	224.18	146.44
聊城市	Liaocheng City	1076.83	438.09	96.16	275.65	269.63	111.46
滨州市	Binzhou City	1399.42	415.37	63.73	186.52	157.39	32.60
菏泽市	Heze City	1493.02	741.87	225.22	247.43	200.84	153.45
河南	**Henan**	**24617.74**	**6952.26**	**1634.92**	**4359.32**	**3464.54**	**786.65**
郑州市	Zhengzhou City	5461.05	1305.21	315.59	1303.91	1008.54	9.19
开封市	Kaifeng City	1244.33	189.28	99.91	190.44	168.50	94.03
洛阳市	Luoyang City	1960.17	594.80	149.51	418.35	351.51	183.96
平顶山市	Pingdingshan City	1395.80	300.66	65.47	123.41	104.94	22.55
安阳市	Anyang City	1201.30	323.86	127.94	117.47	100.12	19.45
鹤壁市	Hebi City	643.55	275.49	13.67	206.04	141.83	38.44
新乡市	Xinxiang City	1495.38	633.62	91.26	212.44	170.91	35.44
焦作市	Jiaozuo City	578.73	321.56	54.63	47.32	44.88	13.61
濮阳市	Puyang City	975.75	314.48	67.93	111.85	85.85	
许昌市	Xuchang City	858.32	382.90	124.80	142.28	135.46	18.62
漯河市	Luohe City	662.40	171.02	36.44	109.38	96.75	
三门峡市	Sanmenxia City	320.01	140.56	26.40	72.46	70.25	62.90
南阳市	Nanyang City	1572.26	570.84	68.97	224.20	197.39	5.91
商丘市	Shangqiu City	2553.88	538.26	114.31	413.82	248.34	164.49
信阳市	Xinyang City	983.33	297.22	78.66	192.26	136.99	27.34
周口市	Zhoukou City	1303.10	144.89	85.72	107.71	98.49	33.05
驻马店市	Zhumadian City	1408.39	447.63	113.72	365.96	303.78	57.65
湖北	**Hubei**	**23711.97**	**7158.30**	**2282.38**	**5110.83**	**3794.28**	**1088.77**
武汉市	Wuhan City	4403.94	1239.98	229.40	931.25	795.77	29.73
黄石市	Huangshi City	1868.70	593.75	77.24	603.25	217.37	93.47
十堰市	Shiyan City	1134.54	258.29	164.78	169.35	163.14	98.80
宜昌市	Yichang City	3386.92	668.56	638.34	750.42	452.97	94.18
襄阳市	Xiangyang City	1845.45	689.11	106.37	223.63	159.12	34.72
鄂州市	Ezhou City	1039.21	233.45	114.88	247.64	240.55	15.86
荆门市	Jingmen City	999.22	403.56	144.02	320.59	277.34	87.43
孝感市	Xiaogan City	1339.82	551.43	88.59	501.09	415.43	79.06
荆州市	Jingzhou City	1962.71	860.08	212.47	266.38	251.37	158.33
黄冈市	Huanggang City	1256.35	426.26	129.39	326.92	288.74	88.79
咸宁市	Xianning City	1290.00	449.45	113.31	241.62	222.11	218.74

——按用地类型和省市分列（2015年） 续表4

Province,Autonomous Region and Municipality（2015） Continued 4

Land for Residential Uses				其他用地 Other Types					
经济适用住房 Economically Affordable House	廉租住房 Cheap Rent House	公共租赁住房 Public Rent Housing	高档住宅 High-grade Residence		公共管理与公共服务用地 Land for Public Management and Public Services	特殊用地 Land for Special Uses	交通运输用地 Land for Transport	水利设施用地 Land for Water Conservancy Facilities	其他土地 Land for Other Uses
	0.14	2.69		669.68	211.01	1.90	241.97	214.80	
	0.91	9.78	10.20	305.33	238.41	2.00	60.49	4.44	
173.81		8.17		258.40	133.74	1.99	122.23	0.44	
43.49		0.74		404.18	138.78	0.46	264.94		
59.72	26.41			209.71	70.23	3.82	134.94	0.71	
39.23				96.50	94.22	0.26	1.73	0.30	
28.46		6.65		675.23	164.85	5.51	503.68	1.20	
58.74	3.31	1.46		1450.14	338.23	27.81	457.77	171.81	454.52
1.23		4.79		266.93	124.91	9.40	132.43	0.19	
25.24		3.90		733.80	163.20	8.20	562.40		
46.59				278.50	204.60	7.44	63.83	2.62	
599.50	**93.36**	**201.92**		**11671.25**	**4540.84**	**41.30**	**5731.02**	**204.70**	**1153.38**
257.38		37.99		2536.34	994.71	3.65	1537.53		0.45
14.47		7.47		764.70	163.87	2.66	492.18	20.07	85.92
58.15	5.21	3.48		797.51	358.92	2.98	405.45		30.17
7.01	3.19	8.27		906.26	663.19		89.56	153.51	
17.36				632.03	279.00	2.77	349.95	0.30	
41.78	13.82	8.61		148.35	52.52		95.82		
	0.67	40.86		558.07	266.87	5.42	99.78	13.64	172.36
2.43				155.21	135.86		19.35		
13.90		12.10		481.48	161.12		320.36		
		6.83		208.34	85.62		122.72		
3.63		9.00		345.57	79.43	5.63	69.54	9.18	181.80
2.21				80.59	27.96	10.69	41.94		
21.17	2.90	2.74		708.26	184.28	3.07	520.91		
106.25	54.85	4.37		1487.50	494.05		318.62		674.83
49.48		5.79		415.18	163.14	1.49	242.70		7.85
1.73	2.70	4.79		964.78	178.30	0.62	785.86		
2.55	10.02	49.62		481.08	252.00	2.33	218.75	8.00	
1017.14	**132.72**	**163.34**	**3.35**	**9160.46**	**2269.71**	**81.26**	**6547.17**	**262.32**	
132.50			2.98	2003.31	978.08	18.92	990.65	15.65	
366.19		19.69		594.46	244.59	3.00	337.05	9.82	
2.09	1.01	3.11		542.12	68.74		473.38		
254.69	33.31	9.45		1329.59	195.67	12.69	1110.06	11.18	
13.17		51.35		826.33	45.98	5.46	774.90		
0.41	5.85	0.84		443.23	72.54	2.02	368.67		
37.45	0.35	5.45		131.05	51.32	1.43	57.99	20.32	
81.63	4.03			198.70	125.79	4.84	68.07		
3.69		11.32		623.77	48.40	3.55	571.82		
25.52		12.66		373.78	48.60	0.36	324.82		
17.95		1.55		485.64	68.81	12.18	404.65		

国有建设用地供应情况

State-owned Land for Construction Use Supplied by Land-use Type and by

地 区	Region	供地总量 Total Amount of Land Supplied	工矿仓储用地 Land for Industry, Mining and Warehousing	商服用地 Land for Commercial and Service Uses	住宅用地合计		
						普通商品住房 Ordinary Commercial House	
							中低价位、中小套型 Medium- and Low-price, Medium- and Small-sized Ordinary Commercial Houses
随州市	Suizhou City	428.44	170.88	38.87	68.55	60.47	
恩施土家族苗族自治州	Enshi Tujia & Miao A.P.	1305.69	145.89	99.15	291.67	134.75	49.08
省直辖县级行政区划	County-level Administrative Units Directly Under the Provincial Government	1450.97	467.60	125.56	168.47	115.15	40.59
湖南	**Hunan**	**21709.46**	**3758.82**	**1950.75**	**3740.05**	**2432.47**	**122.76**
长沙市	Changsha City	3325.70	777.07	324.07	377.74	294.41	43.26
株洲市	Zhuzhou City	1666.10	291.05	50.54	522.06	198.24	
湘潭市	Xiangtan City	1284.96	209.93	62.19	95.68	46.68	
衡阳市	Hengyang City	1755.71	531.02	170.66	544.77	522.74	17.99
邵阳市	Shaoyang City	1296.97	169.09	116.55	154.97	94.04	2.30
岳阳市	Yueyang City	1397.72	557.69	203.49	180.94	149.26	11.48
常德市	Changde City	2141.04	289.79	169.18	276.03	188.83	7.24
张家界市	Zhangjiajie City	279.25	20.72	34.74	44.03	23.78	
益阳市	Yiyang City	1444.98	80.75	242.28	223.36	140.29	13.99
郴州市	Chenzhou City	2324.34	254.25	72.50	316.03	177.65	13.47
永州市	Yongzhou City	1580.40	282.90	151.70	450.91	287.52	3.41
怀化市	Huaihua City	1753.08	145.46	157.29	288.79	165.88	9.63
娄底市	Loudi City	684.24	67.22	123.12	177.04	76.01	
湘西土家族苗族自治州	West Hunan Tujia & Miao A.P.	774.98	81.90	72.43	87.70	67.13	
广东	**Guangdong**	**16150.87**	**6442.37**	**1291.68**	**3313.82**	**3060.29**	**447.00**
广州市	Guangzhou City	1858.21	285.41	225.66	355.63	226.96	
韶关市	Shaoguan City	593.26	330.22	56.48	148.33	116.72	34.60
深圳市	Shenzhen City	475.07	136.71	64.42	141.87	139.67	38.41
珠海市	Zhuhai City	626.38	198.03	97.78	89.27	73.78	0.80
汕头市	Shantou City	378.79	48.24	3.28	121.33	121.33	7.93
佛山市	Foshan City	1450.32	437.53	198.76	353.19	352.62	54.86
江门市	Jiangmen City	944.75	382.51	24.25	101.39	95.35	52.05
湛江市	Zhanjiang City	2081.95	1436.46	16.33	183.65	144.72	34.58
茂名市	Maoming City	412.63	88.18	52.06	93.07	88.24	7.04
肇庆市	Zhaoqing City	864.53	397.75	97.35	161.64	158.06	19.97
惠州市	Huizhou City	758.88	329.11	100.96	257.72	254.81	46.78
梅州市	Meizhou City	880.78	400.67	91.85	330.03	327.45	33.51
汕尾市	Shanwei City	300.95	179.14	20.52	91.19	91.19	4.83
河源市	Heyuan City	314.08	177.80	13.26	88.20	85.01	3.60
阳江市	Yangjiang City	566.94	253.15	11.88	164.40	162.72	58.60
清远市	Qingyuan City	811.62	298.32	87.85	240.22	237.66	42.09
东莞市	Dongguan City	1605.26	534.03	35.21	226.24	219.71	3.97
中山市	Zhongshan City	510.50	128.37	16.52	6.93	6.93	

——按用地类型和省市分列（2015年） 续表5

Province,Autonomous Region and Municipality（2015） Continued 5

Land for Residential Uses					其他用地 Other Types				
经济适用住房 Economically Affordable House	廉租住房 Cheap Rent House	公共租赁住房 Public Rent Housing	高档住宅 High-grade Residence		公共管理与公共服务用地 Land for Public Management and Public Services	特殊用地 Land for Special Uses	交通运输用地 Land for Transport	水利设施用地 Land for Water Conservancy Facilities	其他土地 Land for Other Uses
4.90		3.18		150.14	55.13	13.23	81.78		
56.55	74.10	26.27		768.98	238.50	3.42	321.71	205.35	
20.42	14.06	18.48	0.37	689.34	27.56	0.16	661.62		
875.26	**193.46**	**238.86**		**12259.84**	**4241.53**	**90.94**	**6500.12**	**1427.13**	**0.12**
68.49	1.26	13.58		1846.81	1200.21	1.10	645.33	0.18	
198.67	79.36	45.79		802.45	523.20	5.36	273.90		
12.15	21.34	15.51		917.16	385.55		468.85	62.77	
10.39	3.68	7.96		509.26	199.72	20.44	289.09		
29.68	10.40	20.85		856.36	183.41	0.59	609.17	63.19	
22.00	2.17	7.50		455.61	229.69		225.80		0.12
52.10	4.26	30.84		1406.04	347.46	5.18	615.83	437.57	
6.87	7.12	6.27		179.76	87.47		88.80	3.50	
64.26	8.48	10.33		898.58	100.18	4.52	793.88		
78.72	39.59	20.06		1681.55	225.43	21.41	1394.85	39.87	
145.63	4.94	12.82		694.90	276.13	9.03	388.30	21.44	
88.01	1.58	33.32		1161.53	244.08	2.09	325.38	589.98	
93.07	4.88	3.07		316.86	93.16	0.22	223.49		
5.21	4.39	10.97		532.96	145.86	21.00	157.47	208.62	
168.25	**7.57**	**36.78**	**40.92**	**5103.00**	**2315.67**	**99.65**	**2647.94**	**39.10**	**0.64**
125.72		2.96		991.51	315.99	22.36	652.27	0.85	0.04
31.51		0.10		58.23	53.45	1.42	3.36		
		2.20		132.07	90.28		41.79		
4.31	2.24	8.94		241.30	74.97	0.66	159.83	5.25	0.60
				205.94	185.12	3.58	17.25		
		0.58		460.85	89.63	0.53	370.68		
1.11		4.93		436.60	94.43	3.87	310.32	27.99	
		0.35	38.57	445.51	170.74	44.05	230.71	0.01	
2.14	2.23	0.45	0.01	179.32	172.23		7.09		
1.43		1.31	0.84	207.81	125.68		81.35	0.77	
0.26		2.65		71.10	61.58	5.43	4.09		
		1.07	1.51	58.23	34.55	9.54	14.15		
				10.10	10.10				
	2.42	0.78		34.81	31.21		2.00	1.60	
	0.68	1.00		137.51	96.81		40.70		
1.78		0.78		185.23	142.05		40.55	2.63	
		6.53		809.78	389.04	5.73	415.01		
				358.68	122.05	2.49	234.14		

国有建设用地供应情况

State-owned Land for Construction Use Supplied by Land-use Type and by

地区	Region	供地总量 Total Amount of Land Supplied	工矿仓储用地 Land for Industry, Mining and Warehousing	商服用地 Land for Commercial and Service Uses	住宅用地合计	普通商品住房 Ordinary Commercial House	中低价位、中小套型 Medium- and Low-price, Medium- and Small-sized Ordinary Commercial Houses
潮州市	Chaozhou City	164.04	88.58	16.59	45.30	44.80	
揭阳市	Jieyang City	301.17	201.13	16.80	64.02	63.43	0.13
云浮市	Yunfu City	250.75	111.04	43.89	50.19	49.12	3.28
广西	**Guangxi**	**15931.52**	**2860.16**	**888.18**	**2280.64**	**1635.40**	**629.83**
南宁市	Nanning City	2743.45	513.54	125.80	425.03	383.65	47.68
柳州市	Liuzhou City	2374.14	398.09	25.06	271.60	213.39	159.23
桂林市	Guilin City	1698.12	224.20	140.84	326.52	132.97	95.08
梧州市	Wuzhou City	622.75	62.22	20.70	43.30	40.22	
北海市	Beihai City	420.75	118.46	16.22	34.41	30.04	
防城港市	Fangchenggang City	819.25	201.56	99.80	254.85	21.44	1.78
钦州市	Qinzhou City	1273.65	239.49	47.80	82.52	48.65	17.50
贵港市	Guigang City	823.26	238.44	17.46	63.66	63.41	51.25
玉林市	Yulin City	898.88	218.79	98.75	261.34	256.25	109.15
百色市	Baise City	1222.37	244.09	83.30	165.17	156.31	37.40
贺州市	Hezhou City	1326.89	200.50	25.02	45.31	35.18	25.84
河池市	Hechi City	513.24	41.44	26.92	104.85	66.02	17.29
来宾市	Laibin City	698.38	87.34	80.96	135.59	129.34	53.00
崇左市	Chongzuo City	496.39	72.01	79.55	66.50	58.53	14.62
海南	**Hainan**	**1950.24**	**137.75**	**294.81**	**622.08**	**512.06**	**122.04**
海口市	Haikou City	506.12	36.13	113.89	141.63	141.63	
三亚市	Sanya City	197.47	4.78	58.90	57.61	15.23	
省直辖县级行政区划	County-level Administrative Units Directly Under the Provincial Government	1246.65	96.84	122.01	422.84	355.20	122.04
重庆	**Chongqing**	**12182.19**	**3290.32**	**917.96**	**3306.60**	**2880.13**	**642.06**
四川	**Sichuan**	**47857.38**	**4614.13**	**1767.09**	**4413.30**	**3455.50**	**632.33**
成都市	Chengdu City	4169.86	1547.59	343.48	995.04	594.04	103.49
自贡市	Zigong City	557.54	70.38	15.12	48.41	16.76	
攀枝花市	Panzhihua City	622.63	49.52	7.32	48.24	37.78	
泸州市	Luzhou City	1311.62	228.34	117.88	366.36	331.78	38.48
德阳市	Deyang City	952.00	374.88	96.30	159.94	85.80	21.68
绵阳市	Mianyang City	1965.31	208.51	136.41	304.11	249.44	
广元市	Guangyuan City	12394.83	122.66	79.03	158.23	155.64	19.27
遂宁市	Suining City	582.71	151.11	54.94	222.79	176.12	65.70
内江市	Neijiang City	744.33	54.63	63.96	183.65	165.97	
乐山市	Leshan City	1661.03	241.22	151.48	169.96	161.09	128.19
南充市	Nanchong City	1952.01	204.36	38.76	263.81	261.92	7.67
眉山市	Meishan City	2266.18	286.39	155.75	419.96	401.89	54.53
宜宾市	Yibin City	2041.83	259.28	61.18	106.69	67.92	21.52

——按用地类型和省市分列（2015年）　续表 6

Province,Autonomous Region and Municipality（2015）　Continued 6

Land for Residential Uses				其他用地 Other Types					
经济适用住房 Economically Affordable House	廉租住房 Cheap Rent House	公共租赁住房 Public Rent Housing	高档住宅 High-grade Residence		公共管理与公共服务用地 Land for Public Management and Public Services	特殊用地 Land for Special Uses	交通运输用地 Land for Transport	水利设施用地 Land for Water Conservancy Facilities	其他土地 Land for Other Uses
		0.50		13.57	13.57				
		0.58		19.21	19.21				
		1.07		45.64	22.97		22.66		
581.47	**24.77**	**39.01**		**9902.53**	**3301.84**	**120.11**	**6118.73**	**334.39**	**27.47**
29.35	5.48	6.55		1679.09	584.65	4.67	1040.35	21.94	27.47
54.45	0.51	3.24		1679.40	955.58	57.82	646.44	19.55	
183.50	8.82	1.23		1006.57	647.56	3.47	271.92	83.61	
1.64		1.45		496.52	83.40	2.21	410.20	0.71	
		4.37		251.66	17.47	3.98	230.21		
233.41				263.04	57.06	4.35	184.14	17.50	
21.86		12.02		903.83	75.93	0.87	827.03		
0.19		0.06		503.70	49.36	6.67	409.35	38.32	
4.09	1.00			320.01	182.16	11.50	126.35		
2.33	3.25	3.28		729.82	340.65	19.43	343.57	26.17	
8.84	1.00	0.29		1056.05	99.85	5.02	936.64	14.54	
32.13	3.08	3.63		340.03	90.57		137.41	112.05	
6.25				394.49	58.48		336.01		
3.43	1.63	2.91		278.34	59.11	0.13	219.10		
96.84	**10.89**	**2.29**		**895.61**	**198.30**		**697.32**		
				214.47	33.66		180.80		
42.38				76.19	45.73		30.46		
54.47	10.89	2.29		604.96	118.90		486.05		
327.30	**35.90**	**63.26**		**4667.30**	**1897.61**	**76.05**	**2281.45**	**412.19**	
795.73	**69.92**	**92.15**		**37062.85**	**6264.35**	**183.64**	**6714.61**	**23900.12**	**0.13**
349.06	0.96	50.98		1283.75	610.63	2.05	493.58	177.49	
28.76		2.89		423.63	27.19		396.44		
5.22	4.80	0.45		517.54	175.54	0.86	280.05	61.09	
23.47	2.43	8.68		599.04	229.26	27.30	143.30	199.17	
73.76	0.37	0.01		320.88	206.87	0.34	113.67		
31.61	20.67	2.39		1316.29	349.79	28.44	389.59	548.48	
0.58		2.01		12034.91	2527.47	1.60	489.99	9015.85	
27.22	18.45	1.00		153.88	99.00		54.88		
2.67	12.89	2.12		442.10	204.35		237.75		
7.22	0.77	0.89		1098.36	61.29	4.49	591.34	441.23	
1.35		0.54		1445.08	96.18	6.75	1156.31	185.83	
17.08		1.00		1404.07	374.62	8.32	204.77	816.36	
32.66	4.61	1.49		1614.69	448.95	14.69	693.10	457.95	

国有建设用地供应情况

State-owned Land for Construction Use Supplied by Land-use Type and by

地 区	Region	供地总量 Total Amount of Land Supplied	工矿仓储用地 Land for Industry, Mining and Warehousing	商服用地 Land for Commercial and Service Uses	住宅用地合计		
						普通商品住房 Ordinary Commercial House	
							中低价位、中小套型 Medium- and Low-price, Medium- and Small-sized Ordinary Commercial Houses
广安市	Guang'an City	1106.88	174.09	91.20	183.19	173.01	51.15
达州市	Dazhou City	537.67	49.90	108.45	136.68	112.59	30.43
雅安市	Ya'an City	7706.79	248.87	41.65	80.54	40.91	11.68
巴中市	Bazhong City	862.35	128.24	109.48	167.49	159.40	1.73
资阳市	Ziyang City	842.17	146.90	43.61	326.03	215.83	71.73
阿坝藏族羌族自治州	Aba Tibetan & Qiang A.P.	432.33	9.48	9.66	5.95	2.90	
甘孜藏族自治州	Ganzi Tibetan A.P.	1385.56	15.39	17.29	0.49	0.21	
凉山彝族自治州	Liangshan Yi A.P.	3761.75	42.38	24.15	65.73	44.50	5.09
贵州	**Guizhou**	**16153.80**	**2413.87**	**1480.80**	**3194.13**	**2412.99**	**1428.39**
贵阳市	Guiyang City	2349.90	497.87	186.78	424.94	300.69	231.79
六盘水市	Liupanshui City	824.32	234.90	123.98	289.37	281.38	12.82
遵义市	Zunyi City	2645.09	381.58	220.16	620.10	543.95	499.83
安顺市	Anshun City	1216.40	189.96	105.40	143.12	115.67	28.27
铜仁地区	Tongren Prefecture	2342.73	241.55	302.34	326.67	199.96	127.82
黔西南布依族苗族自治州	Southwest Guizhou Buyei & Miao A.P.	1754.42	210.12	94.12	267.72	155.82	119.38
毕节地区	Bijie Prefecture	1438.95	154.80	119.56	456.52	382.13	251.60
黔东南苗族侗族自治州	Southeast Guizhou Miao & Dong A.P.	2112.71	322.99	61.04	376.93	203.13	76.48
黔南布依族苗族自治州	South Guizhou Buyei & Miao A.P.	1469.27	180.09	267.43	288.75	230.25	80.39
云南	**Yunnan**	**18052.74**	**1420.98**	**790.61**	**1314.58**	**1092.14**	**83.09**
昆明市	Kunming City	3689.08	371.55	149.17	210.83	191.63	
曲靖市	Qujing City	1768.11	132.59	25.90	90.60	65.50	1.54
玉溪市	Yuxi City	765.21	193.53	69.58	60.38	55.01	
保山市	Baoshan City	450.93	28.93	34.39	95.25	80.20	
昭通市	Zhaotong City	501.26	3.08	15.20	28.02	22.86	0.51
丽江市	Lijiang City	166.60	24.88	37.14	39.10	37.82	4.70
普洱市	Pu'er City	1521.87	32.00	41.40	157.31	143.97	3.20
临沧市	Lincang City	1117.21	25.00	40.21	23.03	21.61	0.52
楚雄彝族自治州	Chuxiong Yi A.P.	517.01	70.06	59.78	186.02	88.41	25.04
红河哈尼族彝族自治州	Honghe Hani & Yi A.P.	2321.21	209.91	101.75	125.99	114.06	33.78
文山壮族苗族自治州	Wenshan Zhuang & Miao A.P.	1024.23	75.43	45.50	93.45	83.22	2.68
西双版纳傣族自治州	Xishuangbanna Dai A.P.	104.79	4.97	42.08	23.12	21.53	
大理白族自治州	Dali Bai A.P.	3781.48	103.98	64.68	114.30	104.86	2.56
德宏傣族景颇族自治州	Dehong Dai & Jingpo A.P.	262.12	118.48	55.04	58.84	58.52	8.47
怒江傈僳族自治州	Nujiang Lisu A.P.	24.37	6.81	3.26	2.71	2.66	0.08
迪庆藏族自治州	Diqing Tibetan A.P.	37.25	19.80	5.52	5.61	0.27	

——按用地类型和省市分列（2015年） 续表 7

Province,Autonomous Region and Municipality（2015） Continued 7

Land for Residential Uses				其他用地 Other Types					
经济适用住房 Economically Affordable House	廉租住房 Cheap Rent House	公共租赁住房 Public Rent Housing	高档住宅 High-grade Residence		公共管理与公共服务用地 Land for Public Management and Public Services	特殊用地 Land for Special Uses	交通运输用地 Land for Transport	水利设施用地 Land for Water Conservancy Facilities	其他土地 Land for Other Uses
7.86		2.32		658.39	61.14	1.38	595.88		
22.67		1.43		242.64	139.57		103.07		
39.63				7335.73	185.67	9.71	164.51	6975.84	
6.41		1.68		457.14	70.28	3.93	258.88	124.05	
105.09	2.31	2.80		325.63	106.00	59.09	160.54		
3.05				407.24	107.90		155.57	143.78	
	0.28			1352.38	47.74	0.16	14.27	1290.08	0.13
10.37	1.39	9.46		3629.49	134.92	14.53	17.12	3462.92	
374.29	**118.14**	**272.61**	**16.10**	**9065.01**	**3463.06**	**56.43**	**2877.17**	**213.02**	**2455.33**
63.75	1.58	58.92		1240.31	617.07	1.80	621.44		
	7.36	0.63		176.06	101.14	12.79	62.12		
10.93	12.48	36.64	16.10	1423.25	517.67	17.34	364.18	7.53	516.54
5.69	5.37	16.38		777.93	209.39	6.86	350.47		211.21
59.82	47.84	19.04		1472.18	871.66	2.73	188.13	105.26	304.40
	7.85	104.06		1182.46	112.69	2.01	20.53	51.70	995.53
71.72	1.38	1.29		708.07	259.07	3.40	71.13	12.04	362.43
126.66	19.81	27.33		1351.75	603.09	7.52	646.73	29.18	65.22
35.72	14.47	8.31		733.01	171.28	1.97	552.44	7.32	
107.56	**12.34**	**96.99**	**5.55**	**14526.57**	**1292.43**	**74.85**	**7860.70**	**5298.59**	
18.62		0.58		2957.53	184.97		2491.74	280.82	
0.46	0.30	24.33		1519.02	190.69	24.85	552.72	750.76	
0.37		5.01		441.71	74.29	9.18	358.25		
		15.05		292.37	71.68	0.83	147.15	72.70	
0.01	0.17	4.99		454.96	34.68	0.15	385.27	34.86	
		1.29		65.48	22.86	5.17	9.17	28.28	
0.37		12.97		1291.17	86.09	4.95	1169.29	30.84	
	1.42			1028.97	9.71	1.00	1010.02	8.24	
87.56	2.85	7.20		201.14	123.80	0.76	63.15	13.43	
		11.93		1883.57	132.35	5.84	833.01	912.37	
	0.40	9.83		809.85	250.42	1.78	539.79	17.86	
	1.59			34.62	18.79	12.75	3.08		
	5.55	3.67	0.22	3498.51	67.50	2.38	280.20	3148.44	
0.13	0.06	0.14		29.76	11.20	0.71	17.85		
0.05				11.60	11.09	0.51			
			5.33	6.32	2.32	4.00			

国有建设用地供应情况

State-owned Land for Construction Use Supplied by Land-use Type and by

地 区	Region	供地总量 Total Amount of Land Supplied	工矿仓储用地 Land for Industry, Mining and Warehousing	商服用地 Land for Commercial and Service Uses	住宅用地合计		
						普通商品住房 Ordinary Commercial House	
							中低价位、中小套型 Medium- and Low-price, Medium- and Small-sized Ordinary Commercial Houses
西藏	**Tibet**	**513.80**	**172.60**	**71.81**	**57.14**	**30.35**	**3.21**
拉萨市	Lhasa City	299.33	172.40	17.39	19.65	19.62	3.21
昌都地区	Qamdo Prefecture	20.39	0.12	0.80			
山南地区	Lhokha Prefecture	33.75		0.65	4.14		
日喀则地区	Xigaze Prefecture	44.37		7.90	13.84		
那曲地区	Nagqu Prefecture						
阿里地区	Ngari Prefecture	41.12	0.08	1.15	8.89	0.11	
林芝地区	Nyingchi Prefecture	74.84		43.92	10.62	10.62	
陕西	**Shaanxi**	**12282.21**	**3157.69**	**751.91**	**1831.37**	**1373.03**	**205.50**
西安市	Xi'an City	1901.97	441.46	110.36	479.56	375.26	
铜川市	Tongchuan City	220.20	65.69	15.90	45.89	26.01	
宝鸡市	Baoji City	906.39	309.47	68.05	162.92	114.98	11.03
咸阳市	Xianyang City	2380.47	358.01	183.21	297.17	236.81	75.32
渭南市	Weinan City	1362.30	366.04	127.91	295.15	184.74	35.42
延安市	Yan'an City	689.12	185.63	46.26	70.01	40.34	2.84
汉中市	Hanzhong City	706.45	241.76	65.22	195.36	176.21	35.04
榆林市	Yulin City	3523.81	1045.99	60.15	189.11	145.05	32.84
安康市	Ankang City	348.79	88.32	59.12	59.16	37.32	5.71
商洛市	Shangluo City	242.71	55.32	15.74	37.05	36.30	7.30
甘肃	**Gansu**	**16172.94**	**2614.04**	**1201.43**	**1613.67**	**1101.24**	**328.63**
兰州市	Lanzhou City	1817.84	317.24	427.04	519.48	373.77	9.42
嘉峪关市	Jiayuguan City	454.79	3.31	1.82	30.62	30.62	
金昌市	Jinchang City	586.48	82.13	16.16	33.42	25.00	
白银市	Baiyin City	928.49	158.53	30.10	235.31	226.12	155.89
天水市	Tianshui City	1094.53	52.35	18.31	111.35	76.72	7.83
武威市	Wuwei City	2978.95	618.02	71.58	267.39	43.32	
张掖市	Zhangye City	1239.04	585.65	138.45	131.75	111.98	21.12
平凉市	Pingliang City	341.34	94.25	99.09	50.66	43.69	10.03
酒泉市	Jiuquan City	3128.25	433.39	76.50	36.58	27.46	9.98
庆阳市	Qingyang City	351.43	74.51	24.76	25.41	17.00	13.86
定西市	Dingxi City	558.09	101.47	92.10	29.58	25.97	12.72
陇南市	Longnan City	986.49	20.00	18.26	8.27	7.88	0.16
临夏回族自治州	Linxia Hui A.P.	1045.71	34.93	153.98	132.99	90.85	87.64
甘南藏族自治州	Gannan Tibetan A.P.	661.51	38.27	33.27	0.87	0.87	
青海	**Qinghai**	**8576.02**	**3977.59**	**212.30**	**245.68**	**116.55**	**7.72**
西宁市	Xining City	903.10	279.98	48.64	127.13	60.48	5.71
海东地区	Haidong Prefecture	517.93	65.77	58.62	52.27	26.82	0.69
海北藏族自治州	Haibei Tibetan A.P.	541.37	21.49	12.54	20.37	12.55	0.17
黄南藏族自治州	Huangnan Tibetan A.P.	66.89	5.21	5.76	3.25	1.92	
海南藏族自治州	Hainan Tibetan A.P.	3787.62	2600.93	28.58	15.91	6.75	

——按用地类型和省市分列（2015年） 续表 8

Province,Autonomous Region and Municipality（2015） Continued 8

Land for Residential Uses				其他用地 Other Types					
经济适用住房 Economically Affordable House	廉租住房 Cheap Rent House	公共租赁住房 Public Rent Housing	高档住宅 High-grade Residence		公共管理与公共服务用地 Land for Public Management and Public Services	特殊用地 Land for Special Uses	交通运输用地 Land for Transport	水利设施用地 Land for Water Conservancy Facilities	其他土地 Land for Other Uses
0.12	**26.67**			**212.25**	**81.08**	**33.95**	**22.18**		**75.04**
0.03				89.89	14.61	4.01	21.37		49.90
				19.47	0.02	4.22			15.23
	4.14			28.96	17.12	10.04			1.80
	13.84			22.63	14.52				8.11
0.09	8.69			31.00	28.59	1.60	0.81		
				20.30	6.22	14.08			
216.40	**117.34**	**124.58**	**0.02**	**6541.24**	**1119.32**	**209.21**	**5193.58**	**19.13**	
74.67	1.72	27.90		870.60	315.92	0.27	554.40		
7.84	7.22	4.82		92.73	2.58		90.14		
4.72	23.42	19.80		365.94	127.20	3.02	235.72		
43.25	4.29	12.81		1542.09	239.08	120.26	1177.55	5.19	
29.74	45.75	34.91		573.20	161.08	17.85	393.92	0.35	
6.67	12.34	10.65		387.23	44.58	10.07	332.37	0.21	
18.25		0.90		204.10	45.81		158.29		
28.42	3.45	12.19		2228.56	94.68	53.41	2077.10	3.37	
2.10	19.13	0.59		142.20	67.80	2.75	61.64	10.01	
0.72			0.02	134.60	20.58	1.57	112.44		
224.03	**11.69**	**276.71**		**10743.80**	**3958.65**	**112.86**	**6096.60**	**547.89**	**27.79**
145.71				554.08	110.22	4.00	439.86		
				419.03	413.45		5.58		
	0.65	7.77		454.77	208.96		245.82		
		9.19		504.56	424.21		75.37	4.98	
32.25		2.38		912.53	86.86	12.41	790.92		22.34
1.01		223.06		2021.96	1180.09	74.39	570.35	191.67	5.45
11.08		8.69		383.19	156.80		66.32	160.06	
3.81		3.16		97.34	82.50		14.84		
4.47	0.47	4.18		2581.78	1178.52	1.71	1331.87	69.68	
6.41	0.89	1.11		226.75	30.19		163.45	33.12	
0.63	2.99			334.94	44.08	4.62	210.24	76.00	
	0.18	0.22		939.96	9.79		930.17		
18.67	6.52	16.95		723.81	28.03	15.72	668.03	12.03	
				589.09	4.97		583.77	0.35	
82.35	**21.29**	**23.17**	**2.32**	**4140.45**	**434.18**	**71.27**	**2837.15**	**797.86**	
52.59	0.25	13.81		447.35	143.83	53.58	213.87	36.08	
23.84	1.26	0.36		341.27	27.76	6.87	42.58	264.06	
0.18		7.65		486.96	76.67	7.13	401.40	1.76	
			1.33	52.66	33.34		19.32		
	7.93	0.24	0.98	1142.20	35.84		610.40	495.96	

国有建设用地供应情况

State-owned Land for Construction Use Supplied by Land-use Type and by

地　区	Region	供地总量 Total Amount of Land Supplied	工矿仓储用地 Land for Industry, Mining and Warehousing	商服用地 Land for Commercial and Service Uses	住宅用地合计		
						普通商品住房 Ordinary Commercial House	
							中低价位、中小套型 Medium- and Low-price, Medium- and Small-sized Ordinary Commercial Houses
果洛藏族自治州	Golog Tibetan A.P.	178.77	1.01	1.14			
玉树藏族自治州	Yushu Tibetan A.P.	28.16	5.84	6.98			
海西蒙古族藏族自治州	Haixi Mongol & Tibetan A.P.	2552.19	997.35	50.03	26.75	8.04	1.15
宁夏	**Ningxia**	**10719.38**	**2558.47**	**356.96**	**949.64**	**306.47**	**138.86**
银川市	Yinchuan City	3981.51	948.76	181.74	501.59	195.19	130.50
石嘴山市	Shizuishan City	619.69	199.60	17.13	70.62	5.89	
吴忠市	Wuzhong City	3224.28	599.69	41.31	195.84	18.80	3.23
固原市	Guyuan City	1714.84	132.37	67.22	67.77	36.00	3.41
中卫市	Zhongwei City	1179.06	678.04	49.57	113.82	50.60	1.74
新疆	**Xinjiang**	**33320.44**	**7510.67**	**1089.81**	**3259.71**	**1029.89**	**371.97**
乌鲁木齐市	Urumqi City	4529.83	409.28	215.24	375.17	322.22	102.12
克拉玛依市	Karamay City	447.76	138.35	27.33	78.56	70.76	63.98
吐鲁番地区	Turpan Prefeture	1700.21	1077.46	29.03	43.66	43.52	36.45
哈密地区	Hami Prefeture	2418.26	375.90	23.80	115.48	32.49	10.90
昌吉回族自治州	Changji Hui A.P.	7005.88	1106.52	285.51	420.29	148.48	110.03
博尔塔拉蒙古自治州	Bortala Mongol A.P.	939.32	216.58	12.10	53.26	13.38	7.59
巴音郭楞蒙古自治州	Bayingolin Mongol A.P.	2267.89	1145.68	149.91	223.55	129.21	
阿克苏地区	Akesu Prefeture	3521.59	1227.54	53.41	407.14	14.73	11.08
克孜勒苏柯尔克孜自治州	Kizilsu Kirgiz A.P.	1175.84	107.10	17.97	100.47	5.27	
喀什地区	Kashi Prefeture	4553.88	699.54	84.00	112.12	64.80	20.81
和田地区	Hotan Prefeture	444.10	287.33	28.53	19.10	4.02	
伊犁哈萨克自治州	Ili Kazak A.P.	1402.11	227.31	92.63	262.40	77.10	4.95
塔城地区	Tacheng Prefeture	871.26	164.43	36.33	336.04	59.79	1.59
阿勒泰地区	Altay Prefeture	1712.64	314.47	27.98	639.70	17.33	2.47
石河子市	Shihezi City	329.87	13.19	6.05	72.76	26.79	
阿拉尔市	Aral City						
图木舒克市	Tumxuk City						
五家渠市	Wujiaqu City						

——按用地类型和省市分列（2015年） 续表 9
Province,Autonomous Region and Municipality（2015） Continued 9

Land for Residential Uses				其他用地 Other Types					
经济适用住房 Economically Affordable House	廉租住房 Cheap Rent House	公共租赁住房 Public Rent Housing	高档住宅 High-grade Residence		公共管理与公共服务用地 Land for Public Management and Public Services	特殊用地 Land for Special Uses	交通运输用地 Land for Transport	水利设施用地 Land for Water Conservancy Facilities	其他土地 Land for Other Uses
				176.62	5.54	1.50	169.58		
				15.34	15.34				
5.75	11.86	1.10		1478.05	95.86	2.19	1380.00		
420.15	**25.48**	**192.75**	**4.80**	**6854.30**	**1962.90**	**101.95**	**4712.54**	**36.53**	**40.38**
296.26		10.14		2349.42	768.06	33.13	1548.22		
64.41		0.33		332.34	114.13	3.32	209.75	5.14	
2.70	4.67	169.67		2387.44	669.33	33.53	1623.50	20.70	40.38
8.15	20.81	2.81		1447.49	231.13	27.90	1181.73	6.73	
48.62		9.80	4.80	337.62	180.25	4.07	149.35	3.96	
1831.95	**121.83**	**243.32**	**32.72**	**21460.24**	**8668.23**	**300.28**	**5718.97**	**3000.24**	**3772.53**
14.78	2.79	2.66	32.72	3530.13	291.29	31.19	573.81	4.72	2629.12
7.80				203.52	96.08	35.96	71.48		
0.14				550.07	56.35	0.07	490.57	3.08	
57.62	20.31	5.03		1903.08	1471.58	5.51	371.85	54.14	
88.65	24.09	159.08		5193.55	3339.27	34.01	830.64	14.02	975.61
31.09	1.60	7.19		657.38	329.64		327.74		
87.46	2.78	4.10		748.75	524.84	33.33	149.90	12.49	28.18
373.87	6.89	11.65		1833.51	705.96	2.93	895.61	229.01	
88.54	5.27	1.38		950.30	488.95	2.49	454.10	4.76	
6.79	25.95	14.58		3658.22	572.28	61.75	775.95	2248.24	
	15.07			109.14	103.75	5.39			
157.25		28.06		819.78	366.23	53.38	193.07	207.10	
265.06	7.19	3.99		334.46	83.29	6.85	84.04	160.29	
617.12	0.13	5.12		730.49	217.02	26.64	424.43	62.40	
35.78	9.73	0.46		237.87	21.70	0.78	75.77		139.62

国有建设用地出让
State-owned Land for Construction

年份/地区	Year/Region	出让 Granting				
		宗数/宗 Number of Land Plots/plot	面积/公顷 Area/hm^2	新增 Newly Increased	成交价款/万元 Transaction Price Value/10^4 yuan	宗数/宗 Number of Land Plots/plot
2013		168844	374804.03	245326.56	437452967.12	57408
2014		132398	277346.32	181445.05	343773734.05	42068
2015		109408	224885.95	150266.45	312206471.49	33881
北　京	Beijing	218	790.69	710.89	20597768.11	115
天　津	Tianjin	751	2340.51	1335.58	5808875.85	341
河　北	Hebei	5667	12133.40	8805.65	11400679.17	576
山　西	Shanxi	1606	3070.26	2327.95	2733605.19	264
内蒙古	Inner Mongolia	3045	8024.76	6018.25	2202510.74	811
辽　宁	Liaoning	2640	8254.10	4302.98	6652887.11	512
吉　林	Jilin	2393	3179.42	2279.81	2271817.50	934
黑龙江	Heilongjiang	2064	4652.46	2884.99	2202112.39	632
上　海	Shanghai	228	1105.79	609.37	16088143.28	2
江　苏	Jiangsu	9715	24085.29	11639.48	46523725.31	841
浙　江	Zhejiang	5677	8384.74	4186.25	19510290.16	538
安　徽	Anhui	4480	12603.65	7202.32	15160245.99	329
福　建	Fujian	1790	5112.61	3284.04	11868694.21	244
江　西	Jiangxi	3808	9878.36	6626.75	10134906.92	216
山　东	Shandong	7434	21057.05	15005.64	19779815.41	1019
河　南	Henan	4096	11957.73	8210.78	11417986.61	477
湖　北	Hubei	6251	12868.75	9240.74	14838406.11	2155
湖　南	Hunan	9691	8350.28	6365.96	9711753.20	6139
广　东	Guangdong	7795	11010.96	7588.41	29701334.08	5364
广　西	Guangxi	5807	5845.65	4093.22	6077608.68	3688
海　南	Hainan	286	991.48	656.75	2143234.38	30
重　庆	Chongqing	1500	7321.82	4178.76	14362158.95	36
四　川	Sichuan	7661	9738.66	7680.28	13160711.39	4719
贵　州	Guizhou	3136	6030.98	4012.57	5342284.26	466
云　南	Yunnan	4074	3223.25	2224.70	2823169.34	1971
西　藏	Tibet	207	276.74		100791.40	122
陕　西	Shaanxi	1958	5342.68	4503.28	4075952.23	440
甘　肃	Gansu	1665	4875.29	4004.79	2383297.97	277
青　海	Qinghai	596	1130.93	900.32	343187.74	250
宁　夏	Ningxia	886	3143.92	2759.28	902340.00	83
新　疆	Xinjiang	2283	8103.74	6626.66	1886177.79	290

情况——按地区分列
Use Granted by Region

协议出让 Granting through Agreement			"招拍挂"出让 Granting through Bidding, Auction and Listing			
面积/公顷 Area/hm²	新增 Newly Increased	成交价款/万元 Transaction Price Value/10⁴ yuan	宗数/宗 Number of Land Plots/plot	面积/公顷 Area/hm²	新增 Newly Increased	成交价款/万元 Transaction Price Value/10⁴ yuan
28619.41	9084.87	16357949.49	111436	346184.62	236241.69	421095017.62
20807.07	8286.38	16122213.37	90330	256539.25	173158.67	327651520.68
17555.67	7787.76	14651425.77	75527	207330.28	142478.69	297555045.71
205.17	163.03	676076.73	103	585.52	547.86	19921691.38
67.80	32.22	40698.85	410	2272.72	1303.37	5768177.00
727.44	194.05	332928.86	5091	11405.95	8611.59	11067750.31
430.67	331.47	144016.35	1342	2639.59	1996.48	2589588.84
798.61	518.19	112141.87	2234	7226.16	5500.07	2090368.87
1839.46	700.86	544377.19	2128	6414.63	3602.12	6108509.92
458.57	168.38	76059.28	1459	2720.85	2111.44	2195758.21
980.73	551.06	220488.31	1432	3671.73	2333.93	1981624.08
11.33	11.33	39593.28	226	1094.47	598.04	16048550.00
530.51	56.56	196953.41	8874	23554.78	11582.92	46326771.90
678.87	372.53	626388.27	5139	7705.87	3813.71	18883901.89
533.99	48.23	365508.74	4151	12069.65	7154.08	14794737.25
507.03	305.80	1255713.81	1546	4605.58	2978.25	10612980.40
153.13	68.42	137108.65	3592	9725.23	6558.33	9997798.27
2577.23	1324.24	1052142.60	6415	18479.82	13681.40	18727672.81
767.60	270.38	476992.55	3619	11190.13	7940.40	10940994.06
464.18	241.78	349649.78	4096	12404.57	8998.96	14488756.33
498.47	217.57	420202.97	3552	7851.81	6148.39	9291550.24
1626.24	530.85	5154556.72	2431	9384.72	7057.56	24546777.36
675.79	193.35	966077.13	2119	5169.87	3899.88	5111531.55
6.71		838.87	256	984.78	656.75	2142395.52
150.63	50.24	69749.06	1464	7171.19	4128.52	14292409.90
738.88	316.11	303196.47	2942	8999.78	7364.17	12857514.92
142.49	65.55	115209.69	2670	5888.49	3947.02	5227074.58
250.68	74.23	121320.14	2103	2972.58	2150.47	2701849.21
112.56		9988.17	85	164.18		90803.23
290.36	179.46	181278.03	1518	5052.32	4323.82	3894674.20
351.15	92.78	355851.47	1388	4524.14	3912.01	2027446.50
344.08	297.23	40662.06	346	786.85	603.09	302525.68
94.12	27.16	118818.17	803	3049.80	2732.12	783521.84
541.21	384.73	146838.31	1993	7562.53	6241.93	1739339.48

国有建设用地出让情况

State-owned Land for Construction Use Granted by Province,

地区	Region	出让 Granting			
		宗数/宗 Number of Land Plots/Plot	面积/公顷 Area/hm^2	新增 Newly Increased	成交价款/万元 Transaction Price Value/10^4 yuan
总　计	**Total**	**109408**	**224885.95**	**150266.45**	**312206471.49**
北京	**Beijing**	**218**	**790.69**	**710.89**	**20597768.11**
天津	**Tianjin**	**751**	**2340.51**	**1335.58**	**5808875.85**
河北	**Hebei**	**5667**	**12133.40**	**8805.65**	**11400679.17**
石家庄市	Shijiazhuang City	563	1221.86	981.37	2552576.72
唐山市	Tangshan City	828	1790.54	910.75	843706.04
秦皇岛市	Qinhuangdao City	163	326.52	254.43	369520.61
邯郸市	Handan City	434	980.16	763.89	789697.78
邢台市	Xingtai City	502	1160.26	934.35	785557.87
保定市	Baoding City	709	1533.82	1195.16	1812686.21
张家口市	Zhangjiakou City	316	762.00	565.23	606391.85
承德市	Chengde City	286	624.48	489.67	475538.78
沧州市	Cangzhou City	685	1704.94	1174.90	781539.37
廊坊市	Langfang City	621	1297.74	978.40	2089576.55
衡水市	Hengshui City	560	731.09	557.49	293887.40
山西	**Shanxi**	**1606**	**3070.26**	**2327.95**	**2733605.19**
太原市	Taiyuan City	162	527.86	345.96	1493068.68
大同市	Datong City	75	151.20	96.93	112750.56
阳泉市	Yangquan City	47	59.38	54.31	60436.57
长治市	Changzhi City	131	201.10	177.30	97925.72
晋城市	Jincheng City	91	160.87	125.49	89397.99
朔州市	Shuozhou City	82	131.41	118.39	48941.85
晋中市	Jinzhong City	295	363.69	242.03	265770.02
运城市	Yuncheng City	234	517.49	385.71	153836.50
忻州市	Xinzhou City	186	441.95	392.57	107528.31
临汾市	Linfen City	204	319.68	235.46	220398.51
吕梁市	Lüliang City	99	195.64	153.80	83550.47
内蒙古	**Inner Mongolia**	**3045**	**8024.76**	**6018.25**	**2202510.74**
呼和浩特市	Hohhot City	168	861.09	747.84	653157.99
包头市	Baotou City	94	221.88	142.73	137104.81
乌海市	Wuhai City	31	74.00	26.78	36380.33
赤峰市	Chifeng City	251	811.79	614.72	262514.46

——按省市分列（2015年）
Autonomous Region and Municipality（2015）

协议出让 Granting through Agreement				"招拍挂"出让 Granting through Bidding, Auction and Listing			
宗数/宗 Number of Land Plots/Plot	面积/公顷 Area/hm²	新增 Newly Increased	成交价款/万元 Transaction Price Value/10⁴ yuan	宗数/宗 Number of Land Plots/Plot	面积/公顷 Area/hm²	新增 Newly Increased	成交价款/万元 Transaction Price Value/10⁴ yuan
33881	**17555.67**	**7787.76**	**14651425.77**	**75527**	**207330.28**	**142478.69**	**297555045.71**
115	**205.17**	**163.03**	**676076.73**	**103**	**585.52**	**547.86**	**19921691.38**
341	**67.80**	**32.22**	**40698.85**	**410**	**2272.72**	**1303.37**	**5768177.00**
576	**727.44**	**194.05**	**332928.86**	**5091**	**11405.95**	**8611.59**	**11067750.31**
23	21.23	7.83	8245.78	540	1200.63	973.54	2544330.94
201	329.40	20.21	128445.34	627	1461.13	890.54	715260.70
37	20.39	3.67	13108.12	126	306.13	250.76	356412.49
19	23.88		11616.39	415	956.27	763.89	778081.39
20	1.70	0.78	294.69	482	1158.56	933.56	785263.18
36	78.84	42.86	53118.59	673	1454.99	1152.29	1759567.61
31	64.96	20.29	14295.37	285	697.03	544.95	592096.48
42	98.00	87.05	59321.06	244	526.48	402.61	416217.72
69	40.85	4.05	17779.07	616	1664.09	1170.85	763760.30
31	28.34	5.38	19268.24	590	1269.40	973.03	2070308.32
67	19.85	1.92	7436.21	493	711.23	555.56	286451.19
264	**430.67**	**331.47**	**144016.35**	**1342**	**2639.59**	**1996.48**	**2589588.84**
18	11.05	6.30	12269.36	144	516.82	339.65	1480799.32
10	31.08	19.73	27514.56	65	120.12	77.20	85236.00
14	17.12	16.32	33838.46	33	42.26	38.00	26598.11
40	6.74		6085.70	91	194.36	177.30	91840.02
8	26.80	1.83	7051.00	83	134.07	123.67	82346.99
12	0.12		80.35	70	131.29	118.39	48861.50
35	32.44	6.27	10101.76	260	331.25	235.76	255668.26
82	51.85	30.84	9421.19	152	465.64	354.87	144415.32
5	214.25	213.71	28550.67	181	227.71	178.86	78977.64
24	4.14	2.03	1787.43	180	315.54	233.43	218611.08
16	35.09	34.44	7315.87	83	160.55	119.35	76234.60
811	**798.61**	**518.19**	**112141.87**	**2234**	**7226.16**	**5500.07**	**2090368.87**
14	6.57	5.00	1972.24	154	854.52	742.83	651185.76
23	11.31	0.39	11649.14	71	210.57	142.34	125455.67
12	1.30		425.82	19	72.70	26.78	35954.50
44	76.04	0.30	24895.50	207	735.76	614.42	237618.97

国有建设用地出让情况

State-owned Land for Construction Use Granted by Province,

地区	Region	出让 Granting			
		宗数/宗 Number of Land Plots/Plot	面积/公顷 Area/hm²	新增 Newly Increased	成交价款/万元 Transaction Price Value/10⁴ yuan
通辽市	Tongliao City	411	780.85	503.62	160225.18
鄂尔多斯市	Erdos City	358	1549.76	1241.70	265674.96
呼伦贝尔市	Hulunbuir City	458	873.79	480.31	209527.47
巴彦淖尔市	Bayannur City	164	477.09	420.99	111514.46
乌兰察布市	Ulanqab City	245	895.89	810.44	128933.17
兴安盟	Xing'an League	270	259.83	164.10	47350.81
锡林郭勒盟	Xilingol League	437	756.68	460.14	119567.99
阿拉善盟	Alxa League	158	462.11	404.88	70559.10
辽宁	**Liaoning**	**2640**	**8254.10**	**4302.98**	**6652887.11**
沈阳市	Shenyang City	367	1258.71	971.97	1564309.70
大连市	Dalian City	184	1050.93	358.86	888939.32
鞍山市	Anshan City	263	801.06	630.29	544468.36
抚顺市	Fushun City	94	171.23	97.66	198180.15
本溪市	Benxi City	140	491.12	425.25	128267.48
丹东市	Dandong City	235	586.15	120.11	223146.48
锦州市	Jinzhou City	290	710.52	300.06	680600.02
营口市	Yingkou City	165	346.92	220.48	180665.86
阜新市	Fuxin City	121	251.76	151.33	98782.89
辽阳市	Liaoyang City	141	327.11	205.12	259204.84
盘锦市	Panjin City	211	1364.89	300.84	1343627.40
铁岭市	Tieling City	126	326.01	227.96	168590.89
朝阳市	Chaoyang City	174	355.73	231.94	229541.77
葫芦岛市	Huludao City	129	211.95	61.12	144561.95
吉林	**Jilin**	**2393**	**3179.42**	**2279.81**	**2271817.50**
长春市	Changchun City	402	960.85	734.73	1179099.76
吉林市	Jilin City	277	461.54	339.58	260832.47
四平市	Siping City	457	407.91	347.52	176028.38
辽源市	Liaoyuan City	74	100.20	51.47	57201.89
通化市	Tonghua City	125	242.52	197.36	135902.89
白山市	Baishan City	265	137.11	68.32	44631.15
松原市	Songyuan City	215	235.19	135.53	104397.61
白城市	Baicheng City	194	221.79	153.41	89574.45
延边朝鲜族自治州	Yanbian Korean A.P.	384	412.31	251.89	224148.89
黑龙江	**Heilongjiang**	**2064**	**4652.46**	**2884.99**	**2202112.39**
哈尔滨市	Harbin City	313	885.39	661.78	1353064.97

——按省市分列（2015年）　续表 1
Autonomous Region and Municipality（2015）　Continued 1

协议出让 Granting through Agreement				“招拍挂”出让 Granting through Bidding, Auction and Listing			
宗数/宗 Number of Land Plots/Plot	面积/公顷 Area/hm^2	新增 Newly Increased	成交价款/万元 Transaction Price Value/10^4 yuan	宗数/宗 Number of Land Plots/Plot	面积/公顷 Area/hm^2	新增 Newly Increased	成交价款/万元 Transaction Price Value/10^4 yuan
186	74.29	59.09	13398.34	225	706.56	444.53	146826.84
108	49.47	8.67	6908.44	250	1500.29	1233.03	258766.52
98	372.74	293.49	26448.92	360	501.05	186.82	183078.55
25	16.66	10.61	5307.86	139	460.44	410.38	106206.61
20	49.46	33.98	10373.53	225	846.44	776.46	118559.64
91	4.95	0.01	655.56	179	254.88	164.09	46695.25
161	104.68	94.26	6763.42	276	652.00	365.88	112804.57
29	31.14	12.38	3343.10	129	430.97	392.50	67216.00
512	**1839.46**	**700.86**	**544377.19**	**2128**	**6414.63**	**3602.12**	**6108509.92**
36	13.52	2.48	1683.35	331	1245.19	969.50	1562626.35
78	608.99	128.55	287571.43	106	441.94	230.31	601367.89
48	240.94	232.69	83878.59	215	560.12	397.60	460589.76
22	7.25		917.46	72	163.99	97.66	197262.69
22	307.13	299.51	45847.41	118	183.99	125.73	82420.07
121	393.57	5.96	18520.40	114	192.58	114.15	204626.09
11	12.71	0.45	1232.73	279	697.81	299.61	679367.30
12	1.97	0.21	9218.22	153	341.95	220.27	171447.63
15	64.02		5810.81	106	187.74	151.33	92972.08
71	53.84	15.64	47949.84	70	273.27	189.48	211255.00
6	44.48		6521.22	205	1320.41	300.84	1337106.18
17	21.54	14.24	12339.31	109	304.48	213.72	156251.59
19	19.82		12067.98	155	335.91	231.94	217473.79
34	46.70	1.14	10818.44	95	165.25	59.98	133743.51
934	**458.57**	**168.38**	**76059.28**	**1459**	**2720.85**	**2111.44**	**2195758.21**
158	178.35	89.11	21698.98	244	782.50	645.62	1157400.78
32	40.60	18.27	13222.46	245	420.94	321.30	247610.01
207	17.29	4.35	4248.23	250	390.61	343.17	171780.15
13	20.52		1535.41	61	79.68	51.47	55666.48
39	64.51	46.48	16797.89	86	178.01	150.88	119105.00
184	28.73	2.92	6129.89	81	108.38	65.39	38501.26
47	58.31	0.74	2837.11	168	176.88	134.79	101560.50
75	7.32	3.78	742.63	119	214.47	149.63	88831.81
179	42.94	2.72	8846.67	205	369.37	249.17	215302.22
632	**980.73**	**551.06**	**220488.31**	**1432**	**3671.73**	**2333.93**	**1981624.08**
72	109.19	52.67	92850.14	241	776.20	609.11	1260214.83

国有建设用地出让情况

State-owned Land for Construction Use Granted by Province,

地区	Region	出让 Granting			
		宗数/宗 Number of Land Plots/Plot	面积/公顷 Area/hm²	新增 Newly Increased	成交价款/万元 Transaction Price Value/10^4 yuan
齐齐哈尔市	Qiqihar City	185	500.39	235.25	183948.27
鸡西市	Jixi City	89	160.95	103.07	26614.05
鹤岗市	Hegang City	59	70.51	31.47	24054.04
双鸭山市	Shuangyashan City	110	182.96	133.22	42739.87
大庆市	Daqing City	160	174.36	103.80	74831.42
伊春市	Yichun City	39	46.77	16.04	12327.55
佳木斯市	Jiamusi City	102	574.75	265.32	83807.27
七台河市	Qitaihe City	71	237.15	164.05	43929.49
牡丹江市	Mudanjiang City	99	288.36	227.20	102733.02
黑河市	Heihe City	77	212.33	141.78	40315.08
绥化市	Suihua City	253	815.62	609.36	157094.37
大兴安岭地区	Da Hinggan Ling Prefecture	93	74.65	19.25	6174.65
农垦总局	General Bureau of Agriculture	198	321.90	161.21	37736.94
森工总局	General Bureau of Forest Industry	205	66.31	11.46	7076.92
友谊国土资源局	Youyi Land and Resources Bureau	7	38.43	0.75	4898.10
五大连池风景名胜区	Wudalianchi	4	1.64		766.39
上海	**Shanghai**	**228**	**1105.79**	**609.37**	**16088143.28**
江苏	**Jiangsu**	**9715**	**24085.29**	**11639.48**	**46523725.31**
南京市	Nanjing City	491	1565.64	791.96	9186969.51
无锡市	Wuxi City	341	1008.37	603.38	1382912.66
徐州市	Xuzhou City	617	2029.82	979.49	2694894.30
常州市	Changzhou City	1119	2236.12	1273.71	6070257.95
苏州市	Suzhou City	734	2393.97	1104.91	7787153.80
南通市	Nantong City	1699	3581.22	1979.24	6178085.74
连云港市	Lianyungang City	327	1646.11	347.32	1379634.34
淮安市	Huai'an City	766	1217.06	604.63	1912292.18
盐城市	Yancheng City	1092	3100.53	1258.65	2614174.09
扬州市	Yangzhou City	836	1532.02	579.07	2266512.83
镇江市	Zhenjiang City	508	986.19	527.97	1297248.38
泰州市	Taizhou City	585	1715.30	1150.01	3066856.30
宿迁市	Suqian City	600	1072.95	439.14	686733.24
浙江	**Zhejiang**	**5677**	**8384.74**	**4186.25**	**19510290.16**
杭州市	Hangzhou City	536	1054.65	699.21	6323585.00
宁波市	Ningbo City	625	1283.09	534.02	2955447.21
温州市	Wenzhou City	418	668.95	309.69	3326993.19

——按省市分列（2015年） 续表 2

Autonomous Region and Municipality（2015） Continued 2

协议出让 Granting through Agreement				“招拍挂”出让 Granting through Bidding, Auction and Listing			
宗数/宗 Number of Land Plots/Plot	面积/公顷 Area/hm^2	新增 Newly Increased	成交价款/万元 Transaction Price Value/10^4 yuan	宗数/宗 Number of Land Plots/Plot	面积/公顷 Area/hm^2	新增 Newly Increased	成交价款/万元 Transaction Price Value/10^4 yuan
47	98.06	19.19	29677.11	138	402.32	216.06	154271.16
67	111.37	60.70	15009.62	22	49.58	42.37	11604.43
26	7.31	3.36	5611.35	33	63.20	28.10	18442.69
58	9.12	2.01	3524.86	52	173.84	131.21	39215.01
73	6.34	2.43	1945.84	87	168.02	101.37	72885.58
18	13.27	2.72	3829.51	21	33.49	13.32	8498.04
25	36.09	14.02	4957.48	77	538.67	251.30	78849.79
11	46.82	16.20	5694.12	60	190.33	147.85	38235.37
17	7.88	3.88	3317.58	82	280.48	223.32	99415.43
19	27.00	0.87	5530.29	58	185.33	140.91	34784.79
30	346.71	323.70	32221.12	223	468.91	285.66	124873.25
47	51.99	2.60	4208.68	46	22.65	16.64	1965.97
52	62.57	43.57	6384.28	146	259.33	117.64	31352.66
62	22.15	3.14	2269.28	143	44.16	8.32	4807.64
5	23.26		2697.10	2	15.17	0.75	2201.00
3	1.60		759.97	1	0.04		6.42
2	**11.33**	**11.33**	**39593.28**	**226**	**1094.17**	**598.04**	**16048550.00**
841	**530.51**	**56.56**	**196953.41**	**8874**	**23554.78**	**11582.92**	**46326771.90**
117	255.72	2.15	58378.72	374	1309.92	789.80	9128590.79
41	23.96	0.76	53165.22	300	984.41	602.62	1329747.44
50	54.35	5.50	11528.75	567	1975.46	973.99	2683365.55
52	35.76	24.32	19975.65	1067	2200.36	1249.39	6050282.30
15	28.08	6.09	9530.88	719	2365.89	1098.81	7777622.92
55	7.37	0.25	3794.44	1644	3573.85	1978.99	6174291.30
2	6.92	3.03	3598.77	325	1639.19	344.29	1376035.56
241	33.48	11.09	12783.25	525	1183.58	593.54	1899508.93
16	20.68	0.80	6895.63	1076	3079.85	1257.85	2607278.45
179	28.16	2.56	5987.72	657	1503.86	576.52	2260525.11
34	6.69		2521.12	474	979.50	527.97	1294727.26
39	29.34		8793.24	546	1685.96	1150.01	3058063.06
				600	1072.95	439.14	686733.24
538	**678.87**	**372.53**	**626388.27**	**5139**	**7705.87**	**3813.71**	**18883901.89**
127	82.28	46.89	68863.01	409	972.37	652.32	6254721.99
65	189.95	63.39	109418.78	560	1093.14	470.62	2846028.42
93	98.40	29.24	263509.45	325	570.55	280.45	3063483.74

国有建设用地出让情况

State-owned Land for Construction Use Granted by Province,

地区	Region	出让 Granting			
		宗数/宗 Number of Land Plots/Plot	面积/公顷 Area/hm²	新增 Newly Increased	成交价款/万元 Transaction Price Value/10⁴ yuan
嘉兴市	Jiaxing City	593	1233.93	684.13	1284083.15
湖州市	Huzhou City	421	767.50	381.21	806069.71
绍兴市	Shaoxing City	1251	959.53	516.65	1773294.76
金华市	Jinhua City	722	799.19	372.31	1147512.38
衢州市	Quzhou City	168	318.67	146.66	282084.16
舟山市	Zhoushan City	92	299.91	201.19	193327.50
台州市	Taizhou City	556	682.12	247.53	1109116.62
丽水市	Lishui City	295	317.19	93.66	308776.48
安徽	**Anhui**	**4480**	**12603.65**	**7202.32**	**15160245.99**
合肥市	Hefei City	395	1381.88	695.88	3681383.10
芜湖市	Wuhu City	286	1020.05	612.00	1014173.68
蚌埠市	Bengbu City	200	754.27	302.58	581177.45
淮南市	Huainan City	124	534.59	266.93	255288.58
马鞍山市	Ma'anshan City	116	350.71	224.42	348461.14
淮北市	Huaibei City	74	220.34	79.88	108823.00
铜陵市	Tongling City	63	240.34	98.88	573808.27
安庆市	Anqing City	381	553.05	291.90	446512.03
黄山市	Huangshan City	152	222.01	157.34	91931.39
滁州市	Chuzhou City	497	1336.84	813.64	868248.63
阜阳市	Fuyang City	309	1213.68	589.62	1816427.16
宿州市	Suzhou City	303	733.97	477.17	665631.80
巢湖市	Chaohu City	259	543.16	324.45	351659.31
六安市	Lu'an City	562	1438.04	962.55	1896847.81
亳州市	Bozhou City	224	818.17	504.36	1172987.82
池州市	Chizhou City	232	657.91	451.11	847108.19
宣城市	Xuancheng City	303	584.62	349.62	439776.62
福建	**Fujian**	**1790**	**5112.61**	**3284.04**	**11868694.21**
福州市	Fuzhou City	238	1059.43	545.26	4897478.48
厦门市	Xiamen City	87	376.40	236.09	3127597.55
莆田市	Putian City	122	501.62	283.69	638657.51
三明市	Sanming City	139	301.24	159.27	242867.50
泉州市	Quanzhou City	389	824.32	526.09	1294894.77
漳州市	Zhangzhou City	307	818.75	659.27	602170.96
南平市	Nanping City	148	339.46	268.88	169467.67
龙岩市	Longyan City	128	369.92	307.57	463791.04

——按省市分列（2015年） 续表3
Autonomous Region and Municipality（2015） Continued 3

协议出让 Granting through Agreement				"招拍挂"出让 Granting through Bidding, Auction and Listing			
宗数/宗 Number of Land Plots/Plot	面积/公顷 Area/hm²	新增 Newly Increased	成交价款/万元 Transaction Price Value/10^4 yuan	宗数/宗 Number of Land Plots/Plot	面积/公顷 Area/hm²	新增 Newly Increased	成交价款/万元 Transaction Price Value/10^4 yuan
72	154.07	145.02	94044.83	521	1079.86	539.11	1190038.32
19	15.69	10.93	12054.42	402	751.81	370.27	794015.29
14	10.79	2.56	15373.94	1237	948.74	514.08	1757920.82
27	41.01	25.83	13095.94	695	758.17	346.49	1134416.44
4	0.91		431.86	164	317.76	146.66	281652.30
19	49.00	43.63	11713.97	73	250.92	157.56	181613.53
86	24.27	3.45	29909.27	470	657.85	244.08	1079207.35
12	12.49	1.59	7972.78	283	304.70	92.07	300803.69
329	**533.99**	**48.23**	**365508.74**	**4151**	**12069.65**	**7154.08**	**14794737.25**
96	98.83	4.52	19468.04	299	1283.06	691.36	3661915.06
33	98.81	10.98	222312.18	253	921.24	601.03	791861.50
28	18.73		13914.65	172	735.54	302.58	567262.80
25	199.09		28204.32	99	335.49	266.93	227084.26
2	2.35	0.56	1222.14	114	348.36	223.86	347239.00
10	15.81		11365.00	64	204.53	79.88	97458.00
3	1.81		281.27	60	238.53	98.88	573527.00
46	3.26	2.26	1191.19	335	549.79	289.64	445320.83
8	5.01	4.87	2319.98	144	216.99	152.47	89611.42
1	1.01	1.01	90.62	496	1335.84	812.63	868158.01
13	27.28		47912.43	296	1186.41	589.62	1768514.73
1	0.01		28.15	302	733.96	477.17	665603.65
4	21.61	20.98	3927.16	255	521.55	303.46	347732.16
32	14.31	0.86	10396.82	530	1423.73	961.69	1886450.98
11	16.17	0.66	1651.52	213	802.00	503.70	1171336.30
1	1.43	1.43	360.00	231	656.48	449.67	846748.19
15	8.46	0.11	863.27	288	576.15	349.51	438913.35
244	**507.03**	**305.80**	**1255713.81**	**1546**	**4605.58**	**2978.25**	**10612980.40**
48	162.10	105.88	992730.18	190	897.32	439.38	3904748.31
20	43.21	8.15	76272.03	67	333.19	227.95	3051325.52
39	37.50	28.95	19837.38	83	464.12	254.74	618820.13
20	13.05	6.00	6099.16	119	288.19	153.26	236768.34
42	118.37	103.32	58133.86	347	705.95	422.77	1236760.91
34	52.44	25.97	63749.02	273	766.31	633.30	538421.94
7	5.91	5.12	8693.74	141	333.55	263.76	160773.93
4	5.87	1.43	917.96	124	364.05	306.14	462873.09

国有建设用地出让情况

State-owned Land for Construction Use Granted by Province,

地区	Region	出让 Granting			
		宗数/宗 Number of Land Plots/Plot	面积/公顷 Area/hm²	新增 Newly Increased	成交价款/万元 Transaction Price Value/10⁴ yuan
宁德市	Ningde City	232	521.46	297.91	431768.74
江西	**Jiangxi**	**3808**	**9878.36**	**6626.75**	**10134906.92**
南昌市	Nanchang City	335	1359.31	985.00	1795451.03
景德镇市	Jingdezhen City	140	492.66	316.28	344508.78
萍乡市	Pingxiang City	163	486.91	384.11	612420.21
九江市	Jiujiang City	545	1787.86	1302.95	2357912.82
新余市	Xinyu City	92	171.09	93.74	154256.95
鹰潭市	Yingtan City	96	312.19	197.61	147278.26
赣州市	Ganzhou City	515	759.44	446.18	707801.05
吉安市	Ji'an City	382	703.98	503.13	367283.87
宜春市	Yichun City	615	1796.03	1188.48	1420765.67
抚州市	Fuzhou City	339	821.14	466.45	696941.18
上饶市	Shangrao City	586	1187.75	742.82	1530287.10
山东	**Shandong**	**7434**	**21057.05**	**15005.64**	**19779815.41**
济南市	Jinan City	398	1357.28	1035.84	3838709.47
青岛市	Qingdao City	777	2420.63	1633.49	3291069.81
淄博市	Zibo City	359	754.66	538.07	708952.89
枣庄市	Zaozhuang City	173	414.47	315.28	476576.25
东营市	Dongying City	314	1051.49	849.32	381172.00
烟台市	Yantai City	615	1589.55	1006.86	1209234.86
潍坊市	Weifang City	1058	3125.31	1604.53	2225572.38
济宁市	Jining City	642	1691.39	1065.27	1721224.80
泰安市	Tai'an City	243	659.26	558.36	544354.35
威海市	Weihai City	506	1317.32	672.48	1373050.91
日照市	Rizhao City	239	1115.52	1022.60	739282.69
莱芜市	Laiwu City	193	328.89	284.30	202893.95
临沂市	Linyi City	538	1530.30	1223.69	975927.55
德州市	Dezhou City	311	935.57	780.51	475221.06
聊城市	Liaocheng City	316	833.45	716.59	518700.49
滨州市	Binzhou City	365	678.29	588.18	415615.48
菏泽市	Heze City	387	1253.66	1110.26	682256.48
河南	**Henan**	**4096**	**11957.73**	**8210.78**	**11417986.61**
郑州市	Zhengzhou City	785	2789.26	2328.90	5531254.20
开封市	Kaifeng City	176	480.19	392.72	473749.98
洛阳市	Luoyang City	272	860.17	575.15	684001.61

——按省市分列（2015年） 续表4

Autonomous Region and Municipality（2015） Continued 4

协议出让 Granting through Agreement				“招拍挂”出让 Granting through Bidding, Auction and Listing			
宗数/宗 Number of Land Plots/Plot	面积/公顷 Area/hm²	新增 Newly Increased	成交价款/万元 Transaction Price Value/10⁴ yuan	宗数/宗 Number of Land Plots/Plot	面积/公顷 Area/hm²	新增 Newly Increased	成交价款/万元 Transaction Price Value/10⁴ yuan
30	68.57	20.96	29280.50	202	452.89	276.94	402488.24
216	**153.13**	**68.42**	**137108.65**	**3592**	**9725.23**	**6558.33**	**9997798.27**
50	28.83	14.01	66572.69	285	1330.49	970.99	1728878.34
4	6.32	6.29	2555.40	136	486.34	309.98	341953.39
9	0.45	0.26	296.93	154	486.45	383.85	612123.28
2	34.96	34.96	1834.61	543	1752.89	1267.98	2356078.21
				92	171.09	93.74	154256.95
12	27.74	10.43	14206.64	84	284.45	187.18	133071.62
76	17.42	1.42	19128.50	439	742.02	444.76	688672.55
37	0.37		150.07	345	703.62	503.13	367133.80
2	2.52	1.05	338.40	613	1793.51	1187.43	1420427.27
12	9.08		17644.25	327	812.06	466.45	679296.93
12	25.45		14381.16	574	1162.30	742.82	1515905.94
1019	**2577.23**	**1324.24**	**1052142.60**	**6415**	**18479.82**	**13681.40**	**18727672.81**
58	101.99	8.92	64489.97	340	1255.29	1026.92	3774219.51
122	178.00	39.10	105366.33	655	2242.63	1594.39	3185703.48
121	172.56	27.71	58485.77	238	582.10	510.36	650467.12
27	12.41	5.19	8216.13	146	402.05	310.09	468360.12
2	6.46	2.30	9363.00	312	1045.03	847.03	371809.00
117	188.16	114.39	57346.52	498	1401.39	892.47	1151888.35
124	395.53	7.65	53039.82	934	2729.77	1596.87	2172532.56
98	424.02	159.95	248996.87	544	1267.37	905.32	1472227.92
66	105.72	89.48	47389.33	177	553.54	468.89	496965.01
40	14.54		5058.18	466	1302.79	672.48	1367992.73
29	730.87	711.28	290968.68	210	384.65	311.31	448314.01
109	44.26	35.10	15868.95	84	284.63	249.20	187025.00
38	74.13	53.91	17485.36	500	1456.17	1169.79	958442.20
23	20.73	12.45	17858.77	288	914.84	768.05	457362.29
12	20.20		1932.21	304	813.25	716.59	516768.28
14	30.83		37515.18	351	647.46	588.18	378100.30
19	56.81	56.81	12761.54	368	1196.85	1053.45	669494.94
477	**767.60**	**270.38**	**476992.55**	**3619**	**11190.13**	**7940.40**	**10940994.06**
86	288.31	132.49	293524.98	699	2500.95	2196.41	5237729.22
3	1.71		2594.08	173	478.48	392.72	471155.91
5	1.33		1005.15	267	858.84	575.15	682996.46

国有建设用地出让情况

State-owned Land for Construction Use Granted by Province,

地区	Region	出让 Granting			
		宗数/宗 Number of Land Plots/Plot	面积/公顷 Area/hm^2	新增 Newly Increased	成交价款/万元 Transaction Price Value/10^4 yuan
平顶山市	Pingdingshan City	195	535.30	324.94	414026.23
安阳市	Anyang City	189	637.81	465.49	317124.34
鹤壁市	Hebi City	103	471.29	237.19	211842.94
新乡市	Xinxiang City	344	908.02	495.72	404502.03
焦作市	Jiaozuo City	125	426.17	217.00	194920.31
濮阳市	Puyang City	144	335.91	187.59	194099.75
许昌市	Xuchang City	187	683.40	556.23	427099.46
漯河市	Luohe City	220	322.22	170.83	293006.84
三门峡市	Sanmenxia City	75	244.58	157.57	131279.83
南阳市	Nanyang City	316	713.05	541.64	646283.68
商丘市	Shangqiu City	205	734.74	314.27	454795.65
信阳市	Xinyang City	222	486.02	338.34	301054.86
周口市	Zhoukou City	160	435.21	330.65	240349.39
驻马店市	Zhumadian City	378	894.39	576.55	498595.52
湖北	**Hubei**	**6251**	**12868.75**	**9240.74**	**14838406.11**
武汉市	Wuhan City	429	2128.69	1655.77	7306218.36
黄石市	Huangshi City	227	748.38	354.32	495557.83
十堰市	Shiyan City	216	583.22	503.76	383866.92
宜昌市	Yichang City	575	1798.29	1072.67	1951478.15
襄阳市	Xiangyang City	541	945.45	761.26	793133.46
鄂州市	Ezhou City	103	578.11	562.45	554041.50
荆门市	Jingmen City	305	794.90	470.63	503972.49
孝感市	Xiaogan City	478	952.05	687.78	669908.06
荆州市	Jingzhou City	1257	1309.56	858.12	765916.49
黄冈市	Huanggang City	345	860.47	617.71	491706.29
咸宁市	Xianning City	372	785.36	670.22	319874.62
随州市	Suizhou City	184	273.75	233.98	101003.48
恩施土家族苗族自治州	Enshi Tujia & Miao A.P.	937	398.55	285.71	206579.89
省直辖县级行政区划	County-level Administrative Units Directly Under the Provincial Government	282	711.97	506.37	295148.58
湖南	**Hunan**	**9691**	**8350.28**	**6365.96**	**9711753.20**
长沙市	Changsha City	485	1415.20	960.04	2356642.66
株洲市	Zhuzhou City	249	551.62	452.99	536526.00
湘潭市	Xiangtan City	333	320.69	284.23	253453.54

——按省市分列（2015年） 续表 5

Autonomous Region and Municipality（2015） Continued 5

协议出让 Granting through Agreement				“招拍挂”出让 Granting through Bidding, Auction and Listing			
宗数/宗 Number of Land Plots/Plot	面积/公顷 Area/hm²	新增 Newly Increased	成交价款/万元 Transaction Price Value/10⁴ yuan	宗数/宗 Number of Land Plots/Plot	面积/公顷 Area/hm²	新增 Newly Increased	成交价款/万元 Transaction Price Value/10⁴ yuan
54	93.49	30.85	42508.67	141	441.81	294.09	371517.56
15	39.41	17.05	12892.65	174	598.40	448.44	304231.69
19	120.86	3.44	7513.44	84	350.43	233.75	204329.50
66	15.07	7.14	8524.84	278	892.95	488.58	395977.19
26	30.79	9.80	16364.55	99	395.38	207.20	178555.76
12	24.21	20.18	12448.53	132	311.70	167.41	181651.22
9	24.88		8347.86	178	658.52	556.23	418751.60
79	6.28	0.13	215.96	141	315.94	170.71	292790.89
2	0.44		302.24	73	244.13	157.57	130977.59
49	16.56	2.59	19475.26	267	696.49	539.05	626808.42
4	8.17	0.54	4072.52	201	726.57	313.73	450723.13
15	19.95	18.59	13736.46	207	466.08	319.75	287318.40
8	28.78	25.44	8726.80	152	406.43	305.20	231622.59
25	47.37	2.13	24738.57	353	847.02	574.42	473856.95
2155	**464.18**	**241.78**	**349649.78**	**4096**	**12404.57**	**8998.96**	**14488756.33**
43	59.62	34.68	160811.45	386	2069.07	1621.09	7145406.91
37	66.96	62.65	21315.59	190	681.42	291.68	474242.24
2	1.53	1.53	1034.33	214	581.68	502.22	382832.59
82	21.88	11.75	12830.43	493	1776.41	1060.92	1938647.71
115	53.50	32.89	52048.89	426	891.95	728.37	741084.57
4	2.19	0.20	2769.50	99	575.93	562.25	551272.00
9	38.55	0.88	33864.63	296	756.35	469.75	470107.86
44	10.89	2.47	3344.84	434	941.16	685.31	666563.21
888	37.95	15.48	13764.71	369	1271.61	842.64	752151.78
3	16.08		8350.51	342	844.39	617.71	483355.78
173	30.81	18.72	10676.53	199	754.55	651.50	309198.08
5	1.54		1771.61	179	272.21	233.98	99231.87
741	114.53	59.46	23525.93	196	284.02	226.25	183053.96
9	8.15	1.07	3540.81	273	703.83	505.30	291607.77
6139	**498.47**	**217.57**	**420202.97**	**3552**	**7851.81**	**6148.39**	**9291550.24**
85	38.73	16.98	44085.76	400	1376.47	943.06	2312556.90
8	4.42	4.29	2012.27	241	547.21	448.70	534513.73
233	14.48	6.12	10213.93	100	306.22	278.11	243239.62

国有建设用地出让情况

State-owned Land for Construction Use Granted by Province,

地区	Region	出让 Granting			
		宗数/宗 Number of Land Plots/Plot	面积/公顷 Area/hm^2	新增 Newly Increased	成交价款/万元 Transaction Price Value/10^4 yuan
衡阳市	Hengyang City	548	1261.85	1117.70	1771558.68
邵阳市	Shaoyang City	731	395.47	306.97	438257.08
岳阳市	Yueyang City	410	924.97	778.17	815435.87
常德市	Changde City	1318	660.16	394.39	723649.75
张家界市	Zhangjiajie City	246	79.60	69.27	75955.70
益阳市	Yiyang City	1591	468.83	355.76	415804.66
郴州市	Chenzhou City	856	556.31	387.53	442109.51
永州市	Yongzhou City	872	737.77	568.01	889464.20
怀化市	Huaihua City	936	486.34	346.93	418571.68
娄底市	Loudi City	653	267.93	202.19	367040.99
湘西土家族苗族自治州	West Hunan Tujia & Miao A.P.	463	223.53	141.77	207282.88
广东	**Guangdong**	**7795**	**11010.96**	**7588.41**	**29701334.08**
广州市	Guangzhou City	185	686.73	443.74	9534344.35
韶关市	Shaoguan City	349	506.40	265.53	303913.79
深圳市	Shenzhen City	210	436.81	63.03	6599378.51
珠海市	Zhuhai City	88	374.23	168.41	2013550.05
汕头市	Shantou City	59	198.48	99.36	728917.84
佛山市	Foshan City	2155	937.08	509.84	3741427.36
江门市	Jiangmen City	238	520.57	306.06	453296.88
湛江市	Zhanjiang City	375	1768.58	1551.87	541689.07
茂名市	Maoming City	287	236.60	152.41	348886.99
肇庆市	Zhaoqing City	673	606.79	477.13	306713.81
惠州市	Huizhou City	779	646.48	299.76	727349.45
梅州市	Meizhou City	1084	823.38	607.11	721526.68
汕尾市	Shanwei City	39	260.16	192.20	160193.68
河源市	Heyuan City	94	281.08	223.95	147102.42
阳江市	Yangjiang City	98	337.61	297.23	240416.67
清远市	Qingyuan City	571	707.89	537.94	482918.92
东莞市	Dongguan City	189	922.32	731.69	1911248.64
中山市	Zhongshan City	67	130.09	121.23	122342.05
潮州市	Chaozhou City	92	151.15	99.16	226160.27
揭阳市	Jieyang City	82	286.16	261.01	207462.36
云浮市	Yunfu City	81	192.38	179.74	182494.27

——按省市分列（2015年） 续表 6

Autonomous Region and Municipality（2015） Continued 6

协议出让 Granting through Agreement				“招拍挂”出让 Granting through Bidding, Auction and Listing			
宗数/宗 Number of Land Plots/Plot	面积/公顷 Area/hm²	新增 Newly Increased	成交价款/万元 Transaction Price Value/10⁴ yuan	宗数/宗 Number of Land Plots/Plot	面积/公顷 Area/hm²	新增 Newly Increased	成交价款/万元 Transaction Price Value/10⁴ yuan
86	3.14		1228.12	462	1258.72	1117.70	1770330.56
489	15.74	1.53	6003.11	242	379.73	305.44	432253.97
116	104.81	43.20	118544.95	294	820.15	734.98	696890.92
981	32.33	1.74	23724.11	337	627.83	392.66	699925.64
188	5.25	0.03	4037.13	58	74.34	69.24	71918.57
1292	128.64	113.80	90788.48	299	340.19	241.96	325016.18
614	50.18	20.20	51587.44	242	506.13	367.32	390522.08
584	20.71	0.76	27674.68	288	717.06	567.25	861789.52
654	40.77	6.42	11235.80	282	445.57	340.52	407335.87
483	10.90	2.51	7058.88	170	257.03	199.68	359982.11
326	28.38		22008.31	137	195.15	141.77	185274.57
5364	**1626.24**	**530.85**	**5154556.72**	**2431**	**9384.72**	**7057.56**	**24546777.36**
39	72.92	39.05	106568.89	146	613.81	404.69	9427775.46
177	83.99	0.82	25111.73	172	422.41	264.71	278802.06
166	327.57	10.72	3778010.51	44	109.24	52.31	2821368.00
3	10.22	8.86	8122.87	85	364.01	159.55	2005427.17
20	53.92		87828.12	39	144.56	99.36	641089.72
1984	103.01	7.67	399190.70	171	834.07	502.17	3342236.66
97	52.55	20.38	53985.11	141	468.01	285.69	399311.77
226	82.60	22.94	62984.98	149	1685.98	1528.93	478704.09
203	16.96		28172.07	84	219.65	152.41	320714.92
525	109.59	34.51	31902.60	148	497.20	442.62	274811.21
592	41.67	1.87	63292.12	187	604.81	297.89	664057.33
857	114.42	46.27	134838.47	227	708.96	560.84	586688.21
6	135.82	135.02	43803.23	33	124.34	57.18	116390.45
2	41.88	41.88	4862.67	92	239.20	182.07	142239.75
13	12.37	2.08	29829.99	85	325.24	295.15	210586.68
326	123.97	33.58	94752.07	245	583.92	504.36	388166.85
45	163.53	75.28	177482.64	144	758.79	656.41	1733766.00
6	4.60	4.48	3848.48	61	125.49	116.75	118493.57
63	13.05		5809.56	29	138.10	99.16	220350.71
11	60.17	45.43	11427.36	71	225.99	215.57	196035.00
3	1.44		2732.53	78	190.95	179.74	179761.74

国有建设用地出让情况

State-owned Land for Construction Use Granted by Province,

地区	Region	出让 Granting			
		宗数/宗 Number of Land Plots/Plot	面积/公顷 Area/hm^2	新增 Newly Increased	成交价款/万元 Transaction Price Value/10^4 yuan
广西	**Guangxi**	**5807**	**5845.65**	**4093.22**	**6077608.68**
南宁市	Nanning City	790	1121.83	812.67	2761993.45
柳州市	Liuzhou City	508	692.69	450.76	949105.58
桂林市	Guilin City	1022	524.02	290.11	558202.67
梧州市	Wuzhou City	187	121.09	107.59	86521.88
北海市	Beihai City	528	170.16	111.25	82075.84
防城港市	Fangchenggang City	132	387.13	252.59	167120.02
钦州市	Qinzhou City	200	377.02	235.66	192896.22
贵港市	Guigang City	142	368.73	275.48	117912.33
玉林市	Yulin City	224	518.54	406.30	396211.47
百色市	Baise City	790	507.74	411.90	277454.57
贺州市	Hezhou City	303	429.69	284.97	157391.70
河池市	Hechi City	239	134.72	86.42	108223.92
来宾市	Laibin City	456	283.39	190.42	137574.51
崇左市	Chongzuo City	286	208.89	177.09	84924.53
海南	**Hainan**	**286**	**991.48**	**656.75**	**2143234.38**
海口市	Haikou City	54	261.75	172.19	887529.67
三亚市	Sanya City	12	108.02	88.09	421622.00
省直辖县级行政区划	County-level Administrative Units Directly Under the Provincial Government	220	621.71	396.47	834082.72
重庆	**Chongqing**	**1500**	**7321.82**	**4178.76**	**14362158.95**
四川	**Sichuan**	**7661**	**9738.66**	**7680.28**	**13160711.39**
成都市	Chengdu City	939	2505.96	2256.13	5619685.56
自贡市	Zigong City	41	102.52	94.31	85425.61
攀枝花市	Panzhihua City	107	89.43	50.88	72577.62
泸州市	Luzhou City	280	710.98	524.66	1010579.74
德阳市	Deyang City	527	548.51	405.09	165515.33
绵阳市	Mianyang City	1476	598.94	431.95	597621.39
广元市	Guangyuan City	1651	316.64	145.61	200352.54
遂宁市	Suining City	156	372.82	358.03	472480.29
内江市	Neijiang City	98	249.06	147.09	374595.31
乐山市	Leshan City	286	619.85	480.48	425202.13
南充市	Nanchong City	254	469.25	357.52	593251.50
眉山市	Meishan City	308	915.38	695.98	1146602.69
宜宾市	Yibin City	161	410.10	355.35	242654.88

——按省市分列（2015年） 续表 7
Autonomous Region and Municipality（2015） Continued 7

协议出让 Granting through Agreement				“招拍挂”出让 Granting through Bidding, Auction and Listing			
宗数/宗 Number of Land Plots/Plot	面积/公顷 Area/hm²	新增 Newly Increased	成交价款/万元 Transaction Price Value/10⁴ yuan	宗数/宗 Number of Land Plots/Plot	面积/公顷 Area/hm²	新增 Newly Increased	成交价款/万元 Transaction Price Value/10⁴ yuan
3688	**675.79**	**193.35**	**966077.13**	**2119**	**5169.87**	**3899.88**	**5111531.55**
328	88.29	1.41	691370.65	462	1033.54	811.26	2070622.80
350	21.12	2.82	8782.51	158	671.56	447.94	940323.07
763	69.18	2.42	31942.68	259	454.85	287.69	526259.98
119	21.04	14.73	14021.37	68	100.05	92.87	72500.50
494	9.59		2372.83	34	160.58	111.25	79703.00
31	83.29	1.97	6928.54	101	303.84	250.62	160191.48
75	60.10	39.20	32808.72	125	316.92	196.45	160087.50
56	7.39		4422.81	86	361.35	275.48	113489.52
109	53.47	0.22	69523.52	115	465.07	406.09	326687.95
511	18.67	1.85	18659.57	279	489.07	410.05	258795.00
222	156.79	126.11	52516.82	81	272.91	158.87	104874.88
103	17.83	0.35	8111.11	136	116.89	86.07	100112.81
389	64.79	1.21	23121.93	67	218.61	189.22	114452.58
138	4.25	1.08	1494.07	148	204.63	176.01	83430.46
30	**6.71**		**838.87**	**256**	**984.78**	**656.75**	**2142395.52**
				54	261.75	172.19	887529.67
				12	108.02	88.09	421622.00
30	6.71		838.87	190	615.01	396.47	833243.85
36	**150.63**	**50.24**	**69749.06**	**1464**	**7171.19**	**4128.52**	**14292409.90**
4719	**738.88**	**316.11**	**303196.47**	**2942**	**8999.78**	**7364.17**	**12857514.92**
320	16.69	2.76	30305.23	619	2489.27	2253.37	5589380.32
				41	102.52	94.31	85425.61
70	12.26		4360.62	37	77.17	50.88	68217.00
66	6.77	0.11	12051.82	214	704.20	524.56	998527.91
379	98.46	33.45	37301.38	148	450.05	371.64	128213.95
1317	206.69	140.85	102867.90	159	392.25	291.10	494753.49
1549	139.51	1.67	43907.14	102	177.13	143.93	156445.40
17	0.30		107.64	139	372.52	358.03	472372.65
29	16.56	0.79	17737.30	69	232.51	146.29	356858.01
66	91.89	76.26	15339.21	220	527.96	404.22	409862.92
52	3.67	2.02	1257.68	202	465.58	355.51	591993.82
				308	915.38	695.98	1146602.69
17	4.21	2.68	1419.45	144	405.90	352.67	241235.43

国有建设用地出让情况

State-owned Land for Construction Use Granted by Province,

地区	Region	出让 Granting			
		宗数/宗 Number of Land Plots/Plot	面积/公顷 Area/hm²	新增 Newly Increased	成交价款/万元 Transaction Price Value/10^4 yuan
广安市	Guang'an City	132	424.84	385.85	382477.89
达州市	Dazhou City	132	271.15	174.44	380910.26
雅安市	Ya'an City	69	256.64	182.10	200521.99
巴中市	Bazhong City	371	350.32	230.18	467876.51
资阳市	Ziyang City	108	360.44	276.73	538086.45
阿坝藏族羌族自治州	Aba Tibetan & Qiang A.P.	101	24.61	15.85	8043.93
甘孜藏族自治州	Ganzi Tibetan A.P.	127	31.63	14.17	9755.58
凉山彝族自治州	Liangshan Yi A.P.	337	109.60	97.88	166494.20
贵州	**Guizhou**	**3136**	**6030.98**	**4012.57**	**5342284.26**
贵阳市	Guiyang City	207	972.11	835.23	717782.95
六盘水市	Liupanshui City	282	555.36	455.70	1104159.18
遵义市	Zunyi City	581	1138.58	726.44	861057.37
安顺市	Anshun City	210	372.77	179.72	147916.12
铜仁地区	Tongren Prefecture	268	813.51	426.66	539926.93
黔西南布依族苗族自治州	Southwest Guizhou Buyei & Miao A.P.	280	355.11	176.82	176899.12
毕节地区	Bijie Prefecture	333	663.89	363.58	791988.69
黔东南苗族侗族自治州	Southeast Guizhou Miao & Dong A.P.	489	468.43	353.00	258621.50
黔南布依族苗族自治州	South Guizhou Buyei & Miao A.P.	486	691.22	495.43	743932.43
云南	**Yunnan**	**4074**	**3223.25**	**2224.70**	**2823169.34**
昆明市	Kunming City	648	753.64	573.91	1326141.27
曲靖市	Qujing City	172	202.47	123.14	94538.16
玉溪市	Yuxi City	231	311.40	146.74	192214.69
保山市	Baoshan City	297	155.81	119.10	111115.54
昭通市	Zhaotong City	554	47.05	29.72	33125.60
丽江市	Lijiang City	120	86.81	64.62	39926.99
普洱市	Pu'er City	225	119.54	77.80	84498.24
临沧市	Lincang City	56	88.31	85.27	47756.18
楚雄彝族自治州	Chuxiong Yi A.P.	263	215.27	114.88	121067.72
红河哈尼族彝族自治州	Honghe Hani & Yi A.P.	621	433.80	309.75	337142.54
文山壮族苗族自治州	Wenshan Zhuang & Miao A.P.	77	214.11	132.32	119765.53
西双版纳傣族自治州	Xishuangbanna Dai A.P.	63	78.63	68.21	61222.25
大理白族自治州	Dali Bai A.P.	345	270.29	213.95	148833.96

——按省市分列（2015年） 续表 8

Autonomous Region and Municipality（2015） Continued 8

协议出让 Granting through Agreement				“招拍挂”出让 Granting through Bidding, Auction and Listing			
宗数/宗 Number of Land Plots/Plot	面积/公顷 Area/hm²	新增 Newly Increased	成交价款/万元 Transaction Price Value/10⁴ yuan	宗数/宗 Number of Land Plots/Plot	面积/公顷 Area/hm²	新增 Newly Increased	成交价款/万元 Transaction Price Value/10⁴ yuan
5	9.72	9.72	6833.56	127	415.12	376.13	375644.32
28	50.36	0.68	5162.17	104	220.79	173.76	375748.09
3	2.58		5727.00	66	254.05	182.10	194794.99
281	39.54	20.55	12508.20	90	310.78	209.64	455368.31
				108	360.44	276.73	538086.45
90	9.32	5.59	1542.13	11	15.29	10.26	6501.80
115	0.63	0.45	314.20	12	31.00	13.72	9441.37
315	29.73	18.54	4453.83	22	79.87	79.34	162040.37
466	**142.49**	**65.55**	**115209.69**	**2670**	**5888.49**	**3947.02**	**5227074.58**
30	46.34	28.19	18449.36	177	925.77	807.05	699333.58
				282	555.36	455.70	1104159.18
8	6.97	2.32	1455.30	573	1131.62	724.12	859602.07
53	0.61	0.17	197.35	157	372.16	179.55	147718.77
1	2.00		663.00	267	811.51	426.66	539263.93
31	7.29		1180.84	249	347.82	176.82	175718.28
45	65.74	28.42	88637.13	288	598.15	335.16	703351.56
147	8.46	6.46	2331.09	342	459.97	346.54	256290.41
151	5.09		2295.61	335	686.13	495.43	741636.81
1971	**250.68**	**74.23**	**121320.14**	**2103**	**2972.58**	**2150.47**	**2701849.21**
437	28.76	12.80	20927.43	211	724.88	561.11	1305213.84
59	66.41	21.72	17405.69	113	136.05	101.42	77132.47
117	31.88	1.63	13966.21	114	279.52	145.11	178248.47
96	24.65	13.91	15084.92	201	131.16	105.19	96030.62
468	17.62	6.14	9819.01	86	29.44	23.58	23306.58
39	18.52		3593.36	81	68.29	64.62	36333.64
95	22.16	1.28	14652.05	130	97.38	76.53	69846.19
1	0.54	0.54	268.95	55	87.77	84.73	47487.23
22	13.26	4.44	6936.75	241	202.01	110.44	114130.97
235	9.69	3.94	2376.32	386	424.11	305.81	334766.22
				77	214.11	132.32	119765.53
5	5.87	5.87	4225.86	58	72.76	62.34	56996.38
153	7.58	1.95	10872.96	192	262.71	212.00	137960.99

国有建设用地出让情况

State-owned Land for Construction Use Granted by Province,

地区	Region	出让 Granting			
		宗数/宗 Number of Land Plots/Plot	面积/公顷 Area/hm²	新增 Newly Increased	成交价款/万元 Transaction Price Value/10⁴ yuan
德宏傣族景颇族自治州	Dehong Dai & Jingpo A.P.	122	202.09	126.85	90595.01
怒江傈僳族自治州	Nujiang Lisu A.P.	257	13.10	7.48	4895.32
迪庆藏族自治州	Diqing Tibetan A.P.	23	30.93	30.93	10330.36
西藏	**Tibet**	**207**	**276.74**		**100791.40**
拉萨市	Lhasa City	64	210.74		70509.72
昌都地区	Qamdo Prefecture	21	0.80		204.97
山南地区	Lhokha Prefecture	6	2.45		2073.00
日喀则地区	Xigaze Prefecture	3	6.86		4247.00
那曲地区	Nagqu Prefecture				
阿里地区	Ngari Prefecture	15	1.35		92.29
林芝地区	Nyingchi Prefecture	98	54.54		23664.42
陕西	**Shaanxi**	**1958**	**5342.68**	**4503.28**	**4075952.23**
西安市	Xi'an City	314	980.94	796.63	1914909.46
铜川市	Tongchuan City	39	105.24	79.02	54616.00
宝鸡市	Baoji City	142	503.75	485.41	298743.12
咸阳市	Xianyang City	270	845.43	798.26	600246.97
渭南市	Weinan City	251	705.71	664.52	295790.75
延安市	Yan'an City	135	259.18	210.56	212577.33
汉中市	Hanzhong City	313	475.15	411.12	302321.64
榆林市	Yulin City	148	1160.03	842.23	219664.33
安康市	Ankang City	236	201.21	131.58	109294.94
商洛市	Shangluo City	110	106.06	83.96	67787.69
甘肃	**Gansu**	**1665**	**4875.29**	**4004.79**	**2383297.97**
兰州市	Lanzhou City	249	1154.22	1025.89	1238379.47
嘉峪关市	Jiayuguan City	26	35.76	4.04	13773.02
金昌市	Jinchang City	37	139.88	114.18	30800.57
白银市	Baiyin City	190	415.75	201.22	181535.91
天水市	Tianshui City	95	135.68	95.38	149885.97
武威市	Wuwei City	140	792.33	670.16	116777.17
张掖市	Zhangye City	279	739.52	673.90	126700.44
平凉市	Pingliang City	97	226.23	171.30	182584.23
酒泉市	Jiuquan City	183	538.50	499.24	52547.76
庆阳市	Qingyang City	36	58.53	44.12	39762.75
定西市	Dingxi City	109	234.57	207.26	73335.58

——按省市分列（2015年） 续表 9
Autonomous Region and Municipality（2015） Continued 9

协议出让 Granting through Agreement				“招拍挂”出让 Granting through Bidding, Auction and Listing			
宗数/宗 Number of Land Plots/Plot	面积/公顷 Area/hm^2	新增 Newly Increased	成交价款/万元 Transaction Price Value/10^4 yuan	宗数/宗 Number of Land Plots/Plot	面积/公顷 Area/hm^2	新增 Newly Increased	成交价款/万元 Transaction Price Value/10^4 yuan
29	0.52		305.71	93	201.57	126.85	90289.30
215	3.22		884.91	42	9.88	7.48	4010.41
				23	30.93	30.93	10330.36
122	**112.56**		**9988.17**	**85**	**164.18**		**90803.23**
30	99.70		7255.64	34	111.04		63254.08
21	0.80		204.97				
				6	2.45		2073.00
1	0.35		17.00	2	6.51		4230.00
15	1.35		92.29				
55	10.36		2418.27	43	44.18		21246.15
440	**290.36**	**179.46**	**181278.03**	**1518**	**5052.32**	**4323.82**	**3894674.20**
16	61.41	50.75	62397.03	298	919.53	745.87	1852512.43
				39	105.24	79.02	54616.00
1	0.47		170.22	141	503.28	485.41	298572.90
27	12.29	1.28	1915.39	243	833.14	796.98	598331.57
43	33.44	17.97	9013.94	208	672.27	646.55	286776.81
17	14.57	8.00	14247.41	118	244.61	202.56	198329.92
138	19.25		4460.56	175	455.90	411.12	297861.08
15	117.49	96.21	74145.08	133	1042.54	746.02	145519.26
155	22.36	4.66	11116.04	81	178.85	126.92	98178.90
28	9.09	0.58	3812.35	82	96.96	83.38	63975.34
277	**351.15**	**92.78**	**355851.47**	**1388**	**4524.14**	**3912.01**	**2027446.50**
33	72.25	1.42	274054.86	216	1081.96	1024.46	964324.62
17	14.95	0.09	6356.78	9	20.81	3.96	7416.24
2	0.74		32.79	35	139.15	114.18	30767.78
50	136.44	0.03	62191.52	140	279.31	201.19	119344.39
				95	135.68	95.38	149885.97
				140	792.33	670.16	116777.17
122	37.06	13.60	4196.16	157	702.46	660.30	122504.28
2	0.68		164.37	95	225.55	171.30	182419.86
11	58.19	55.34	3004.12	172	480.31	443.91	49543.64
4	0.58		171.97	32	57.95	44.12	39590.78
11	12.89	7.79	2101.18	98	221.68	199.47	71234.40

国有建设用地出让情况

State-owned Land for Construction Use Granted by Province,

地区	Region	出让 Granting			
		宗数/宗 Number of Land Plots/Plot	面积/公顷 Area/hm^2	新增 Newly Increased	成交价款/万元 Transaction Price Value/10^4 yuan
陇南市	Longnan City	34	46.13	38.18	24288.84
临夏回族自治州	Linxia Hui A.P.	134	285.43	200.58	130457.78
甘南藏族自治州	Gannan Tibetan A.P.	56	72.77	59.34	22468.49
青海	**Qinghai**	**596**	**1130.93**	**900.32**	**343187.74**
西宁市	Xining City	153	399.07	338.30	216181.04
海东地区	Haidong Prefecture	73	152.57	128.43	73257.57
海北藏族自治州	Haibei Tibetan A.P.	63	49.06	40.01	6525.57
黄南藏族自治州	Huangnan Tibetan A.P.	17	17.84	10.55	4498.32
海南藏族自治州	Hainan Tibetan A.P.	142	74.53	66.92	12471.63
果洛藏族自治州	Golog Tibetan A.P.	24	1.14		80.19
玉树藏族自治州	Yushu Tibetan A.P.	19	12.82		5383.07
海西蒙古族藏族自治州	Haixi Mongol & Tibetan A.P.	105	423.90	316.10	24790.35
宁夏	**Ningxia**	**886**	**3143.92**	**2759.28**	**902340.00**
银川市	Yinchuan City	388	1318.82	1146.57	626885.81
石嘴山市	Shizuishan City	54	227.31	206.81	37099.24
吴忠市	Wuzhong City	236	648.22	568.77	71655.47
固原市	Guyuan City	93	179.52	127.21	47418.24
中卫市	Zhongwei City	115	770.05	709.91	119281.25
新疆	**Xinjiang**	**2283**	**8103.74**	**6626.66**	**1886177.79**
乌鲁木齐市	Urumqi City	261	945.48	593.26	716421.65
克拉玛依市	Karamay City	90	229.70	152.67	49556.95
吐鲁番地区	Turpan Prefeture	194	835.29	800.09	73783.27
哈密地区	Hami Prefeture	110	432.17	345.08	56141.05
昌吉回族自治州	Changji Hui A.P.	357	1517.08	1376.18	370684.10
博尔塔拉蒙古自治州	Bortala Mongol A.P.	97	241.99	144.77	22126.99
巴音郭楞蒙古自治州	Bayingolin Mongol A.P.	204	924.72	691.86	145314.77
阿克苏地区	Akesu Prefeture	125	690.72	596.86	40674.85
克孜勒苏柯尔克孜自治州	Kizilsu Kirgiz A.P.	54	133.00	125.07	11087.42
喀什地区	Kashi Prefeture	257	838.38	769.75	123642.37
和田地区	Hotan Prefeture	68	266.74	223.84	36540.66
伊犁哈萨克自治州	Ili Kazak A.P.	224	397.72	285.24	130237.04
塔城地区	Tacheng Prefeture	114	258.64	175.76	41953.92
阿勒泰地区	Altay Prefeture	109	346.09	323.81	27593.87
石河子市	Shihezi City	19	46.03	22.41	40418.89
阿拉尔市	Aral City				
图木舒克市	Tumxuk City				
五家渠市	Wujiaqu City				

——按省市分列（2015年） 续表10
Autonomous Region and Municipality（2015） Continued 10

协议出让 Granting through Agreement				“招拍挂”出让 Granting through Bidding, Auction and Listing			
宗数/宗 Number of Land Plots/Plot	面积/公顷 Area/hm²	新增 Newly Increased	成交价款/万元 Transaction Price Value/10⁴ yuan	宗数/宗 Number of Land Plots/Plot	面积/公顷 Area/hm²	新增 Newly Increased	成交价款/万元 Transaction Price Value/10⁴ yuan
12	1.28	0.16	580.82	22	44.86	38.02	23708.01
1	0.40		258.00	133	285.03	200.58	130199.78
12	15.71	14.35	2738.92	44	57.06	44.99	19729.57
250	**344.08**	**297.23**	**40662.06**	**346**	**786.85**	**603.09**	**302525.68**
84	206.99	176.34	32424.38	69	192.08	161.96	183756.66
21	8.27	1.77	2657.93	52	144.29	126.66	70599.64
14	5.80	5.44	176.11	49	43.26	34.58	6349.45
				17	17.84	10.55	4498.32
77	40.15	37.19	1035.02	65	34.38	29.74	11436.61
24	1.14		80.19				
11	5.09		2597.90	8	7.73		2785.17
19	76.63	76.50	1690.52	86	347.27	239.60	23099.83
83	**94.12**	**27.16**	**118818.17**	**803**	**3049.80**	**2732.12**	**783521.84**
41	44.54	9.98	99143.34	347	1274.28	1136.59	527742.47
				54	227.31	206.81	37099.24
32	23.85	1.81	3369.00	204	624.37	566.96	68286.47
				93	179.52	127.21	47418.24
10	25.72	15.37	16305.83	105	744.33	694.54	102975.42
290	**541.21**	**384.73**	**146838.31**	**1993**	**7562.53**	**6241.93**	**1739339.48**
92	232.11	207.20	102158.69	169	713.38	386.06	614262.96
32	28.62	11.20	4735.81	58	201.08	141.48	44821.14
				194	835.29	800.09	73783.27
26	25.91		1435.97	84	406.26	345.08	54705.07
17	13.96	0.51	4875.48	340	1503.12	1375.67	365808.62
22	38.14	6.22	4400.21	75	203.84	138.55	17726.78
1	0.04		5.82	203	924.68	691.86	145308.95
1	0.02		0.62	124	690.70	596.86	40674.23
4	0.85	0.37	193.87	50	132.16	124.70	10893.55
4	0.33		156.60	253	838.05	769.75	123485.78
				68	266.74	223.84	36540.66
47	17.20	0.36	12218.24	177	380.53	284.88	118018.81
34	19.62	0.51	4045.83	80	239.02	175.25	37908.09
2	158.36	158.36	9684.28	107	187.73	165.45	17909.58
8	6.07		2926.89	11	39.96	22.41	37492.00

国有建设用地出让情况——按用地类型分列（2015年）

State-owned Land for Construction Use Granted by Land-use Type （2015）

用地类型	Land-use Type	出让面积/公顷 Area/hm^2	成交价款/万元 Transaction Price Value/10^4 yuan
出让总量	**Total Amount of Granting**	**224885.95**	**312206471.00**
工矿仓储用地	Land for Industry, Mining and Warehousing	118609.89	30089893.12
商服用地	Land for Commercial and Service Uses	36181.17	82598448.65
普通商品住房	Ordinary Commercial House	58343.18	191244510.40
中低价位、中小套型	Medium- and Low-price, Medium- and Small-sized Ordinary Commercial Houses	18521.15	47626494.23
公共租赁房	Public Rental House	202.82	363129.24
高档住宅	High-grade Residence	106.30	100333.99
公共管理与公共服务用地	Land for Public Management and Public Services	6625.19	5439834.80
特殊用地	Land for Special Uses	236.49	74328.57
交通运输用地	Land for Transport	3954.26	1425475.73
水域及水利设施用地	Land for Water Conservancy Facilities	165.35	54931.82
其他用地	Land for Other Uses	461.30	815584.68

主要城市建设用地价格（2015年）

Prices of Land for Construction Use of Major Cities （2015）

城市	City	地面地价水平/(元·米$^{-2}$) Price Level of Ground Land/(yuan·m^{-2})				地价同比增长率/% Increase Over the Same Period of the Previous Year/%			
		综合地价 Integrated Price of Land	商业用地地价 Price of Land for Commercial Use	住宅用地地价 Price of Land for Residential Use	工业用地地价 Price of Land for Industrial Use	综合地价 Integrated Price of Land	商业用地地价 Price of Land for Commercial Use	住宅用地地价 Price of Land for Residential Use	工业用地地价 Price of Land for Industrial Use
105个主要城市总体水平	**The Overall Land Price Level of 105 Major Cities**	**3633**	**6729**	**5484**	**760**	**3.16**	**2.7**	**3.92**	**2.38**
北京市	Beijing	29330	46425	48751	2370	4.64	3.29	5.01	5.05
天津市	Tianjin	5843	9233	6291	838	3.78	4.22	3.59	1.95
石家庄市	Shijiazhuang City	3479	5191	3976	690	3.24	3.61	3.65	0.07
唐山市	Tangshan City	1513	2327	1845	539	0.33	-0.21	0.44	0.75
秦皇岛市	Qinhuangdao City	1909	2708	2719	372	3.98	2.5	4.54	-0.03
邯郸市	Handan City	2334	4069	2686	615	-3.14	-2.33	-6.37	9.09
保定市	Baoding City	2897	4819	5027	642	8.06	5.77	8.41	10.5
张家口市	Zhangjiakou City	1211	2176	1175	452	11.82	9.84	12.76	9.44
廊坊市	Langfang City	2099	3857	3180	472	2.89	0.16	2.69	9.51
太原市	Taiyuan City	2380	3923	2976	909	5.12	5.68	5.53	2.36
大同市	Datong City	1940	3831	2841	517				
呼和浩特市	Hohhot City	3196	4674	3521	544	1.4	3.84	1.09	1.12
包头市	Baotou City	1660	4410	2191	347	0.3	0.16	0.41	
沈阳市	Shenyang City	2439	3222	2803	684	3.22	3.17	3.39	1.64
大连市	Dalian City	2524	5185	3121	774	4.73	3.25	5.72	1.04
鞍山市	Anshan City	778	1278	951	405	0.52	0.71	0.74	
抚顺市	Fushun City	613	1349	1195	374	-1.76	-3.16	-1.73	–1.32
本溪市	Benxi City	795	1156	1053	429	-0.13	–0.34	-0.28	
丹东市	Dandong City	926	3202	1718	373	3.23	3.96	4.31	1.08
锦州市	Jinzhou City	904	1675	1060	290	13.43	15.12	14.72	2.11
阜新市	Fuxin City	804	1716	1011	334	-9.76	-9.87	-11.86	-1.47
辽阳市	Liaoyang City	779	1508	1018	415	-2.75	-0.85	-1.36	-6.95
长春市	Changchun City	2292	4428	2767	387	0.79	0.96	0.76	
吉林市	Jilin City	838	1366	1210	371	0.6	1.11	0.75	
哈尔滨市	Harbin City	2343	6379	2528	441	0.34	0.35	0.12	1.15
齐齐哈尔市	Qiqihar City	566	1825	685	354	-4.87	1.73	-5.78	-6.35
鸡西市	Jixi City	586	2132	684	251	-0.34	-0.19	-0.73	0.4
鹤岗市	Hegang City	506	1024	430	240	0.6	1.59	0.23	-3.61
大庆市	Daqing City	892	1401	1034	256	0.11	0.21	0.1	0.79
伊春市	Yichun City	289	500	242	199	0.35	0.6	0.41	
佳木斯市	Jiamusi City	545	1224	564	286	0.43	0.58	0.89	
牡丹江市	Mudanjiang City	679	2473	670	351	0.15	0.04	0.15	-0.28
上海市	Shanghai	20044	40018	35767	2145	12.96	3.81	15.46	10.81
南京市	Nanjing City	7377	19699	9765	1084	1.13	5.25	4.92	-39.17
无锡市	Wuxi City	3109	10428	4726	716	-1.2	-0.92	-1.33	-0.69

主要城市建设用地价格（2015年） 续表 1

Prices of Land for Construction Use of Major Cities （2015） Continued 1

城市	City	地面地价水平/(元·米$^{-2}$) Price Level of Ground Land/(yuan·m^{-2})				地价同比增长率/% Increase Over the Same Period of the Previous Year/%			
		综合地价 Integrated Price of Land	商业用地地价 Price of Land for Commercial Use	住宅用地地价 Price of Land for Residential Use	工业用地地价 Price of Land for Industrial Use	综合地价 Integrated Price of Land	商业用地地价 Price of Land for Commercial Use	住宅用地地价 Price of Land for Residential Use	工业用地地价 Price of Land for Industrial Use
徐州市	Xuzhou City	2224	3468	3242	275	-0.27	0.49	-0.49	1.1
常州市	Changzhou City	1324	4877	3069	379	-0.08	0.62	-0.52	0.53
苏州市	Suzhou City	3095	5602	3055	628	2.69	1.43	5.6	0.64
南通市	Nantong City	1680	3618	2930	584	-2.59	-2.09	-3.71	0.09
扬州市	Yangzhou City	1208	2666	1778	348	-0.25	0.04	-0.34	
杭州市	Hangzhou City	11838	16546	17061	825	2.72	0.39	2.53	22.05
宁波市	Ningbo City	8032	10337	12669	1448	3.31	2.13	3.61	3.58
温州市	Wenzhou City	4961	10794	9526	1595	1.1	-2.87	3.76	-2.86
嘉兴市	Jiaxing City	1324	3036	1529	526	0.99	-0.33	1.19	2.14
湖州市	Huzhou City	1978	4313	2443	452	0.25	0.02		2.96
合肥市	Hefei City	2922	5932	4192	408	5.41	3.6	6.1	
芜湖市	Wuhu City	1632	5337	2639	379	0.43	-0.06	0.61	0.8
蚌埠市	Bengbu City	969	1695	1365	312	0.31	0.3	0.29	
淮南市	Huainan City	947	1731	1269	303	-0.84	-1.03	-0.94	
淮北市	Huaibei City	1545	3951	2052	328	5.68	5.75	5.28	8.97
福州市	Fuzhou City	10595	17267	11102	622	0.16	1.8	–0.47	4.71
厦门市	Xiamen City	19808	30163	21836	926	5.37	1.04	6.17	1.65
泉州市	Quanzhou City	3512	6738	5939	607	–0.06	–2.52	0.24	0.83
南昌市	Nanchang City	4699	7679	5156	480	0.83	1.09	0.72	3.01
九江市	Jiujiang City	1512	3148	2759	303	1.89	2.67	1.73	0.66
济南市	Jinan City	2402	4587	3871	721	2.39	1.48	2.6	1.98
青岛市	Qingdao City	3832	10926	6152	783	12.87	10.41	17.09	
淄博市	Zibo City	1111	2082	1475	429	2.21	2.66	2.5	0.47
枣庄市	Zaozhuang City	964	1817	1324	360	2.23	2.48	2.56	0.28
烟台市	Yantai City	1717	4894	4240	377	-2.28	-1.19	-2.73	-0.79
潍坊市	Weifang City	1642	2680	1772	455	3.01	2.8	3.81	1.11
济宁市	Jining City	890	1604	1326	475	1.02	0.82	2.08	-0.63
泰安市	Tai'an City	1699	2779	2726	316	3.85	3.69	4.24	1.28
临沂市	Linyi City	917	1721	1152	389	0.33	2.02	-0.52	2.37
郑州市	Zhengzhou City	2982	3532	4056	707	9.03	8.41	10.07	2.91
开封市	Kaifeng City	1404	2776	1728	438	5.72	7.85	5.82	2.1
洛阳市	Luoyang City	1942	3321	2445	512	3.91	5.9	4.13	0.39
平顶山市	Pingdingshan City	1437	2932	1774	614	1.34	1.49	-0.34	7.34
安阳市	Anyang City	1101	2402	1148	661	1.1	0.8	1.06	1.07

主要城市建设用地价格（2015年） 续表 2
Prices of Land for Construction Use of Major Cities （2015） Continued 2

城市	City	地面地价水平/(元・米$^{-2}$) Price Level of Ground Land/(yuan·m^{-2})				地价同比增长率/% Increase Over the Same Period of the Previous Year/%			
		综合地价 Integrated Price of Land	商业用地地价 Price of Land for Commercial Use	住宅用地地价 Price of Land for Residential Use	工业用地地价 Price of Land for Industrial Use	综合地价 Integrated Price of Land	商业用地地价 Price of Land for Commercial Use	住宅用地地价 Price of Land for Residential Use	工业用地地价 Price of Land for Industrial Use
新乡市	Xinxiang City	1577	2877	1932	434	6.77	10.53	2.55	4.08
焦作市	Jiaozuo City	726	1782	946	329	4.01	4.95	4.99	1.23
武汉市	Wuhan City	4590	9603	6392	863	4.89	2.56	5.88	3.98
黄石市	Huangshi City	2059	3782	2409	293	3	2.05	3.52	0.34
宜昌市	Yichang City	1451	2372	1499	385	7.96	5.33	12.03	1.85
襄阳市	Xiangyang City	2773	4051	3504	382	2.55	2.01	2.7	0.26
荆州市	Jingzhou City	1329	2551	1747	568	0.66	0.28	0.34	2.53
长沙市	Changsha City	4058	6918	4614	869	2.42	2.19	2.78	0.93
株洲市	Zhuzhou City	2347	3844	2480	452	4.36	3.75	4.51	3.91
湘潭市	Xiangtan City	1820	2617	1819	509	3.47	6.21	1.73	0.79
衡阳市	Hengyang City	973	2154	1045	532	7.51	8.79	8.97	4.11
岳阳市	Yueyang City	1677	3252	1677	387	5.14	4.47	5.47	5.43
广州市	Guangzhou City	20962	32411	28196	811	8.47	6.26	10.03	7.28
深圳市	Shenzhen City	26038	40450	42251	3475	14.39	10.42	17.48	9.76
珠海市	Zhuhai City	4888	10517	7479	619	7.76	3.65	10.28	2.31
汕头市	Shantou City	2048	5228	3535	837	-0.1	-5.77	3.03	-1.64
佛山市顺德	Shunde of Foshan City	3917	7902	5342	774	5.24	2.32	6.03	7.8
湛江市	Zhanjiang City	1173	4380	1802	454	3.9	5.04	4.46	1.57
东莞市	Dongguan City	5275	7644	5748	745	5.14	4.16	5.45	2.05
中山市	Zhongshan City	2050	6838	1735	690	6.05	6.84	6.05	2.53
南宁市	Nanning City	2641	6560	2079	527	2.29	1.78	3.33	2.13
柳州市	Liuzhou City	2435	7294	2861	439	1.37	1.17	1.27	3.05
北海市	Beihai City	1273	2975	2020	340	0.63	1.67	0.4	0.59
海口市	Haikou City	3478	4124	4086	656	-1.17	-1.39	-1.09	-1.35
成都市	Chengdu City	4238	8720	4165	574	2.79	1.73	3.35	0.7
南充市	Nanchong City	7072	10857	7609	726	-0.52	-0.47	-0.6	0.97
宜宾市	Yibin City	2043	2928	2329	530	1.69	1.95	1.57	1.53
贵阳市	Guiyang City	1841	2543	2323	212	0.05	-0.7	0.22	
昆明市	Kunming City	3393	9059	3742	467	0.71	1.52	0.11	1.08
拉萨市	Lhasa City	6350	15836	7047	675	-2.43	-0.7	-3.12	-1.46
重庆市	Chongqing	1912	3340	2257	851	6.76	5.56	7.22	5.32
西安市	Xi'an City	4484	7084	5476	730	1.86	2.44	1.37	5.64
兰州市	Lanzhou City	2121	3080	2820	754	-0.7	-0.45	-0.98	-0.26
西宁市	Xining City	1388	2670	1451	489	1.91	2.57	1.82	0.82
银川市	Yinchuan City	1283	2691	1768	274	2.15	3.98	1.78	
乌鲁木齐市	Urumqi City	1979	3923	3331	634	4.43	8.82	3.61	2.76

土地违法案件

Cases Handling of Violations

年份/案件类别	Year/Case Category	合计 Total		
		件数/件 Number of Cases/case	涉及土地面积/公顷	
			Land Area Involved/hm^2	耕地 Cultivated Land
	2013	56926	34882.26	10654.99
	2014	54777	33412.93	10630.66
	2015	54417	25405.27	8242.68
上年未结案件	**Cases Unsettled from Last Year**	**7253**	**6927.12**	**2091.05**
本年发现违法	**Violations of Law Discovered in the Current Year**	**89373**	**34441.72**	**11471.70**
本年发生	Cases Occurring This Year	55858	14780.42	5306.25
历年隐漏	Cases Concealed and Not Discovered over the Years	33515	19661.30	6165.45
本年立案	**Cases Filed This Year**	**62515**	**29761.66**	**9851.60**
本年发生案件立案	Cases Occurring This Year	30954	10936.01	3944.39
买卖或非法转让	Purchase and Sale and Illegal Transfer	92	40.80	15.61
破坏耕地	Damage of Cultivated Land	1188	141.57	118.06
非法占地	Unlawful Encroachment of Land	29523	10623.16	3771.42
非法批地	Unlawful Approval of Land Occupancy	32	37.69	13.43
低价出让土地	Granting of Land at a Lower Price			
其他	Others	119	92.77	25.87
历年隐漏案件立案	Cases Concealed and Not Discovered over the Past Years	31561	18825.65	5907.21
本年结案	**Cases Settled This Year**	**54417**	**25405.27**	**8242.68**
处理本年发生案件	This Year's Cases Handled	22843	7226.52	2370.44
买卖或非法转让	Purchase and Sale and Illegal Transfer	69	24.20	9.67
破坏耕地	Damage of Cultivated Land	1037	96.05	85.27
非法占地	Unlawful Encroachment of Land	21609	7011.38	2260.57
非法批地	Unlawful Approval of Land Occupancy	25	26.66	3.35
低价出让土地	Granting of Land at a Lower Price			
其他	Others	103	68.23	11.59
处理上年未结案件	Last Year's Unsettled Cases Handled	3191	2319.35	732.41
处理历年隐漏案件	Concealed and Not Discovered Cases Handled	28383	15859.40	5139.82
本年未结案件	**Cases Unsettled This Year**	**15351**	**11283.51**	**3699.97**

查处情况

of Land Law

省级机关 Provincial Level			市级机关 Municipal Level			县级机关 County Level		
件数/件 Number of Cases/case	涉及土地面积/公顷 Land Area Involved/hm^2	耕地 Cultivated Land	件数/件 Number of Cases/case	涉及土地面积/公顷 Land Area Involved/hm^2	耕地 Cultivated Land	件数/件 Number of Cases/case	涉及土地面积/公顷 Land Area Involved/hm^2	耕地 Cultivated Land
20	57.26	13.33	87	270.49	90.24	525	1497.60	576.36
30	403.61	255.55	85	360.44	135.24	558	1540.27	541.95
30	249.03	58.77	47	194.61	56.36	497	1000.91	302.67
9	124.63	114.24	7	70.16	4.28	52	116.82	26.16
72	515.04	91.04	86	277.45	93.13	665	1283.65	393.58
46	62.66	22.43	38	118.60	53.14	218	374.96	115.09
26	452.38	68.61	48	158.85	39.99	447	908.69	278.49
56	490.48	83.60	63	232.21	83.95	530	1108.72	320.06
30	38.78	14.99	20	83.56	46.00	118	264.22	70.88
1	1.23		1	1.60	1.20	1	0.62	0.62
29	37.55	14.99	19	81.96	44.80	113	252.92	68.68
						2	8.91	1.58
						2	1.77	
26	451.70	68.61	43	148.65	37.95	412	844.50	249.18
30	249.03	58.77	47	194.61	56.36	497	1000.91	302.67
11	8.17	2.29	10	47.76	19.02	102	234.13	64.87
						1	0.62	0.62
11	8.17	2.29	10	47.76	19.02	98	224.41	64.25
						1	7.33	
						2	1.77	
			2	5.00	4.09	18	43.41	14.51
19	240.86	56.48	35	141.85	33.25	377	723.37	223.29
35	366.08	139.07	23	107.76	31.87	85	224.63	43.55

土地违法案件

Cases Handling of Violations

年份/案件类别	Year/Case Category	乡级机关 Township Level		
		件数/件 Number of Cases/case	涉及土地面积/公顷 Land Area Involved/hm^2	耕地 Cultivated Land
	2013	950	1291.33	550.09
	2014	1170	2049.82	822.80
	2015	919	950.88	439.96
上年未结案件	Cases Unsettled from Last Year	106	124.11	64.01
本年发现违法	Violations of Law Discovered in the Current Year	1028	1008.29	464.46
本年发生	Cases Occurring This Year	313	313.28	166.26
历年隐漏	Cases Concealed and Not Discovered over the Years	715	695.01	298.20
本年立案	Cases Filed This Year	925	932.95	427.66
本年发生案件立案	Cases Occurring This Year	229	250.68	139.23
买卖或非法转让	Purchase and Sale and Illegal Transfer	1	4.01	3.48
破坏耕地	Damage of Cultivated Land	9	1.43	1.32
非法占地	Unlawful Encroachment of Land	196	216.05	122.75
非法批地	Unlawful Approval of Land Occupancy	21	28.05	11.68
低价出让土地	Granting of Land at a Lower Price			
其他	Others	2	1.14	
历年隐漏案件立案	Cases Concealed and Not Discovered over the Past Years	696	682.27	288.43
本年结案	Cases Settled This Year	919	950.88	439.96
处理本年发生案件	This Year's Cases Handled	196	216.11	114.71
买卖或非法转让	Purchase and Sale and Illegal Transfer	1	4.01	3.48
破坏耕地	Damage of Cultivated Land	9	1.43	1.32
非法占地	Unlawful Encroachment of Land	167	190.68	106.73
非法批地	Unlawful Approval of Land Occupancy	17	18.85	3.18
低价出让土地	Granting of Land at a Lower Price			
其他	Others	2	1.14	
处理上年未结案件	Last Year's Unsettled Cases Handled	77	99.56	60.64
处理历年隐漏案件	Concealed and Not Discovered Cases Handled	646	635.21	264.61
本年未结案件	Cases Unsettled This Year	112	106.18	51.71

查处情况　续表

of Land Law　Continued

村（组）集体 Village and Collective Level			企事业单位 Enterprises and Institutions			个人 Individuals		
件数/件 Number of Cases/case	涉及土地面积/公顷		件数/件 Number of Cases/case	涉及土地面积/公顷		件数/件 Number of Cases/case	涉及土地面积/公顷	
	Land Area Involved/hm^2	耕地 Cultivated Land		Land Area Involved/hm^2	耕地 Cultivated Land		Land Area Involved/hm^2	耕地 Cultivated Land
5817	2768.46	1109.47	15002	22009.31	5824.02	34525	6987.83	2491.50
5349	2418.97	956.48	14275	21079.01	5731.96	33310	5560.80	2186.66
4603	1872.80	735.89	13605	16202.96	4743.78	34716	4934.11	1905.25
586	429.10	144.58	1756	4392.57	1288.71	4737	1669.73	449.07
7598	2633.61	975.12	17049	20697.77	6154.66	62875	8025.90	3299.72
4393	1213.26	420.18	7531	7839.50	2426.19	43319	4858.16	2102.96
3205	1420.35	554.94	9518	12858.27	3728.47	19556	3167.74	1196.76
5437	2032.56	788.48	15024	19065.03	5607.26	40480	5899.71	2540.59
2337	673.59	250.30	5730	6541.76	1968.70	22490	3083.43	1454.29
21	26.19	9.67	5	5.22		65	5.39	2.46
79	13.77	10.07	71	30.05	24.29	1026	92.88	80.56
2219	631.03	229.62	5610	6433.16	1926.53	21337	2970.49	1364.05
7	0.68	0.15				2	0.05	0.02
11	1.92	0.79	44	73.33	17.88	60	14.62	7.20
3100	1358.97	538.18	9294	12523.27	3638.56	17990	2816.28	1086.30
4603	1872.80	735.89	13605	16202.96	4743.78	34716	4934.11	1905.25
1554	464.80	172.99	4434	4308.30	1230.16	16536	1947.26	766.39
14	12.43	5.56	4	5.01		50	2.75	0.63
49	9.18	6.72	60	11.94	10.68	918	72.89	65.92
1476	440.86	159.77	4334	4242.26	1215.79	15513	1857.24	692.71
5	0.43	0.15				2	0.05	0.02
10	1.90	0.79	36	49.09	3.69	53	14.33	7.11
314	227.26	76.62	818	1379.48	381.15	1962	564.65	195.41
2735	1180.74	486.28	8353	10515.18	3132.47	16218	2422.20	943.45
1420	588.86	197.17	3175	7254.64	2152.19	10501	2635.33	1084.41

土地违法案件查处情况
Cases Handling of Violations

年份/案件类别	Year/Case Category	合计 Total		
		件数/件 Number of Cases/case	涉及土地面积/公顷 Land Area Involved/hm^2	耕地 Cultivated Land
2013		56926	34882.26	10654.99
2014		54777	33412.93	10630.66
2015		54417	25405.27	8242.68
上年未结案件	Cases Unsettled from Last Year	7253	6927.12	2091.07
本年发现违法	Violations of Law Discovered in the Current Year	89373	34441.72	11471.69
本年发生	Cases Occurring This Year	55858	14780.43	5306.24
历年隐漏	Cases Concealed and Not Discovered over the Years	33515	19661.29	6165.45
本年立案	Cases Filed This Year	62515	29761.70	9851.60
本年发生案件立案	Cases Occurring This Year	30954	10936.04	3944.39
买卖或非法转让	Purchase and Sale and Illegal Transfer	92	40.81	15.62
破坏耕地	Damage of Cultivated Land	1188	141.56	118.05
非法占地	Unlawful Encroachment of Land	29523	10623.19	3771.42
非法批地	Unlawful Approval of Land Occupancy	32	37.69	13.43
低价出让土地	Granting of Land at a Lower Price			
其他	Others	119	92.79	25.87
历年隐漏案件立案	Cases Concealed and Not Discovered over the Past Years	31561	18825.66	5907.21
本年结案	Cases Settled This Year	54417	25405.26	8242.69
处理本年发生案件	This Year's Cases Handled	22843	7226.52	2370.43
买卖或非法转让	Purchase and Sale and Illegal Transfer	69	24.21	9.68
破坏耕地	Damage of Cultivated Land	1037	96.04	85.26
非法占地	Unlawful Encroachment of Land	21609	7011.37	2260.56
非法批地	Unlawful Approval of Land Occupancy	25	26.66	3.35
低价出让土地	Granting of Land at a Lower Price			
其他	Others	103	68.24	11.58
处理上年未结案件	Last Year's Unsettled Cases Handled	3191	2319.34	732.43
处理历年隐漏案件	Concealed and Not Discovered Cases Handled	28383	15859.40	5139.83
本年未结案件	Cases Unsettled This Year	15351	11283.56	3699.98

——按地区分列
of Land Law by Region

北京 Beijing			天津 Tianjin			河北 Hebei		
件数/件 Number of Cases/case	涉及土地面积/公顷		件数/件 Number of Cases/case	涉及土地面积/公顷		件数/件 Number of Cases/case	涉及土地面积/公顷	
	Land Area Involved/hm^2	耕地 Cultivated Land		Land Area Involved/hm^2	耕地 Cultivated Land		Land Area Involved/hm^2	耕地 Cultivated Land
391	394.81	14.21	826	218.15	80.26	6304	1752.22	601.20
320	364.38	60.39	828	379.93	146.50	6194	1980.91	829.92
428	420.54	68.34	1364	532.68	180.58	4429	1137.76	406.07
415	719.90	196.13	27	32.63	10.10	1936	1411.25	673.46
1337	1124.85	105.60	1739	602.93	203.35	7081	2237.73	1353.80
781	361.85	65.77	163	69.06	55.04	4029	1575.37	1048.40
556	763.00	39.83	1576	533.87	148.31	3052	662.36	305.40
627	960.00	51.22	1654	591.48	201.18	6903	2164.80	1331.62
251	229.97	24.88	78	57.61	52.87	3921	1559.49	1036.88
						14	4.59	2.11
251	229.97	24.88	78	57.61	52.87	3905	1554.06	1034.77
						2	0.84	
376	730.03	26.34	1576	533.87	148.31	2982	605.31	294.74
428	420.54	68.34	1364	532.68	180.58	4429	1137.76	406.07
119	109.70	10.02	53	56.68	52.41	1406	307.83	132.69
						13	0.49	0.31
119	109.70	10.02	53	56.68	52.41	1391	306.50	132.38
						2	0.84	
182	189.40	39.57	26	32.01	9.55	346	353.44	58.81
127	121.44	18.75	1285	443.99	118.62	2677	476.49	214.57
614	1259.36	179.01	317	91.43	30.70	4410	2438.29	1599.01

土地违法案件查处情况
Cases Handling of Violations of Land

年份/案件类别	Year/Case Category	山西 Shanxi		
		件数/件 Number of Cases/case	涉及土地面积/公顷	
			Land Area Involved/hm²	耕地 Cultivated Land
	2013	1242	1392.71	517.87
	2014	1708	1903.15	696.59
	2015	3167	1705.19	652.38
上年未结案件	Cases Unsettled from Last Year	218	486.67	242.33
本年发现违法	Violations of Law Discovered in the Current Year	3337	1718.48	668.42
本年发生	Cases Occurring This Year	602	317.58	108.52
历年隐漏	Cases Concealed and Not Discovered over the Years	2735	1400.90	559.90
本年立案	Cases Filed This Year	3261	1690.48	654.14
本年发生案件立案	Cases Occurring This Year	585	308.40	107.62
买卖或非法转让	Purchase and Sale and Illegal Transfer			
破坏耕地	Damage of Cultivated Land			
非法占地	Unlawful Encroachment of Land	578	307.38	107.47
非法批地	Unlawful Approval of Land Occupancy	5	0.43	0.15
低价出让土地	Granting of Land at a Lower Price			
其他	Others	2	0.59	
历年隐漏案件立案	Cases Concealed and Not Discovered over the Past Years	2676	1382.08	546.52
本年结案	Cases Settled This Year	3167	1705.19	652.38
处理本年发生案件	This Year's Cases Handled	556	289.08	102.81
买卖或非法转让	Purchase and Sale and Illegal Transfer			
破坏耕地	Damage of Cultivated Land			
非法占地	Unlawful Encroachment of Land	549	288.06	102.66
非法批地	Unlawful Approval of Land Occupancy	5	0.43	0.15
低价出让土地	Granting of Land at a Lower Price			
其他	Others	2	0.59	
处理上年未结案件	Last Year's Unsettled Cases Handled	110	204.53	72.62
处理历年隐漏案件	Concealed and Not Discovered Cases Handled	2501	1211.58	476.95
本年未结案件	Cases Unsettled This Year	312	471.96	244.09

——按地区分列　续表1

Law by Region　Continued 1

内蒙古 Inner Mongolia			辽宁 Liaoning			吉林 Jilin		
件数/件 Number of Cases/case	涉及土地面积/公顷 Land Area Involved/hm²	耕地 Cultivated Land	件数/件 Number of Cases/case	涉及土地面积/公顷 Land Area Involved/hm²	耕地 Cultivated Land	件数/件 Number of Cases/case	涉及土地面积/公顷 Land Area Involved/hm²	耕地 Cultivated Land
919	2167.18	280.01	1367	794.08	208.39	925	1092.20	420.38
669	1476.21	120.12	1792	704.55	157.99	904	1205.15	436.43
431	943.58	248.15	880	294.94	91.03	1058	762.25	216.02
61	231.85	74.40	50	66.07	34.79	71	111.67	24.07
554	1386.15	227.74	953	389.08	179.59	1152	783.52	240.46
476	1114.26	66.48	333	101.04	30.58	422	279.03	89.16
78	271.89	161.26	620	288.04	149.01	730	504.49	151.30
537	1374.56	226.69	952	388.90	179.59	1151	783.39	236.25
462	1174.21	102.71	338	101.83	30.72	428	279.76	89.40
2	4.15	4.03						
3	0.64	0.62	7	0.80	0.80	16	4.42	4.22
456	1169.32	98.06	331	101.03	29.92	412	275.34	85.18
1	0.10							
75	200.35	123.98	614	287.07	148.87	723	503.63	146.85
431	943.58	248.15	880	294.94	91.03	1058	762.25	216.02
317	520.79	51.76	261	83.60	23.45	312	227.36	59.06
3	0.64	0.62	4	0.75	0.74	13	4.32	4.22
314	520.15	51.14	257	82.85	22.71	299	223.04	54.84
54	223.13	72.70	53	45.06	12.45	53	59.39	17.49
60	199.66	123.69	566	166.28	55.13	693	475.50	139.47
167	662.83	52.94	122	160.03	123.35	164	132.81	44.30

土地违法案件查处情况
Cases Handling of Violations of Land

年份/案件类别	Year/Case Category	黑龙江 Heilongjiang		
		件数/件 Number of Cases/case	涉及土地面积/公顷	
			Land Area Involved/hm^2	耕地 Cultivated Land
	2013	1621	1679.50	368.42
	2014	2233	2270.42	508.08
	2015	1841	1318.07	389.84
上年未结案件	Cases Unsettled from Last Year	105	48.08	12.89
本年发现违法	Violations of Law Discovered in the Current Year	2020	1472.60	444.83
本年发生	Cases Occurring This Year	504	385.50	119.17
历年隐漏	Cases Concealed and Not Discovered over the Years	1516	1087.10	325.66
本年立案	Cases Filed This Year	1990	1465.20	439.63
本年发生案件立案	Cases Occurring This Year	476	377.38	113.97
买卖或非法转让	Purchase and Sale and Illegal Transfer			
破坏耕地	Damage of Cultivated Land	8	4.62	4.62
非法占地	Unlawful Encroachment of Land	465	372.29	109.35
非法批地	Unlawful Approval of Land Occupancy			
低价出让土地	Granting of Land at a Lower Price			
其他	Others	3	0.47	
历年隐漏案件立案	Cases Concealed and Not Discovered over the Past Years	1514	1087.82	325.66
本年结案	Cases Settled This Year	1841	1318.07	389.84
处理本年发生案件	This Year's Cases Handled	306	251.52	65.98
买卖或非法转让	Purchase and Sale and Illegal Transfer			
破坏耕地	Damage of Cultivated Land	5	2.44	2.44
非法占地	Unlawful Encroachment of Land	298	248.61	63.54
非法批地	Unlawful Approval of Land Occupancy			
低价出让土地	Granting of Land at a Lower Price			
其他	Others	3	0.47	
处理上年未结案件	Last Year's Unsettled Cases Handled	103	47.59	12.47
处理历年隐漏案件	Concealed and Not Discovered Cases Handled	1432	1018.96	311.39
本年未结案件	Cases Unsettled This Year	254	195.21	62.68

——按地区分列　续表2
Law by Region　Continued 2

上海 Shanghai			江苏 Jiangsu			浙江 Zhejiang		
件数/件 Number of Cases/case	涉及土地面积/公顷		件数/件 Number of Cases/case	涉及土地面积/公顷		件数/件 Number of Cases/case	涉及土地面积/公顷	
	Land Area Involved/hm^2	耕地 Cultivated Land		Land Area Involved/hm^2	耕地 Cultivated Land		Land Area Involved/hm^2	耕地 Cultivated Land
359	224.10	92.15	603	536.46	294.02	4284	1205.92	485.47
334	83.17	34.93	418	447.41	233.69	5277	1305.06	528.45
404	123.00	70.86	403	581.24	206.14	3974	818.56	377.98
			143	133.52	67.55	245	73.99	35.20
202	63.31	5.00	534	615.64	218.95	4588	851.08	392.37
122	42.02	2.63	322	217.87	113.47	2562	414.04	204.61
80	21.29	2.37	212	397.77	105.48	2026	437.04	187.76
404	123.00	70.86	387	520.93	165.23	3957	793.77	366.41
5	0.57		208	152.40	68.83	1921	360.63	177.79
						234	18.18	13.79
5	0.57		207	152.11	68.83	1685	342.35	164.00
			1	0.29		2	0.10	
399	122.43	70.86	179	368.53	96.40	2036	433.14	188.62
404	123.00	70.86	403	581.24	206.14	3974	818.56	377.98
5	0.57		119	103.46	53.94	1736	322.26	158.22
						231	17.36	13.79
5	0.57		118	103.17	53.94	1503	304.80	144.43
			1	0.29		2	0.10	
			125	117.38	59.91	245	74.00	35.21
399	122.43	70.86	159	360.40	92.29	1993	422.30	184.55
			127	73.21	26.64	228	49.20	23.63

土地违法案件查处情况
Cases Handling of Violations of Land

年份/案件类别	Year/Case Category	安徽 Anhui		
		件数/件 Number of Cases/case	涉及土地面积/公顷 Land Area Involved/hm²	耕地 Cultivated Land
	2013	3627	1913.85	1056.88
	2014	4530	1799.23	1071.24
	2015	2655	887.87	462.47
上年未结案件	Cases Unsettled from Last Year	607	377.06	148.29
本年发现违法	Violations of Law Discovered in the Current Year	4893	1272.95	669.26
本年发生	Cases Occurring This Year	2833	585.77	344.56
历年隐漏	Cases Concealed and Not Discovered over the Years	2060	687.18	324.70
本年立案	Cases Filed This Year	3376	997.91	519.31
本年发生案件立案	Cases Occurring This Year	1434	335.96	208.98
买卖或非法转让	Purchase and Sale and Illegal Transfer	2	0.63	0.42
破坏耕地	Damage of Cultivated Land	7	0.74	0.74
非法占地	Unlawful Encroachment of Land	1401	299.53	195.84
非法批地	Unlawful Approval of Land Occupancy	18	26.18	3.18
低价出让土地	Granting of Land at a Lower Price			
其他	Others	6	8.88	8.80
历年隐漏案件立案	Cases Concealed and Not Discovered over the Past Years	1942	661.95	310.33
本年结案	Cases Settled This Year	2655	887.87	462.47
处理本年发生案件	This Year's Cases Handled	708	187.00	110.34
买卖或非法转让	Purchase and Sale and Illegal Transfer	1	0.21	
破坏耕地	Damage of Cultivated Land	6	0.36	0.36
非法占地	Unlawful Encroachment of Land	679	151.42	106.80
非法批地	Unlawful Approval of Land Occupancy	18	26.18	3.18
低价出让土地	Granting of Land at a Lower Price			
其他	Others	4	8.83	
处理上年未结案件	Last Year's Unsettled Cases Handled	233	116.33	88.22
处理历年隐漏案件	Concealed and Not Discovered Cases Handled	1714	584.54	263.91
本年未结案件	Cases Unsettled This Year	1328	487.10	205.13

——按地区分列　续表3

Law by Region　Continued 3

福建 Fujian			江西 Jiangxi			山东 Shandong		
件数/件 Number of Cases/case	涉及土地面积/公顷 Land Area Involved/hm²	耕地 Cultivated Land	件数/件 Number of Cases/case	涉及土地面积/公顷 Land Area Involved/hm²	耕地 Cultivated Land	件数/件 Number of Cases/case	涉及土地面积/公顷 Land Area Involved/hm²	耕地 Cultivated Land
3499	733.79	220.19	944	810.32	188.23	5131	1833.70	644.65
3302	511.73	165.22	618	572.11	196.89	3742	1225.59	583.33
5659	737.36	251.84	1139	584.72	171.29	2822	856.90	339.23
853	246.70	71.03	30	15.20	3.78	513	216.02	103.06
9049	**900.70**	**312.56**	**1472**	**647.29**	**194.41**	**4519**	**1038.06**	**434.06**
7955	723.01	248.60	609	285.13	56.56	3570	737.02	357.15
1094	177.69	63.96	863	362.16	137.85	949	301.04	76.91
6239	**744.46**	**273.58**	**1148**	**603.50**	**182.11**	**3065**	**812.66**	**316.60**
5191	582.43	212.68	290	243.45	44.78	2155	537.22	244.19
3	0.22	0.08	1	0.05				
261	7.32	7.16	1	0.16	0.16	2	1.03	1.03
4925	574.34	204.92	288	243.24	44.62	2153	536.19	243.16
2	0.55	0.52						
1048	162.03	60.90	858	360.05	137.33	910	275.44	72.41
5659	**737.36**	**251.84**	**1139**	**584.72**	**171.29**	**2822**	**856.90**	**339.23**
4389	489.89	181.93	272	232.73	41.18	1595	416.74	183.05
			1	0.05				
213	5.03	4.79	1	0.16	0.16	1	0.58	0.58
4174	484.31	176.62	270	232.52	41.02	1594	416.16	182.47
2	0.55	0.52						
532	153.01	42.22	15	10.75	1.86	384	177.92	85.38
738	94.46	27.69	852	341.24	128.25	843	262.24	70.80
1433	**253.80**	**92.77**	**39**	**33.98**	**14.60**	**756**	**171.78**	**80.43**

土地违法案件查处情况
Cases Handling of Violations of Land

年份/案件类别	Year/Case Category	河南 Henan		
		件数/件 Number of Cases/case	涉及土地面积/公顷 Land Area Involved/hm^2	耕地 Cultivated Land
	2013	4416	1873.56	871.11
	2014	2279	1510.25	1014.41
	2015	2725	885.96	394.82
上年未结案件	Cases Unsettled from Last Year	5	8.32	1.44
本年发现违法	Violations of Law Discovered in the Current Year	3254	1039.77	450.24
本年发生	Cases Occurring This Year	2484	650.84	313.72
历年隐漏	Cases Concealed and Not Discovered over the Years	770	388.93	136.52
本年立案	Cases Filed This Year	2793	909.71	412.96
本年发生案件立案	Cases Occurring This Year	2063	569.78	284.07
买卖或非法转让	Purchase and Sale and Illegal Transfer	20	14.22	4.50
破坏耕地	Damage of Cultivated Land	11	3.39	2.30
非法占地	Unlawful Encroachment of Land	2030	551.60	277.27
非法批地	Unlawful Approval of Land Occupancy			
低价出让土地	Granting of Land at a Lower Price			
其他	Others	2	0.57	
历年隐漏案件立案	Cases Concealed and Not Discovered over the Past Years	730	339.93	128.89
本年结案	Cases Settled This Year	2725	885.96	394.82
处理本年发生案件	This Year's Cases Handled	2022	564.45	279.44
买卖或非法转让	Purchase and Sale and Illegal Transfer	20	14.22	4.50
破坏耕地	Damage of Cultivated Land	11	3.39	2.30
非法占地	Unlawful Encroachment of Land	1989	546.27	272.64
非法批地	Unlawful Approval of Land Occupancy			
低价出让土地	Granting of Land at a Lower Price			
其他	Others	2	0.57	
处理上年未结案件	Last Year's Unsettled Cases Handled	5	8.32	1.44
处理历年隐漏案件	Concealed and Not Discovered Cases Handled	698	313.19	113.94
本年未结案件	Cases Unsettled This Year	73	32.07	19.58

——按地区分列　续表4
Law by Region　Continued 4

湖北 Hubei			湖南 Hunan			广东 Guangdong		
件数/件 Number of Cases/case	涉及土地面积/公顷		件数/件 Number of Cases/case	涉及土地面积/公顷		件数/件 Number of Cases/case	涉及土地面积/公顷	
	Land Area Involved/hm²	耕地 Cultivated Land		Land Area Involved/hm²	耕地 Cultivated Land		Land Area Involved/hm²	耕地 Cultivated Land
1418	1005.73	477.82	1832	753.55	235.99	4279	1441.38	217.71
1306	1429.57	697.74	1379	851.41	257.41	2571	615.86	161.77
1909	916.91	491.37	1199	715.94	236.12	2339	308.63	87.14
73	87.66	40.42	17	13.51	2.05	177	68.76	20.76
2701	1277.28	627.12	2071	858.23	300.88	11205	2008.67	535.35
1436	698.44	247.46	1908	734.26	257.56	10251	1747.18	475.04
1265	578.84	379.66	163	123.97	43.32	954	261.49	60.31
2066	983.47	532.45	1264	753.85	245.33	3665	540.03	175.66
826	417.51	161.25	1123	645.32	203.82	3222	416.58	131.05
7	10.52	4.55	10	1.79	0.25	1	0.03	0.03
3	5.00	1.94	36	4.35	4.35	408	32.55	27.25
808	390.42	144.56	1072	636.63	199.22	2745	344.98	95.18
5	10.78	10.08				4	0.30	0.02
3	0.79	0.12	5	2.55		64	38.72	8.57
1240	565.96	371.20	141	108.53	41.51	443	123.45	44.61
1909	916.91	491.37	1199	715.94	236.12	2339	308.63	87.14
625	295.11	96.64	1044	589.16	191.92	2102	240.13	67.75
3	6.74	4.55	9	1.58	0.25	1	0.03	0.03
2	4.94	1.88	36	4.35	4.35	336	15.38	13.08
617	282.64	90.09	994	580.68	187.32	1710	206.25	51.54
						2	0.05	0.02
3	0.79	0.12	5	2.55		53	18.42	3.08
56	75.84	30.55	17	19.25	2.69	46	22.12	2.43
1228	545.96	364.18	138	107.53	41.51	191	46.38	16.96
230	154.22	81.50	82	51.42	11.26	1503	300.16	109.28

土地违法案件查处情况
Cases Handling of Violations of Land

年份/案件类别	Year/Case Category	广西 Guangxi		
		件数/件 Number of Cases/case	涉及土地面积/公顷 Land Area Involved/hm²	耕地 Cultivated Land
	2013	2292	1034.48	210.13
	2014	2507	893.19	230.14
	2015	3225	1006.58	312.51
上年未结案件	Cases Unsettled from Last Year	290	346.19	66.86
本年发现违法	Violations of Law Discovered in the Current Year	7402	1607.77	425.62
本年发生	Cases Occurring This Year	5254	554.65	141.68
历年隐漏	Cases Concealed and Not Discovered over the Years	2148	1053.12	283.94
本年立案	Cases Filed This Year	3833	1204.59	317.82
本年发生案件立案	Cases Occurring This Year	2102	241.17	71.52
买卖或非法转让	Purchase and Sale and Illegal Transfer	29	0.63	0.16
破坏耕地	Damage of Cultivated Land	39	2.74	1.99
非法占地	Unlawful Encroachment of Land	2033	237.67	69.37
非法批地	Unlawful Approval of Land Occupancy			
低价出让土地	Granting of Land at a Lower Price			
其他	Others	1	0.13	
历年隐漏案件立案	Cases Concealed and Not Discovered over the Past Years	1731	963.42	246.30
本年结案	Cases Settled This Year	3225	1006.58	312.51
处理本年发生案件	This Year's Cases Handled	1538	183.68	54.27
买卖或非法转让	Purchase and Sale and Illegal Transfer	28	0.58	0.16
破坏耕地	Damage of Cultivated Land	33	1.32	1.11
非法占地	Unlawful Encroachment of Land	1476	181.65	53.00
非法批地	Unlawful Approval of Land Occupancy			
低价出让土地	Granting of Land at a Lower Price			
其他	Others	1	0.13	
处理上年未结案件	Last Year's Unsettled Cases Handled	110	129.85	20.45
处理历年隐漏案件	Concealed and Not Discovered Cases Handled	1577	693.05	237.79
本年未结案件	Cases Unsettled This Year	898	544.20	72.17

——按地区分列　续表5

Law by Region　Continued 5

海南 Hainan			重庆 Chongqing			四川 Sichuan		
件数/件 Number of Cases/case	涉及土地面积/公顷 Land Area Involved/hm²	耕地 Cultivated Land	件数/件 Number of Cases/case	涉及土地面积/公顷 Land Area Involved/hm²	耕地 Cultivated Land	件数/件 Number of Cases/case	涉及土地面积/公顷 Land Area Involved/hm²	耕地 Cultivated Land
956	182.12	13.23	1269	529.97	203.07	379	188.02	79.47
1127	258.71	36.90	1205	445.78	168.12	322	252.32	110.78
1675	404.03	80.02	1460	701.56	310.26	243	125.26	61.91
466	587.09	43.64	54	19.67	8.66	182	194.45	123.12
1864	536.54	117.42	1574	758.64	325.28	1297	544.33	244.32
166	127.25	35.75	275	79.47	21.07	1068	326.05	149.19
1698	409.29	81.67	1299	679.17	304.21	229	218.28	95.13
1864	536.54	117.42	1523	750.78	321.71	343	246.01	78.52
166	127.25	35.75	279	89.66	31.03	229	119.41	56.31
3	2.69	2.51				8	0.24	0.24
163	124.56	33.24	279	89.66	31.03	220	115.37	56.07
						1	3.80	
1698	409.29	81.67	1244	661.12	290.68	114	126.60	22.21
1675	404.03	80.02	1460	701.56	310.26	243	125.26	61.91
94	27.56	13.80	242	76.64	26.29	171	79.46	39.76
						7	0.10	0.10
94	27.56	13.80	242	76.64	26.29	164	79.36	39.66
117	91.12	22.00	45	15.01	7.38	5	7.69	7.58
1464	285.35	44.22	1173	609.91	276.59	67	38.11	14.57
655	719.60	81.04	117	68.89	20.11	282	315.20	139.73

土地违法案件查处情况
Cases Handling of Violations of Land

年份/案件类别	Year/Case Category	贵州 Guizhou		
		件数/件 Number of Cases/case	涉及土地面积/公顷 Land Area Involved/hm^2	耕地 Cultivated Land
	2013	1785	1405.12	667.76
	2014	1898	975.54	523.65
	2015	1937	1552.80	791.70
上年未结案件	Cases Unsettled from Last Year	339	117.57	29.68
本年发现违法	Violations of Law Discovered in the Current Year	5978	2052.89	1124.92
本年发生	Cases Occurring This Year	4092	477.02	293.26
历年隐漏	Cases Concealed and Not Discovered over the Years	1886	1575.87	831.66
本年立案	Cases Filed This Year	1898	1703.39	883.51
本年发生案件立案	Cases Occurring This Year	469	198.35	91.91
买卖或非法转让	Purchase and Sale and Illegal Transfer			
破坏耕地	Damage of Cultivated Land	8	14.67	8.79
非法占地	Unlawful Encroachment of Land	455	182.11	83.12
非法批地	Unlawful Approval of Land Occupancy			
低价出让土地	Granting of Land at a Lower Price			
其他	Others	6	1.57	
历年隐漏案件立案	Cases Concealed and Not Discovered over the Past Years	1429	1505.04	791.60
本年结案	Cases Settled This Year	1937	1552.80	791.70
处理本年发生案件	This Year's Cases Handled	376	99.62	50.34
买卖或非法转让	Purchase and Sale and Illegal Transfer			
破坏耕地	Damage of Cultivated Land	3	1.00	1.00
非法占地	Unlawful Encroachment of Land	367	97.05	49.34
非法批地	Unlawful Approval of Land Occupancy			
低价出让土地	Granting of Land at a Lower Price			
其他	Others	6	1.57	
处理上年未结案件	Last Year's Unsettled Cases Handled	261	86.34	19.36
处理历年隐漏案件	Concealed and Not Discovered Cases Handled	1300	1366.84	722.00
本年未结案件	Cases Unsettled This Year	300	268.16	121.49

——按地区分列　续表6
Law by Region　Continued 6

云南 Yunnan			西藏 Tibet			陕西 Shaanxi		
件数/件 Number of Cases/case	涉及土地面积/公顷 Land Area Involved/hm²	耕地 Cultivated Land	件数/件 Number of Cases/case	涉及土地面积/公顷 Land Area Involved/hm²	耕地 Cultivated Land	件数/件 Number of Cases/case	涉及土地面积/公顷 Land Area Involved/hm²	耕地 Cultivated Land
599	649.56	165.59	14	531.29	0.10	1881	2417.14	951.90
962	931.74	369.89	10	67.39		1149	666.11	360.88
1011	895.35	494.67	14	126.38	5.33	914	414.40	205.97
10	3.10	2.61				16	11.21	1.83
1138	954.64	528.74	84	150.67	8.67	1019	440.70	223.71
333	189.72	78.32	84	150.67	8.67	709	230.46	113.62
805	764.92	450.42				310	210.24	110.09
1089	934.58	519.94	14	126.38	5.33	983	434.76	218.57
284	169.66	69.50	14	126.38	5.33	680	235.82	119.21
10	1.77	1.41				2	0.22	0.19
4	6.45	6.45				1	0.55	0.55
258	154.98	61.02	14	126.38	5.33	671	208.67	111.23
12	6.46	0.62				6	26.38	7.24
805	764.92	450.44				303	198.94	99.36
1011	895.35	494.67	14	126.38	5.33	914	414.40	205.97
258	162.20	65.69	14	126.38	5.33	643	230.24	116.32
						2	0.22	0.19
4	6.45	6.45				1	0.55	0.55
243	149.59	58.62	14	126.38	5.33	634	203.09	108.34
11	6.16	0.62				6	26.38	7.24
14	4.03	2.61				10	8.54	1.46
739	729.12	426.37				261	175.62	88.19
88	42.33	27.88				85	31.57	14.43

土地违法案件查处情况

Cases Handling of Violations of Land

年份/案件类别	Year/Case Category	甘肃 Gansu		
		件数/件 Number of Cases/case	涉及土地面积/公顷 Land Area Involved/hm²	耕地 Cultivated Land
	2013	605	1096.53	496.42
	2014	280	138.14	50.80
	2015	472	261.84	97.06
上年未结案件	Cases Unsettled from Last Year			
本年发现违法	Violations of Law Discovered in the Current Year	648	287.84	113.74
本年发生	Cases Occurring This Year	448	165.99	58.90
历年隐漏	Cases Concealed and Not Discovered over the Years	200	121.85	54.84
本年立案	Cases Filed This Year	472	261.84	97.06
本年发生案件立案	Cases Occurring This Year	272	139.99	42.22
买卖或非法转让	Purchase and Sale and Illegal Transfer	2	0.35	
破坏耕地	Damage of Cultivated Land	4	0.75	0.75
非法占地	Unlawful Encroachment of Land	266	138.89	41.47
非法批地	Unlawful Approval of Land Occupancy			
低价出让土地	Granting of Land at a Lower Price			
其他	Others			
历年隐漏案件立案	Cases Concealed and Not Discovered over the Past Years	200	121.85	54.84
本年结案	Cases Settled This Year	472	261.84	97.06
处理本年发生案件	This Year's Cases Handled	272	139.99	42.22
买卖或非法转让	Purchase and Sale and Illegal Transfer	2	0.35	
破坏耕地	Damage of Cultivated Land	4	0.75	0.75
非法占地	Unlawful Encroachment of Land	266	138.89	41.47
非法批地	Unlawful Approval of Land Occupancy			
低价出让土地	Granting of Land at a Lower Price			
其他	Others			
处理上年未结案件	Last Year's Unsettled Cases Handled			
处理历年隐漏案件	Concealed and Not Discovered Cases Handled	200	121.85	54.84
本年未结案件	Cases Unsettled This Year			

——按地区分列　续表7

Law by Region　Continued 7

青海 Qinghai			宁夏 Ningxia			新疆 Xinjiang		
件数/件 Number of Cases/case	涉及土地面积/公顷		件数/件 Number of Cases/case	涉及土地面积/公顷		件数/件 Number of Cases/case	涉及土地面积/公顷	
	Land Area Involved/hm²	耕地 Cultivated Land		Land Area Involved/hm²	耕地 Cultivated Land		Land Area Involved/hm²	耕地 Cultivated Land
183	322.64	68.47	323	448.28	44.85	2653	4254.11	479.04
763	2792.75	481.64	385	431.64	75.52	3765	4923.51	321.22
981	1354.47	233.73	249	183.80	38.11	3410	3846.69	269.75
39	14.11	8.85	16	4.20	2.86	295	1280.67	41.21
1222	1990.86	371.71	714	281.97	72.87	3772	4546.55	350.70
249	408.71	35.24	493	138.18	53.84	1325	892.99	112.22
973	1582.15	336.47	221	143.79	19.03	2447	3653.56	238.48
1162	1977.29	364.98	286	201.63	42.00	3609	4181.81	303.92
194	395.40	29.51	84	67.97	23.23	1204	674.48	72.38
						3	6.23	
						110	25.68	25.68
194	395.40	29.51	84	67.97	23.23	1091	642.57	46.70
968	1581.89	335.47	202	133.66	18.77	2405	3507.33	231.54
981	1354.47	233.73	249	183.80	38.11	3410	3846.69	269.75
146	175.66	9.81	65	58.32	19.42	1077	578.71	64.59
						2	0.23	
						110	25.68	25.68
146	175.66	9.81	65	58.32	19.42	965	552.80	38.91
11	5.73	5.06	6	1.48	0.71	27	40.08	0.25
824	1173.08	218.86	178	124.00	17.98	2306	3227.90	204.91
220	636.93	140.10	53	22.03	6.75	494	1615.79	75.38

土地违法案件查处结果

Handling Results of Cases of Violations of Land Law

年份/地区	Year/Region	拆除构建物/百平方米 Area of Structures Demolished/100m^2	没收构建物/百平方米 Area of Structures Confiscated/100m^2	收回土地/公顷 Area of Land Withdrawn/hm^2	耕地 Cultivated Land	罚没款/万元 Amount of Fines/10^4 yuan
	2013	258023.63	690668.30	2824.59	664.55	261544.77
	2014	222929.30	317410.37	1983.43	699.53	173039.43
	2015	128450.67	244651.84	1876.59	507.12	133336.27
北 京	Beijing	2143.20	9268.32	197.76	3.14	5010.85
天 津	Tianjin	154.29	1499.12			519.35
河 北	Hebei	4631.50	4413.27	35.78	5.11	3753.70
山 西	Shanxi	7032.38	15908.41	121.73	25.32	6047.65
内蒙古	Inner Mongolia	1003.70	5416.50	25.59	5.12	4249.21
辽 宁	Liaoning	9121.06	18994.76	14.57	3.91	5757.44
吉 林	Jilin	379.58	515.79	9.89	3.28	2075.59
黑龙江	Heilongjiang	549.84	170.15	6.44	0.30	6068.33
上 海	Shanghai	7718.87	4307.27	81.60	53.38	1414.60
江 苏	Jiangsu	1510.50	5498.46	55.54	12.86	3071.41
浙 江	Zhejiang	16834.36	20202.86	115.86	51.08	12358.85
安 徽	Anhui	6726.26	19263.73	219.10	74.10	2894.91
福 建	Fujian	7954.35	25318.02	138.92	40.89	6509.38
江 西	Jiangxi	624.34	3447.25	17.47	4.60	3297.43
山 东	Shandong	3285.55	7717.70	69.85	42.32	4738.66
河 南	Henan	3978.97	10627.69	58.49	4.76	3898.95
湖 北	Hubei	1116.60	6320.01	55.80	43.37	4086.32
湖 南	Hunan	2952.40	12639.14	13.03	6.60	3838.75
广 东	Guangdong	1472.07	472.62	18.65	2.94	397.58
广 西	Guangxi	19923.24	3772.98	47.89	1.47	3253.79
海 南	Hainan	11237.78	7025.68	65.93	25.91	12320.10
重 庆	Chongqing	2717.92	18989.90	21.17	17.50	5454.32
四 川	Sichuan	712.70	1775.07	65.13	34.40	974.36
贵 州	Guizhou	2189.11	30302.22	49.25	35.19	9252.56
云 南	Yunnan	805.48	2522.50	0.03		3093.07
西 藏	Tibet	2165.97	0.20	0.20		213.58
陕 西	Shaanxi	924.15	6765.47	22.22	4.76	1879.70
甘 肃	Gansu	13.43	152.47	0.29	0.15	943.78
青 海	Qinghai	1280.97	18.92	0.75	0.75	3228.41
宁 夏	Ningxia	345.61	1136.82	27.28		826.94
新 疆	Xinjiang	6944.49	188.54	320.38	3.92	11906.70

主要统计指标解释

批准建设用地面积 指省级以上政府（包括省级人民政府授权设区的市、自治州人民政府）依法批准的建设用地面积。

国务院批准建设用地 指依法经国土资源部审查，报国务院批准的建设用地面积。

省级政府批准建设用地 指依法经省、自治区、直辖市人民政府国土资源行政主管部门审查，经同级人民政府批准的建设用地面积，省级人民政府授权设区的市、自治州人民政府批准的用地面积亦统计在内。

新增建设用地 包括农用地转用和未利用地面积。

农用地转用 指批准用地面积中的农用地面积。

耕地 指批准用地面积中的耕地面积。

城镇村建设用地 指在土地利用总体规划确定的城市、村庄和集镇建设用地规模范围以内，为实施该规划，经国务院和省级人民政府（包括省级人民政府授权设区的市级人民政府）依法批准的建设用地。城镇村建设用地分类采用《土地利用现状分类》（GB/T 21010–2007）。

商服用地 指主要用于商业、服务业的土地。

工矿仓储用地 指主要用于工业生产、物资存放场所的土地。

住宅用地 指主要用于人们生活居住的房基地及其附属设施的土地。

公共管理与公共服务用地 指用于机关团体、新闻出版、科教文卫、风景名胜、公共设施等的土地。

交通运输用地（城镇村建设用地） 指用于运输通行的地面线路、场站等用地。包括民用机场、港口、码头、地面运输管道和各种道路用地。

单独选址建设项目用地 指在土地利用总体规划确定的城市和村庄、集镇建设用地规模范围以外，经国务院、省级人民政府批准的道路、管线工程和大型基础设施建设项目占用的土地。单独选址建设项目用地分类根据《国民经济行业分类》（GB/T 4754–2002）确定。

交通运输用地（单独选址建设项目用地） 指按照确定的行业分类目录中确定的交通运输项目的用地。

水域及水利设施用地 指按照确定的行业分类目录中确定的水利设施项目的用地。

能源用地 指按照确定的行业分类目录中确定的能源项目的用地。

土地征收 指国家基于公共利益的需要，将农民集体所有的土地收归国有，并对被征收人给予合理补偿的行为。

征收面积 指经国务院和省级政府土地行政主管部门审查，报同级人民政府批准征收的土地面积。

建设用地供应总量 指报告期内市、县人民政府根据年度土地供应计划依法以出让、划拨、租赁等方式将国有建设用地使用权提供给单位或个人使用的国有建设用地总量。

划拨 指县级以上人民政府依法批准，在土地使用者缴纳补偿、安置费用后将该幅土地交付其使用，或者将国有建设用地使用权无偿交付给土地使用者使用的行为。

协议出让 指国家以协议方式将国有建设用地使用权在一定年限内出让给土地使用者，由土地使用者向国家支付国有建设用地使用权出让金的行为。

招标出让 指市、县人民政府国土资源管理部门发布招标公告或者发出投标邀请书，邀请特定或不特定的法人、自然人和其他组织参加国有建设用地使用权投标，根据投标结果确定土地使用者的行为。

拍卖出让 指市、县人民政府国土资源管理部门发布拍卖公告，由竞买人在指定时间、地点进行公开竞价，根据出价结果确定土地使用者的行为。

挂牌出让 指市、县人民政府国土资源管理部门发布挂牌公告，按公告规定期限将拟出让宗地的交易条件在指定的土地交易场所挂牌公布，接受竞买人的报价申请并更新挂牌价格，根据挂牌期限截止时的出价结果（或现场竞价结果）确定土地使用者的行为。

租赁 指国家依法将国有建设用地出租给土地使用者使用，由土地使用者与县级以上人民政府国土资源管理部门签订一定年限的土地租赁合同，并支付租金的行为。

其他供地方式 指除划拨、出让、租赁以外的其他供地方式，如作价出资入股、授权经营等。

宗数 指报告期内供应的国有建设用地的宗数。

面积 指报告期内市、县人民政府供应给单位或个人使用的国有建设用地总面积。

新增 即新增建设用地，是指农用地和未利用地经依法批准转用和土地征用后在报告期内供应给单位或个人使用的建设用地面积。

成交价款 指市、县人民政府以协议、招标、拍卖、挂牌等方式出让国有建设用地的实际交易价总额。

租金 指承租方为取得国有建设用地使用权而向国家支付的价款。以报告期实际收入数为准。

用地类型 见《土地利用现状分类》（GB/T 21010–2007）中的建设用地类型。其中：住宅用地又划分为①高档住宅用地；②普通商品住房用地（其中：中低价位、中小套型普通商品房用地类型单列）；③经济适用住房用地；④廉租住房用地。

高档住宅用地 指报告期内出让用于高档住宅建设的建设用地，包括住宅小区建筑容积率低于1.0、单套住房建筑面积超过144平方米的住宅用地以及别墅、高档公寓用地。

普通商品住房用地 指报告期内出让用于普通商品住房建设的建设用地。

中低价位、中小套型普通商品住房用地 指报告期内出让用于中低价位、中小套型普通商品住房建设的建设用地，特指限房价普通商品住房用地和单套住房建筑面积在90平方米（含）以下的普通商品住房用地。

经济适用住房用地 指报告期内供应用于经济适用住房建设的建设用地，包括集资建房用地。

廉租住房用地 指报告期内供应用于廉租住房建设的建设用地。

地价 指根据城市地价监测技术规范，以城市监测点地价为基础，综合土地市场交易价格测算的反映城市整体状况的土地价格水平。

综合地价 指同一城市或地区的不同用途土地的平均价格水平。

商业用地地价 指同一城市或地区的商业用途土地的平均价格水平。

住宅用地地价 指同一城市或地区的住宅用途土地的平均价格水平。

工业用地地价 指同一城市或地区的工业用途土地的平均价格水平。

105个主要城市 包括：北京、天津、（河北）石家庄、唐山、秦皇岛、邯郸、保定、张家口、廊坊、（山西）太原、大同、（内蒙古）呼和浩特、包头、（辽宁）沈阳、大连、鞍山、抚顺、本溪、丹东、锦州、阜新、辽阳、（吉林）长春、吉林、（黑龙江）哈尔滨、齐齐哈尔、鸡西、鹤岗、大庆、伊春、佳木斯、牡丹江、上海、（江苏）南京、无锡、徐州、常州、苏州、南通、扬州、（浙江）杭州、宁波、温州、嘉兴、湖州、（安徽）合肥、芜湖、蚌埠、淮南、淮北、（福建）福州、厦门、泉州、（江西）南昌、九江、（山东）济南、青岛、淄博、枣庄、烟台、潍坊、济宁、泰安、临沂、（河南）郑州、开封、洛阳、平顶山、安阳、新乡、焦作、（湖北）武汉、黄石、宜昌、襄樊、荆州、（湖南）长沙、株洲、湘潭、衡阳、岳阳、（广东）广州、深圳、珠海、汕头、佛山市顺德区、湛江、东莞、中山、（广西）南宁、柳州、北海、（海南）海口、重庆、（四川）成都、南充、宜宾、（贵州）贵阳、（云南）昆明、（西藏）拉萨、（陕西）西安、（甘肃）兰州、（青海）西宁、（宁夏）银川、（新疆）乌鲁木齐。

土地违法案件 指违反土地管理法律法规，应当追究法律责任的案件。

省级、市级、县级、乡级 指发生违反土地管理法律法规规定的各级党政军机关、人民团体。中央党政军机关、人民团体在外地的派出机构违反土地管理法律法规有关规定的案件，按机关级别归类到相应级别机关内。各级党政军机关、人民团体所属企事业单位违反土地管理法律法规的，应统计在“企事业单位”栏内。

涉及土地面积 指各级机关、村（组）集体、企事业单位和个人等发生违反土地管理法律、法规行为，所牵涉的土地面积。

上年未结案件 指上年未结案需要转到本年继续处理的案件。

本年发现违法 指报告期内发现的土地违法行为。

历年隐漏 指报告期以前发生而在报告期内发现的土地违法行为。

本年立案 指报告期内，经批准由土地行政主管部门立案查处的全部土地违法案件。

历年隐漏案件立案 指报告期内对历年隐漏的土地违法行为，经批准由土地行政主管部门立案查处的全部土地违法案件。

本年发生案件立案 指报告期内发生的土地违法行为，经批准由土地行政主管部门立案查处的全部土地违法案件。

买卖或非法转让 买卖土地是指以牟利为目的，违反土地管理法律法规，无限期地将土地所有权和使用权转移给他人的行为；非法转让土地是指违反土地管理法律法规，将土地使用权有限期转移给他人的行为。

破坏耕地 指单位或个人未经批准擅自占用耕地建窑、建坟，未经批准擅自在耕地上建房、挖砂、采石、采矿、取土等，使土地种植条件遭到破坏的违法行为。

非法占地 指单位或个人未经批准擅自占用土地、采取欺骗手段骗取批准占用土地以及超过批准的数量多占土地的违法行为。

非法批地 指没有批准权的单位或个人批准用地、虽有批准权但超越了批准权限批准用地、违反土地利用总体规划批准用地和违反法律规定的程序批准用地的违法行为。

低价出让土地 指违反土地管理法律法规，滥用职权，以低于国家规定的价格出让国有土地使用权，造成国有土地资产流失的违法行为。

其他（本年发生案件立案） 指除买卖或非法转让、破坏耕地、非法占地、非法批地、低价出让土地以外的土地违法案件。

本年结案 指报告期内经过土地行政主管部门处理已结案的土地违法案件。

处理上年未结案件 指报告期内对上年未结案件经过土地行政主管部门处理并已结案的土地违法案件。

处理历年隐漏案件 指报告期内对隐漏案件经过土地行政主管部门处理并已结案的土地违法案件。

处理本年发生案件 指报告期内发生并经过土地行政主管部门处理，已结案的土地违法案件。

其他（处理本年发生案件） 指除买卖和非法转让、破坏耕地、非法占地、非法批地、低价出让土地以外本年已结案的土地违法案件。

本年未结案件 指当年不能结案需要转到下一年度继续处理的案件。

拆除构建物 指对非法占地者所建的建筑物、构筑物依法拆除的面积。

没收构建物 指对非法占地者所建的建筑物、构筑物依法没收的面积。

收回土地 指在报告期内土地行政主管部门依法收回并已结案的土地面积。

罚没款 指土地行政主管部门依法对报告期内已结案的案件进行经济处罚的实收金额。

Explanatory Notes on Main Statistical Indicators

Total area of construction-used land approved—refers to the area of construction-used land approved according to law by governments at the provincial level (including governments of cities and autonomous prefectures authorized by provincial-level people's government).

Land for construction approved by the State Council—refers to the area of construction-used land examined by the MLR according to law and submitted to the State Council for approval.

Land for construction approved by provincial governments—refers to the area of construction-used land examined by land and resources administration departments of the people's governments of provinces, autonomous regions, and municipalities directly under the Central government and approved by the people's governments of the corresponding levels. It also includes the areas approved by people's government of cities and autonomous prefectures authorized by provincial-level governments.

Construction-used land newly added—refers to the area of land into which farmland is changed and unused land.

Agriculture land transform to construction-used land—refers to the area of farmland in the area of land approved.

Cultivated land—refers to the area of cultivated land in the area of land approved.

Land for construction in city, town and village—refers to the construction-used land approved according to law by the State Council and provincial-level governments (including city-level governments authorized by provincial-level governments to establish districts) within the scope of land-used scales for city, village, and town (township) construction determined by the national overall planning of land utilization. The Current Land Use Status Classification (GB/T 21010-2007) is adopted for the construction-used land classification of cities, towns, and villages.

Land for commercial and services uses—refers to the land mainly used for commerce and service trades.

Land for industry, mining and warehousing—refers to the land mainly used for industrial production and warehousing.

Land for residential uses—refers to the land used for house sites and their affiliated facilities for people's daily life and dwelling.

Land for public management and public services—refers to the land used for government agencies and public organizations, press and publication, science, education, culture and health, scenic spots and historical sites and public facilities.

Land for transport(Land for construction in city, town and village)—refers to land used for ground lines and stations of transportation and passage. It includes land used for civil airports, harbors, wharfs, ground transport pipelines, and all kinds of roads.

Land for construction at separate selected sites—refers to land used for the construction projects of roads, pipelines, and large-scale infrastructures approved by the State Council and provincial-level governments outside the scope of land used for city, town, and village construction stipulated in the national overall planning of land utilization. The land-use classification of separate construction project sites is defined according to the "Classification of National Economic Industries" (GB/T 4754-2002).

Land for transport(Land for construction at separate selected sites)—refers to land used for transport stipulated in the "Catalog of the Classification of Industries".

Land for water conservancy facilities—refers to land used for water conservancy facilities stipulated in the "Catalog of the Classification of Industries".

Land for energy projects—refers to land for energy projects stipulated in the "Catalog of the Classification of Industries".

Land requisition—refers to the act of taking back to the state the land owned by farmer collectives based on the needs of public interests and paying reasonable land compensation to the requisitioned land.

Requisitioned Land area—refers to the area of requisitioned land examined by the State Council and land administration departments of provincial-level governments and approved by the people's governments of the same level.

Total amount of construction use land supplied—refers to the total amount of state-owned construction-used land whose use right is provided by the people's government of a city or county to a unit or an individual during the reporting period in the way of grant, allocation, or lease according to the annual land supply plan. It also includes state-owned remaining construction-used land used for commercial services, residential areas, and industrial production, mining, and warehousing whose usage and land-use developmentintensity are changed after its approval.

Allocation—refers to the act through which the people's government at and above the county level assigns a plot of land to the land user after he pays land compensation and resettlement subsidies or assigns state-owned land-use right to the land user without compensation. This act is approved by the people's government at and above the county level according to law.

Granting through agreement—refers to the act through which the state assigns the land user the right to the use of state-owned construction-used land for a certain period of time in the way of agreement, and the land user shall pay the state the grant fees for the state-owned construction-used land-use right.

Granting through bidding—refers to the act through which the land administration department of the people's government at the city or county level issues a notice of invitation for bid to invite specially or not specially designated legal persons, natural persons and other organizations to participate in the bidding of the state land-use right, and the land user is determined according to the result of the bidding.

Granting through auction—refers to the act through which the land administration department of the people's government at the city or county level issues a notice of invitation for auction, and the bidders participate in open competition at the prescribed time and locality and the land user is determined according to the result of the price offer.

Granting through listing—refers to the act through which the land administration department of the people's government at the city or county level issues a notice of listing, draws up the transaction terms of granting land plots in the time limit prescribed by the notice, lists them in public in a land transaction house, receives the offer applications of the bidders, and renews the listed prices accordingly, and the land user is determined according to the price offer (or the result of on-the-spot price competition) at the closing time of the listing time limit.

Lease—refers to the act through which the state leases state-owned construction-used land to a land user, and the land user enters into a land leasing contract with the land administration department of the people's government at and above the county level for a fixed number of years and pays rent.

Other land supply ways—refer to the ways other than allocation, grant, and lease, e.g. investment as a shareholder with state-owned land rights and authorized operations of land.

Number of plots—refers to the number of plots of state-owned construction-used land supplied during the reporting period.

Area—refers to the total area of state-owned land for construction supplied to a unit or an individual by the people's government of a city or county during the reporting period.

Newly increased area—refers to newly added construction-used land, i.e. the area of farmland and unused land transferred and requisitioned after approval according to law and supplied to a unit or an individual during the reporting period.

Transaction price value—refers to the total amount of actual transaction price of state-owned construction-used land granted by the people's government of a city or county in the ways of agreement, bidding, auction, and listing.

Rent—refers to the amount payable by a lessee to the state for a rental period in order to acquire the granted state-owned, construction-used, land-use right. The rent shall be based on the actual income obtained during the reporting period.

Land-use types—See the construction-used land types in the "Current Land Use Status Classification" (GB/T 21010-2007). Among these types, the land for residential uses is subdivided into (1) land for high-grade residence, (2) land for ordinary commercial houses (of which land for medium- and low-price, medium- and small-sized ordinary commercial houses is listed separately), (3) land for economically affordable house, (4) cheap rent house.

Land for high-grade residence—refers to the construction-used land used for high-grade residence construction assigned during the reporting period, including the land for residence with a floor area rate (FAR)<1.0 and the building area of a residence house>144 m^2, as well as villas and high-grade apartments.

Land for ordinary commercial houses—refers to the construction-used land used for ordinary commercial house construction assigned during the reporting period.

Land for medium-and low-price, medium-and small-sized ordinary commercial houses—refers to the construction-used land used for medium- and low-price, medium- and small-sized ordinary commercial house construction assigned during the reporting period. It specially refers to the land for price-limited ordinary commercial houses and ordinary commercial houses with their building area <90 m^2 (including 90 m^2).

Land for economically affordable house—refers to the construction-used land used for economically affordable house construction. It includes the land used for building houses by personal fund raising.

Land for cheap rent house—refers to the construction-used land used for cheap rent house construction.

Land price—refers to the price level of land which is estimated according to the urban land price monitoring technical code and on the basis of the land prices at urban monitoring stations combined with the price of the land market transactions. It can reflect the overall status of a city.

Integrated price of land—refers to the average price level of lands for different uses in the same city or area.

Price of land for commercial use—refers to the average price level of land for commercial use in the same city or area.

Price of land for residential use—refers to the average price level of land for residential use in the same city or area.

Price of land for industrial use—refers to the average price level of land for industrial use in the same city or area.

105 major cities—include:Beijing Municipality, Tianjin Municipality; Shijiazhuang, Tangshan, Qinhuangdao, Handan, Baoding, Zhangjiakou, Langfang (Hebei); Taiyuan, Datong (Shanxi); Hohhot, Baotou (Inner Mongolia); Shenyang, Dalian, Anshan, Fushun, Benxi, Dandong, Jingzhou, Fuxin, Liaoyang (Liaoning); Changchun, Jilin (Jilin); Harbin, Qiqihar, Jixi, Hegang, Daqing, Yichun, Jiamusi, Mudanjiang (Heilongjiang); Shanghai Municipality; Nanjing, Wuxi, Xuzhou, Changzhou, Suzhou, Nantong, Yangzhou (Jiangsu); Hangzhou, Ningbo, Wenzhou, Jiaxing, Huzhou (Zhejiang); Hefei, Wuhu, Bengbu, Huainan, Huaibei (Anhui); Fuzhou, Xiamen, Quanzhou (Fujian); Nanchang, Jiujiang (Jiangxi); Jinan, Qingdao, Zibo, Zaozhuang, Yantai, Weifang, Jining, Tai'an, Linyi (Shandong); Zhengzhou, Kaifeng, Luoyang, Pingdingshan, Anyang, Xinxiang, Jiaozuo (Henan); Wuhan, Huangshi, Yichang, Xiangfan, Jinzhou (Hubei); Changsha, Zhuzhou, Xiangtan, Hengyang, Yueyang (Hunan); Guangzhou, Shenzhen, Zhuhai, Shantou, Shunde of Foshan City, Zhanjiang, Dongguan, Zhongshan (Guangdong); Nanning, Liuzhou, Beihai (Guangxi); Haikou (Hainan); Chongqing Municipality; Chengdu, Nanchong, Yibin (Sichuan); Guiyang (Guizhou); Kunming (Yunnan); Lhasa (Tibet); Xi'an (Shaanxi); Lanzhou (Gansu); Xining (Qinghai); Yinchuan (Ningxia); Urümqi (Xinjiang).

Case of violations of land law—refers to cases of violations of laws and regulations of land administration for which legal liabilities should be investigated.

Provincial, municipal, and county levels—refer to party, government, and army administration agencies and mass organizations at various levels that commit acts in violations of laws and regulations of land administration. The cases concerning illegal acts of land committed by agencies sent to other parts of the country by the central party, government, and army administration agencies and mass organizations are classified according to the levels of these agencies as those at corresponding levels. Enterprises and institutions affiliated to agencies and mass organizations at various levels that violate land administration laws and regulations should be included in the column of "enterprises and institutions".

Land area involved—refers to the land area involved by the acts in violation of land administration laws and regulations committed by agencies at various levels, collectives of villages (teams), enterprises and institutions, and individuals.

Cases unsettled from last year—refer to cases that were not able to be settled last year and need to be transferred to the current year and continue to be handled.

Violations of law discovered in the current year—refers to the acts in violation of land laws and regulations discovered during the reporting period.

Cases concealed and not discovered over the years—refer to the acts in violation of land laws and regulations that were committed before the reporting period but discovered during the reporting period.

Cases filed this year—refer to all the cases in violation of land laws and regulations filed for investigation and handling during the reporting period by competent land administration departments after approval.

Cases concealed and not discovered over the past years—refers to all the cases in violation of land laws and regulations concealed and not discovered over the years filed for investigation and handling during the reporting period by competent land administration departments after approval.

Cases occurring this year—refer to all the cases committed in violation of land laws and regulations during the reporting period that are filed, investigated and handled by competent land administration departments after approval.

Purchase and sale or illegal transfer—Purchase and sale of land refer to the act through which the land ownership and land-use right are transferred to another person without a definite period of time for the purpose of seeking profits, which is in violation of land administration laws and regulations; illegal transfer of land refers to the act through which the land-use right is transferred to another person within a definite period of time, which is in violation of land administration laws and regulations.

Damage of cultivated land—refers to the illegal act through which units or individuals occupy cultivated land to build kilns and graves without approval and build houses, dig sand, quarry stone, mine minerals, and fetch earth thereupon without approval, thus destructing planting conditions of the land.

Unlawful encroachment of land—refers to the illegal act through which units or individuals occupy and use land without approval, obtain approval by deceitful means, and occupy and use land exceeding the approved amount.

Unlawful approval of land occupancy—refers to the illegal act through which units or individuals without authority to approve use of land approve occupation of land or they approve occupation of land by overstepping their authority of approval or in violation of the national overall planning of land utilization and procedures for land approval prescribed by law although they have approval authority.

Granting of land at a lower price—refers to the illegal act through which state-owned land-use rights are granted at a lower price than that prescribed by the State in violation of land administration laws and regulations by abusing their authority, thus resulting in a drain on state-owned land and assets.

Others (cases occurring this year)—refer to all the cases in violation of land laws and regulations except for those concerning land purchase and sale or illegal transfer, damage of cultivated land, occupation of land illegally, unlawful approval of land occupation, and assigning of land at a lower prices.

Cases settled this year—refer to cases in violation of land laws and regulations handled and settled by competent land administration departments during the reporting period.

Last year's unsettled cases handled—refer to last year's unsettled cases in violation of land laws and regulations handled and settled by competent land administration departments during the reporting period.

Concealed and not discovered cases handled—refer to the concealed and not discovered cases in violation of land laws and regulations handled and settled by competent land administration departments during the reporting period.

This year's cases handled—refer to cases in violation of land laws and regulations committed and handled and settled by competent land administration departments during the reporting period.

Others (this year's cases handled)—refers to the cases in violation of land laws and regulations except for land purchase and sale or unlawful transfer of land, damage of land, occupation of land without approval, unlawful approval of land occupation, and assigning of land at a lower price.

Cases unsettled this year—refer to cases that are not able to be settled in the current year and need to be transferred to the next year and continue to be handled.

Structures demolished—refers to the area of land on which buildings or structures erected by illegal occupants of land are demolished according to law.

Structures confiscated—refer to the area of land on which buildings or structures erected by illegal occupants of land are confiscated according to law.

Land withdrawn—refers to the area of land withdrawn by the competent land administration departments according to law during the reporting period. The relevant case has been settled.

Amount of fines—refers to the paid-in amount of fines imposed by the competent land administration departments according to law for economic punishment of the case settled during the reporting period.

矿产资源管理

Mineral Resources Administration

矿产资源勘查许可证发证及探矿权
Exploration Licenses Issued and Exploration

年份/地区	Year/Region	勘查许可证发证 Exploration Licenses Issued						
		许可证数/个 Number of Licenses/number			登记面积/平方千米 Registered Area/km²			探矿权使用费/万元 Exploration Right Royalty/10⁴ yuan
		有效 Valid	新立 Newly Issued	注销 Cancelled	有效 Valid	新立 Newly Issued	注销 Cancelled	
2013		34022	1587	1126	4816634.74	46051.48	13327.28	25849.41
2014		32381	1511	1091	4560382.29	40675.91	18531.30	24594.92
2015		29425	960	915	4256344.75	34667.00	23638.38	21944.40
国土资源部	MLR	1975	28	2	3756209.23	10006.74	146.87	2211.94
北　京	Beijing	16	2		30.29	1.31		1.22
天　津	Tianjin	57	16	15	104.09	37.33	18.45	1.13
河　北	Hebei	523	60	31	3619.42	730.78	103.34	108.16
山　西	Shanxi	99	5	8	855.46	18.90	369.59	39.64
内蒙古	Inner Mongolia	3569	220	32	81513.69	6602.69	451.70	2868.96
辽　宁	Liaoning	665	36	8	5864.93	732.22	40.68	229.42
吉　林	Jilin	757	66	277	10680.54	920.47	14836.25	354.26
黑龙江	Heilongjiang	765	56	15	34052.75	1830.10	407.62	1358.25
上　海	Shanghai							
江　苏	Jiangsu	172	8	36	850.99	20.75	138.61	21.36
浙　江	Zhejiang	470	33	18	5292.29	354.94	180.54	164.23
安　徽	Anhui	991	13	15	11530.38	327.52	95.27	459.22
福　建	Fujian	366	22	29	2310.63	165.73	224.39	92.25
江　西	Jiangxi	1819	45	31	10601.45	265.34	156.42	460.81
山　东	Shandong	939	14	31	8374.21	265.53	390.29	323.15
河　南	Henan	511	13	91	4047.79	110.17	895.94	180.79
湖　北	Hubei	335	21	31	2339.21	273.74	241.10	59.81
湖　南	Hunan	593	25	16	5464.17	246.14	173.81	180.39
广　东	Guangdong	428	39	32	5612.70	520.58	279.86	151.19
广　西	Guangxi	934	13	16	18254.29	172.15	363.03	869.05
海　南	Hainan	98		49	1548.65		840.53	77.43
重　庆	Chongqing	111	4	3	1718.77	21.91	68.18	47.06
四　川	Sichuan	1770	31	57	30791.74	194.81	878.94	1333.43
贵　州	Guizhou	636	7	13	10362.16	55.79	236.96	428.01
云　南	Yunnan	2319	11	7	38666.22	268.02	159.81	1733.48
西　藏	Tibet	620	3	5	23910.83	220.85	155.49	1109.22
陕　西	Shaanxi	761	18	19	18808.17	1053.84	1113.98	766.47
甘　肃	Gansu	846	15	3	11351.64	400.48	94.05	461.21
青　海	Qinghai	918	99	22	32474.46	7053.57	478.03	740.94
宁　夏	Ningxia	70	13	3	1435.72	255.33	98.65	43.35
新　疆	Xinjiang	5292	24		117667.88	1539.27		5068.57

出让、转让情况——按地区分列
Rights Granted and Transferred by Region

探矿权出让 Exploration Rights Granted							探矿权转让 Exploration Rights Transferred	
合计 Total		申请在先 First Application	协议出让 Granting through Agreement		"招拍挂"出让 Granting through Bidding, Auction, and Listing		宗数/宗 Number of Cases/case	转让金额/万元 Amount of Transfer/10^4 yuan
宗数/宗 Number of Cases/case	价款金额/万元 Amount of Price Value/10^4 yuan	宗数/宗 Number of Cases/case	宗数/宗 Number of Cases/case	价款金额/万元 Amount of Price Value/10^4 yuan	宗数/宗 Number of Cases/case	价款金额/万元 Amount of Price Value/10^4 yuan		
1587	150682.98	1178	83	11622.76	326	139060.22	641	304651.55
1511	634759.30	809	56	372045.62	646	262713.68	443	156802.76
960	137011.76	535	65	3608.28	360	133403.48	291	53639.35
28		27	1				19	930.00
2	12.00				2	12.00		
16	1682.47		2	126.47	14	1556.00		
60	106.40	58	1	100.00	1	6.40	3	16.00
5	6531.12				5	6531.12		
220	24950.95	141	27	2765.95	52	22185.00	30	7133.67
36		27	9				15	2524.00
66	4502.53	8	9	575.01	49	3927.52	8	545.79
56	21126.53	14			42	21126.53		
8	689.00	6			2	689.00	3	1782.40
33	8826.00	29			4	8826.00	41	132.00
13		13					7	
22	1414.08	7	2	10.00	13	1404.08	2	
45	6277.00				45	6277.00	14	2654.00
14		14					19	4818.00
13	17180.00	4			9	17180.00	17	5437.38
21	640.00	17			4	640.00	4	
25	1790.00	23			2	1790.00		
39	1175.30	25			14	1175.30	7	186.24
13	2606.00	2			11	2606.00	14	133.00
4	817.68	2			2	817.68		
31	26951.58	2	10		19	26951.58	26	5064.60
7	1987.26	1			6	1987.26	13	12039.11
11	453.00				11	453.00	26	1884.80
3		3					15	3508.01
18	262.00	16			2	262.00	3	328.00
15	1439.80	2			13	1439.80		
99	1982.06	67	4	30.85	28	1951.21	4	637.50
13		13					1	3884.85
24	3609.00	14			10	3609.00		

矿产资源勘查许可证发证及探矿权出让、
Exploration Licenses Issued and Exploration Rights

矿 种	Mineral	勘查许可证发证 Exploration Licenses Issued						
		许可证数/个 Number of Licenses/number			登记面积/平方千米 Registered Area/km^2			探矿权使用费/万元 Exploration Right Royalty/10^4 yuan
		有效 Valid	新立 Newly Issued	注销 Cancelled	有效 Valid	新立 Newly Issued	注销 Cancelled	
总 计	**Total**	**29425**	**960**	**915**	**4256344.75**	**34667.00**	**23638.38**	**21944.40**
煤	Coal	1770	24	63	97560.85	2281.46	2533.05	4160.53
石油天然气	Oil&Natural gas	901	12		3658835.12	9041.37		
煤层气	Coal bed methane	99			47764.88			
油页岩	Oil shale	73	4	39	8026.08	541.88	11258.17	185.83
石煤	Stone coal	6	1		104.20	12.13		4.72
油砂	Oil sand	11			364.71			7.32
天然沥青	Native bitumen	5			27.50			1.08
地热	Geothermal	623	75	55	7722.55	632.29	637.32	219.10
铁矿	Iron	2891	85	140	37213.86	1910.57	1218.29	1351.94
锰矿	Manganese	512	11	4	6646.24	165.87	11.68	261.89
铬铁矿	Chromite	52			862.20			38.68
钛矿	Titanium	65	1	4	1253.82	8.66	29.86	50.58
钒矿	Vanadium	160	1	3	1716.55	1.57	18.27	74.55
金红石	Titanium	12	2		217.84	47.12		5.64
铜矿	Copper	5806	118	81	108741.91	3359.01	1304.93	4550.99
铅矿	Lead	3123	65	86	51614.82	1191.27	1108.59	2196.26
锌矿	Zinc	358	13	9	4730.89	463.90	148.34	209.20
铝土矿	Bauxite	258		8	7636.52		532.08	341.49
镁矿	Magnesium	7		1	34.69		0.64	1.46
镍矿	Nickel	140	4	7	2831.22	177.74	117.46	99.66
钴矿	Cobalt	10			149.20			6.39
钨矿	Tungsten	98	2	2	792.49	87.56	7.86	32.14
锡矿	Tin	160	11	1	1459.18	124.98	12.73	62.33
铋矿	Bismuth	7			56.07			2.78
钼矿	Molybdenum	520	7	29	7029.35	243.63	458.27	286.60
汞矿	Mercury	4		1	44.39		4.76	1.85
锑矿	Antimony	131	1	2	1138.90	5.84	14.61	55.49
多金属	Polymetallic ore	1510	42	40	35172.15	1474.11	781.11	1350.11
铂矿	Platinum	22		2	425.96		40.14	18.60
砂金	Placer gold	16		5	190.39		155.49	9.12

转让情况——按矿种分列（2015年）

Granted and Transferred by Mineral（2015）

探矿权出让 Exploration Rights Granted							探矿权转让 Exploration Rights Transferred	
合计 Total		申请在先 First Application	协议出让 Granting through Agreement		"招拍挂"出让 Granting through Bidding, Auction, and Listing		宗数/宗 Number of Cases/case	转让金额/万元 Amount of Transfer/10^4 yuan
宗数/宗 Number of Cases/case	价款金额/万元 Amount of Price Value/10^4 yuan	宗数/宗 Number of Cases/case	宗数/宗 Number of Cases/case	价款金额/万元 Amount of Price Value/10^4 yuan	宗数/宗 Number of Cases/case	价款金额/万元 Amount of Price Value/10^4 yuan		
960	**137011.76**	**535**	**65**	**3608.28**	**360**	**133403.48**	**291**	**53639.35**
24	148.00	21	1		2	148.00	4	5030.00
12		12						
4	657.00				4	657.00		
1		1						
75	6148.84	27	3	126.47	45	6022.37	2	
85	39912.90	35	18	172.63	32	39740.27	29	6118.05
11	280.01	6	1	0.01	4	280.00	5	2765.99
							2	100.00
1	93.00				1	93.00		
1	50.00				1	50.00	2	26.63
2		2						
118	13220.52	78	2	0.01	38	13220.51	64	4818.03
65	1647.41	38	7	0.03	20	1647.38	39	3314.35
13	3064.13	5	5	2765.81	3	298.32	7	1713.00
							6	3695.34
4	27.00	3			1	27.00	1	
2		2					1	
11	90.60	10			1	90.60	2	400.00
7	0.02	5			2	0.02	5	
1		1					2	160.00
42	1128.74	36			6	1128.74	11	3710.95

矿产资源勘查许可证发证及探矿权出让、
Exploration Licenses Issued and Exploration Rights

矿种	Mineral	勘查许可证发证 Exploration Licenses Issued						
		许可证数/个 Number of Licenses/number			登记面积/平方千米 Registered Area/km²			探矿权使用费/万元 Exploration Right Royalty/10⁴ yuan
		有效 Valid	新立 Newly Issued	注销 Cancelled	有效 Valid	新立 Newly Issued	注销 Cancelled	
金矿	Gold	6483	198	164	104515.52	5468.85	2083.05	4067.01
银矿	Silver	675	44	10	12464.30	1091.02	199.27	466.88
铌钽矿	Columbotantalite	78	1		1175.69	97.96		46.04
铌矿	Niobium	14	2		218.96	74.07		5.75
钽矿	Tantalum	7			52.62			2.63
铍矿	Beryllium	30	1		355.76	24.29		16.74
锂矿	Lithium	37	1		1418.61	88.19		55.66
锆矿	Zirconium	7			89.18			4.35
锶矿(天青石)	Strontium	10			76.94			2.97
铷矿	Rubidium	8	1		102.09	7.82		3.58
铯矿	Cesium	2			58.99			2.95
重稀土矿	Heavy rare earths	1			5.25			0.26
钇矿	Yttrium	1			5.12			0.26
轻稀土矿	Light rare earths	15	6		414.37	330.42		5.79
锗矿	Germanium	3			26.86			1.07
铊矿	Thallium	1			6.56			0.33
铼矿	Rhenium	6			59.86			2.15
蓝晶石	Kyanite	2			10.75			0.54
矽线石	Sillimanite	6			46.03			2.14
红柱石	Andalusite	6			71.20			3.05
菱镁矿	Magnesite	364	22	8	2224.69	132.62	69.03	82.04
萤石(普通)	Common fluorite	16	1	1	55.65	3.42	3.68	2.02
熔剂用石灰岩	Limestone for flux	22		1	100.46		0.94	3.61
冶金用白云岩	Metallurgical dolomite	9		2	42.05		18.17	1.30
冶金用石英岩	Metallurgical quartzite	1	1		0.77	0.77		0.01
冶金用脉石英	Metallurgical vein quartz	6		3	33.97		15.63	1.13
耐火粘土	Fire clay	6	1		52.52	13.40		2.09
其他粘土	Other clay	4	1		90.86	2.83		4.43

转让情况——按矿种分列（2015年） 续表1

Granted and Transferred by Mineral（2015） Continued 1

探矿权出让 Exploration Rights Granted							探矿权转让 Exploration Rights Transferred	
合计 Total		申请在先 First Application	协议出让 Granting through Agreement		“招拍挂”出让 Granting through Bidding, Auction, and Listing		宗数/宗 Number of Cases/case	转让金额/万元 Amount of Transfer/10^4 yuan
宗数/宗 Number of Cases/case	价款金额/万元 Amount of Price Value/10^4 yuan	宗数/宗 Number of Cases/case	宗数/宗 Number of Cases/case	价款金额/万元 Amount of Price Value/10^4 yuan	宗数/宗 Number of Cases/case	价款金额/万元 Amount of Price Value/10^4 yuan		
198	11271.38	129	7	467.91	62	10803.47	57	6706.25
44	806.86	31	5	0.04	8	806.82	14	1743.49
1		1						
2		2						
1		1						
1		1						
1		1						
6		6						
22	576.56	17			5	576.56	12	138.40
1	222.00				1	222.00	1	260.00
1			1					
1			1					
1	245.00				1	245.00		

矿产资源勘查许可证发证及探矿权出让、

Exploration Licenses Issued and Exploration Rights

矿种	Mineral	勘查许可证发证 Exploration Licenses Issued						
		许可证数/个 Number of Licenses/number			登记面积/平方千米 Registered Area/km²			探矿权使用费/万元 Exploration Right Royalty/10⁴ yuan
		有效 Valid	新立 Newly Issued	注销 Cancelled	有效 Valid	新立 Newly Issued	注销 Cancelled	
熔剂用蛇纹岩	Serpentinite for flux	1			1.02			0.05
自然硫	Native sulfur	2		1	3.05		13.69	0.15
硫铁矿	Pyrite	121	2	14	1331.30	20.40	121.75	56.32
钠硝石	Natratine	199			9590.76			479.54
明矾石	Alunite	3			5.75			0.12
芒硝(含钙芒硝)	Mirabilite (Including glauberite)	69	2	2	3431.98	37.46	20.27	166.38
重晶石	Barite	44		4	534.01		38.27	21.44
天然碱	Trona	1			2.17			0.02
电石用灰岩	Tourmaline limestone	2		1	138.28		4.34	6.91
制碱用灰岩	Limestone for soda ash	6		1	15.08		2.36	0.75
含钾岩石	K-bearing rock	1		1	11.87		5.45	0.59
化肥用橄榄岩	Peridotite for fertilizer	11	1	2	75.16	5.41	4.98	3.29
化肥用蛇纹岩	Serpentinite for fertilizer	1			54.07			2.70
泥炭	Peat	8			108.48			4.13
盐矿	Salt	4	1		80.65	25.68		3.01
岩盐	Halite	49	3	3	1043.58	46.22	78.80	39.17
湖盐	Lake salt	4			82.03			4.10
镁盐	Magnesium salt	3			156.62			2.92
天然卤水	Natural brine	70	3		8162.08	3376.72		230.86
钾盐	Potash	1			55.68			0.56
磷矿	Phosphate rock	190	3	6	2434.38	11.53	44.19	93.98
金刚石	Diamond	27	4		884.70	220.95		23.53
石墨	Graphite	94	17	3	1190.79	296.18	6.10	35.54
石棉	Mica	2			38.53			1.93
刚玉	Corundum	29	6	2	450.98	187.96	9.81	11.21
硅灰石	Wollastonite	21	3		186.57	52.73		6.89
滑石	Talc	1			5.34			0.05
云母	Mica	14			78.92			3.47
长石	Feldspar	55	4		240.78	16.05		7.18
电气石	Tourmaline	2			36.11			1.81

转让情况——按矿种分列（2015年） 续表2

Granted and Transferred by Mineral（2015） Continued 2

探矿权出让 Exploration Rights Granted							探矿权转让 Exploration Rights Transferred	
合计 Total		申请在先 First Application	协议出让 Granting through Agreement		"招拍挂"出让 Granting through Bidding, Auction, and Listing		宗数/宗 Number of Cases/case	转让金额/万元 Amount of Transfer/10^4 yuan
宗数/宗 Number of Cases/case	价款金额/万元 Amount of Price Value/10^4 yuan	宗数/宗 Number of Cases/case	宗数/宗 Number of Cases/case	价款金额/万元 Amount of Price Value/10^4 yuan	宗数/宗 Number of Cases/case	价款金额/万元 Amount of Price Value/10^4 yuan		
2	810.00	1			1	810.00		
2	280.00	1			1	280.00	2	1782.40
							1	
1	21.64				1	21.64	1	8.00
1		1						
3	670.00	2			1	670.00		
3		3						
3			3				2	1.80
4		4						
17	12371.62	3	2	43.03	12	12328.59	4	261.13
6	32.50	5			1	32.50	1	7.00
3	110.84	1	1	10.84	1	100.00		
4	1233.00				4	1233.00	1	

矿产资源勘查许可证发证及探矿权出让、
Exploration Licenses Issued and Exploration Rights

矿种	Mineral	勘查许可证发证 Exploration Licenses Issued						
		许可证数/个 Number of Licenses/number			登记面积/平方千米 Registered Area/km²			探矿权使用费/万元 Exploration Right Royalty/10⁴ yuan
		有效 Valid	新立 Newly Issued	注销 Cancelled	有效 Valid	新立 Newly Issued	注销 Cancelled	
石榴子石	Garnet	14	1		81.30	2.90		2.34
叶蜡石	Pyrophyllite	15	4	1	67.70	11.49	4.90	1.45
透辉石	Diopside	1	1		5.15	5.15		0.05
沸石	Zeolite	9	1	1	125.88	21.98	16.19	2.47
石膏	Gypsum	78	2	6	793.30	38.24	46.44	24.84
方解石	Calcite	42	3	1	221.5	19.93	0.97	7.16
光学萤石	Optical fluorite	5			75.18			3.76
宝石	Gem	8	1		134.10	71.90		3.76
玉石	Jade	26	3	1	292.23	46.37	1.44	9.35
玛瑙	Agate	5			23.67			0.45
石灰岩	Limestone	101	14	11	764.61	89.15	34.95	20.26
水泥用石灰岩	Limestone for cement	139	15	13	746.53	197.85	40.89	21.40
建筑石料用灰岩	Limestone for building stone	2	1		3.79	0.11		0.07
饰面用灰岩	Limestone for facing	1	1		9.00	9.00		0.09
含钾岩石	K-bearing limestone	10		1	127.20		1.06	2.96
泥灰岩	Marlstone	1		1	10.94		0.16	0.55
白云岩	Dolostone	32		4	257.60		29.03	7.26
石英岩	Quartzite	44	6	3	424.17	35.07	26.59	9.65
冶金用石英岩	Metallurgical quartzite	5			12.67			0.63
玻璃用石英岩	Quartzite for glass	12		1	63.78		5.55	2.66
砂岩	Sandstone	6			19.03			0.92
玻璃用砂岩	Sandstone for glass	7	1		13.93	2.74		0.54
水泥配料用砂岩	Sandstone for cement	10	1	2	19.23	3.00	2.18	0.56
陶瓷用砂岩	Sandstone for ceramics	4		1	8.39		0.64	0.38
天然石英砂	Natural Silicioussand	3			14.83			0.64
玻璃用砂	Sand for glass	4			30.09			1.28
脉石英	Vein quartz	39	4	1	294.33	24.40	2.66	5.66
玻璃用脉石英	Vein quartz for glass	8	1		14.99	1.72		0.62
硅藻土	Diatomaceous earth	15	3	8	114.32	59.68	53.56	2.18
页岩	Shale	2			6.03			0.06
陶粒页岩	Earthenware shale	3		5	9.30		22.94	0.40
高岭土	Kaolin	86	11	4	893.67	128.95	26.14	20.66
陶瓷土	Ceramic clay	35	7	3	113.42	20.05	3.03	2.79
凹凸棒石粘土	Attapulgite clay	7			29.81			1.49
海泡石粘土	Sepiolite clay	1			33.81			0.34

转让情况——按矿种分列（2015年） 续表3

Granted and Transferred by Mineral（2015） Continued 3

探矿权出让 Exploration Rights Granted							探矿权转让 Exploration Rights Transferred	
合计 Total		申请在先 First Application	协议出让 Granting through Agreement		"招拍挂"出让 Granting through Bidding, Auction, and Listing		宗数/宗 Number of Cases/case	转让金额/万元 Amount of Transfer/10^4 yuan
宗数/宗 Number of Cases/case	价款金额/万元 Amount of Price Value/10^4 yuan	宗数/宗 Number of Cases/case	宗数/宗 Number of Cases/case	价款金额/万元 Amount of Price Value/10^4 yuan	宗数/宗 Number of Cases/case	价款金额/万元 Amount of Price Value/10^4 yuan		
1	1300.00				1	1300.00		
4	156.20	2			2	156.20		
1	594.00				1	594.00		
1	178.00				1	178.00		
2	11.70	1	1	11.7				
3	37.50	1			2	37.50		
							1	
1	204.00				1	204.00	1	
3		3						
14	3086.80	8			6	3086.80	2	4522.35
15	14013.32	6	1	9.8	8	14003.52	3	1140.19
1		1						
1		1						
6	262.69	2			4	262.69		
1		1						
1		1						
4	484.00				4	484.00		
1	62.00				1	62.00		
3	168.50				3	168.50		
11	1028.20	2			9	1028.20	3	5140.00
7	3367.00	1			6	3367.00	1	

矿产资源勘查许可证发证及探矿权出让、
Exploration Licenses Issued and Exploration Rights

矿 种	Mineral	勘查许可证发证 Exploration Licenses Issued						
		许可证数/个 Number of Licenses/number			登记面积/平方千米 Registered Area/km²			探矿权使用费/万元 Exploration Right Royalty/10⁴ yuan
		有效 Valid	新立 Newly Issued	注销 Cancelled	有效 Valid	新立 Newly Issued	注销 Cancelled	
伊利石粘土	Illite clay	4			23.98			0.90
累托石粘土	Rectorite clay	1			1.36			0.07
膨润土	Bentonite	25	3		96.98	12.68		3.66
陶粒用粘土	Ceramic clay	8	2		78.80	9.76		1.10
水泥配料用泥岩	Mudstone for cement	2	1		3.71	2.85		0.07
橄榄岩	Peridotite	1			0.95			0.05
蛇纹岩	Serpentinite	13	1		108.39	0.18		4.32
饰面用蛇纹岩	Facing serpentine	1			6.89			0.34
铸石用玄武岩	Basalt for casting	1			5.05			0.20
辉绿岩	Diabase	1			0.65			0.03
饰面用辉绿岩	Facing diabase	8	2		25.29	15.36		0.62
花岗岩	Granite	46	2	2	499.87	24.64	4.48	7.08
建筑用花岗岩	Granite for building	3			13.40			0.51
饰面用花岗岩	Facing granite	107	16	3	962.13	116.60	1.51	17.42
麦饭石	Medical stone	2			6.23			0.09
珍珠岩	Perlite	13	6		354.50	83.89		12.45
霞石正长岩	Nepheline-syenite	2			11.09			0.55
凝灰岩	Tuff	2	1	1	1.54	0.75	0.75	0.05
火山渣	Scoria	2	1	2	8.40	2.67	2.08	0.31
大理岩	Marble	28	5	3	154.15	23.58	11.31	4.20
饰面用石料（大理石）	Facing marble	18	2	2	44.09	1.29	4.18	1.21
建筑用大理岩	Marble for building	2			8.72			0.44
水泥用大理石	Marble for cement	18	3	1	63.69	14.80	6.28	1.91
板岩	Slate	1			2.56			0.03
饰面用板岩	Facing slate	4			9.14			0.18
片麻岩	Gneiss	1			2.17			0.11
角闪岩	Amphibolite	1			28.62			1.43
硼矿	Boron	28	2	4	303.37	3.91	25.77	14.79
矿泉水	Mineral water	66	22	15	230.31	48.67	34.53	4.19
地下水	Groundwater	30	2	2	2859.34	111.78	53.70	124.55
二氧化碳气	Carbon dioxide gas	1		1	3.02		41.04	0.15

转让情况——按矿种分列（2015年） 续表4

Granted and Transferred by Mineral（2015） Continued 4

探矿权出让 Exploration Rights Granted							探矿权转让 Exploration Rights Transferred	
合计 Total		申请在先 First Application	协议出让 Granting through Agreement		“招拍挂”出让 Granting through Bidding, Auction, and Listing		宗数/宗 Number of Cases/case	转让金额/万元 Amount of Transfer/10^4 yuan
宗数/宗 Number of Cases/case	价款金额/万元 Amount of Price Value/10^4 yuan	宗数/宗 Number of Cases/case	宗数/宗 Number of Cases/case	价款金额/万元 Amount of Price Value/10^4 yuan	宗数/宗 Number of Cases/case	价款金额/万元 Amount of Price Value/10^4 yuan		
3	200.00		2		1	200.00		
2	240.00				2	240.00		
1	52.00				1	52.00		
1	29.00				1	29.00		
2	101.00	1			1	101.00		
2	2.00				2	2.00	1	20.00
16	10197.00	3			13	10197.00		
6	432.78	2	2		2	432.78		
1		1						
1	7.00				1	7.00		
5	1666.00	1			4	1666.00		
2	105.00		1		1	105.00		
3	1404.90	1			2	1404.90		
2		1	1					
22	2501.60	1			21	2501.60	1	56.00
2		2						

矿产资源勘查许可证发证及探矿权出让、

Exploration Licenses Issued and Exploration Rights

经济类型	Economic Type	勘查许可证发证 Exploration Licenses Issued						
		许可证数/个 Number of Licenses/number			登记面积/平方千米 Registered Area/km²			探矿权使用费/万元 Exploration Right Royalty/10⁴ yuan
		有效 Valid	新立 Newly Issued	注销 Cancelled	有效 Valid	新立 Newly Issued	注销 Cancelled	
总 计	**Total**	**29425**	**960**	**915**	**4256344.75**	**34667.00**	**23638.38**	**21944.40**
国有企业	State-owned Enterprises	8816	346	363	3914693.53	22204.02	18136.05	7417.44
集体企业	Collective-owned Enterprises	106	5	10	962.40	30.75	46.40	41.60
股份合作企业	Cooperative Stock Enterprises	189	6	9	3093.58	35.25	122.38	137.41
联营企业	Joint Ownership Enterprises	463	110	19	8590.86	3506.94	352.14	250.23
有限责任公司	Limited Liability Corporations	17650	441	403	299073.34	8308.27	3930.82	12777.84
股份有限公司	Share Holding Company Limited	892	11	27	15182.82	180.40	330.49	671.55
私营企业	Private Enterprises	1110	30	73	11471.61	326.78	470.11	500.76
其他企业	Other Enterprises	106	9	3	1369.80	62.03	25.85	56.43
合资经营企业（港、澳、台资）	Enterprises of Joint Investment (with Investors from Hong Kong,Macao or Taiwan)	3		1	17.12		2.89	0.86
合作经营企业（港、澳、台资）	Cooperative Enterprises (with Investors from Hong Kong, Macao or Taiwan)	5	1		140.25	12.49		6.51
港、澳、台商独资经营企业	Enterprises with Funds Solely from Hong Kong, Macao or Taiwan	12		2	756.92		4.18	37.02
港、澳、台商投资股份有限公司	Share holding Company Limited with Funds from Hong Kong, Macao or Taiwan	4			103.20			5.16
中外合资经营企业	Chinese and Foreign Equity Joint Ventures	19		2	250.21		13.63	12.49
中外合作经营企业	Chinese and Foreign Cooperative Joint Ventures	37		3	491.02		203.44	23.47
外资企业	Foreign Funded Enterprises	10			86.54			4.08
外商投资股份有限公司	Foreign Funded Share Holding Company Limited	3	1		61.55	0.07		1.55

转让情况——按经济类型分列（2015年）

Granted and Transferred by Economic Type（2015）

探矿权出让 Exploration Rights Granted							探矿权转让 Exploration Rights Transferred	
合计 Total		申请在先 First Application	协议出让 Granting through Agreement		"招拍挂"出让 Granting through Bidding, Auction, and Listing		宗数/宗 Number of Cases/case	转让金额/万元 Amount of Transfer/10^4 yuan
宗数/宗 Number of Cases/case	价款金额/万元 Amount of Price Value/10^4 yuan	宗数/宗 Number of Cases/case	宗数/宗 Number of Cases/case	价款金额/万元 Amount of Price Value/10^4 yuan	宗数/宗 Number of Cases/case	价款金额/万元 Amount of Price Value/10^4 yuan		
960	**137011.76**	**535**	**65**	**3608.28**	**360**	**133403.48**	**291**	**53639.35**
346	5726.72	312	2	372.18	32	5354.54	31	5504.54
5	126.47	2	3	126.47				
6	375.00	1			5	375.00		
110	293.40	109			1	293.40		
441	110803.98	97	52	3098.77	292	107705.21	240	36908.80
11	16138.01	4			7	16138.01	13	6148.01
30	3140.26	8	6	0.02	16	3140.24	7	5078.00
9	407.91	2	1	10.84	6	397.07		
1	0.01				1	0.01		
1			1					

矿产资源采矿许可证发证及采矿
Mining Licenses Issued and Mining Rights

年份/地区	Year/Region	采矿许可证发证 Mining Licenses Issued						
		许可证数/个 Number of Licenses/number			登记面积/平方千米 Registered Area/km²			采矿权使用费/万元 Mining Right Royalty/10⁴ yuan
		有效 Valid	新立 Newly Issued	注销 Cancelled	有效 Valid	新立 Newly Issued	注销 Cancelled	
	2013	93782	2390	6465	243154.60	2689.81	1481.60	14292.95
	2014	84735	2665	7347	248538.81	1925.47	1120.14	13676.15
	2015	74743	2538	5177	252683.32	4951.72	1187.25	13126.35
国土资源部	MLR	1458	32		176768.69	2890.96		2835.60
北　京	Beijing	159	4		189.08	1.35		23.30
天　津	Tianjin	351	18	2	15.23	3.93	0.04	18.20
河　北	Hebei	2760	196	174	2546.78	108.16	75.56	340.30
山　西	Shanxi	3833	76	71	8735.79	19.20	2.28	1012.65
内蒙古	Inner Mongolia	4073	185	56	5443.40	161.44	9.07	679.55
辽　宁	Liaoning	2332	25	43	1433.47	15.80	24.20	222.50
吉　林	Jilin	1425	94	38	757.03	12.07	2.13	131.95
黑龙江	Heilongjiang	1678	64	228	2144.68	4.48	8.68	278.10
上　海	Shanghai	24			12.92			2.05
江　苏	Jiangsu	993	11	45	325.89	2.81	3.99	75.90
浙　江	Zhejiang	922	69	85	201.21	14.78	8.97	54.25
安　徽	Anhui	1470	15	208	868.36	4.63	27.78	141.50
福　建	Fujian	1207	26	236	1139.60	6.36	75.82	155.10
江　西	Jiangxi	4595	112	161	2193.36	22.43	11.13	394.05
山　东	Shandong	2280	41	454	3012.06	10.33	28.17	386.10
河　南	Henan	2454	62	240	5418.74	143.08	70.42	618.20
湖　北	Hubei	2350	66	144	1564.72	25.80	16.12	240.30
湖　南	Hunan	4112	225	901	1522.76	11.03	344.72	321.10
广　东	Guangdong	1474	45	65	389.84	8.27	3.56	94.45
广　西	Guangxi	2922	161	322	1357.03	30.93	50.39	253.10
海　南	Hainan	198	11	21	238.48	1.30	24.21	30.35
重　庆	Chongqing	2024	28	52	2234.31	4.73	4.43	297.10
四　川	Sichuan	5356	185	551	3609.41	19.89	246.57	572.20
贵　州	Guizhou	6408	152	365	6733.69	404.29	32.63	910.00
云　南	Yunnan	6719	161	191	4026.21	43.58	16.85	659.50
西　藏	Tibet	165	1		883.33	2.85		93.05
陕　西	Shaanxi	3651	120	191	7399.22	663.65	61.77	868.15
甘　肃	Gansu	2484	99	152	1722.84	69.26	27.09	269.90
青　海	Qinghai	626	22	55	5952.99	83.56	0.92	618.10
宁　夏	Ningxia	507	71	7	299.40	2.14	0.05	52.35
新　疆	Xinjiang	3733	161	119	3542.80	158.63	9.70	477.40

权出让、转让情况——按地区分列
Granted and Transferred by Region

采矿权出让 Mining Rights Granted							采矿权转让 Mining Rights Transferred	
合计 Total		探矿权转采矿权 Change of Exploration Right to Mining Right	协议出让 Granting through Agreement		"招拍挂"出让 Granting through Bidding, Auction, and Listing		宗数/宗 Number of Cases/case	转让金额/万元 Amount of Transfer/10^4 yuan
宗数/宗 Number of Cases/case	价款金额/万元 Amount of Price Value/10^4 yuan	宗数/宗 Number of Cases/case	宗数/宗 Number of Cases/case	价款金额/万元 Amount of Price Value/10^4 yuan	宗数/宗 Number of Cases/case	价款金额/万元 Amount of Price Value/10^4 yuan		
2390	663153.76	303	125	212436.75	1962	450717.01	1583	1509256.63
2665	714420.35	280	83	109892.83	2302	604527.52	1181	981178.97
2538	878269.55	255	233	419639.84	2050	458629.71	807	445748.48
32	287827.97	29	3	287827.97			3	50374.70
4	103.00				4	103.00	1	
18	266	14	3	127.00	1	139.00	2	10.76
196	24075.04	7	164	1918.84	25	22156.20	50	26793.18
76	15668.97	2			74	15668.97	26	4822.27
185	16038.29	26	1	1.00	158	16037.29	29	75862.60
25	5039.99	9	7	3996.87	9	1043.12	24	3866.49
94	2473.19	12	1	672.99	81	1800.20	16	2948.20
64	9949.82	2	2	8619.45	60	1330.37	20	14035.08
							1	10000.00
11	11430	6			5	11430.00	1	2494.85
69	170911.08	6	34	49304.98	29	121606.10	13	
15	97725.75	3	1	920.75	11	96805.00	9	5361.35
26	3186.03	4	1	283.17	21	2902.86	6	50.00
112	30509.42	17			95	30509.42	72	10958.49
41	18629.98	3			38	18629.98	45	12044.15
62	5872.66	27	2	1263.41	33	4609.25	34	923.00
66	6439.95	3	1	12.49	62	6427.46	41	46659.91
225	14707.23	3	1	131.20	221	14576.03	64	4578.04
45	8546.68	1			44	8546.68	9	955.63
161	6594.52	4			157	6594.52	22	1639.96
11	2990.14				11	2990.14	1	
28	1811.54	1	1	231.36	26	1580.18	13	18.00
185	21611.69	5	1	18.50	179	21593.19	111	51946.73
152	64343.62	20	1	47947.09	131	16396.53	20	156.28
161	5691.02	4			157	5691.02	102	91747.15
1		1						
120	4373.77	14	4	487.79	102	3885.98	11	1072.45
99	21964.3	4	3	15683.78	92	6280.52	32	5304.27
22	8996.01	4	1	175.37	17	8820.64	9	6171.09
71	2806.34				71	2806.34	1	112.65
161	7685.55	24	1	15.83	136	7669.72	19	14841.20

矿产资源采矿许可证发证及采矿权出让、
Mining Licenses Issued and Mining Rights

矿种	Mineral	采矿许可证发证 Mining Licenses Issued								
		许可证数/个 Number of Licenses/number			登记面积/平方千米 Registered Area/km^2			生产规模 Scale of Production		采矿权使用费/万元 Mining Right Royalty/10^4 yuan
		有效 Valid	新立 Newly Issued	注销 Cancelled	有效 Valid	新立 Newly Issued	注销 Cancelled	登记 Registration	新立 Newly Issued	
总计	**Grand Total**	**74743**	**2538**	**5177**	**252683.32**	**4951.72**	**1187.25**	**1480291.01**	**70735.02**	**13126.35**
煤炭	Coal	9480	35	624	58120.59	1621.09	723.81	422793.05	9635.00	6047.50
石油天然气	Oil & Natural gas	709	16		147121.47	1880.56				
煤层气	Coal bed methane	11			1478.53					
油页岩	Oil shale	24			132.90			3557.00		13.90
石煤	Stone coal	165		16	245.31		1.33	1195.00		28.80
油砂	Oil sand	2	1		11.18	9.24		80.14	80.00	1.15
天然沥青	Native bitumen	5			12.73			6.40		1.45
地热	Underground thermal water	1057	209	5	888.33	159.43	7.77	24549.28	2223.79	124.60
铁矿	Iron	3541	46	23	5476.13	91.59	3.70	111924.14	1647.50	642.70
锰矿	Manganese	371	6	21	587.88	28.18	10.09	2031.80	87.60	68.45
铬铁矿	Chromite	19			25.23		0.24	43.35		3.05
钛矿	Titanium	83	3		136.61	7.85	2.26	5133.24	190.00	16.00
钒矿	Vanadium	105	5		351.87	13.27		2553.16	78.00	37.35
金红石	Titanium	5			7.65			145.00		0.90
铜矿	Copper	806	6	3	1192.09	15.14	1.94	23164.96	1280.00	140.30
铅矿	Lead	871	13	9	1602.60	36.40	4.74	6221.21	125.00	183.35
锌矿	Zinc	349	9	7	681.80	29.51	0.96	4375.46	349.00	77.00
铝土矿	Bauxite	259	7	1	1254.22	277.29	0.37	5436.80	668.00	132.10
镁矿	Magnesium	3	1		2.17	0.64		187.20	20.00	0.30
镍矿	Nickel	52			98.07			1244.08		11.30
钴矿	Cobalt	4			5.26			177.00		0.65
钨矿	Tungsten	137			407.77			2364.03		43.85
锡矿	Tin	96			242.41			1087.73		26.60
铋矿	Bismuth	4			2.35			15.50		0.30
钼矿	Molybdenum	176	2		455.32	4.49		15420.12	55.00	50.10
汞矿	Mercury	29			51.99			122.52		6.00
锑矿	Antimony	65	1	2	137.48	0.82		310.52	3.00	15.60
铂矿	Platinum	6			9.21			121.00		1.10

转让情况——按矿种分列（2015年）
Granted and Transferred by Mineral（2015）

采矿权出让 Mining Rights Granted							采矿权转让 Mining Rights Transferred	
合计 Total		探矿权转采矿权 Change of Exploration Right to Mining Right	协议出让 Granting through Agreement		"招拍挂"出让 Granting through Bidding, Auction, and Listing		宗数/宗 Number of Cases/case	转让金额/万元 Amount of Transfer/10^4 yuan
宗数/宗 Number of Cases/case	价款金额/万元 Amount of Price Value/10^4 yuan	宗数/宗 Number of Cases/case	宗数/宗 Number of Cases/case	价款金额/万元 Amount of Price Value/10^4 yuan	宗数/宗 Number of Cases/case	价款金额/万元 Amount of Price Value/10^4 yuan		
2538	**878269.55**	**255**	**233**	**419639.84**	**2050**	**458629.71**	**807**	**445748.48**
35	352653.00	26	8	351140.00	1	1512.00	56	203682.48
16		16						
							4	153.00
1		1						
209	3157.00	25	167	2046.00	17	1112.00	5	1131.00
46	7290.55	36	2	320.84	8	6970.71	32	23718.00
6	231.00	5	1	231.00				
3		3					2	
5	843.00	2			3	843.00		
6		6					10	12641.00
13	175.00	12	1	175.00			5	2351.00
9		9					2	109.00
7	1263.00	5	2	1263.00				
1		1						
							1	500.00
2		2						
1		1						

矿产资源采矿许可证发证及采矿权出让、
Mining Licenses Issued and Mining Rights Granted

矿种	Mineral	采矿许可证发证 Mining Licenses Issued								
		许可证数/个 Number of Licenses/number			登记面积/平方千米 Registered Area/km²			生产规模 Scale of Production		采矿权使用费/万元 Mining Right Royalty/10^4 yuan
		有效 Valid	新立 Newly Issued	注销 Cancelled	有效 Valid	新立 Newly Issued	注销 Cancelled	登记 Registration	新立 Newly Issued	
砂金	Placer gold	72	33		318.07	53.81		2084.53	899.45	33.50
金矿	Gold	1324	26	9	3082.21	76.12	6.47	16898.85	174.40	341.90
银矿	Silver	113	2		218.15	1.76		1196.82	14.00	24.85
铌钽矿	Columbotantalite	8			10.19			155.30		1.30
铌矿	Niobium	5			6.46			44.80		0.85
钽矿	Tantalum	5			17.83			140.00		1.90
铍矿	Beryllium	2			3.55			9.50		0.40
锂矿	Lithium	15			313.93			416.50		31.70
锆矿	Zirconium	13		10	60.93		23.78	5976.77		6.40
锶矿(天青石)	Strontium	13			32.45			62.90		3.70
重稀土矿	Heavy rare earths	9			42.82			360.70		4.40
轻稀土矿	Light rare earths	66			146.54			1875.81		16.40
锗矿	Germanium	7			4.54			27.00		0.65
碲矿	Tellurium	2			1.97			3.20		0.25
蓝晶石	Kyanite	6			3.89			31.00		0.55
矽线石	Sillimanite	6			19.00			37.00		2.05
红柱石	Andalusite	14			13.24			336.20		1.60
菱镁矿	Magnesite	101			37.41			1959.55		7.05
萤石(普通)	Common fluorite	1063	33	9	856.83	20.28	3.12	2089.14	73.00	114.55
熔剂用石灰岩	Limestone for flux	183	5	2	86.81	6.27	0.14	8409.51	765.00	14.50
冶金用白云岩	Metallurgical dolomite	140	2	3	35.12	1.68	0.08	2545.50	145.00	8.35
冶金用石英岩	Metallurgical quartzite	149	3	1	66.60	3.19	0.16	702.95	62.00	11.75
冶金用砂岩	Metallurgical sandstone	21			13.62			53.20		2.05
铸型用砂岩	Foundry sandstone	8		2	0.36		0.12	19.45		0.40
铸型用砂	Foundry sand	36		3	15.86		0.71	298.70		2.90
冶金用脉石英	Metallurgical vein quartz	122	1	5	150.95	0.03	15.24	350.32	2.00	18.90
耐火粘土	Fireclay	159		24	118.94		7.70	705.35		16.65
铁钒土	Bauxite	12			5.24			32.88		1.00

转让情况——按矿种分列（2015年） 续表1

and Transferred by Mineral（2015） Continued 1

采矿权出让 Mining Rights Granted							采矿权转让 Mining Rights Transferred	
合计 Total		探矿权转采矿权 Change of Exploration Right to Mining Right	协议出让 Granting through Agreement		“招拍挂”出让 Granting through Bidding, Auction, and Listing		宗数/宗 Number of Cases/case	转让金额/万元 Amount of Transfer/10^4 yuan
宗数/宗 Number of Cases/case	价款金额/万元 Amount of Price Value/10^4 yuan	宗数/宗 Number of Cases/case	宗数/宗 Number of Cases/case	价款金额/万元 Amount of Price Value/10^4 yuan	宗数/宗 Number of Cases/case	价款金额/万元 Amount of Price Value/10^4 yuan		
33	3812.00				33	3812.00		
26	1004.00	23	2	295.00	1	709.00	12	5307.00
2		2					1	3500.00
							1	200.00
33	752.00	5			28	752.00	14	25483.00
5	541.00	3	1	193.00	1	349.00	4	4392.00
2	921.00	1	1	921.00			1	8.00
3	3131.00				3	3131.00	5	91.00
1		1						
							5	2347.00

矿产资源采矿许可证发证及采矿权出让、
Mining Licenses Issued and Mining Rights Granted

矿 种	Mineral	采矿许可证发证 Mining Licenses Issued								
		许可证数/个 Number of Licenses/number			登记面积/平方千米 Registered Area/km^2			生产规模 Scale of Production		采矿权使用费/万元 Mining Right Royalty/10^4 yuan
		有效 Valid	新立 Newly Issued	注销 Cancelled	有效 Valid	新立 Newly Issued	注销 Cancelled	登记 Registration	新立 Newly Issued	
其他粘土	Other clay	21	1		13.66	4.39		61.90	10.00	2.15
铸型用粘土	Foundry clay	1			2.26			3.00		0.25
耐火用橄榄岩	Refractory peridotite	3			2.31			40.00		0.35
熔剂用蛇纹岩	Serpentinite for flux	3			0.54			75.00		0.15
自然硫	Native sulfur	1			10.16			8.00		1.05
硫铁矿	Pyrite	224	2	1	344.82	1.37	0.15	3192.75	25.00	40.70
钠硝石	Natratine	3			37.02			26.39		3.75
明矾石	Alunite	1			1.20			21.00		0.15
芒硝(含钙芒硝)	Mirabilite （Including glauberite）	71	1		609.27			4374.83	50.00	62.80
重晶石	Barite	413	18	14	592.15	66.96	4.69	1427.04	71.00	70.60
毒重石	Witherite	32			27.77			100.20		3.60
天然碱	Trona	14	3		76.47	18.89		346.70	2.30	8.05
颜料黄土	Pigment loess	1			0.35			0.50		0.05
电石用灰岩	Tourmaline limestone	43	2	2	19.08	1.02	0.06	2224.73	150.00	3.40
制碱用灰岩	Limestone for soda ash	20		3	7.21		0.16	791.10		1.50
化肥用石灰岩	Limestone for fertilizer	4			0.45			32.00		0.20
化肥用白云岩	Dolostone for chemical industry	4			0.72			18.70		0.20
化肥用石英岩	Quartzite for fertilizer	9		2	3.82		0.22	65.50		0.65
化肥用砂岩	Sandstone for fertilizer	17			9.23			139.00		1.35
含钾岩石	K-bearing rock	5			4.92			64.60		0.65
含钾砂页岩	K-bearing sandy shale	1	1		0.95	0.95		10.00	10.00	0.10
化肥用蛇纹岩	Serpentinite for fertilizer	5			2.75			26.00		0.40
泥炭	Peat	47		5	55.47		9.56	237.51		6.80
矿盐	Salt	16	1		164.39	25.11		564.63	100.00	16.85
岩盐	Halite	103	1		241.29	5.13		6997.31	120.00	26.60
湖盐	Lake salt	38			572.55			1348.19		58.10

转让情况——按矿种分列（2015年）　续表2
and Transferred by Mineral（2015）　Continued 2

采矿权出让 Mining Rights Granted							采矿权转让 Mining Rights Transferred	
合计 Total		探矿权转采矿权 Change of Exploration Right to Mining Right	协议出让 Granting through Agreement		"招拍挂"出让 Granting through Bidding, Auction, and Listing		宗数/宗 Number of Cases/case	转让金额/万元 Amount of Transfer/10^4 yuan
宗数/宗 Number of Cases/case	价款金额/万元 Amount of Price Value/10^4 yuan	宗数/宗 Number of Cases/case	宗数/宗 Number of Cases/case	价款金额/万元 Amount of Price Value/10^4 yuan	宗数/宗 Number of Cases/case	价款金额/万元 Amount of Price Value/10^4 yuan		
1	597.00				1	597.00		
2		2					3	9646.00
1	5320.00				1	5320.00		
18	1773.00				18	1773.00	3	48.00
							1	
3	65.00				3	65.00		
2	354.00	1			1	354.00		
							1	176.00
							1	56.00
1	66.00				1	66.00		
1		1						
1		1						
							1	3500.00

矿产资源采矿许可证发证及采矿权出让、
Mining Licenses Issued and Mining Rights Granted

矿种	Mineral	采矿许可证发证 Mining Licenses Issued								
		许可证数/个 Number of Licenses/number			登记面积/平方千米 Registered Area/km²			生产规模 Scale of Production		采矿权使用费/万元 Mining Right Royalty/10⁴ yuan
		有效 Valid	新立 Newly Issued	注销 Cancelled	有效 Valid	新立 Newly Issued	注销 Cancelled	登记 Registration	新立 Newly Issued	
镁盐	Magnesium salt	6			80.81			282.00		8.25
天然卤水	Natural brine	39		1	529.35		20.21	3632.76		53.90
钾盐	Potash	21	1		11763.56	65.86		767.70	1.00	1176.85
溴矿	Bromine	55			67.48			14.54		8.75
砷矿	Arsenic	6			5.96			5.36		0.75
磷矿	Phosphate rock	333	2	1	841.28	5.74	1.39	13865.67	140.00	92.60
金刚石	Diamond	2			0.94					0.15
石墨	Graphite	151	3	4	171.27	1.91	3.21	1595.53	54.00	21.25
水晶	Crystal	4			1.57			2.04		0.30
熔炼水晶	Crystal for artware	1			0.19					0.05
工艺水晶	Wollastonite	1			0.16					0.05
硅灰石	Wollastonite	128	1	5	57.54	0.06	1.92	423.85	3.00	10.25
滑石	Talc	113	1	5	60.21	0.10	2.65	475.06	5.00	9.35
石棉(温石棉)	Asbestos	32			13.21			218.95		2.45
云母	Mica	25			12.60			61.40		1.80
长石	Feldspar	318	9	6	169.19	3.08	0.27	1239.14	37.00	26.90
电气石	Tourmaline	4			10.31			12.90		1.15
石榴子石	Garnet	21			6.32			79.67		1.30
叶蜡石	Pyrophyllite	55	1	6	26.79	0.49	0.31	249.22	0.30	4.35
透辉石	Diopside	30			4.94			190.80		1.65
蛭石	Vermiculite	11			9.92			51.80		1.40
沸石	Zeolite	41	2	6	9.92	1.45	4.58	235.55	10.00	2.40
透闪石	Tremolite	8		1	1.24		0.15	78.50		0.40
石膏	Gypsum	499	16	23	474.97	6.40	4.06	6502.70	235.50	61.75
方解石	Calcite	591	29	48	203.30	11.52	3.45	3000.78	197.80	41.90
冰洲石	Iceland spar	1	1		3.95	3.95		0.01	0.01	0.40
光学萤石	Optical fluorite	2			1.53			3.45		0.20
宝石	Gem	6			7.20			10.38		0.90

转让情况——按矿种分列（2015年） 续表3

and Transferred by Mineral（2015） Continued 3

采矿权出让 Mining Rights Granted							采矿权转让 Mining Rights Transferred	
合计 Total		探矿权转采矿权 Change of Exploration Right to Mining Right	协议出让 Granting through Agreement		“招拍挂”出让 Granting through Bidding, Auction, and Listing		宗数/宗 Number of Cases/case	转让金额/万元 Amount of Transfer/10^4 yuan
宗数/宗 Number of Cases/case	价款金额/万元 Amount of Price Value/10^4 yuan	宗数/宗 Number of Cases/case	宗数/宗 Number of Cases/case	价款金额/万元 Amount of Price Value/10^4 yuan	宗数/宗 Number of Cases/case	价款金额/万元 Amount of Price Value/10^4 yuan		
							1	10.00
1		1						
							1	36.00
2		2					4	23289.00
3	982.00	2	1	982.00			1	100.00
1	12.00				1	12.00	1	20.00
1	45.00				1	45.00	3	120.00
9	867.00				9	867.00	9	419.00
1	16.00				1	16.00		
2	20.00				2	20.00	2	142.00
							1	10.00
16	644.00	4			12	644.00	3	40.00
29	2308.00	1			28	2308.00	13	529.00
1	9.00				1	9.00		

矿产资源采矿许可证发证及采矿权出让、
Mining Licenses Issued and Mining Rights Granted

矿种	Mineral	采矿许可证发证 Mining Licenses Issued								
		许可证数/个 Number of Licenses/number			登记面积/平方千米 Registered Area/km^2			生产规模 Scale of Production		采矿权使用费/万元 Mining Right Royalty/ 10^4 yuan
		有效 Valid	新立 Newly Issued	注销 Cancelled	有效 Valid	新立 Newly Issued	注销 Cancelled	登记 Registration	新立 Newly Issued	
玉石	Jade	157	6		157.35	12.54		541.39	0.02	19.65
玛瑙	Agate	5			12.01			3.40		1.30
石灰岩	Limestone	4047	80	334	505.92	27.78	12.27	59070.72	2319.40	222.00
玻璃用石灰岩	Limestone for glass	3			0.72			4.50		0.20
水泥用石灰岩	Limestone for cement	1845	36	101	963.89	24.69	14.99	162625.24	6432.20	154.75
建筑石料用灰岩	Limestone for building stone	9068	329	958	849.84	36.98	29.58	141804.29	8335.95	479.55
饰面用灰岩	Facing limestone	185	22	5	68.96	4.91	0.20	925.97	91.49	13.00
制灰用石灰岩	Limestone for mortar	301	2	18	59.94	1.41	0.63	4878.17	4.50	18.30
含钾岩石	Potassium limestone	2			0.60			13.00		0.10
泥灰岩	Marlstone	42	1	6	5.91	0.11	1.05	214.01	30.00	2.45
白垩	Chalk	5			1.16			35.00		0.25
白云岩	Dolostone	424	14	10	174.67	21.86	0.33	5534.83	730.00	33.90
玻璃用白云岩	Dolostone for glass	9		1	8.15		0.01	114.00		1.15
建筑用白云岩	Dolostone for building	731	32	75	81.04	3.24	4.37	12203.53	392.40	39.05
石英岩	Quartzite	598	19	31	277.91	11.31	14.46	3490.30	103.90	47.65
冶金用石英岩	Metallurgical quartzite	48	1	1	16.47	0.26	0.06	288.10	3.00	3.45
玻璃用石英岩	Quartzite for glass	164	7	3	65.98	9.15	2.10	1892.33	164.00	12.30
砂岩	Sandstone	875	16	100	64.87	1.58	2.24	7008.96	97.07	45.85
玻璃用砂岩	Sandstone for glass	72	2	3	15.56	0.06	0.80	1021.22	38.00	4.25
水泥配料用砂岩	Sandstone for cement	177	5	5	69.78	1.70	1.56	3282.26	286.00	13.25
砖瓦用砂岩	Sandstone for bricks and tiles	272	23	9	16.08	0.79	0.59	1573.83	182.36	14.10
陶瓷用砂岩	Sandstone for ceramics	49			14.96			283.76		3.30
建筑用砂岩	Sandstone for building	630	119	18	79.53	10.26	0.53	12993.33	3323.81	35.00
天然石英砂	Natural Silicious sand	116	5	2	111.30	4.38	0.12	1357.58	80.00	14.85
玻璃用砂	Sand for glass	23		3	18.55		0.18	933.71		2.75

转让情况——按矿种分列（2015年） 续表4

and Transferred by Mineral（2015） Continued 4

采矿权出让 Mining Rights Granted							采矿权转让 Mining Rights Transferred	
合计 Total		探矿权转采矿权 Change of Exploration Right to Mining Right	协议出让 Granting through Agreement		"招拍挂"出让 Granting through Bidding, Auction, and Listing		宗数/宗 Number of Cases/case	转让金额/万元 Amount of Transfer/10^4 yuan
宗数/宗 Number of Cases/case	价款金额/万元 Amount of Price Value/10^4 yuan	宗数/宗 Number of Cases/case	宗数/宗 Number of Cases/case	价款金额/万元 Amount of Price Value/10^4 yuan	宗数/宗 Number of Cases/case	价款金额/万元 Amount of Price Value/10^4 yuan		
6	640.00	2	1	16.00	3	624.00	4	36034.00
80	13678.00	6			74	13678.00	71	8377.00
36	70405.00	9	1	3230.00	26	67175.00	28	20735.00
329	119723.00	1	5	1525.00	323	118198.00	131	10491.00
22	3126.00				22	3126.00		
2	25.00				2	25.00	6	384.00
1		1					1	36.00
14	1499.00	3	1	283.00	10	1215.00	4	831.00
32	1666.00				32	1666.00	8	846.00
19	1087.00				19	1087.00	4	2553.00
1	14.00				1	14.00	1	30.00
7	7161.00	1			6	7161.00	5	571.00
16	429.00				16	429.00	13	729.00
2	213.00				2	213.00	2	172.00
5	245.00	1			4	245.00	3	62.00
23	541.00				23	541.00	1	2.00
119	31309.00		2	6183.00	117	25126.00	8	616.00
5	189.00				5	189.00	1	10.00
							1	16.00

矿产资源采矿许可证发证及采矿权出让、

Mining Licenses Issued and Mining Rights Granted

矿种	Mineral	采矿许可证发证 Mining Licenses Issued								
		许可证数/个 Number of Licenses/number			登记面积/平方千米 Registered Area/km^2			生产规模 Scale of Production		采矿权使用费/万元 Mining Right Royalty/10^4 yuan
		有效 Valid	新立 Newly Issued	注销 Cancelled	有效 Valid	新立 Newly Issued	注销 Cancelled	登记 Registration	新立 Newly Issued	
海砂	Sea sand	1			1.01			35.20		0.15
建筑用砂	Sand for building	3697	352	329	585.42	41.50	84.79	37089.64	4067.78	209.85
水泥配料用砂	Sand for cement	20		2	3.74		0.02	269.52		1.15
水泥标准砂	Standard sand for cement	2			1.42			3.80		0.20
砖瓦用砂	Sand for bricks and tiles	27	2	1	4.71	0.21		117.54	22.40	1.55
脉石英	Vein quartz	184	2	5	92.11	1.37	0.65	461.64	11.00	14.90
玻璃用脉石英	Vein quartz for glass	65	1	2	30.70	0.57	0.57	322.50	15.00	4.90
粉石英	Powdery quartz	14			7.92			49.80		1.20
天然油石	Natural oil stone	1			0.20			0.15		0.05
硅藻土	Diatomaceous earth	41	1	3	36.92	3.20	0.91	313.60	5.00	4.85
页岩	Shale	1112	38	91	61.64	1.92	4.42	9370.39	399.89	57.30
陶粒页岩	Shale for ceramisite	30		1	7.84		0.12	541.15		1.90
砖瓦用页岩	Shale for bricks and tiles	4695	248	367	241.29	12.55	9.42	26586.23	3874.66	240.95
水泥配料用页岩	Shale for cement	110	11	6	63.53	1.12	0.47	1523.88	172.80	10.55
高岭土	Kaolin	392	14	11	354.92	9.96	4.39	3174.38	104.50	47.20
陶瓷土	Ceramic clay	471	17	31	199.04	4.85	7.87	3251.51	152.30	35.90
凹凸棒石粘土	Attapulgite clay	28		1	27.90		0.08	213.24		3.55
海泡石粘土	Sepiolite clay	4	1		2.90	0.30		21.42	18.00	0.35
伊利石粘土	Illite clay	44		1	38.14		0.25	367.80		5.05
累托石粘土	Rectorite clay	1			0.63			9.00		0.10
膨润土	Bentonite	188	3	3	135.56	1.52	2.45	1066.33	9.00	19.55
砖瓦用粘土	Clay for bricks and tiles	8343	130	1094	488.36	5.37	64.25	43800.13	766.83	423.95
陶粒用粘土	Clay for ceramic	43	2	6	202.78	0.04	1.74	155.14	7.00	21.65
水泥用粘土	Clay for cement	111	3	6	43.28	1.05	0.65	1752.39	30.80	7.90
水泥配料用红土	Laterite for cement	10		1	0.97		0.01	78.63		0.50
水泥配料用黄土	Loess clay for cement	4			0.57			212		0.20

转让情况——按矿种分列（2015年） 续表5

and Transferred by Mineral（2015） Continued 5

采矿权出让 Mining Rights Granted							采矿权转让 Mining Rights Transferred	
合计 Total		探矿权转采矿权 Change of Exploration Right to Mining Right	协议出让 Granting through Agreement		“招拍挂”出让 Granting through Bidding, Auction, and Listing		宗数/宗 Number of Cases/case	转让金额/万元 Amount of Transfer/10^4 yuan
宗数/宗 Number of Cases/case	价款金额/万元 Amount of Price Value/10^4 yuan	宗数/宗 Number of Cases/case	宗数/宗 Number of Cases/case	价款金额/万元 Amount of Price Value/10^4 yuan	宗数/宗 Number of Cases/case	价款金额/万元 Amount of Price Value/10^4 yuan		
352	22524.00	1	2	187.00	349	22337.00	35	1853.00
2	30.00				2	30.00	1	
2	11.00	1			1	11.00	3	43.00
1		1						
1		1						
38	1663.00				38	1663.00	13	2019.00
248	6779.00				248	6779.00	58	3540.00
11	547.00				11	547.00	2	48.00
14	560.00	2			12	560.00	1	18.00
17	2077.00	2			15	2077.00	8	1709.00
1	131.00		1	131.00				
							4	151.00
							1	1600.00
3	46.00				3	46.00	1	
130	1067.00				130	1067.00	31	719.00
2	36.00				2	36.00		
3	94.00				3	94.00		

矿产资源采矿许可证发证及采矿权出让、
Mining Licenses Issued and Mining Rights Granted

矿 种	Mineral	采矿许可证发证 Mining Licenses Issued								
		许可证数/个 Number of Licenses/number			登记面积/平方千米 Registered Area/km^2			生产规模 Scale of Production		采矿权使用费/万元 Mining Right Royalty/ 10^4 yuan
		有效 Valid	新立 Newly Issued	注销 Cancelled	有效 Valid	新立 Newly Issued	注销 Cancelled	登记 Registration	新立 Newly Issued	
保温材料用粘土	Clay for thermal insulating material	6			4.81			24.36		0.70
橄榄岩	Peridotite	9			30.48			90.08		3.30
建筑用橄榄岩	Peridotite for building	7			41.91			26.13		4.40
蛇纹岩	Serpentinite	38	3		21.62	1.95		343.71	9.00	3.40
饰面用蛇纹岩	Facing serpentinite	13			4.39			19.12		0.85
玄武岩	Basalt	315	4	57	63.35	1.12	2.25	4237.26	54.06	19.10
铸石用玄武岩	Basalt for casting	5		1	0.48		0.08	75.10		0.25
建筑用玄武岩	Basalt for building	253	25	3	30.49	2.73	0.03	6731.45	827.87	13.55
辉绿岩	Diabase	98	3	6	28.62	0.50	0.83	667.49	17.70	6.45
水泥用辉绿岩	Diabase for cement	3	1		0.28	0.09		43.00	8.00	0.15
建筑用辉绿岩	Diabase for building	166	15	13	37.16	3.32	3.39	2719.29	268.30	9.95
饰面用辉绿岩	Facing diabase	50	2	6	13.48	0.37	0.49	215.67	18.00	3.00
安山岩	Andesite	81	1	10	5.51	0.02	0.35	1425.58	20.80	4.10
饰面用安山岩	Facing andesite	4			3.24			9.36		0.50
建筑用安山岩	Andesite for building	302	8	22	17.15	0.67	0.91	6337.47	183.56	15.30
水泥混合材料用安山岩	Andesite porphyrite for addition of cement	1			0.04			20.80		0.05
闪长岩	Diorite	55	10	2	10.59	0.60	0.36	1926.87	78.00	3.20
建筑用闪长岩	Diorite for building	193	6	14	11.50	0.13	1.03	2891.93	127.40	9.95
水泥混合材料用闪长玢岩	Diorite porphyrite for addition of cement	1			0.01			5.20		0.05
花岗岩	Granite	600	20	53	159.34	4.20	2.70	6069.38	132.52	38.90
建筑用花岗岩	Granite for building	2182	80	135	189.00	6.83	7.10	64761.81	5167.73	113.25

转让情况——按矿种分列（2015年） 续表6
and Transferred by Mineral（2015） Continued 6

采矿权出让 Mining Rights Granted								采矿权转让 Mining Rights Transferred	
合计 Total		探矿权转采矿权 Change of Exploration Right to Mining Right	协议出让 Granting through Agreement		“招拍挂”出让 Granting through Bidding, Auction, and Listing			宗数/宗 Number of Cases/case	转让金额/万元 Amount of Transfer/10^4 yuan
宗数/宗 Number of Cases/case	价款金额/万元 Amount of Price Value/10^4 yuan	宗数/宗 Number of Cases/case	宗数/宗 Number of Cases/case	价款金额/万元 Amount of Price Value/10^4 yuan	宗数/宗 Number of Cases/case	价款金额/万元 Amount of Price Value/10^4 yuan			
3	232.00				3	232.00			
4	159.00				4	159.00		6	996.00
25	17965.00				25	17965.00		5	287.00
3	149.00				3	149.00		1	50.00
1	300.00				1	300.00			
15	4165.00		1	12.00	14	4152.00		1	20.00
2	27.00	1			1	27.00		1	199.00
1	49.00				1	49.00		1	11.00
8	406.00				8	406.00		5	220.00
10	89.00				10	89.00		1	5.00
6	500.00				6	500.00		5	1845.00
20	5484.00				20	5484.00		12	1190.00
80	14761.00		5	2232.00	75	12529.00		37	1996.00

矿产资源采矿许可证发证及采矿权出让、
Mining Licenses Issued and Mining Rights Granted

矿种	Mineral	采矿许可证发证 Mining Licenses Issued								
		许可证数/个 Number of Licenses/number			登记面积/平方千米 Registered Area/km^2			生产规模 Scale of Production		采矿权使用费/万元 Mining Right Royalty/10^4 yuan
		有效 Valid	新立 Newly Issued	注销 Cancelled	有效 Valid	新立 Newly Issued	注销 Cancelled	登记 Registration	新立 Newly Issued	
饰面用花岗岩	Facing granite	1095	48	90	308.58	36.90	2.35	6839.55	811.31	72.35
麦饭石	Medical stone	10		1	10.86		0.03	23.13		1.45
珍珠岩	Perlite	65	3	1	20.13	4.03	0.02	329.85	9.00	4.55
黑曜岩	Obsidian	6	3		1.23	0.86		34.00	23.00	0.35
浮石	Float stone	14		1	2.27		0.01	37.52		0.70
粗面岩	Trachyte	15			2.21			137.38		0.90
霞石正长岩	Nepheline syenite	12			6.53			390.00		1.10
凝灰岩	Tuff	69		9	12.74		0.37	1010.82		4.00
水泥用凝灰岩	Tuff for cement	21	2		3.52	0.11		310.30	38.01	1.15
建筑用石料（凝灰岩）	Tuff for building	1327	102	111	160.76	23.44	8.27	52273.68	8353.33	72.05
火山灰	Volcanic ash	2			0.68			10.00		0.15
水泥用火山灰	Volcanic ash for cement	1			0.07			5.00		0.05
火山渣	Scoria	13			4.53			101.98		0.90
大理岩	Marble	294	15	4	129.34	18.68	0.88	3384.99	135.27	23.20
饰面用石料（大理石）	Facing marble	421	26	11	220.51	11.81	0.33	2313.33	232.47	36.50
建筑用大理岩	Marble for building	320	10	12	87.86	1.34	8.04	4226.27	247.86	20.80
水泥用大理石	Marble for cement	103	6	9	28.68	1.06	0.50	6529.46	1228.50	6.70
玻璃用大理石	Marble for glass	3			0.72			17.28		0.15
板岩	Slate	176	11	17	64.31	0.50	0.28	1716.31	146.83	13.70
饰面用板岩	Facing slate	60	2	8	26.24	0.76	0.89	247.04	7.35	4.85
水泥配料用板岩	Slate for cement	6			3.75			48.87		0.60
片麻岩	Gneiss	305	17	11	27.70	0.68	2.79	6082.95	312.93	16.00
角闪岩	Amphibolite	31			6.92			385.56		1.85
硼矿	Boron	55			390.14			574.20		40.60
矿泉水	Mineral water	729	10	14	412.17	7.46	2.07	4349.08	206.51	62.05
地下水	Groundwater	8			14.45			1103.50		1.70
二氧化碳气	Carbon dioxide gas	1			28.74			8.00		2.90
其他	Others	1			0.40					0.05

转让情况——按矿种分列（2015年） 续表7

and Transferred by Mineral（2015） Continued 7

采矿权出让 Mining Rights Granted							采矿权转让 Mining Rights Transferred	
合计 Total		探矿权转采矿权 Change of Exploration Right to Mining Right	协议出让 Granting through Agreement		"招拍挂"出让 Granting through Bidding, Auction, and Listing		宗数/宗 Number of Cases/case	转让金额/万元 Amount of Transfer/10^4 yuan
宗数/宗 Number of Cases/case	价款金额/万元 Amount of Price Value/10^4 yuan	宗数/宗 Number of Cases/case	宗数/宗 Number of Cases/case	价款金额/万元 Amount of Price Value/10^4 yuan	宗数/宗 Number of Cases/case	价款金额/万元 Amount of Price Value/10^4 yuan		
48	15599.00	14			34	15599.00	25	2321.00
3	119.00				3	119.00	2	43.00
3	146.00				3	146.00	1	100.00
							1	10.00
							1	2.00
2	41.00				2	41.00		
102	123607.00		27	40636.00	75	82971.00	11	4901.00
15	2234.00				15	2234.00	4	265.00
26	3658.00				26	3658.00	4	725.00
10	1243.00				10	1243.00	5	185.00
6	8310.00		1	7638.00	5	672.00		
11	745.00				11	745.00	1	5.00
2	125.00				2	125.00		
17	1686.00				17	1686.00	3	92.00
							2	54.00
10	104.00	8			2	104.00	13	12277.00

矿产资源采矿许可证发证及采矿权出让、

Mining Licenses Issued and Mining Rights Granted

经济类型	Economic Type	采矿许可证发证 Mining Licenses Issued						
		许可证数/个 Number of Licenses/number			登记面积/平方千米 Registered Area/km^2			采矿权使用费/万元 Mining Right Royalty/ 10^4 yuan
		有效 Valid	新立 Newly Issued	注销 Cancelled	有效 Valid	新立 Newly Issued	注销 Cancelled	
合 计	**Grand Total**	**74743**	**2538**	**5177**	**252683.32**	**4951.72**	**1187.25**	**13126.35**
国有企业	State-owned Enterprises	2560	67	133	157542.38	1933.70	157.24	946.45
集体企业	Collective-owned Enterprises	3459	11	655	1407.17	0.73	191.40	269.15
股份合作企业	Cooperative Stock Enterprises	528	8	42	702.55	4.79	17.36	89.65
联营企业	Joint Ownership Enterprises	903	9	46	163.02	0.33	33.33	54.85
有限责任公司	Limited Liability Corporations	33452	1617	749	72906.14	2742.33	414.11	8351.85
股份有限公司	Share Holding Company Limited	1659	27	57	12830.99	135.70	15.58	1334.20
私营企业	Private Enterprises	30376	759	3346	6087.52	77.46	348.08	1902.15
其他企业	Other Enterprises	1445	36	140	114.18	2.70	5.98	75.40
合资经营企业（港、澳、台资）	Enterprises of Joint Investment (with Investors from Hong Kong, Macao or Taiwan)	63	1		257.43	0.46		27.35
合作经营企业（港、澳、台资）	Cooperative Enterprises (with Investors from Hong Kong, Macao or Taiwan)	9	1		58.60	53.28		6.15
港、澳、台商独资经营企业	Enterprises with Funds Solely from Hong Kong, Macao or Taiwan	75	2	2	145.28	0.24	2.55	16.45
港、澳、台商投资股份有限公司	Share holding Company Limited with Funds from Hong Kong, Macao or Taiwan	17			20.51			2.45
中外合资经营企业	Chinese and Foreign Equity Joint Ventures	102		4	178.48		1.35	20.60
中外合作经营企业	Chinese and Foreign Cooperative Joint Ventures	33		1	171.88		0.09	18.10
外资企业	Foreign Funded Enterprises	43		1	37.47		0.06	5.00
外商投资股份有限公司	Foreign Funded Share Holding Company Limited	19		1	59.72		0.12	6.55

转让情况——按经济类型分列（2015年）
and Transferred by Economic Type（2015）

采矿权出让 Mining Rights Granted							采矿权转让 Mining Rights Transferred	
合计 Total		探矿权转采矿权 Change of Exploration Right to Mining Right	协议出让 Granting through Agreement		“招拍挂”出让 Granting through Bidding, Auction, and Listing		宗数/宗 Number of Cases/case	转让金额/万元 Amount of Transfer/10^4 yuan
宗数/宗 Number of Cases/case	价款金额/万元 Amount of Price Value/10^4 yuan	宗数/宗 Number of Cases/case	宗数/宗 Number of Cases/case	价款金额/万元 Amount of Price Value/10^4 yuan	宗数/宗 Number of Cases/case	价款金额/万元 Amount of Price Value/10^4 yuan		
2538	**878269.55**	**255**	**233**	**419639.84**	**2050**	**458629.71**	**807**	**445748.48**
67	10276.01	22	7	2119.94	38	8156.07	4	4434.30
11	75.91	1	1		9	75.91	1	125.00
8	967.39	2			6	967.39		
9	132.51				9	132.51	1	
1617	814837.09	215	215	410751.96	1187	404085.13	550	346205.44
27	8284.68	7	1	6164.08	19	2120.60	13	66506.98
759	42790.19	3	7	586.03	749	42204.16	215	16073.62
36	384.78	4	2	17.83	30	366.95	20	463.14
1	87.99				1	87.99	1	200.00
1		1						
2	433.00				2	433.00		
							2	11740.00

矿产资源勘查、开采

Cases Handling of Illegal

年份/案件类别	Year / Case Category	合计 Total
	2013	6947
	2014	5720
	2015	4753
上年未结案件	Cases Unsettled Last Year	447
本年立案	Cases Filed This Year	4835
勘查	Exploration	216
无证勘查	Exploration Without Any License	71
越界勘查	Cross-border Exploration	9
非法转让探矿权	Illegal Transfer of Exploration Right	4
其他	Others (Exploration)	132
开采	Mining	4616
无证开采	Mining Without Any License	2816
越界开采	Cross-border Mining	1469
非法转让采矿权	Illegal Transfer of Mining Right	15
破坏性开采	Destructive Mining	4
其他	Others (Mining)	312
不按规定缴纳矿产资源补偿费	Failure to Pay Mineral Resources Compensation Fees According to the Rule	3
非法批准	Illegal Approval	
违法发证	Unlawful Issuance of License	
勘查许可证	Exploration License	
采矿许可证	Mining License	
其他	Others	
本年结案	Cases Settled This Year	4753
处理上年未结案	Last Year's Unsettled Cases Handled	267
勘查	Exploration	196
无证勘查	Exploration Without Any License	58
越界勘查	Cross-border Exploration	8
非法转让探矿权	Illegal Transfer of Exploration Right	4
其他	Others (Exploration)	126
开采	Mining	4287
无证开采	Mining Without Any License	2607
越界开采	Cross-border Mining	1363
非法转让采矿权	Illegal Transfer of Mining Right	15
破坏性开采	Destructive Mining	4
其他	Others (Mining)	298
不按规定缴纳矿产资源补偿费	Failure to Pay Mineral Resources Compensation Fees According to the Rule	3
非法批准	Illegal Approval	
违法发证	Unlawful Issuance of License	
勘查许可证	Exploration License	
采矿许可证	Mining License	
其他	Others	
本年未结案件	Cases Unsettled This Year	529

违法案件查处情况

Exploration and Mining

国家机关 State Organs	省级机关 Provincial Level	市级机关 Enterprises and Institutions	县级机关 County Level	企事业单位 Enterprises and Institutions	外商 Foreign-funded	集体 Collective	乡村 Township	个人 Individual
1			1	2327	11	156	39	4463
				2299		105	28	3316
				1939	3	69	27	2745
				124				323
				2018	4	73	30	2744
				163				53
				31				40
				8				1
				4				
				120				12
				1853	4	73	30	2690
				662	2	43	21	2111
				999	2	22	2	448
				12		1	1	2
				3				1
				177		7	6	128
				2				1
				1939	3	69	27	2745
				55	1			212
				156				40
				30				28
				8				
				4				
				114				12
				1726	2	69	27	2492
				615		39	18	1953
				929	2	22	2	412
				12		1	1	2
				3				1
				167		7	6	124
				2				1
				203	1	4	3	322

矿产资源勘查、开采违法案件

Cases Handling of Illegal

年份/案件类别	Year/Case Category	合计 Total	北京 Beijing	天津 Tianjin	河北 Hebei
2013		6947	55	26	364
2014		5720	28	53	232
2015		4753	28	65	107
上年未结案件	**Cases Unsettled Last Year**	**447**			**9**
本年立案	**Cases Filed This Year**	**4835**	**30**	**65**	**103**
勘查	Exploration	216	4		1
无证勘查	Exploration Without Any License	71	2		
越界勘查	Cross-border Exploration	9			
非法转让探矿权	Illegal Transfer of Exploration Right	4			
其他	Others (Exploration)	132	2		1
开采	Mining	4616	26	65	102
无证开采	Mining Without Any License	2816	25	62	65
越界开采	Cross-border Mining	1469	1	3	32
非法转让采矿权	Illegal Transfer of Mining Right	15			
破坏性开采	Destructive Mining	4			
其他	Others (Mining)	312			5
不按规定缴纳矿产资源补偿费	Failure to Pay Mineral Resources Compensation Fees According to the Rule	3			
非法批准	Illegal Approval				
违法发证	Unlawful Issuance of License				
勘查许可证	Exploration License				
采矿许可证	Mining License				
其他	Others				
本年结案	**Cases settled This Year**	**4753**	**28**	**65**	**107**
处理上年未结案	Last Year' s Unsettled Cases Handled	267			8
勘查	Exploration	196	4		1
无证勘查	Exploration Without Any License	58	2		
越界勘查	Cross-border Exploration	8			
非法转让探矿权	Illegal Transfer of Exploration Right	4			
其他	Others (Exploration)	126	2		1
开采	Mining	4287	24	65	98
无证开采	Mining Without Any License	2607	23	62	61
越界开采	Cross-border Mining	1363	1	3	32
非法转让采矿权	Illegal Transfer of Mining Right	15			
破坏性开采	Destructive Mining	4			
其他	Others (Mining)	298			5
不按规定缴纳矿产资源补偿费	Failure to Pay Mineral Resources Compensation Fees According to the Rule	3			
非法批准	Illegal Approval				
违法发证	Unlawful Issuance of License				
勘查许可证	Exploration License				
采矿许可证	Mining License				
其他	Others				
本年未结案件	**Cases Unsettled This Year**	**529**	**2**		**5**

查处情况——按地区分列

Exploration and Mining by Region

山西 Shanxi	内蒙古 Inner Mongolia	辽宁 Liaoning	吉林 Jilin	黑龙江 Heilongjiang	上海 Shanghai	江苏 Jiangsu	浙江 Zhejiang	安徽 Anhui	福建 Fujian	江西 Jiangxi	山东 Shandong
202	328	538	174	252		23	325	140	409	164	126
201	389	166	108	248		32	230	137	200	151	107
145	301	83	120	196		14	241	53	203	139	62
3		**3**	**1**	**8**			**3**	**20**	**123**	**6**	**1**
148	**307**	**101**	**136**	**221**		**14**	**250**	**69**	**109**	**139**	**65**
6	48	2	2	3			1	1	1	2	
6	1	2		2			1		1		
								1			
	47		2	1						2	
142	259	99	134	218		14	249	67	108	137	65
67	201	50	126	85		12	196	37	79	44	42
63	42	49	8	127		1	43	28	17	84	15
							1				
	1						2		1		
12	15			6		1	7	2	11	9	8
								1			
145	**301**	**83**	**120**	**196**		**14**	**241**	**53**	**203**	**139**	**62**
			2	8			6		123	3	
6	48	2	2	3			1	1	1	2	
6	1	2		2			1		1		
								1			
	47		2	1						2	
139	253	81	116	185		14	234	51	79	134	62
65	195	46	109	73		12	191	24	57	43	42
62	42	35	7	106		1	34	26	10	83	15
							1				
	1						2		1		
12	15			6		1	6	1	11	8	5
								1			
6	**6**	**21**	**17**	**33**			**12**	**36**	**29**	**6**	**4**

矿产资源勘查、开采违法案件

Cases Handling of Illegal Exploration

年份/案件类别	Year/Case Category	河南 Henan	湖北 Hubei	湖南 Hunan	广东 Guangdong
	2013	128	42	382	277
	2014	100	68	345	201
	2015	91	52	213	
上年未结案件	**Cases Unsettled Last Year**		**1**	**8**	
本年立案	**Cases Filed This Year**	**91**	**63**	**222**	
勘查	Exploration				
无证勘查	Exploration Without Any License				
越界勘查	Cross-border Exploration				
非法转让探矿权	Illegal Transfer of Exploration Right				
其他	Others (Exploration)				
开采	Mining	91	62	222	
无证开采	Mining Without Any License	64	30	83	
越界开采	Cross-border Mining	20	30	130	
非法转让采矿权	Illegal Transfer of Mining Right	1		1	
破坏性开采	Destructive Mining				
其他	Others (Mining)	6	2	8	
不按规定缴纳矿产资源补偿费	Failure to Pay Mineral Resources Compensation Fees According to the Rule		1		
非法批准	Illegal Approval				
违法发证	Unlawful Issuance of License				
勘查许可证	Exploration License				
采矿许可证	Mining License				
其他	Others				
本年结案	**Cases settled This Year**	**91**	**52**	**213**	
处理上年未结案	Last Year's Unsettled Cases Handled		1	10	
勘查	Exploration				
无证勘查	Exploration Without Any License				
越界勘查	Cross-border Exploration				
非法转让探矿权	Illegal Transfer of Exploration Right				
其他	Others (Exploration)				
开采	Mining	91	50	203	
无证开采	Mining Without Any License	64	21	68	
越界开采	Cross-border Mining	20	27	126	
非法转让采矿权	Illegal Transfer of Mining Right	1		1	
破坏性开采	Destructive Mining				
其他	Others (Mining)	6	2	8	
不按规定缴纳矿产资源补偿费	Failure to Pay Mineral Resources Compensation Fees According to the Rule		1		
非法批准	Illegal Approval				
违法发证	Unlawful Issuance of License				
勘查许可证	Exploration License				
采矿许可证	Mining License				
其他	Others				
本年未结案件	**Cases Unsettled This Year**		**12**	**17**	

查处情况——按地区分列　续表

and Mining by Region　Continued

广西 Guangxi	海南 Hainan	重庆 Chongqing	四川 Sichuan	贵州 Guizhou	云南 Yunnan	西藏 Tibet	陕西 Shaanxi	甘肃 Gansu	青海 Qinghai	宁夏 Ningxia	新疆 Xinjiang
470	80	82	119	408	469	28	245	106	54	65	866
337	83	114	100	297	588	7	167	43	79	91	818
322	285	82	84	227	532	5	113	72	107	60	751
74	**57**	**7**	**36**	**32**	**4**		**2**		**12**	**1**	**36**
324	**230**	**85**	**118**	**243**	**538**	**5**	**117**	**72**	**116**	**83**	**771**
3			23	1	43		6	4	2		63
			11	1	4		2	4	2		32
2			1		2						4
					3						
1			11		34		4				27
321	230	85	95	241	495	5	111	68	114	83	708
254	218	15	31	82	154	5	79	50	80	68	512
53	11	70	42	90	318		23	16	34	11	108
				1	10		1				
14	1		22	68	13		8	2		4	88
				1							
322	**285**	**82**	**84**	**227**	**532**	**5**	**113**	**72**	**107**	**60**	**751**
29	55	6	1	8	4		2			1	
3			6	1	42		5	4	2		62
				1	4		1	4	2		31
2			1		1						4
					3						
1			5		34		4				27
290	230	76	77	217	486	5	106	68	105	59	689
230	218	14	27	68	149	5	75	50	71	45	499
46	11	62	30	85	314		23	16	34	10	102
				1	10		1				
14	1		20	63	13		7	2		4	88
				1							
76	**2**	**10**	**70**	**48**	**10**		**6**		**21**	**24**	**56**

矿产资源勘查、开采违法案件查处结果

Handling Results of Cases of Illegal Exploration and Mining

年份/地区	Year / Region	吊销勘查许可证/件 Revoked Exploration Licenses/Case	吊销采矿许可证/件 Revoked Mining Licenses/Case	罚没款/万元 Fine/10^4 yuan
	2013		13	45968.13
	2014	1	11	41416.72
	2015	5	7	39143.36
北　京	Beijing			57.08
天　津	Tianjin			121.22
河　北	Hebei			91.34
山　西	Shanxi			512.66
内蒙古	Inner Mongolia			535.19
辽　宁	Liaoning			487.78
吉　林	Jilin			179.10
黑龙江	Heilongjiang			2521.42
上　海	Shanghai			
江　苏	Jiangsu			53.79
浙　江	Zhejiang	5		16346.58
安　徽	Anhui			1648.32
福　建	Fujian			233.81
江　西	Jiangxi			1421.08
山　东	Shandong			213.60
河　南	Henan			576.66
湖　北	Hubei			221.26
湖　南	Hunan			505.45
广　东	Guangdong			
广　西	Guangxi			1921.83
海　南	Hainan			1115.90
重　庆	Chongqing			682.81
四　川	Sichuan			335.13
贵　州	Guizhou		1	624.39
云　南	Yunnan			653.61
西　藏	Tibet			4.00
陕　西	Shaanxi			3383.10
甘　肃	Gansu			68.13
青　海	Qinghai			205.02
宁　夏	Ningxia			168.05
新　疆	Xinjiang		6	4255.04

主要统计指标解释

勘查许可证数 是指有管辖权的探矿登记管理机关，按照法定的审批、发证权限，依法颁发的有效探矿许可证个数和注销的探矿许可证数。

有效（勘查许可证） 是指报告期末有效的勘查许可证，包括新立、变更、延续和其他有效勘查许可证。

新立（勘查许可证） 是指在未获得探矿权的区域，申请人提交材料，报经登记管理机关批准登记，在报告期内取得探矿权的过程，其批准的勘查许可证即为新立。

注销（勘查许可证） 包括探矿权人正常申请注销、转采的勘查许可证。

登记面积（勘查许可证） 是指勘查登记管理机关颁发的勘查许可证载明的区块面积的总和。计量单位平方千米。

探矿权使用费 是指国家将矿产资源探矿权出让给探矿权人，按法律规定向探矿权人收取的使用费。按报告期收取数统计。

探矿权出让 是指在报告期内国土资源主管部门通过申请在先、协议、招标、拍卖和挂牌等方式，把探矿权出让给探矿权申请人的行为。

申请在先 是指受让方（探矿权使用者）提出申请，出让方（政府）按照法定的审批权限，依法办理的探矿权登记，并获得勘查许可证。

协议出让（探矿权） 是指主管部门通过协议方式把探矿权出让给探矿权人的活动，探矿权人获得勘查许可证。

“招拍挂”出让（探矿权） 是指主管部门通过招标、拍卖和挂牌方式出让探矿权的活动，探矿权人获得勘查许可证。

招标（探矿权） 是指主管部门发布招标公告，邀请特定或者不特定的投标人参加投标，根据投标结果确定探矿权中标人的活动，探矿权人获得勘查许可证。

拍卖（探矿权） 是指主管部门发布拍卖公告，由符合探矿权申请人资质条件的竞买人在指定时间、地点进行公开竞价，根据出价结果确定探矿权竞得人的活动，探矿权人获得勘查许可证。

挂牌（探矿权） 是指主管部门发布挂牌公告，在挂牌公告规定的期限和场所接受竞买人的报价申请并更新挂牌价格，根据挂牌期限截止时的出价结果，确定探矿权竞得人的活动，探矿权人获得勘查许可证。

价款金额（探矿权） 是指协议、招标、拍卖、挂牌出让探矿权的评估或成交金额。

探矿权转让 是指报告期内经探矿权登记管理机关批准转让并办理了变更登记手续的探矿权数量和转让的金额。

转让金额（探矿权） 是指报告期内探矿权转让人与受让人之间签订的探矿权转让合同中约定的转让价格。

采矿许可证数 是指有管辖权的采矿登记管理机关，按照法定的审批、发证权限，依法颁发的有效采矿许可证个数和注销的采矿许可证个数。

有效（采矿许可证） 是指报告期末有效的采矿许可证，包括新立、变更、延续和其他有效采矿许可证。

新立（采矿许可证） 是指在未获得采矿权的区域，申请人提交材料，报经登记管理机关批准登记，在报告期内取得采矿权的过程，其批准的采矿许可证即为新立。

注销（采矿许可证） 是指采矿权人需要停止生产，关闭矿山，依法申请注销采矿权的数量。

生产规模 是指各矿种采矿权登记生产规模的总和。仅按矿种分列时填写，单位以各矿种标准单位填写，固体矿产按万吨/年，气体矿产按万米^3/年计，地下水按米^3/日计。其中：新立矿山生产规模是指新立采矿证登记的矿山设计生产规模；有效的矿山生产规模是指报告期末有效的采矿证所登记的矿山设计生产规模。

登记面积（采矿许可证） 是指勘查登记、采矿登记管理机关依法划定的探矿权的区块面积、采矿权的矿区面积的总和。单位按平方千米填写。

采矿权使用费 是指国家将矿产资源采矿权出让给采矿权人，按法律规定向采矿权人收取的使用费。按报告期收取数统计。

采矿权出让 是指在报告期内国土资源主管部门通过探矿权转采矿权、协议、招标、拍卖和挂牌等方式，把采矿权出让给采矿权申请人的行为。

探矿权转采矿权 是指报告期内探矿权人在其勘查许可证范围内，将探矿权申请转为采矿权，并获得采矿许可证。

协议出让（采矿权） 是指出让方（采矿权管理机关）按照法律法规的规定采取非竞争性的方式，以协议方式出让采矿权给特定对象的活动，并获得采矿许可证。

"招拍挂"出让（采矿权） 是指采矿权人通过招标出让、拍卖出让、挂牌出让三种方式获得采矿权并取得采矿许可证。

招标（采矿权） 是指主管部门发布招标公告，邀请特定或者不特定的投标人参加投标，根据投标结果确定采矿权中标人的活动，并获得采矿许可证。

拍卖（采矿权） 是指主管部门发布拍卖公告，由符合采矿权申请人资质条件的竞买人在指定时间、地点进行公开竞价，根据出价结果确定采矿权竞得人的活动，并获得采矿许可证。

挂牌（采矿权） 是指主管部门发布挂牌公告，在挂牌公告规定的期限和场所接受竞买人的报价申请并更新挂牌价格，根据挂牌期限截止时的出价结果，确定采矿权竞得人的活动，并获得采矿许可证。

宗数（采矿权出让） 是指采矿权的出让数量，以"宗"计量。

价款金额（采矿权出让） 指协议、招标、拍卖、挂牌出让采矿权合同中签订的合同金额。

采矿权转让 是指报告期内经采矿权登记管理机关批准转让并办理了变更登记手续的采矿权数量和转让的金额。

转让金额（采矿权） 是指报告期内经采矿权转让人与受让人之间签订的采矿权转让合同中约定的转让价格。

上年未结案件 是指上一年度对勘查、开采登记范围的案件已经立案，但尚未查处或未查处完毕，需在本年继续查处的案件数。

本年立案 是指本年度对勘查、开采登记违法案件立案查处的案件数。分为勘查和开采两类。以“件”计量。

无证勘查 是指未依法取得勘查许可证而进行勘查的活动。

越界勘查 是指探矿权人超越批准勘查的区块范围进行的勘查活动。

非法转让探矿权 是指违反《探矿权采矿权转让管理办法》规定的探矿权转让行为。

非法批准 是指负责矿产资源监督管理工作的国家工作人员或其他有关国家工作人员违反矿产资源法律法规的规定，擅自批准勘查、开采矿产资源和颁发勘查许可证、采矿许可证的行为。

其他（勘查） 是指上述各项之外的其他违法勘查活动。

无证开采 是指未依法取得采矿许可证的非法采矿活动。

越界开采 是指采矿权人超越批准的矿区范围进行的采矿活动,包括越层开采。

非法转让采矿权 是指违背《探矿权采矿权转让管理办法》第三条第二款规定的其他采矿权转让的。

不按规定缴纳矿产资源补偿费 是指矿山企业没有按有关法规规定按期、足额缴纳矿产资源补偿费。

破坏性开采 是指采矿权人违背开采顺序、合理开采方法及工艺进行的采富弃贫、采易弃难等破坏矿产资源的开采活动。

其他（开采） 是指上述各项之外的违法采矿活动。

本年结案 是指本年内查处完毕并结案的案件数。

本年未结案件 是指报告期内未能结案需要转到下一年度继续处理的案件。

吊销勘查许可证 是指依法由原颁发勘查许可证的主管机关吊销勘查许可证的件数。

吊销采矿许可证 是指依法由原颁发采矿许可证的主管机关吊销采矿许可证的件数。

罚没款 是指各级地质矿产主管部门对矿产资源勘查、开采违法活动立案查处并处以罚款的处罚金额。

Explanatory Notes on Main Statistical Indicators

Number of exploration licenses — refers to the number of valid exploration licenses issued and the number of exploration licenses cancelled by the exploration registration administration agency with jurisdictional power according to law within the prescribed limits of examining and approving and license-issuing authority.

Valid(exploration license) — refers to the valid exploration licenses at the end of the reporting period, including those that have been newly issued, modified or continued and other valid exploration licenses.

Newly issued(exploration license) — refers to the exploration license approved through the following process: in an area where no exploration right has been granted, the applicant submits material to the registration administration agency and obtains the exploration right during the reporting period after approval and registration.

Cancelled(exploration license) — The cancelled exploration licenses include that for which the exploration right holder normally applies for cancellation or change of it into the mining license.

Registered area(exploration license) — refers to the total sum of the block areas specified in the exploration license issues by the exploration registration administration agency.

Exploration right royalty — refers to the royalty charged to the exploration right holder according to relevant regulations, when the mineral resource exploration right is granted by the government to the exploration right holder. Statistic survey is made based on the royalties charged during the reporting period.

Exploration rights granted — refers to various acts through which the mineral exploration right is granted by the land and resources administration department to the applicant for the exploration right through the ways of first application, agreement, bidding, auction, and listing during the reporting period.

First application — means that: the assignee (exploration right holder) submits the application for the exploration right and the assignor (government) handles the registration of the exploration right according to law within the prescribed limits of examining and approving authority, and then the assignee obtains the exploration license.

Granting through agreement(exploration right) — refers to the act through which the administration department grants the exploration right to the exploration right holder in the way of agreement, and the exploration right holder obtains the exploration license.

Granting through bidding, auction, and listing(exploration right) — refers to the acts through which the administration department grants the exploration right in the ways of bidding, auction, and listing, and the exploration right holder obtains the exploration license.

Granting through bidding(exploration right) — refers to the act through which the administrative authorities issue a notice of invitation for bid to invite specially or not specially designated bidders to participate in the bidding, and the warded bidder for the exploration right is determined according to the result of the bidding. The exploration right holder obtains the exploration license.

Granting through auction(exploration right) — refers to the act through which the administrative authorities issue a notice of invitation for auction, while the bidders qualified to be applicants for the exploration right may participate in open competition at the prescribed time and locality and the warded bidder for the exploration or mining right is determined according to the result of the price offer. The exploration right holder obtains the exploration license.

Granting through listing(exploration right) — refers to the act through which the administrative authorities issue a notice of listing, and receive the offer applications of the bidders and renew the listed prices in the time limit and locality prescribed by the notice, and the warded bidder for the exploration right is determined according to the price offer at the closing date of the listing time limit. The exploration right holder obtains the exploration license.

Amount of price value(exploration right) — refers to the amount of money evaluated or determined through transaction for assigning the exploration right through agreement, bidding, auction, and listing.

Exploration rights transferred — refers to the number of exploration rights that have been transferred and gone through the procedures of registration alteration after approval of the exploration right registration administration department during the reporting period and the amount of transfer.

Amount of transfer(exploration right) — refers to the price of transfer agreed upon in the contract of exploration right transfer signed between the exploration right assignor and the exploration right assignee during the reporting period.

Number of mining licenses — refers to the number of valid mining licenses issued and the number of mining licenses cancelled by the mining registration administration agency with jurisdictional power according to law within the prescribed limits of examining and approving and license-issuing authority.

Valid(mining license) — refers to the valid mining licenses at the end of the reporting period, including those that have been newly issued, modified or continued and other valid mining licenses.

Newly issued(mining license) — refers to the mining license approved through the following process: in an area where no mining right has been granted, the applicant submits material to the registration administration agency and obtains the mining right during the reporting period after approval and registration.

Cancelled(mining license) — refers to the number of mining rights which the mining right holder applies for canceling according to law because he needs to stop production and close the mine.

Scale of production— refers to the total sum of the productions registered by the mining rights of various minerals. It is filled in according to minerals. The units are filled in according to the standard units of various minerals: 10^4 t/yr for solid minerals; 10^4 m^3/yr for gas minerals; m^3/day for groundwater. The production scale of the mine whose mining right is newly obtained refers to that in the mine design registered in the newly issued mining license; the valid production scale refers to that in the mine design registered in the valid mining license at the end of the reporting period.

Registered area(mining license) — refers to the total sum of the area of blocks with the exploration right and the area of the mining area with the mining right defined by the administration agency in charge of exploration and mining registration. The unit is km^2.

Mining right royalty — refers to the royalty charged to the mining right holder according to relevant regulations, when the mineral resource mining right is granted by the government to the mining right holder. Statistics is made based on the royalties charged during the reporting period.

Mining rights granted — refers to various acts through which the mining right is assigned by the land and resources administration department to the applicant for the mining right through the ways of change of the exploration right into the mining right, agreement, bidding, auction, and listing during the reporting period.

Change of exploration right to mining right — means that the exploration right holder applies for changing the exploration right into the mining right in his exploration license scope during the reporting period and obtains the mining license.

Granting through agreement (mining right) — refers to the act through which the assignor (mining right administration agency) grants the mining right to the particular individual or organization by adopting the noncompetitive way through agreement according to the provisions of law and the latter obtains the mining license.

Granting through bidding, action and listing (mining right) — refers to the acts through which the mining right holder obtains the mining right and the mining license in the ways of assigning through bidding, auction, and listing.

Granting through bidding (mining right) — refers to the act through which the administrative authorities issue a notice of invitation for bid to invite specially or not specially designated bidders to participate in the bidding, and the warded bidder for the mining right is determined according to the result of the bidding. The mining right holder obtains the mining license.

Granting through auction (mining right) — refers to the act through which the administrative authorities issue a notice of invitation for auction, while the bidders qualified to be applicants for the mining right may participate in open competition at the prescribed time and locality and the warded bidder for the mining or mining right is determined according to the result of the price offer. The mining right holder obtains the mining license.

Granting through listing(mining right) — refers to the act through which the administrative authorities issue a notice of listing, and receive the offer applications of the bidders and renew the listed prices in the time limit and locality prescribed by the notice, and the warded bidder for the mining right is determined according to the price offer at the closing date of the listing time limit. The mining right holder obtains the mining license.

Number of cases (mining rights granted) — refers to the number of granting of mining rights.

Amount of price value(mining right granted) — refers to the contractual amount of money specified in the contract of assigning the mining right through agreement, bidding, auction, and listing.

Mining rights transferred — refers to the number of mining rights that have been transferred and gone through the procedures of registration alteration after approval of the mining right registration administration department during the reporting period and the amount of transfer.

Amount of transfer(mining right) — refer to the price of transfer agreed upon in the contract of mining right transfer signed between the mining right assignor and the mining right assignee during the reporting period.

Case unsettled last year — refers to the number of cases that were filed out in the scope of registration of exploration and mining last year but have not been investigated or handled or whose investigation and handling have not been completed and should continue in the current year.

Case filed this year — refers to the number of the illegal cases about registration of exploration and mining filed for investigation and handling during the current year. They include two categories, exploration and mining.

Exploration without any license — refers to exploration operations carried out without obtaining an exploration license according to law.

Cross-border exploration — refers to exploration operations carried out by an exploration right holder beyond the approved limits of his exploration block.

Illegal transfer of the exploration right — refers to the act through which the exploration right is transferred in violation of the “Regulations for Transferring Exploration Rights and Mining Rights”.

Illegal approval — refers to the act through which the state functionaries in charge of mineral resources supervision and management and other state functionaries approve exploration and mining of mineral resources and issue exploration licenses and mining license without authorization in violation of laws and regulations concerning mineral resources.

Others (exploration) — refers to other illegal exploration operations except the above-mentioned items.

Mining without any license — refers to mining operations carried out without obtaining a mining license according to law.

Cross-border mining — refers to mining operations carried out by a mining right holder beyond the approved limits of his mining area, including cross-bed mining operations.

Illegal transfer of mining right — refers to the act through which the mining right is transferred in violation of Section 2 of Article 3 of the "Regulations for Transferring Exploration Rights and Mining Rights".

Failure to pay mineral resource compensation tees according to the rule — refers to a mine enterprise that does not pay the full mineral resource compensation on schedule according to the rule.

Destructive mining — refers to wasteful mining operations by a mining right holder that depart from the rational mining sequence or appropriate mining methods and technologies and are destructive to mineral resources.

Others (mining) — refer to other illegal mining operations except the above-mentioned items.

Case settled this year — refers to the number of cases investigated, handled and settled in the current year.

Case unsettled this year — refers to the cases that are not able to be settled in the current year and have to be transferred to the next year and continue to be handled.

Revoked exploration license — refers to the number of exploration licenses revoked by the original exploration license-issuing administration department according to law.

Revoked mining license — refers to the number of mining licenses revoked by the original mining license-issuing administration department in charge of examining and approving and issuing licenses according to law.

Fine — refers to the paid-in amount of fines imposed by the geological and mineral resources administration department at various administrative levels for economic punishment of the filed, investigated, and handled illegal mineral exploration and mining operations.

地质环境管理

Geo-environmental Management

地质环境

Geo-environmental

年份/地区	Year/Region	监测站数/个 Number of Monitoring Stations/number			
			省级总站 Provincial Master Station	地市级分站 Prefecture and City Level Station	县区级分站 County and District Level Station
	2013	687	32	268	387
	2014	741	32	256	453
	2015	758	32	269	457
北 京	Beijing	1	1		
天 津	Tianjin	1	1		
河 北	Hebei	12	1	11	
山 西	Shanxi	19	1	8	10
内蒙古	Inner Mongolia	15	1	14	
辽 宁	Liaoning	14	1	13	
吉 林	Jilin	10	1	8	1
黑龙江	Heilongjiang	1	1		
上 海	Shanghai	1	1		
江 苏	Jiangsu	17	1	11	5
浙 江	Zhejiang	37	1	10	26
安 徽	Anhui	24	2	17	5
福 建	Fujian	11	1	6	4
江 西	Jiangxi	9	1	8	
山 东	Shandong	30	1	15	14
河 南	Henan	15	1	13	1
湖 北	Hubei	30	1	17	12
湖 南	Hunan	62	1	14	47
广 东	Guangdong	40	1	19	20
广 西	Guangxi	43	1	14	28
海 南	Hainan	1	1		
重 庆	Chongqing	40	1		39
四 川	Sichuan	129	1	21	107
贵 州	Guizhou	8	1	7	
云 南	Yunnan	7	1	4	2
西 藏	Tibet	6	1	3	2
陕 西	Shaanxi	77	1	9	67
甘 肃	Gansu	84	1	16	67
青 海	Qinghai	1	1		
宁 夏	Ningxia	5	1	4	
新 疆	Xinjiang	8	1	7	

监测网络
Monitoring Network

从业人员/人 Employees/person		突发性地质灾害监测点/个 Monitoring Site of Sudden Geohazards/number	缓变性地质灾害监测点/个 Monitoring Site of Delayed Geohazards/number	地下水监测点/个 Groundwater Monitoring Site/number
	专业技术人员 Professional Technical Personnel			
7247	3740	102335	17796	14023
7083	3607	107166	19732	14865
7442	3510	104146	21028	15028
125	118	130	8	1508
75	52	5	13	445
343	238	458	558	2811
134	83	111	622	611
285	114		1642	810
230	144	503	261	912
90	81			610
89	65			188
184	150		2830	787
98	76	538	755	564
213	98	5293	1195	433
126	98	780	10	317
49	33	11	1	226
167	103			123
310	235	745	207	1106
106	77	24	268	643
421	110	1082	35	2
426	203	6034	1370	163
391	176	4601	30	511
468	315	7183	9	463
38	32	452		34
202	139	16896	23	37
736	268	26908	5934	64
855	69	5826	1404	223
112	91	8370	2885	204
30	12	100	4	33
637	121	12078	151	236
328	83	4200	669	147
31	24			162
61	38	1818	144	322
82	64			331

地质灾害
Geohazards Prevention

年份/地区	Year/Region	地质灾害预报预警 Prediction and Early-warning of the Geohazards			地质灾害应急处置 Contingency Handling of Geohazards	
		成功避让地质灾害/处 Geohazards Avoided Successfully/place	避免伤亡人员/人 Casualties Avoided/person	避免直接经济损失/万元 Direct Economic Loss Avoided/ 104 yuan	出动应急处置小组/个 Sending the Contingency Handling Team/number	参与应急处置地质灾害/起 Participating in Contingency Handling of Geohazards/number
	2013	882	187101	189861.10	8616	11526
	2014	1523	41664	216755.00	8376	10130
	2015	601	22200	73109.00	7460	8291
北　京	Beijing				40	22
天　津	Tianjin					
河　北	Hebei				29	46
山　西	Shanxi	1	2		47	6
内蒙古	Inner Mongolia				4	4
辽　宁	Liaoning					
吉　林	Jilin	18	101	522.00	21	15
黑龙江	Heilongjiang					
上　海	Shanghai					
江　苏	Jiangsu	1	25	40.00	49	48
浙　江	Zhejiang	33	225	330.00	1848	1563
安　徽	Anhui	12	155	200.00	452	466
福　建	Fujian	18	453	610.00	325	207
江　西	Jiangxi	69	1218	287.80	575	721
山　东	Shandong				24	18
河　南	Henan	20		102.90	20	38
湖　北	Hubei	8	174	2680.00	273	347
湖　南	Hunan	158	4570	3121.00	666	812
广　东	Guangdong	6	66	86.00	454	352
广　西	Guangxi	23	240	762.00	732	696
海　南	Hainan				2	2
重　庆	Chongqing	6	559	10600.00	30	61
四　川	Sichuan	51	3524	29827.00	602	1371
贵　州	Guizhou	115	4983	12170.00	309	394
云　南	Yunnan	41	2966	8823.00	594	754
西　藏	Tibet	1	14	90.00	6	6
陕　西	Shaanxi	11	262	908.00	185	140
甘　肃	Gansu	7	2586	1944.30	113	147
青　海	Qinghai	1	75		49	49
宁　夏	Ningxia	1	2	5.00	7	5
新　疆	Xinjiang				4	1

防治情况

and Control

地质灾害防治 Geohazards Prevention and Control					完成地质灾害危险性评估项目/个 Project of Evaluating the Danger of Geohazards Completed/number	调查发现地质灾害隐患点/个 Hidden Danger Sites of Geohazards Found After Investigation/number				
地质灾害防治项目/个 Geohazards Prevention and Control Project/number			投入防治资金/万元 Funds Input for Prevention and Control/10^4 yuan	搬迁人数/人 Number of Persons That Move Away/person		总数 Total	变化情况 Changes		隐患等级 Grade of Hidden Danger	
	治理项目 Control Project	监测预警项目 Monitoring and Early-warning Project					新增数 New Hidden Danger Sites	消除数 Hidden Danger Sites Eliminated	特大型 Outsize	大型 Large
36984	7574	24514	1235363.10	275707	31102	244348	35137	17488	2100	7799
32019	7609	21835	1634039.10	297831	25733	248623	18821	12940	2400	9161
26289	5662	18776	1762662.91	352948	12197	261308	16598	20948	1895	9444
59	58	1	10000.00		245	4706	92			23
3	2	1	630.00		95	175	2	2		
287	56	113	13331.98	247	126	3299	321	42	7	86
81	27	2	56410.95	12053	530	10134	120	36	37	190
1			1060.00							
36	13	23	7238.21	140	255	3316			47	383
14	14		4590.00	25		133				
6	6		4375.00			2344	59	1365	17	7
1		1	5322.00		49	2	2			
115	36	76	10898.76	666	568	810	136	48	2	5
1507	556	39	55341.87	12164	2245	5298	727	1300	1	101
492	310	161	14205.49	7883	101	4682	1276	1392	6	5
698	379	282	51368.58	28450	1096	9041	251	523	1	32
112	79	5	18454.95	2921	125	22283	1044	2947	9	9
53	46	7	16488.24	605		2765	143	32	5	20
4	4		2682.46	6434	28	3665	458	139	37	112
286	136	149	12950.50	2417	506	8651	1429	133	4	42
980	476	444	242912.34	20204	726	23495	3888	673	153	1596
2501	917	1472	64244.63	4326	508	7832	435	1449	58	464
668	337	331	25329.34	730	536	9510	448	445	1	23
18	10	8	2301.62	6	97	452	38	20		10
375	64	311	38000.00	14420	1621	16919	271	653	156	971
14652	855	13632	220972.00	56050	915	32489	1596	2758	42	120
2000	369	1624	179461.59	22648	286	11341	407	530	85	252
982	609	61	225886.00	86662	720	25665	1251	730	271	741
20	11	1	11418.15			10479	997	8	342	1068
121	118	3	263956.58	14632	368	12229	535	632	64	89
197	165	29	194288.17	56481	105	20691	378	5064	548	3080
16	8		5753.50	2784		4393	25	13	1	1
1	1		1000.00		58	2680	250			10
3			1790.00		288	1829	19	14	1	4

地质灾害
Situation of

年份/地区	Year/Region	发生地质灾害数量/处 Quantity of Geohazards/place					
			自然因素 Natural Factors	人为因素 Human Factors		崩塌 Avalanche	滑坡 Landslide
	2013	15374	14829	545	15364	3288	9832
	2014	10937	10404	533	10937	1860	8149
	2015	8355	7187	1168	8355	1870	5668
北　京	Beijing	22	22		22	16	4
天　津	Tianjin						
河　北	Hebei	5	3	2	5	1	
山　西	Shanxi	5	4	1	5	3	1
内蒙古	Inner Mongolia	5	2	3	5	1	3
辽　宁	Liaoning	5	4	1	5	2	
吉　林	Jilin	21	20	1	21	6	1
黑龙江	Heilongjiang						
上　海	Shanghai	1	1		1		
江　苏	Jiangsu	43	37	6	43	6	35
浙　江	Zhejiang	385	383	2	385	73	268
安　徽	Anhui	616	587	29	616	272	312
福　建	Fujian	225	224	1	225	23	201
江　西	Jiangxi	2470	1611	859	2470	656	1766
山　东	Shandong	18	14	4	18	1	1
河　南	Henan	30	9	21	30	2	5
湖　北	Hubei	340	278	62	340	60	252
湖　南	Hunan	2323	2295	28	2323	228	1971
广　东	Guangdong	191	181	10	191	111	60
广　西	Guangxi	357	261	96	357	178	76
海　南	Hainan	2	1	1	2	1	
重　庆	Chongqing	63	61	2	63	12	44
四　川	Sichuan	349	345	4	349	75	153
贵　州	Guizhou	163	157	6	163	31	123
云　南	Yunnan	516	508	8	516	63	328
西　藏	Tibet	82	80	2	82	11	9
陕　西	Shaanxi	38	35	3	38	17	16
甘　肃	Gansu	44	40	4	44	16	22
青　海	Qinghai	18	10	8	18	2	14
宁　夏	Ningxia	5	2	3	5	2	2
新　疆	Xinjiang	13	12	1	13	1	1

灾情

Geohazards

发生地质灾害数量/处 Quantity of Geohazards/place				造成伤亡人数/人 Casualties/person			造成直接经济损失/万元 Direct Economic Loss/10^4 yuan
泥石流 Mudflow	地面塌陷 Ground Collapse	地裂缝 Ground Crack	地面沉降 Land Subsidence	死亡 Deaths	失踪 Missings	受伤 Injuries	
1547	385	282	30	482	185	262	1043567.56
554	307	52	15	360	54	223	567027.45
483	292	28	14	226	59	137	250527.54
	2						130.00
	2	2					102.20
	1			7		4	333.20
1							9.26
	3						3.00
11	3						131.80
			1				
	2						2095.55
44				47	1	2	7742.60
19	13			1		1	13679.30
1				13		1	3928.40
24	24			12		6	8598.28
	16						30.45
1	22			4			255.90
14	14			21		20	7169.86
59	50	6	9	18		9	43363.46
5	12	3		6		7	3666.40
1	100	2		17	1	36	2935.73
	1						58.00
3	3	1		7		8	7750.00
121				3		1	26230.97
2	4	3		27		15	15979.70
99	15	7	4	26		18	32100.63
62				3		2	7903.55
1	1	3		12	57	2	51196.50
3	3					4	14003.10
2				2		1	746.20
		1					39.00
10	1						344.50

缓变性地质

Delayed

年份/地区	Year/Region	沉降区面积/平方千米 Area of Subsidence Area/km^2	本年新增 Newly Increased This Year
	2013	51912.54	379.13
	2014	46229.89	237.43
	2015	52696.74	86.61
北　京	Beijing	4008.00	6.00
天　津	Tianjin	1438.00	
河　北	Hebei	13370.65	
山　西	Shanxi	2141.72	0.52
内蒙古	Inner Mongolia		
辽　宁	Liaoning	64.61	
吉　林	Jilin		
黑龙江	Heilongjiang		
上　海	Shanghai	6340.50	
江　苏	Jiangsu	13856.00	
浙　江	Zhejiang	4464.58	36.20
安　徽	Anhui	884.90	0.20
福　建	Fujian	9.00	
江　西	Jiangxi		
山　东	Shandong	4323.00	
河　南	Henan	212.48	
湖　北	Hubei		
湖　南	Hunan	95.04	8.74
广　东	Guangdong	972.69	
广　西	Guangxi	0.04	
海　南	Hainan		
重　庆	Chongqing		
四　川	Sichuan	45.12	12.90
贵　州	Guizhou		
云　南	Yunnan	50.65	11.49
西　藏	Tibet		
陕　西	Shaanxi	367.20	2.50
甘　肃	Gansu	7.56	5.06
青　海	Qinghai		
宁　夏	Ningxia	45.00	3.00
新　疆	Xinjiang		

灾害情况

Geohazards

地裂缝 Ground Crack	
地裂缝条数/条 Number of Ground Cracks/number	地裂缝总长度/千米 Total Length of Ground Cracks/km
5382	14754
3081	4624
3111	2810
4	20
248	76
368	365
4	4
15	14
40	10
9	2
25	9
6	26
343	19
250	71
89	15
11	4
23	3
71	59
253	64
975	755
144	221
86	26
147	1047

矿泉水及
Mineral Water

年份/地区	Year/Region	矿泉水 Mineral Water			
		注册登记的矿泉水水源数/个 Number of Mineral Water Sources Registered/number		矿泉水源年检情况 Annual Check-up of Mineral Water Sources	
			国家级 State-level	参加年检数量/家 Quantity of Mineral Water Sources Participating Annual Check-up/number	年检合格数/家 Acceptance Quantity of Annual Check-up/number
	2013	874	111	762	744
	2014	880	121	683	669
	2015	1243	140	513	505
北　京	Beijing			21	21
天　津	Tianjin				
河　北	Hebei	36	9	22	22
山　西	Shanxi	63	14	1	1
内蒙古	Inner Mongolia	68	9	35	33
辽　宁	Liaoning				
吉　林	Jilin	405		56	56
黑龙江	Heilongjiang	56		39	39
上　海	Shanghai	12		12	12
江　苏	Jiangsu	15		15	15
浙　江	Zhejiang	39		38	38
安　徽	Anhui	10	3	10	10
福　建	Fujian			21	21
江　西	Jiangxi	42	17		
山　东	Shandong	86	2	75	75
河　南	Henan	2		2	
湖　北	Hubei	4		4	4
湖　南	Hunan	92	52	3	3
广　东	Guangdong	51	2		
广　西	Guangxi	50	3	24	21
海　南	Hainan				
重　庆	Chongqing	9		9	9
四　川	Sichuan	102	3	42	42
贵　州	Guizhou	18		25	25
云　南	Yunnan	42	1	25	25
西　藏	Tibet				
陕　西	Shaanxi	26	21	25	25
甘　肃	Gansu	10		4	3
青　海	Qinghai	4	4	4	4
宁　夏	Ningxia				
新　疆	Xinjiang	1		1	1

地热情况
and Geotherm

地热 Geotherm					
可开采矿泉水资源量/万立方米 Quantity of Exploitable Mineral Water Resources/10^4 m^3	本年矿泉水开采总量 Total Tonnage of Mineral Water Exploited in the Current Year	可开采地热资源量/万立方米 Quantity of Exploitable Geothermal Resources/10^4 m^3	本年新增地热资源量 Geothermal Resources Newly Increased in the Current Year	地热总开采量/万立方米 Total Exploited geothermal Volume/10^4 m^3	本年新增地热开采量 Exploited Geothermal Volume Newly Increased in the Current Year
897821.41	27730.4	24734713.76	2395.46	146188.96	1766.38
99367.03	11172.89	24720306.96	7628.04	155829.49	2834.17
129385.50	11878.88	29505118.32	5794.6	154444.34	1414.6
1137.56	2.90	8085.00		990.00	
11300.00	2328.70	7606.00		3909.00	132.00
2407.27	85.02	23286568.49		2884.01	386.96
1008.45	993.60	19500.00		1554.00	
2745.00	2557.00	351.00	10.00	196.00	8.00
		5581648.77		111735.31	
17865.00	981.00	1260.71	744.16	23.30	
1097.10	888.97	259.66		225.00	97.25
105.00	105.00	14.00			
1109.72	51.75	2110.57	28.06	259.35	16.52
208.30	23.70	332.66	73.00	80.80	12.72
3667.60	188.47	385.31	101.00	179.27	3.10
160.60	33.51	2413.12	337.64	655.92	48.14
688.48	154.28	1544.34	11.00	630.21	22.75
8535.61	219.84	28329.28	3515.65	703.76	19.14
75.00	3.00	3230.00	10.00	310.00	5.00
110.90	18.40	1648.34	360.00	829.22	360.00
2300.00	30.00	12948.23		2914.12	
3299.58	2119.71	14950.53	500.47	6128.15	216.60
591.14	69.84	213.47		21.39	
1709.29		2237.68		79.05	
6400.00	48.00	30592.00		4790.00	
11624.27	339.91	16636.46	30.63	6082.03	27.00
526.19	32.45	37.25	0.30	111.60	
47215.24	296.79	19135.76	42.03	1459.59	59.42
		20814.00		160.00	
2303.70	65.05	430000.00		5890.00	
495.50	13.99	7693.37	30.66	1212.71	
693.00	228.00	941.00		182.00	
		3104.52		178.52	
6.00		526.80		70.03	

矿山环境

Mine Environmental

年份/地区	Year/Region	矿业开采累计占用、损坏土地面积/公顷 Cumulative Area of Land Occupied or Destructed by Mining/hm^2	本年矿业开采新增占用、损坏土地面积 Area of Land Newly Occupied or Destructed by Mining in the Current Year	累计恢复治理的矿山数/个 Cumulative Number of Mines Restored and Remediated/number	本年恢复治理的矿山数 Number of Mines Restored and Remediated in the Current Year
	2013	52528322.01	60949.24	35016	5737
	2014	2618159.19	40523.69	38452	4894
	2015	2616224.76	34869.79	44509	5314
北京	Beijing	21950.00		91	8
天津	Tianjin	1646.00		29	3
河北	Hebei	73553.04	225.46	4563	421
山西	Shanxi	133841.40	3120.31	803	90
内蒙古	Inner Mongolia	183521.76	662.89	3649	977
辽宁	Liaoning	130891.02	295.32	1577	260
吉林	Jilin	23042.05	635.91	491	74
黑龙江	Heilongjiang	926524.81	72.02	309	20
上海	Shanghai	31.00		6	
江苏	Jiangsu	23762.94	117.16	1441	66
浙江	Zhejiang	14606.14	505.78	2484	130
安徽	Anhui	88341.54	3448.71	729	89
福建	Fujian	7895.99	212.55	2727	211
江西	Jiangxi	71071.99	692.05	2132	145
山东	Shandong	51481.46	3510.82	2487	65
河南	Henan	84702.79	11985.80	652	37
湖北	Hubei	32500.85	292.64	1423	159
湖南	Hunan	29445.25	512.00	4675	747
广东	Guangdong	16514.00	763.81	2576	262
广西	Guangxi	63776.24	516.98	553	67
海南	Hainan	9066.85	323.34	415	46
重庆	Chongqing	123365.50	756.00	90	54
四川	Sichuan	13107.49	143.86	956	106
贵州	Guizhou	15816.41	374.09	1520	235
云南	Yunnan	48851.38	1986.46	1909	152
西藏	Tibet	11923.94		58	
陕西	Shaanxi	60930.17	1552.76	1530	73
甘肃	Gansu	25168.76	877.78	1166	408
青海	Qinghai	244011.00	2.00	90	11
宁夏	Ningxia	27275.06	117.00	162	
新疆	Xinjiang	57607.93	1166.29	3216	398

保护情况
Protection

累计恢复治理面积/公顷 Cumulative Area of Land Restored and Remediated/hm^2		本年投入矿山环境治理资金/万元 Funds Input for Remediation of the Mine Environment in the Current Year/10^4 yuan			
	本年恢复治理面积 Area of Land Restored and Remediated in the Current Year		中央财政 Central Finance	地方财政 Local Finance	企业投入 Input by Enterprises
497906.96	33250.77	1429040.35	355344.00	487990.59	581415.76
545354.55	40777.62	1308151.00	172871.00	396841.06	738438.80
589073.77	41003.88	1268746.90	308491.00	337760.20	622495.69
2771.16	120.00	12254.00	6920.00	4300.00	1034.00
733.40	134.40	1800.00		1800.00	
21616.26	1432.63	142385.33	28745.00	71508.74	42131.58
32730.08	1210.34	37527.02		138.00	37389.02
166310.67	14836.00	162530.57	9524.00	38495.00	114511.57
58660.49	910.32	60375.79	21810.00	18216.36	20349.43
4874.25	1746.93	10532.15	7562.00	783.00	2187.15
23112.56	84.68	9230.00	4620.00	4610.00	
16.32					
13337.17	966.67	80824.15	26851.00	52139.55	1833.60
7038.50	708.72	43223.13		36632.01	6591.12
17415.66	589.25	41209.70		12783.94	28425.76
8553.35	394.05	38859.84	14245.00	13176.50	11438.34
16824.76	759.78	18402.84	6376.00	5229.56	6797.28
53105.97	4001.17	93809.47	23639.00	8037.00	62133.47
12075.59	1537.59	24577.37	11850.00	8517.73	4209.64
6276.64	1122.64	114625.41	74247.00	9991.70	30386.71
8669.28	1021.70	48086.49	11053.00	13375.15	23658.34
7976.33	589.96	11667.61		6189.35	5478.26
5649.82	319.60	11877.92	8469.00	1356.24	2052.68
7625.87	515.64	6486.36		489.60	5996.76
6603.81	22.15	2010.87		24.00	1986.87
10680.60	973.23	35526.56	1880.00	2420.00	31226.56
3907.87	982.61	76443.56	10388.00	2564.66	63490.90
20631.55	1471.22	62151.00	30115.00	849.31	31186.69
7802.00					
10721.45	169.38	11573.30	7250.00	1472.00	2851.30
12723.22	1053.09	4446.19		892.80	3553.39
14054.00	1500.86	78107.00	2947.00	600.00	74560.00
13090.67					
13484.47	1829.27	28203.27		21168.00	7035.27

矿山环境
Mine Environmental

年份/地区	Year/Region	累计投入矿山环境治理资金/万元 Cumulative Funds Input for Remediation of the Mine Environment/10^4 yuan			
			中央财政 Central Finance	地方财政 Local Finance	企业投入 Input by Enterprises
	2013	7487086.63	2383896.19	2135373.42	2732705.05
	2014	8618714.70	2530900.10	2525897.70	3451907.76
	2015	9989934.26	2882904.61	2928598.34	4006593.02
北　京	Beijing	112797.91	80075.00	17530.91	15192.00
天　津	Tianjin	43562.00	16280.00	3800.00	23482.00
河　北	Hebei	607732.99	202361.00	216018.72	189206.76
山　西	Shanxi	564290.61	45804.00	268049.50	244221.11
内蒙古	Inner Mongolia	863145.11	76008.00	252642.00	534495.11
辽　宁	Liaoning	718597.83	265650.04	225769.12	166106.17
吉　林	Jilin	162491.30	107499.00	25932.54	29059.76
黑龙江	Heilongjiang	215136.60	80470.00	131406.57	3260.03
上　海	Shanghai	5493.53	1810.00	83.53	3600.00
江　苏	Jiangsu	628468.74	112253.00	391600.31	123981.43
浙　江	Zhejiang	272651.02	11802.00	193339.81	67508.65
安　徽	Anhui	546629.79	103219.51	138669.22	304741.05
福　建	Fujian	249526.93	49494.00	47305.74	152727.19
江　西	Jiangxi	253532.31	128436.00	43419.96	81676.35
山　东	Shandong	1008416.56	168692.00	379460.94	457760.52
河　南	Henan	382321.06	161408.00	157087.09	63825.97
湖　北	Hubei	467924.24	311558.00	62891.53	93474.71
湖　南	Hunan	667218.52	210493.00	138534.91	318190.61
广　东	Guangdong	186265.22	13244.90	48580.57	124433.75
广　西	Guangxi	140763.88	91328.00	21037.54	28398.31
海　南	Hainan	39618.67	4097.38	4184.97	31336.32
重　庆	Chongqing	94379.23	43270.00	24328.00	26781.23
四　川	Sichuan	148031.81	31449.94	29943.20	78597.01
贵　州	Guizhou	430389.65	67411.00	20753.00	342225.65
云　南	Yunnan	477253.55	139002.84	15660.99	232434.39
西　藏	Tibet	16558.00	14819.00		1739.00
陕　西	Shaanxi	155970.14	95460.00	9228.44	51281.35
甘　肃	Gansu	104213.97	62689.00	23754.51	17770.46
青　海	Qinghai	171664.50	89659.00	7445.50	74560.00
宁　夏	Ningxia	111318.00	77968.00	15000.00	18350.00
新　疆	Xinjiang	143570.59	19193.00	15139.22	106176.13

保护情况 续表

Protection Continued

矿山地质环境治理恢复/万元 Remediation and Restoration of the Mine Geo-environment/10^4 yuan		取得资格的矿山公园/个 Mine Parks Obtaining Qualification/number			取得资格的矿山公园面积/公顷 Area of the Mine Parks Obtaining Qualification/hm^2		
保证金缴存数额 Amount of Security Deposit Paid	保证金返还数额 Amount of Security Deposit Returned		国家级 State Level	省级 Provincial Level		国家级 State Level	省级 Provincial Level
1904531.10	254296.83	80	72	8	482001.32	461694.32	20306.00
1875336.08	307208.18	76	72	4	479683.90	476489.90	3194.00
31504911.01	212643.19	76	72	4	438600.12	435468.12	3132.00
381.75	3390.00	4	4		6950.00	6950.00	
1100.00	107.75						
57579.11	110.00	4	4		6987.60	6974.60	13.00
2492.67		2	2		8692.00	8692.00	
300237.40	12671.41	4	4		41358.00	41358.00	
		1	1		2500.00	2500.00	
29210.54	1872.30	3	3		24450.00	24450.00	
4035.02	17.10	6	6		219843.70	219843.70	
118.33							
5311.66	828.45	2	2		339.00	339.00	
39970.57	5605.26	3	3		2851.00	2851.00	
12845.36	1104.00	3	3		4273.00	4273.00	
112740.54	4305.08	2	2		23200.00	23200.00	
12036.38	0.36	4	4		4987.00	4987.00	
59876.15	2691.79	4	4		4779.00	4779.00	
43469.38	1779.76	7	3	4	5080.00	1961.00	3119.00
23861.46	963.85	4	4		6727.22	6727.22	
34030.41	19610.05	3	3		5844.00	5844.00	
82257.58	389.01	6	6		4394.00	4394.00	
32058.09	306.59	2	2		2349.00	2349.00	
5379.49	172.11						
49910.58	3095.00	1	1				
84775.84	4869.73	2	2		3854.60	3854.60	
283507.15	146001.64	1	1		10540.00	10540.00	
52680.15	1174.23	1	1		23800.00	23800.00	
4938.14	70.00						
93210.27	16.00	1	1		4000.00	4000.00	
50284.63	981.00	2	2		13320.00	13320.00	
29956273.00		2	2		4000.00	4000.00	
1899.67		1	1		790.00	790.00	
68439.69	510.72	1	1		2691.00	2691.00	

地质遗迹
Geoheritage

年份/地区	Year/Region	地质遗迹自然保护区				
		保护区/个 Reserve/number				
			古生物化石 Paleonto-logical Fossil	国家级 State Level		
					古生物化石 Paleonto-logical Fossil	
	2013	176	49	44	17	3678938.54
	2014	199	56	54	24	3427017.15
	2015	199	56	56	22	3426864.00
北 京	Beijing	3	1			5737.00
天 津	Tianjin	2		2		36813.00
河 北	Hebei	5	3	2		11606.20
山 西	Shanxi	9	5	5	5	14295.00
内蒙古	Inner Mongolia	17	9	1	1	270793.00
辽 宁	Liaoning	6	4	2	1	100407.80
吉 林	Jilin	5	1	1	1	300230.00
黑龙江	Heilongjiang	32	1	8	1	1476258.00
上 海	Shanghai					
江 苏	Jiangsu	1	1			18.25
浙 江	Zhejiang	4	1	1		4558.87
安 徽	Anhui	3	2	2		22721.00
福 建	Fujian	5		5		16284.00
江 西	Jiangxi					
山 东	Shandong	6	4	2	2	2526.00
河 南	Henan	1	1	1	1	91754.15
湖 北	Hubei	3	2	1	1	1743.90
湖 南	Hunan	4	2	4	2	421.00
广 东	Guangdong	9	4	1		44546.00
广 西	Guangxi	8	6	4	2	384.43
海 南	Hainan					
重 庆	Chongqing					
四 川	Sichuan	2	2	1	1	322.40
贵 州	Guizhou	33	4	5	2	281374.00
云 南	Yunnan	2	2	1	1	1856.00
西 藏	Tibet	3				560504.00
陕 西	Shaanxi	10		4		133524.00
甘 肃	Gansu	22		1		9985.40
青 海	Qinghai					
宁 夏	Ningxia	4	1	2	1	38200.60
新 疆	Xinjiang					

自然保护区

Natural Reserves

Geoheritage Natural Reserve						
保护区面积/公顷 Area of Reserve/hm²			累计建设投资/万元 Cumulative Investment in Construction/10⁴ yuan			
古生物化石 Paleontological Fossil	国家级 State Level	古生物化石 Paleontological Fossil		古生物化石 Paleontological Fossil	本年投资 Investment in the Current Year	古生物化石 Paleontological Fossil
518761.68	1393675.03	95638.03	404317.28	86860.28	80987.72	14347.00
530662.30	1119788.55	120072.55	439546.00	107882.00	34529.00	8903.00
529628.82	1119620.94	119790.20	444207.70	127051.36	14143.65	7743.00
	36813.00		5816.00		1600.00	
8759.70	4870.00	3475.00	12401.94	5631.00	401.29	100.00
14295.00	14295.00	14295.00	1340.00	1340.00	450.00	450.00
263284.00	46410.00	46410.00	12560.00	9818.00		
96487.00	1396.30	46.30	20244.00	3120.00		
11000.00	11000.00	11000.00	9838.00	9838.00		
3844.00	743682.00	3844.00	117781.00	36301.00	1050.00	550.00
18.25			3300.00	3300.00		
22.87	275.00		16191.00	789.00	600.00	438.00
5336.00	20601.00	3216.00	15113.00	7101.00	1508.00	1200.00
	16284.00		38662.00		572.00	
1646.00	894.00	894.00	6079.00	5799.00	619.00	619.00
78015.00			2995.00		50.00	
743.90	43.90	43.90	9719.00	9119.00	1349.00	1349.00
121.00	421.00	121.00	1790.00	990.00	50.00	50.00
7498.00	29000.00		62049.00	3590.00	3706.00	1097.00
354.10	280.74	248.00	1325.00	975.00	20.00	
			301.00			
300.00	300.00	300.00	1236.00	1036.00		
32008.00	66420.00	31857.00	21916.00	19486.00	250.00	250.00
1856.00	56.00		5678.36	5678.36	78.36	
			160.00			
	101320.00		43516.00			
	8259.00		4400.00		200.00	
4040.00	17000.00	4040.00	29796.40	3140.00	1640.00	1640.00

地质公园
Geopark

年份/地区	Year/Region	地质公园/个 Geopark/number							
			世界级 World Level	国家级 State Level	取得国家级地质公园资格 Qualified for Geopark by State Government	省级 Provincial Level	取得省级地质公园资格 Qualified for Geopark by Provincial Government		世界级 World Level
2013		420	28	184	56	117	63	11989960.44	1529178.33
2014		468	31	184	55	136	93	11648785.30	1631473.00
2015		495	33	188	50	160	97	11026066.49	2068507.00
北　京	Beijing	6	2	5		1		202842.00	126055.00
天　津	Tianjin	1		1				34200.00	
河　北	Hebei	17	2	9	2	3	3	150585.28	16016.00
山　西	Shanxi	16		7	2	5	2	202703.89	
内蒙古	Inner Mongolia	21	2	8	1	5	7	486378.20	197419.00
辽　宁	Liaoning	8		4	2	2		317415.00	
吉　林	Jilin	9		3	2	4		333110.00	
黑龙江	Heilongjiang	30	2	6		13	11	1476258.00	212000.00
上　海	Shanghai	1		1				14500.00	
江　苏	Jiangsu	9		3	1	2	3	15385.00	
浙　江	Zhejiang	10	1	4		3	3	84176.70	29460.00
安　徽	Anhui	16	2	9	4	3		190613.00	57374.00
福　建	Fujian	20	2	10	4	6		229714.25	102520.00
江　西	Jiangxi	10	3	4	1	2	3	302087.00	165783.00
山　东	Shandong	63	1	8	3	35	17	293457.61	12498.00
河　南	Henan	29	4	13	2	14		682901.10	314600.00
湖　北	Hubei	28	1	7	4	8	9	549184.78	102272.00
湖　南	Hunan	32	1	8	4	9	10	258616.00	39800.00
广　东	Guangdong	17	2	8		1	8	157469.30	56100.00
广　西	Guangxi	20	1	8	3	8		1249818.50	31930.00
海　南	Hainan	6	1	1		1	4	31092.00	10800.00
重　庆	Chongqing	9		6	1		2	160170.00	
四　川	Sichuan	30	2	14	3	8	5	594161.68	16844.00
贵　州	Guizhou	10	1	9		1		217651.00	17000.00
云　南	Yunnan	11	2	8	2		1	328322.36	128300.00
西　藏	Tibet	5		2		3		540886.00	
陕　西	Shaanxi	14	1	6	2	4	2	190610.24	107485.00
甘　肃	Gansu	28	1	6	3	16	3	816480.00	206720.00
青　海	Qinghai	8	1	6	1	1		571908.00	117531.00
宁　夏	Ningxia	4		1	1	2		38200.60	
新　疆	Xinjiang	11		5	2		4	305169.00	

注：部分地质公园分布于多个省份，所以合计数不一定等于分项累加。

Note：Because of some geopark are dstributed over a number provinces, so the total number is not equal to the cumulation.

建设情况

Construction

地质公园面积/公顷 Area of Geopark/hm^2				地质公园类别/个 Types of Geopark/number			累计建设投资/万元 Cumulative Investment in Construction/10^4 yuan	
国家级 State Level	取得国家级地质公园资格 Qualified for Geopark by State Government	省级 Provincial Level	取得省级地质公园资格 Qualified for Geopark by Provincial Government	地质构造、剖面和形迹 Geological Structure, Section, and Trace Fossil	古生物化石 Paleontological Fossil	地质地貌景观 Geological-geomorphological landscape		本年投资 Investment in the current year
7152287.53	948007.50	1721895.77	539147.30	55	34	331	4792265.41	470567.36
6904772.00	684191.00	2129635.00	558128.00	53	38	377	5250218.06	478853.20
6012596.62	1038682.34	2180786.47	579332.54	67	36	396	5334873.33	355223.04
200042.00		2800.00		1	1	4	202853.00	6010.00
34200.00				1			10437.90	1600.00
89303.48	29371.10	13833.70	17537.00	5	1	11	149817.32	11837.32
122093.89	22533.00	41716.00	16361.00	3	1	12	252306.28	3530.00
366845.00	10194.00	62502.00	46837.20		5	16	36627.64	750.00
291241.00	12074.00	14100.00		1	2	5	56885.32	4870.00
150528.00	33123.00	149459.00			1	8	23577.56	
531682.00		732576.00	34339.00	2	1	27	117781.00	1050.00
	14500.00					1	4510.00	1280.00
4238.00	2990.00	2057.00	6100.00	1	1	7	113986.79	32792.43
44316.00		26979.00	12881.70	2	1	7	75631.75	15569.00
169323.00	6705.00	14585.00		2		14	170927.00	44830.00
159528.25	43940.00	26246.00		2		18	227157.93	24924.93
203613.00	2260.00	74170.00	22044.00			10	278834.20	41051.00
210509.00	8283.00	52836.07	21829.54	3	4	56	251970.13	20810.50
548588.00	27904.00	106409.10		13	1	15	122433.93	12653.30
150447.60	135332.56	61369.00	88885.40	4	1	23	84479.02	9426.00
68520.00	37210.00	91500.00	61386.00	1		31	31000.00	2534.00
124829.00		1716.00	30924.30		1	16	269899.89	8294.55
110061.20	466110.00	68667.00		2		18	69990.09	5240.00
10800.00		300.00	19992.00			6	12647.10	429.10
84984.00	58851.00		16335.00		1	8		
373366.00	3014.68	96630.00	121151.00	10	2	18	349025.01	9848.11
177998.00		39653.00		2	3	5	87344.92	925.00
305465.36	10717.00		12140.00	1	3	7	1399346.00	10906.20
462480.00				3		2	7964.00	
125838.24	20081.00	37291.00	7400.00	3		11	498765.60	6377.60
284017.60	37264.00	364291.00	8507.40	2	4	22	290714.75	69044.00
355541.00	20936.00	77900.00				8	10068.00	3000.00
12960.00	4040.00	21200.60		2	1	1	29796.40	1640.00
239238.00	31249.00		34682.00	1	1	9	98094.80	4000.00

地下水
Groundwater

年份/地区	Year/Region	地下水监测井数按级别分类/个 Number of Groundwater Monitoring Wells, Classified According to Their Levels/number				地下水监测井按自动化程度分类/个 Number of Groundwater Monitoring Wells, Classified According to Their Automatic Level/number		
			国家级监测井数 Number of State Level Monitoring Wells	省级监测井数 Number of Provincial Level Monitoring Wells	地区级监测井数 Number of Prefecture Level Monitoring Wells	人工监测井数 Number of Manual Monitoring Wells	自动化监测井数 Number of Automatic Monitoring Wells	
	2013	14630	1970	7692	4968	12531	2099	14630
	2014	14519	2016	7808	4695	12766	1753	14519
	2015	14983	2157	7867	4959	12659	2324	14983
北京	Beijing	1508	50	1458		1265	243	1508
天津	Tianjin	445	49	396		416	29	445
河北	Hebei	2811	116	884	1811	2365	446	2811
山西	Shanxi	611	31	347	233	581	30	611
内蒙古	Inner Mongolia	810	55	344	411	766	44	810
辽宁	Liaoning	406	101	114	191	383	23	406
吉林	Jilin	610	165	61	384	546	64	610
黑龙江	Heilongjiang	188	92	96		146	42	188
上海	Shanghai	787	66	721		582	205	787
江苏	Jiangsu	570	76	276	218	527	43	570
浙江	Zhejiang	433	34	76	323	260	173	433
安徽	Anhui	367	75	292		166	201	367
福建	Fujian	226	33	129	64	226		226
江西	Jiangxi	125	18	77	30	125		125
山东	Shandong	1106	128	281	697	937	169	1106
河南	Henan	643	346	297		583	60	643
湖北	Hubei	259	104	57	98	252	7	259
湖南	Hunan	130	61	55	14	92	38	130
广东	Guangdong	511	41	413	57	344	167	511
广西	Guangxi	440	36	168	236	391	49	440
海南	Hainan	34	11	23		28	6	34
重庆	Chongqing	37	14	23		31	6	37
四川	Sichuan	71	39	9	23	71		71
贵州	Guizhou	223	72	151		222	1	223
云南	Yunnan	204	76	128		186	18	204
西藏	Tibet	39	11	28		32	7	39
陕西	Shaanxi	236	47	121	68	209	27	236
甘肃	Gansu	338	51	256	31	299	39	338
青海	Qinghai	162	18	144		145	17	162
宁夏	Ningxia	322	48	274		290	32	322
新疆	Xinjiang	331	93	168	70	193	138	331

监测
Monitoring

地下水监测井数按监测内容分类/个 Number of Groundwater Monitoring Wells Classified According to Their Monitored Content/number					地下水监测数据量/个 Data Volume of Groundwater Monitoring/number				
单测水位监测井数 Number of specially Monitoring Wells of Water Table	单测水质监测井数 Number of specially Monitoring Wells of Water Quality	单测泉流量监测井数 Number of specially Monitoring Wells of Spring Flow	开采量监测井数 Number of Water Yield Monitoring Wells	泉流量监测点数 Number of Spring Flow Monitoring Sites		水位监测数据量 Data Volume of Water Table Monitoring	水质监测数据量 Data Volume of Water Quality Monitoring	水温监测数据量 Data Volume of Water Temperature Monitoring	泉流量监测数据量 Data Volume of Spring Flow Monitoring
9065	2509	212	2707	137	1970433	1016679	319965	623973	9816
8715	2592	182	2908	122	2341491	1466520	280765	590303	3903
9013	2885	178	2788	119	3020941	1870113	337430	808023	5375
326	880		302		324335	116415	207920		
395	1		49		21952	20000	1952		
2295	116	3	397		85971	82241	3186	433	111
383	197	11	18	2	41697	23501	7112	10950	134
440	207	13	150		25285	12804	9363	3092	26
156	12	9	219	10	85864	39822	6468	39043	531
520	14		74	2	27769	13703	1479	12443	144
95		93			25463	5177	20007	279	
531	213		43		654214	653482	366	366	
376	120	5	69		17367	17195	167		5
307	57	7	42	20	156603	82693	654	72980	276
190			176	1	147967	76279	346	71306	36
126	53	8	31	8	14023	7879	172	5241	731
77	8	1	39		9118	3930	2750	2402	36
484	226	6	386	4	413867	211303	30334	171600	630
457	5		181		119275	75084	391	43800	
140	102		17		8999	8775	224		
105	2	1	20	2	40582	19355	1440	19571	216
299	128		84		576614	286395	6052	283964	203
310	99		29	2	18448	13198	4740	503	7
18			16		2440	2368	36	36	
7	1		10	19	130	32	22	52	24
14	23		28	6	6939	1290	4387	1262	
62	129		15	17	19548	6029	6569	5719	1231
108	48	17	18	13	13545	4140	7377	1122	906
7	1		31		3790	634	2988	168	
135			101		12362	8556	3494	312	
148	108	4	72	6	9206	8059	175	900	72
115	3		44		8269	5315	2954		
172	102		44	4	13503	7649	147	5687	20
215	30		83	3	115796	56810	4158	54792	36

主要统计指标解释

地质环境监测 指为实施地质环境管理而进行的监测工作。其主要任务是对地质环境中主要要素的动态变化情况进行监测、分析和预测，为地质环境保护管理及地质灾害防治、地下水资源的合理开发利用和保护、国土资源整治等提供科学依据。

监测站数 指各级政府设立的从事地质环境监测的事业单位数。包括省级总站（院、中心）、地市级分站、县区级分站。

从业人员 指报告期末本省(自治区、直辖市)内专业地质环境监测机构的人员，不包括群测群防点的群众联络员。

专业技术人员 指具有工程系列助理工程师及以上职称的人员。

监测点 指对一定区域内的各类滑坡、崩塌、泥石流等突发性地质灾害、地面沉降、地裂缝、海水入侵等缓变性地质灾害以及地下水水位、水质、水温、泉水等变化进行实际调查和监测工作所设立的点。

地质灾害预报预警 指报告期内通过群测群防、专业监测、气象预警等对地质灾害发生的地点、时间及其灾害影响范围、强度进行预报预警。

成功避让地质灾害 指报告期内根据预报预警信息而成功避让的地质灾害数。

避免伤亡人员 指如不搬迁避让可能造成的伤亡人员。

避免直接经济损失 指报告期内根据预报预警信息，采取防范措施，避免的能够用货币衡量的地质灾害直接财产损失。要按照实际情况确定，以地质灾害实际影响范围测定，如倒塌房屋内居住人员或灾害现象活动人员等。

出动应急处置小组 指报告期内县级（含）以上国土资源部门出动的地质灾害应急处置小组个数。

参与应急处置地质灾害 指报告期内县级（含）以上国土资源部门参与应急处置的地质灾害事故起数。

地质灾害防治项目 指报告期内各级政府及国土资源管理部门立项设立的，运用工程手段对由于地质作用导致的将要发生和已经发生的地质灾害进行预防和治理的项目，包括治理项目和搬迁避让项目。

投入防治资金 指为了防治地质灾害而开展的必要的监测、勘查和治理工程所投入的资金，包括中央和地方财政以及其他方面投入的资金。

完成地质灾害危险性评估项目 指报告期内已在国土资源行政主管部门备案的地质灾害危险性评估项目个数，按一级项目、二级项目、三级项目三个级别分别进行统计和日常防灾工作中的巡查、检查、应急调查等。

调查发现地质灾害隐患点 指按照规范开展的区域性地质调查和汛期应急调查后发现的隐患点。

地质灾害 指滑坡、崩塌、泥石流、地面塌陷等突发性地质灾害与地裂缝、地面沉降、海水入侵等缓变性地质灾害。地质灾害数量的计量单位统一用“处”，对于难以区分确切数量的同一次降雨（或其他因素）引发的群发性地质灾害归为1处灾害。地裂缝、地面沉降、海水入侵数量只统计报告期内发现的或报告期之前发现且报告期内继续发展的。

崩塌 指陡坡上大块的岩土体在重力作用下突然脱离母体崩落的物理地质现象。

滑坡 指斜坡上不稳定的岩土体在重力作用下沿一定软弱面（或滑动带）整体向下滑动的物理地质现象。

泥石流 指山地突然爆发的饱含大量泥沙、石块的特殊洪流。

地面塌陷 指地表岩土体在自然或人为因素作用下向下陷落，并在地面形成塌陷坑（洞）的一种动力地质现象。

地裂缝和地面沉降 指报告期内发现或报告期之前发现且报告期内继续发展的地裂缝和地面沉降数量。

造成伤亡人数 指因发生各类地质灾害造成的人员受伤、死亡和失踪情况。

失踪 指根据证据推断人员已经死亡，但是没有找到或确认死者的尸体。

造成直接经济损失 指用货币衡量的直接财产损失。

沉降区面积 指到报告期末一定区域内已发生地面沉降的面积，须指明是沉降量大于多少毫米的面积，如沉降量大于100毫米的面积2000平方千米，则填写2000（>100）。

本年新增（沉降区面积） 指到报告期末一定区域新增的累计沉降量达到100毫米的区域面积。

地裂缝条数 指到报告期末地裂缝发生地区地裂缝的总条数。

地裂缝总长度 指到报告期末地裂缝发生地区各条地裂缝的长度之和。

注册登记的矿泉水水源数 指领取了国土资源行政主管部门颁发的矿泉水注册登记证的水源数。国家级是指领取了国土资源部颁发的国家级矿泉水注册登记证的水源数。省级是指领取了省级国土资源行政主管部门颁发的省级矿泉水注册登记证的水源数。

矿泉水源年检情况 指报告期内的矿泉水源实行年检的情况。

可开采矿泉水资源量 指经过评价计算的可采矿泉水资源量。

可采地热资源量 指经过评价计算的可采地热资源量。

矿业开采累计占用、损坏土地面积 指到报告期末矿业开采产生的尾矿、排放的固体废弃物、露天采矿、采矿塌陷及其他矿山地质灾害所造成的占用或损坏的全部土地面积。

本年矿业开采新增占用、损坏土地面积 指报告期内因矿业开采占用或损坏的土地面积。

累计恢复治理的矿山数 指到报告期末通过矿坑封闭、矸石利用、尾矿坝绿化、塌陷土地复垦、矿坑废水处理、边坡治理等方法，使矿业开采造成的生态环境破坏和环境污染得到治理，功能得以恢复的全部矿山数。

本年恢复治理的矿山数 指报告期内通过矿坑封闭、矸石利用、尾矿坝绿化、塌陷土地复垦、矿坑废水处理、边坡治理等方法，使矿业开采造成的生态环境破坏和环境污染得到治理，功能得以恢复的矿山数。

累计恢复治理面积 指到报告期末恢复治理的全部面积，包括复垦、地面塌陷治理、还林、还草、建设使用等面积。

本年恢复治理面积 指报告期内恢复治理的面积，包括复垦、地面塌陷治理、还林、还草、建设使用等面积。

本年投入矿山环境治理资金 指报告期内用于矿山环境恢复治理的资金，包括中央财政、地方财政和矿山企业投入以及民间投入等资金。

地质遗迹自然保护区 指经国务院和省级政府有关主管部门对由地质作用形成的具有一定价值的地质遗迹资源进行保护的专门区域，主要包括有代表性的地质剖面、地质构造、地质地貌景观、古生物化石及其遗迹产地等。

累计建设投资（地质遗迹自然保护区） 指历年来对地质遗迹自然保护区建设投入的全部资金。

本年投资（地质遗迹自然保护区建设） 指本年对地质遗迹自然保护区建设投入的资金。包括硬件投资和软件投资。

地质公园 指以地质科学意义和独特的地质景观为主，融合自然景观与人文景观的自然公园。目前，已建成的有世界地质公园、国家地质公园、省级地质公园。已批准的世界地质公园要纳入国家地质公园统计。

地质构造、剖面和形迹类地质公园 指其主体是具有一定价值或典型代表意义的地质构造、地质剖面及其他地质形迹的地质公园。

古生物化石类地质公园 指其主体是古生物的化石或其遗迹的地质公园。

地质地貌景观类地质公园 指其主体是地质作用形成重要地质地貌景观的地质公园。

累计建设投资（地质公园） 指历年来对地质遗迹公园建设投入的全部资金。

本年投资（地质公园建设） 指本年对地质公园建设投入的资金。包括硬件投资和软件投资。

Explanatory Notes on Main Statistical Indicators

Geo-environmental monitoring—refers to the monitoring conducted for exercising geo-environmental management. Its main tasks are to monitor, analyze, and predict dynamic changes of main factors in the geo-environment and provide a scientific basis for the geo-environmental protection and management, prevention, and control of geo-hazards, rational development, utilization, and protection of groundwater resources, and improvement of land and resources.

Number of monitoring stations—refers to the number of institutions engaging in geo-environmental monitoring established by governments at various levels. These institutions include provincial-level master stations (institutes, centers), prefecture- and city-level stations, and county- and district-level stations.

Employees—refer to persons in special geo-environmental monitoring institutions in the province (autonomous region, and municipalities directly under the Central government) at the end of the reporting period, excluding local liaison persons at mass monitoring and prevention sites.

Professional technical personnel—refer to those who have an assistant engineer title or a title above this title in the engineering series.

Monitoring site—refers to the sites established for on-the-spot investigations and monitoring of various sudden geohazards such as landslides, avalanches, and mudflow occurring in a particular region, delayed geohazards such as land subsidence, ground cracks, and seawater invasion, and changes in groundwater table, water quality, water temperature, and spring water.

Prediction and early-warning of the geohazards—refer to the prediction and early-warning of the site and time of occurrence of a geohazard and its scope of influence and intensity through monitoring and control by the masses, professional monitoring, and meteorological early-warning of the geohazard during the reporting period.

Geohazards avoided successfully—refers to the number geohazards avoided successfully according to the information of prediction and early-warning during the reporting period.

Casualties avoided—refer to the number of injuries and deaths caused possibly if the people do not move away and avoid the geohazard.

Direct economic loss avoided—refers to the direct economic loss of a geohazard to properties avoided by taking precautionary measures according to the information provided by prediction and early-warning during the reporting period. The loss can be measured by currency. The measurement must be made according to the actual conditions and the actual influence scope of the geohazard, e.g. inhabitants in collapsed houses.

Sending the contingency handling team—refers to the number of contingency handling teams sent by land and resources departments at and above the county level during the reporting period.

Participating in contingency handling of geohazards—refers to the number of geohazard accidents for which land and resources departments at and above the county level participate in contingency handling during the reporting period.

Geohazards prevention and control project—refers to the project of preventing and controlling geohazards caused by geological processes that will occur and have occurred, which governments at various levels and land and resources departments file and establish, and prevent and control by using engineering means during the reporting period. These projects include the project of controlling geohazards and the project of removal and avoidance.

Funds input for prevention and control—refers to the funds input to necessary monitoring, survey, and control projects conducted for the prevention and control of geohazards, including those input by Central and local financial budgets and other aspects.

Projects of evaluating the danger of geohazards completed—refer to the number of projects of evaluating the danger of geohazards that have been filed in the land and resources administration department during the reporting period. The statistical investigation and inspection, examination, and contingency survey in routine hazard prevention work are made according to the first-, second-, and third-grade projects.

Hidden danger sites of geohazards found after investigation—refer to the hidden danger sites found after regional geological investigation according to the work code and emergency investigation in the flood season.

Geohazards—refers to sudden geohazards such as landslides, avalanches, mudflow, and ground collapse and delayed geohazards such as land subsidence, ground cracks, and seawater invasion. "Site" is used as the unit of measurements of the quantity of geohazards, and the group-occurring geohazards induced by the same rain (or other factors), whose accurate quantity is difficult to determine, are considered as one site of hazards. For the quantities of ground cracks, land subsidence, and seawater invasion, only those that are discovered during or before the reporting period and continue to develop during the reporting period are calculated.

Avalanche—refers to the physical-geological phenomenon that a large mass of soil or rock on steep slopes is suddenly divorced from its parent mass and falls under the force of gravity.

Landslide—refers to the physical-geological phenomenon of en-masse downward slide of unstable soil and rock material on slopes along particular surfaces of weakness (or slide zones) under the force of gravity.

Mudflow—refers to the sudden rush of flood torrents containing large amounts of mud and rock debris that suddenly moves downslope in mountains.

Ground collapse—refers to a dynamic geological phenomenon of downward collapse of surface rock and soil and formation of collapse pits (caves) at the ground surface under the action of natural or human factors.

Ground cracks and land subsidence—refers to the quantities of ground cracks and land subsidences that are discovered during or before the reporting period and continue to develop during the reporting period.

Casualties—refer to injuries, deaths, and missings caused by various kinds of geohazard.

Missing—refers to the case of a missing person who is inferred according to evidence to be dead but whose corpse has not been found or identified.

Direct economic loss—refers to direct losses of properties, expressed as currency.

Area of the subsidence area—refers to the area of land subsidence occurring in a certain region. The area with a subsidence of how many mm must be indicated. If the area with a subsidence >100 mm is 2,000 km2, 2000 (>100) is filled in.

Newly increased this year (area of the subsidence area)—refers to the area of a certain region with a newly increased cumulative subsidence at the end of the reporting period reaching 100 mm.

Number of ground cracks—refers to the total number of ground cracks in an area where ground cracks occur at the reporting period.

Total length of ground cracks—refers to the sum of lengths of all the ground cracks in an area where ground cracks occur during the reporting period.

Number of mineral water sources registered — refers to the number of water sources that have obtained certificates of mineral water registration issued by the administration department in charge of land and resources. State level refers to the number of water sources that have obtained state-level certificates of mineral water registration issued by the MLR. Province level refers to the number of water sources that have obtained provincial-level certificates of mineral water registration issued by the provincial-level administration department in charge of land and resources.

Annual check-up of mineral water sources—refers to the annual check-up of mineral water sources made during the reporting period.

Quantity of exploitable mineral water resources—refers to the quantity of exploitable mineral water resources that have been assessed and calculated.

Quantity of exploitable geothermal resources—refers to the quantity of exploitable geothermal resources that have been assessed and calculated.

Cumulative area of land occupied or destructed by mining—refers to the area of all land occupied or destructed by tailings of mining and solid wastes discharged, open-pit mining, and collapses due to mining, and other mine geohazards at the end of the reporting period.

Area of land newly occupied or destructed by mining in the current year—refers to the area of land occupied or destructed by mining in the reporting period.

Cumulative number of mines restored and remediated—refers to the number of all the mines in which the effects of eco-environmental destruction and pollution caused by mining are remediated and whose function is restored at the end of the reporting period through mine pit closing, waste rock utilization, forestation of the tailing dam, reclamation of collapsed land, treatment of mine pit waste water, and side-slope control.

Number of mines restored and remediated in the current year—refers to the number of mines in which the effects of eco-environmental destruction and pollution caused by mining are remediated and whose function is restored in the reporting period through mine pit closing, waste rock utilization, forestation of the tailing dam, reclamation of collapsed land, treatment of mine pit waste water, and side-slope control.

Cumulative area of land restored and remediated—refers to all the area of land restored and remediated at the end of the reporting period, including the area of land reclaimed, collapsed land remediated, land returned to forests and grassland, and land used for construction.

Area of land restored and remediated in the current year—refers to the area of land restored and remediated in the reporting period, including the area of land reclaimed, collapsed land remediated, land returned to forests and grassland, and land used for construction.

Funds input for remediation of the mine environment in the current year—refers to the funds used in the restoration and remediation of the mine environment during the reporting period, including the funds input by the Central and local financial budgets and mine enterprises and nongovernmental funds.

Geoheritages natural reserve—refers to special areas where the State Council and relevant competent departments of governments at the provincial level take measures for protecting geoheritages resources of certain value formed by geological processes. They mainly include sites of representative geological sections, geological structures, geological and geomorphological landscapes, and fossils and occurrences of their traces.

Cumulative investment in construction (geoheritages natural reserve)—refers to all the funds invested in the construction of geoheritages natural conservation areas over the years.

Investment in the current year (construction of geoheritages natural reserve)—refers to the funds invested in the construction of geoheritages conservation areas in the current year. It includes investments to hardwares and softwares.

Geopark—refers to a natural park mainly encompassing a unique geological landscape of geoscientific significance, integrated with the natural landscape and human landscape. At present those that have been recognized include world geoparks, national geoparks, and provincial geoparks. The world geoparks that have been ratified are included in national geoparks in statistics.

Geopark of geological structure, section and trace type—refers to geoparks with representative geological structures, geological sections, and other geological traces of certain value as the main conservation content.

Paleontological fossil-type geopark—refers to geoparks with fossils or their traces as the main conservation content.

Geological-geomorpho-logical landscape-type geopark—refers to geoparks with important geological and geomorphological landscapes formed by geological processes as the main conservation content.

Cumulative investment in construction (geopark)—refers to all the funds invested in the construction of geoheritages parks over the years.

Investment in the current year (construction of geopark)—refers to the funds invested in the construction of geoparks in the current year. It includes investments to hardwares and softwares.

国土资源行政复议情况

Administrative Reconsideration of Land and Resources

全国国土资源

Administrative Reconsideration

地区/年份	Year/Region	上年结转/件 Cases Transferred From Last year/case	本年新收/件 Cases Newly Received in the Current Year/case				复议事项/件 Matters Reconsidered/case					
				土地 Land Resources	矿产 Mineral Resources	其他 Others	行政处罚 Administrative Penalty	行政强制 Administrative Coercion	征收土地 Requisition of Land	行政许可 Administrative Licensing	行政确权 Administrative Confirmation	信息公开 Information Disclosure
2013		195	2001	1899	57	45	49	38	359	117	53	771
2014		220	2302	2154	42	106	80	13	335	111	54	1070
2015		422	4853	4220	104	529	351	88	795	185	251	1983
国土资源部	MLR	195	746	692	43	11	5		91	57	10	396
北京	Beijing											
天津	Tianjin	1	73	73			7					47
河北	Hebei	22	272	251		21	33	1	8		22	148
山西	Shanxi	1	42	33		9	15		2		2	4
内蒙古	Inner Mongolia	4	78	76		2	8		24		30	10
辽宁	Liaoning	6	168	142	5	21	11	8	40	3	5	75
吉林	Jilin	1	61	57	2	2	2		16	3	1	21
黑龙江	Heilongjiang		2	2							1	1
上海	Shanghai	8	160	73		87	7		11	20		98
江苏	Jiangsu	2	248	243		5	11	16	33	4	8	104
浙江	Zhejiang	9	306	299	4	3	22	27	12	21	15	93
安徽	Anhui	7	200	99	8	93	28	8	16	2	5	104
福建	Fujian	6	225	223	1	1	19	1	32	2	28	69
江西	Jiangxi	3	27	25		2			3		1	17
山东	Shandong	58	372	321	3	48	23	1	137	7	41	93
河南	Henan		213	206	5	2	15	1	5	3	3	130
湖北	Hubei		174	94	2	78	8		35	6	1	87
湖南	Hunan	13	255	240	1	14	14	8	104	4	5	68
广东	Guangdong	12	314	268	1	45	25		42	21	29	90
广西	Guangxi	7	142	126	7	9	19	2	25	8	11	28
海南	Hainan	2	23	16	2	5	16		1	1		2
重庆	Chongqing	11	235	222	2	11	8	3	104	2	1	83
四川	Sichuan	20	259	231	8	20	9	5	25	15	6	148
贵州	Guizhou	20	85	44	4	37	10	5	5	3	9	20
云南	Yunnan	2	37	33	4		8		12		2	9
西藏	Tibet											
陕西	Shaanxi	10	60	59		1	9	1	5		9	11
甘肃	Gansu		20	19	1		4		2	2	1	4
青海	Qinghai		6	5		1				1	1	4
宁夏	Ningxia	1	21	20	1		4				2	14
新疆	Xinjiang	1	29	28		1	11	1	5		2	5

行政复议情况
of Land and Resources in China

本年行政复议情况 Administrative Reconsideration in the Current Year																
		本年受理/件 Cases Accepted in the Current Year/case				已审结/件 Cases Whose Trials Have Been Concluded/case									行政赔偿 Administrative Compensation	
行政不作为 Administrative Omission	其他 Others		土地 Land Resources	矿产 Mineral Resources	其他 Others		驳回 Rejection	维持 Maintenance	责令履行 Ordering to Execution	变更 Change	确认违法 Confirmation of a Malfeasance	撤销 Cancellation	撤回申请 Withdrawal of an Application	其他 Others	件数/件 Number of Cases /case	赔偿数额/元 Amount of Compensation /yuan
220	394	1191	1146	30	15	1121	143	666	140	3	24	48	63	34	15	
325	314	1689	1564	31	94	1604	172	979	172	1	40	108	96	36	1	
354	846	3901	3385	76	440	3911	648	1866	400	11	250	408	216	112	56	
22	165	595	553	32	10	560	106	362	17		31	35	9		2	
16	3	73	73			73	29	36				5	3			
33	27	209	189		20	227	9	66	69		11	56	14	2	1	
17	2	33	30		3	33	1	9	14			5	3	1		
1	5	79	77		2	76	1	44	11		1	15	4			
6	20	133	108	5	20	130	6	43	36		23	13	2	7		
4	14	37	34	1	2	57	17	30	2	3	2	3				
		2	2			1						1				
2	22	129	50		79	129	3	100			10	10		6	2	
13	59	187	184		3	175	22	88	13		15	12	12	13		
30	86	226	222	1	3	211	40	82	28		9	17	27	8	4	
20	17	198	97	8	93	198	39	92	23	1	9	8	18	8	4	
60	14	211	209	1	1	202	13	133		5	33	6	8	4		
3	3	23	21		2	27	4	9	6			3	3	2		
33	37	293	260		33	290	129	74	32		24	12	14	5	6	
18	38	164	158	4	2	175	39	65	49		5	7	9	1	8	
7	30	144	76	1	67	125	30	62	8		9	6	7	3	3	
20	32	205	193		12	216	27	109	20		16	28	11	5		
14	93	185	164	1	20	207	46	106	3	1	10	21	15	5	4	
5	44	98	87	6	5	129	12	64	10		9	18	7	9		
1	2	18	15	1	2	22	1	10	1		1	3	4	2		
2	32	226	214	2	10	223	15	128	8		13	43	16		15	
7	44	210	191	4	15	204	26	76	32		11	48	5	6	4	
3	30	78	41	4	33	86	16	41	3			16	7	3	1	
3	3	35	31	4		30	4	5	6			6	3	6	1	
14	11	59	58		1	45	9	16	3		3	4	5	5		
	7	18	17	1		19	3	5	1	1		3	5	1	1	
		1			1	6		2	3					1		
	1	14	14			12		1			5		2	4		
	5	18	17		1	23	1	8	2			4	3	5		

省级国土资源

Administrative Reconsideration of

地区/年份 Year/Region		上年结转/件 Cases Transferred From Last year/case	本年新收/件 Cases Newly Received in the Current Year/case				复议事项/件 Matters Reconsidered/case							
				土地 Land Resources	矿产 Mineral Resources	其他 Others	行政处罚 Administrative Penalty	行政强制 Administrative Coercion	征收土地 Requisition of Land	行政许可 Administrative Licensing	行政确权 Administrative Confirmation	信息公开 Information Disclosure	行政不作为 Administrative Omission	其他 Others
2013		205	2736	2562	69	105	292	107	577	147	172	639	271	531
2014		304	3259	3015	68	176	402	82	556	157	148	1146	286	482
2015		94	1772	1529	20	223	84	50	206	52	31	864	150	335
北　京	Beijing													
天　津	Tianjin	1	73	73			7					47	16	3
河　北	Hebei	9	105	105					3		13	63	20	6
山　西	Shanxi		15	14		1					1		13	1
内蒙古	Inner Mongolia		11	11			1			3		6	1	
辽　宁	Liaoning		61	54	2	5	2	8		2		30	4	15
吉　林	Jilin		23	22	1				1		1	7	1	13
黑龙江	Heilongjiang													
上　海	Shanghai	8	160	73		87	7		11	20		98	2	22
江　苏	Jiangsu		125	125				16				62		47
浙　江	Zhejiang		111	111			6	16	8	12	1	26	2	40
安　徽	Anhui	2	83	21	4	58	8	4				58	12	1
福　建	Fujian	6	104	104			2	1	24			54	18	5
江　西	Jiangxi	2	11	11								8	1	2
山　东	Shandong	25	88	87	1		5		2	1	3	53	15	9
河　南	Henan		115	111	2	2	7	1	1	2	1	78	11	14
湖　北	Hubei		67	21		46			22			40	1	4
湖　南	Hunan		97	97			3		37	2	5	22	8	20
广　东	Guangdong	3	123	123			10		2	6	2	57	7	39
广　西	Guangxi	6	64	54	3	7	5			2		19	4	34
海　南	Hainan		19	15	1	3	15		1	1		1		1
重　庆	Chongqing	11	186	175	1	10			74			80	2	30
四　川	Sichuan	12	71	67	2	2	1	3	9		2	35	1	20
贵　州	Guizhou													
云　南	Yunnan		24	22	2		1		10		1	7	3	2
西　藏	Tibet													
陕　西	Shaanxi	8	16	16			1	1				2	8	4
甘　肃	Gansu		3	2	1					1		2		
青　海	Qinghai		1			1						1		
宁　夏	Ningxia	1	6	6			1				1	4		
新　疆	Xinjiang		10	9		1	2		1			4		3

行政复议情况
Land and Resources at Provincial-level

本年行政复议情况 Administrative Reconsideration in the Current Year														
本年受理/件 Cases Accepted in the Current Year/case				已审结/件 Cases Whose Trials Have Been Concluded/case									行政赔偿 Administrative Compensation	
	土地 Land Resources	矿产 Mineral Resources	其他 Others		驳回 Rejection	维持 Maintenance	责令履行 Ordering to Execution	变更 Change	确认违法 Confirmation of a Malfeasance	撤销 Cancellation	撤回申请 Withdrawal of an Application	其他 Others	件数/件 Number of Cases/case	赔偿数额/元 Amount of Compensation / yuan
2231	2088	57	86	1960	267	984	256	7	40	141	191	74	1	
2716	2512	63	141	2739	341	1486	306	1	72	243	202	88	8	12
1510	1294	19	197	1458	224	699	153	3	84	193	64	38	5	
73	73			73	29	36				5	3			
97	97			94	5	20	25		1	40	3			
14	14			14			11				2	1		
11	11			11		3	4			3	1			
38	33	2	3	38	1		16		19	2				
23	22	1		23	5	11		3	2	2				
129	50		79	129	3	100			10	10		6	2	
101	101			92	12	56	7		4	5	8			
76	76			71	20	31	6		2	7	5			
83	19	4	60	82	16	36	8		8	6	4	4		
96	96			92	4	83				1	1	3		
10	10			11		4	4			1	2			
80	80			68	42	6	13		4	1		2		
115	111	2	2	101	18	52	22		4	4	1			
45	10		35	45	12	16	4		3	4	4	2		
76	76			74	6	47	8		1	8	3	1		
87	87			87	19	42	2		2	19	3			
56	50	3	3	60	10	25	5		8	10		2		
18	15	1	2	18		9			1	2	4	2		
177	167	1	9	175	11	97	8		9	38	12			
55	51	2	2	55	7	21	1		5	19	2		1	
													1	
22	20	2		17	4	1	5			3	1	3	1	
15	15			12		2	2		1	2		5		
3	2	1		3		1					2			
1			1	1			1							
6	6			5							2	3		
3	2		1	7			1			1	1	4		

市级国土资源
Administrative Reconsideration of

地区/年份	Year/Region	上年结转/件 Cases Transferred From Last year /case	本年新收/件 Cases Newly Received in the Current Year/case				复议事项/件 Matters Reconsidered/case						
				土地 Land Resources	矿产 Mineral Resources	其他 Others	行政处罚 Administrative Penalty	行政强制 Administrative Coercion	征收土地 Requisition of Land	行政许可 Administrative Licensing	行政确权 Administrative Confirmation	信息公开 Information Disclosure	行政不作为 Administrative Omission
	2013	45	1426	1309	41	76	244	69	290	79	128	283	139
	2014	117	1698	1550	49	99	324	69	293	82	107	483	121
	2015	133	2335	1999	41	295	262	38	498	76	210	723	182
北　京	Beijing												
天　津	Tianjin												
河　北	Hebei	13	167	146		21	33	1	5		9	85	13
山　西	Shanxi	1	27	19		8	15		2		1	4	4
内蒙古	Inner Mongolia	4	67	65		2	7		24	-3	30	4	
辽　宁	Liaoning	6	107	88	3	16	9		40	1	5	45	2
吉　林	Jilin	1	38	35	1	2	2		15	3		14	3
黑龙江	Heilongjiang		2	2							1	1	
上　海	Shanghai												
江　苏	Jiangsu	2	123	118		5	11		33	4	8	42	13
浙　江	Zhejiang	9	195	188	4	3	16	11	4	9	14	67	28
安　徽	Anhui	5	117	78	4	35	20	4	16	2	5	46	8
福　建	Fujian		121	119	1	1	17		8	2	28	15	42
江　西	Jiangxi	1	16	14		2			3		1	9	2
山　东	Shandong	33	284	234	2	48	18	1	135	6	38	40	18
河　南	Henan		98	95	3		8		4	1	2	52	7
湖　北	Hubei		107	73	2	32	8		13	6	1	47	6
湖　南	Hunan	13	158	143	1	14	11	8	67	2		46	12
广　东	Guangdong	9	191	145	1	45	15		40	15	27	33	7
广　西	Guangxi	1	78	72	4	2	14	2	25	6	11	9	1
海　南	Hainan	2	4	1	1	2	1					1	1
重　庆	Chongqing		49	47	1	1	8	3	30	2	1	3	
四　川	Sichuan	8	188	164	6	18	8	2	16	15	4	113	6
贵　州	Guizhou	20	85	44	4	37	10	5	5	3	9	20	3
云　南	Yunnan	2	13	11	2		7		2		1	2	
西　藏	Tibet												
陕　西	Shaanxi	2	44	43		1	8		5		9	9	6
甘　肃	Gansu		17	17			4		2	1	1	2	
青　海	Qinghai		5	5						1	1	3	
宁　夏	Ningxia		15	14	1		3				1	10	
新　疆	Xinjiang	1	19	19			9	1	4		2	1	

行政复议情况

Land and Resources at Municipal-level

本年行政复议情况 Administrative Reconsideration in the Current Year															
	本年受理/件 Cases Accepted in the Current Year/case				已审结/件 Cases Whose Trials Have Been Concluded/case									行政赔偿 Administrative Compensation	
其他 Others		土地 Land Resources	矿产 Mineral Resources	其他 Others		驳回 Rejection	维持 Maintenance	责令履行 Ordering to Execution	变更 Change	确认违法 Confirmation of a Malfeasance	撤销 Cancellation	撤回申请 Withdrawal of an Application	其他 Others	件数/件 Number of Cases/case	赔偿数额/元 Amount of Compensation /yuan
194	1259	1151	36	72	1060	125	532	116	4	18	94	131	40	49	
219	1448	1327	47	74	1394	196	704	138	1	36	158	109	52	8	12
346	1796	1538	25	233	1893	318	805	230	8	135	180	143	74	49	
21	112	92		20	133	4	46	44		10	16	11	2	1	
1	19	16		3	19	1	9	3			5	1			
5	68	66		2	65	1	41	7		1	12	3			
5	95	75	3	17	92	5	43	20		4	11	2	7		
1	14	12		2	34	12	19	2			1				
	2	2			1						1				
12	86	83		3	83	10	32	6		11	7	4	13		
46	150	146	1	3	140	20	51	22		7	10	22	8	4	
16	115	78	4	33	116	23	56	15	1	1	2	14	4	4	
9	115	113	1	1	110	9	50		5	33	5	7	1		
1	13	11		2	16	4	5	2			2	1	2		
28	213	180		33	222	87	68	19		20	11	14	3	6	
24	49	47	2		74	21	13	27		1	3	8	1	8	
26	99	66	1	32	80	18	46	4		6	2	3	1	3	
12	129	117		12	142	21	62	12		15	20	8	4		
54	98	77	1	20	120	27	64	1	1	8	2	12	5	4	
10	42	37	3	2	69	2	39	5		1	8	7	7		
1					4	1	1	1			1				
2	49	47	1	1	48	4	31			4	5	4		15	
24	155	140	2	13	149	19	55	31		6	29	3	6	3	
30	78	41	4	33	86	16	41	3			16	7	3		
1	13	11	2		13		4	1			3	2	3		
7	44	43		1	33	9	14	1		2	2	5			
7	15	15			16	3	4	1	1		3	3	1	1	
					5		2	2					1		
1	8	8			7		1			5			1		
2	15	15			16	1	8	1			3	2	1		

全国国土资源行政

Administrative Response to Cases of

地区/年份	Year/Region	上年结转/件 Cases Transferred From Last Year/case	本年发生/件 Cases that Occur in the Current Year /case					
			复议后应诉 Response After Reconsideration	复议决定改变后应诉 Response Changed After Reconsiderati-on	未经复议直接应诉 Direct Response Without Reconsideration	驳回诉讼请求 Dismissal of an Action	撤销 Cancellation	变更 Change
总 计		988	1594	281	8906	4291	684	16
国土资源部	MLR	2	34	72	22	37	27	
北 京	Beijing		27		453	74	66	
天 津	Tianjin		2		72	4	2	
河 北	Hebei	24	52	7	195	41	11	
山 西	Shanxi	1	10	2	78	55	1	
内蒙古	Inner Mongolia	3	26		39	34	10	
辽 宁	Liaoning	18	28		277	101	10	
吉 林	Jilin	7	18		46	49	1	
黑龙江	Heilongjiang		8	1	23	13	1	
上 海	Shanghai	4	67		354	257	18	
江 苏	Jiangsu	18	123	6	726	353	38	
浙 江	Zhejiang	12	103		235	142	13	1
安 徽	Anhui	12	87	17	257	190	32	1
福 建	Fujian	26	185	2	221	201	27	1
江 西	Jiangxi	8	22		77	55	4	
山 东	Shandong	19	97	1	485	175	55	
河 南	Henan	8	20		165	80	48	2
湖 北	Hubei	45	91	3	360	227	32	
湖 南	Hunan	132	136	151	789	558	35	
广 东	Guangdong	185	147	5	1289	435	107	3
广 西	Guangxi	7	23	4	173	58	15	1
海 南	Hainan	6	12		49	16	13	
重 庆	Chongqing	359	161	1	1392	690	52	3
四 川	Sichuan	21	53	7	345	199	28	2
贵 州	Guizhou	17	24	1	315	107	28	
云 南	Yunnan		7		29	17		
西 藏	Tibet							
陕 西	Shaanxi	45	16		240	72	5	
甘 肃	Gansu	2	5	1	15	9	2	
青 海	Qinghai		2		11	5		
宁 夏	Ningxia	3	2		134	18	1	2
新 疆	Xinjiang	4	6		40	19	2	

应诉案件情况（2015年）
Land and Resources in China（2015）

结案情况/件 Cases Settled at First Instance/case								未审结/件 Cases Whose Trials Have Not Been Concluded/case
判决 Judgment					裁定 Ruling			
履行法定职责 Execution of Lawful Duty	履行给予义务 Execution of Give Obligation	确认违法或无效 Confirmation of Violation of Law or Invalidity	继续履行、采取补救措施或赔偿损失 Continue、Remediation or Compensation	给予赔偿 Compensation	驳回起诉 Dismissal of an Appeal	撤诉 Withdrawal of an Action	终结 Termination	
238	**38**	**239**	**47**	**21**	**2096**	**1309**	**573**	**2217**
6		1	1		28	12		18
4		8	10		248	32		38
					10	12		46
28		2		1	70	21	13	91
5		2			6	8		14
7	2			1	2	8		4
9		27		2	49	32	8	85
					8	2		11
1		1			5	2		9
3		4			35	64		44
11	2	6	1		255	101	4	102
		8			74	39	2	71
8		5	1		39	30	20	47
7		10			59	24	4	101
9		3	1	2	16	2	3	12
20	2	15			55	37	116	127
2		4	1	3	18	13	3	19
11	4	13	3	4	58	31	49	67
25	16	17	6	1	173	163	75	139
27		46	3		352	135	79	439
8	7	2		5	57	25	3	26
1					15	7		15
20	5	22	5		336	294	58	428
10		17			51	30	16	73
5		20	12		39	41	5	100
		1			4	2	1	11
1		2	1		13	137	13	57
3		1			3		3	2
		2			2			4
3			2	1	7	4	96	5
4				1	9	1	2	12

省级国土资源行政

Administrative Response to Cases of

地区/年份 Year/Region		上年结转/件 Cases Transferred From Last Year/case	本年发生/件 Cases that Occur in the Current Year /case					
			复议后应诉 Response After Reconsideration	复议决定改变后应诉 Response Changed After Reconsideration	未经复议直接应诉 Direct Response Without Reconsideration	驳回诉讼请求 Dismissal of an Action	撤销 Cancellation	变更 Change
总 计		62	330	27	1285	592	111	1
北 京	Beijing		27		453	74	66	
天 津	Tianjin		2		72	4	2	
河 北	Hebei	5	12		18	4	2	
山 西	Shanxi			2	17	3		
内蒙古	Inner Mongolia				8			
辽 宁	Liaoning				49			
吉 林	Jilin		4		30	34		
黑龙江	Heilongjiang		4		8	7		
上 海	Shanghai	4	25		63	72		
江 苏	Jiangsu	3	40		57	51	1	
浙 江	Zhejiang		18		35	23	1	
安 徽	Anhui		15	13	9	32	3	
福 建	Fujian	3	54		9	53	8	
江 西	Jiangxi		2		8	3		
山 东	Shandong		29		37	34	4	
河 南	Henan	3	8		42	30	8	1
湖 北	Hubei	23	10		32	49		
湖 南	Hunan		13	7	29	35		
广 东	Guangdong	6	16		34	22	2	
广 西	Guangxi	4	8	3		3		
海 南	Hainan		1		2			
重 庆	Chongqing	7	24		103	25	8	
四 川	Sichuan	4	7	2	16	13	4	
贵 州	Guizhou				14	9	2	
云 南	Yunnan		1		4	1		
西 藏	Tibet							
陕 西	Shaanxi		6		133	7		
甘 肃	Gansu		1			1		
青 海	Qinghai				2			
宁 夏	Ningxia				1	1		
新 疆	Xinjiang		3			2		

应诉案件情况（2015年）

Land and Resources in China（2015）

结案情况/件 Cases Settled at First Instance/case								未审结/件 Cases Whose Trials Have Not Been Concluded/case
判决 Judgment					裁定 Ruling			
履行法定职责 Execution of Lawful Duty	履行给予义务 Execution of Give Obligation	确认违法或无效 Confirmation of Violation of Law or Invalidity	继续履行、采取补救措施或赔偿损失Continue、Remediation or Compensation	给予赔偿 Compensation	驳回起诉 Dismissal of an Appeal	撤诉 Withdrawal of an Action	终结 Termination	
17	**2**	**16**	**10**		**460**	**263**	**6**	**226**
4		8	10		248	32		38
					10	12		46
1					3	4		21
1					4	1		10
3	2					2		1
1		1			42	5		
						2		3
1					10	9		
					17	3		28
					15	1		13
						2		
					4	1		
					3			4
1		1			10	5	6	5
1		3			3	4		3
					13	1		2
					7	5		2
		2			20	1		9
3					4			5
						1		2
		1			34	43		23
					7	5		
								3
					3			1
					1	124		7
					2			
1								

市级国土资源行政

Administrative Response to Cases of

地区/年份	Year/Region	上年结转/件 Cases Transferred From Last Year/case	本年发生/件 Cases that Occur in the Current Year/case 复议后应诉 Response After Reconsideration	复议决定改变后应诉 Response Changed After Reconsideration	未经复议直接应诉 Direct Response Without Reconsideration	驳回诉讼请求 Dismissal of an Action	撤销 Cancellation	变更 Change
总计		924	1230	182	7599	3662	546	15
北京	Beijing							
天津	Tianjin							
河北	Hebei	19	40	7	177	37	9	
山西	Shanxi	1	10		61	52	1	
内蒙古	Inner Mongolia	3	26		31	34	10	
辽宁	Liaoning	18	28		228	101	10	
吉林	Jilin	7	14		16	15	1	
黑龙江	Heilongjiang		4	1	15	6	1	
上海	Shanghai		42		291	185	18	
江苏	Jiangsu	15	83	6	669	302	37	
浙江	Zhejiang	12	85		200	119	12	1
安徽	Anhui	12	72	4	248	158	29	1
福建	Fujian	23	131	2	212	148	19	1
江西	Jiangxi	8	20		69	52	4	
山东	Shandong	19	68	1	448	141	51	
河南	Henan	5	12		123	50	40	1
湖北	Hubei	22	81	3	328	178	32	
湖南	Hunan	132	123	144	760	523	35	
广东	Guangdong	179	131	5	1255	413	105	3
广西	Guangxi	3	15	1	173	55	15	1
海南	Hainan	6	11		47	16	13	
重庆	Chongqing	352	137	1	1289	665	44	3
四川	Sichuan	17	46	5	329	186	24	2
贵州	Guizhou	17	24	1	301	98	26	
云南	Yunnan		6		25	16		
西藏	Tibet							
陕西	Shaanxi	45	10		107	65	5	
甘肃	Gansu	2	4	1	15	8	2	
青海	Qinghai		2		9	5		
宁夏	Ningxia	3	2		133	17	1	2
新疆	Xinjiang	4	3		40	17	2	

应诉案件情况（2015年）

Land and Resources in China（2015）

结案情况/件 Cases Settled at First Instance/case								未审结/件 Cases Whose Trials Have Not Been Concluded/case
判决 Judgment					裁定 Ruling			
履行法定职责 Execution of Lawful Duty	履行给予义务 Execution of Give Obligation	确认违法或无效 Confirmation of Violation of Law or Invalidity	继续履行、采取补救措施或赔偿损失Continue、Remediation or Compensation	给予赔偿 Compensation	驳回起诉 Dismissal of an Appeal	撤诉 Withdrawal of an Action	终结 Termination	
215	**36**	**222**	**36**	**21**	**1608**	**1034**	**567**	**1973**
27		2		1	67	17	13	70
4		2			2	7		4
4				1	2	6		3
8		26		2	7	27	8	85
					8	2		11
1		1			5			6
2		4			25	55		44
11	2	6	1		238	98	4	74
		8			59	38	2	58
8		5	1		39	28	20	47
7		10			55	23	4	101
9		3	1	2	13	2	3	8
19	2	14			45	32	110	122
1		1	1	3	15	9	3	16
11	4	13	3	4	45	30	49	65
25	16	17	6	1	166	158	75	137
27		44	3		332	134	79	430
5	7	2		5	53	25	3	21
1					15	6		13
20	5	21	5		302	251	58	405
10		17			44	25	16	73
5		20	12		39	41	5	97
		1			1	2	1	10
1		2	1		12	13	13	50
3		1			3		3	2
		2						4
3			2	1	7	4	96	5
3				1	9	1	2	12

主要统计指标解释

上年结转（行政复议） 指本统计时段之前复议机关已受理但未审结的行政复议案件数。

上年结转（行政应诉） 指人民法院已受理但尚未作出终审判决，裁定的诉讼案件数。

本年新收 指本统计时段内行政机关新收到的行政复议案件数。

本年受理 指本统计时段内行政复议机关决定立案审理的行政复议案件数。

已审结 指在本统计时段内上期结转和本期新收的案件中已正式受理并审结的案件。

其他（已审结） 包括：①部分维持、部分撤销的决定；②部分维持、部分变更的决定；③部分维持、部分责令履行的决定；④部分撤销、部分变更的决定；⑤部分撤销、部分责令履行的决定；⑥部分变更、部分责令履行的决定等。

未审结 指在本统计时段内尚未审结的案件数。

Explanatory Notes on Main Statistical Indicators

Cases transferred from last year (Administrative Reconsideration) —refer to the number of cases of administrative reconsideration that have been accepted by the organ of administrative reconsideration but whose trials have not been concluded before the current statistical period.

Cases transferred from last year (Administrative Response) —refer to the number of cases of lawsuit that have been accepted by people's count but not be final judged.

Cases newly received in the current year—refer to the number of cases of administrative reconsideration received newly by administration departments during the current statistical period.

Cases accepted in the current year—refer to the number of cases of administrative reconsideration that administrative reconsideration departments decided to file and try during the current statistical period.

Cases whose trials have been concluded—refer to cases transferred from the previous period and those that have been formally accepted among the cases newly received and whose trials have been concluded during the current period.

Others(Cases whose trials have been concluded)—including ① decision on partial maintenance and partial cancellation; ② decision on partial maintenance and partial change; ③ decision on partial maintenance and partial performance; ④ decision on partial cancellation and partial change; ⑤ decision on partial cancellation and partial performance; ⑥ decision on partial change and partial performance.

Cases whose trials have not been concluded—refer to the number of cases whose trials have not been concluded during the current statistical period.

海洋资源管理

Marine Resources Management

海洋监测、调查情况（2015年）
Marine Monitoring and Survey（2015）

		站点（船舶）数/个、艘 Number of Stations/vessels	项目数/个 Number of Projects/number	实际获得数据量/个 Actual Data Quantity/number	发布公（简）报/期 Communique (Bulletin) Issued/issue	提交报告/期 Report Submitted/issue
海洋监测	Marine Monitoring	504	582	322534659	2875	
台站监测	Station Monitoring	107	254	290486760		
断面监测	Sectional Monitoring	119	34	59735	12	
浮标监测	Buoy Monitoring	39	31	4991614		
海冰监测	Sea Ice Monitoring	50	46	13163	373	
船舶监测	Ship Monitoring	48	20	14773855	2400	
其他监测	Other Monitoring	141	197	12209532	90	
海洋调查	Marine Survey	2881	832	1618492	176	
大洋调查	Ocean Survey	354	59	71560	81	
极地调查	Polar Survey	176	23	3181		
专项调查	Specified Subject Investigation	1269	407	1048951	88	
其他调查	Other Survey	1082	343	494800	7	

海洋行政管理（2015年）

Marine Administration （2015）

		总 计 Grand Total
发放海域使用权发证/本	Permits of Marine Area Use Right Issued/piece	3907
签发疏浚物海洋倾倒许可证/份	Permits of Dredged Material Ocean Dumping Issued/piece	375
海域使用执法检查/次	Law Enforcement Inspection of Sea Area Use/times	6369
涉外海洋科研/项	Foreign Marine Scientific Research/piece	55
海底电缆管道执法检查次数/次	Law Enforcement Inspection of Submarine Cable and Pipeline Laying/times	289
海洋工程环境保护监督检查次数/次	Law Enforcement Inspection of Maritime Engineering Environmental Protection/times	5488
海洋倾废监督检查次数/次	Law Enforcement Inspection of Waste Ocean Dumping/times	4215
海洋生态保护执法检查/次	Law Enforcement Inspection of Marine Ecological Protection/times	364

注："发放海域使用权发证数据"来自2015年海域使用管理公报，"签发疏浚物海洋倾倒许可证"等数据来自《2015年国家海洋局综合统计年报》（内部）。

Note: "Permits of marine area use right issued" comes from *Management Communiqué on Sea Area Use 2015*, the data below "Permits of dredged material ocean dumping issued" come from *Statistical Year Book 2015 Published by State Oceanic Administration* (internal).

五、国土资源科学技术研究

Chapter 5 Scientific and Technological Research on Land and Resources

国土资源科技人才情况

Land and Resource Scientific and Technological

年份/单位	Year/Region		
			新世纪百千万人才工程 New Century National Hundred, Thousand and Ten Thousand Talent Project
	2013	140	5
	2014	62	5
	2015	41	3
北京市国土资源局	Beijing Municipal Bureau of Land and Resources		
天津市国土资源和房屋管理局	Tianjin City Land Resources and Housing Authority		
河北省国土资源厅	Department of Land and Resources of Hebei Province	1	
山西省国土资源厅	Department of Land and Resources of Shanxi Province		
内蒙古自治区国土资源厅	Nei Mongol Zizhiqu Region Department of Land and Resources	1	1
辽宁省国土资源厅	Department of Land and Resources of Liaoning Province	4	1
吉林省国土资源厅	Department of land and resources of Jilin Province	1	
黑龙江省国土资源厅	Department of land and resources of Heilongjiang Province		
上海市规划和国土资源管理局	Shanghai City Planning and Land Resources Administration	1	
江苏省国土资源厅	Department of Land and Resources of Jiangsu Provincial	5	
浙江省国土资源厅	Department of Land and Resources of Zhejiang Province	1	
安徽省国土资源厅	Department of Land and Resources of Anhui Province	1	
福建省国土资源厅	Department of Land and Resources of Fujian Province		
江西省国土资源厅	Department of Land and Resources of Jiangxi Province		
山东省国土资源厅	Department of Land and Resources of Shandong Province	1	
河南省国土资源厅	Department of Land and Resources of Henan Province	1	
湖北省国土资源厅	Department of Land and Resources of Hubei Province	6	
湖南省国土资源厅	Department of Land and Resources of Hunan Province	9	1
广东省国土资源厅	Department of Land and Resources of Guangdong Province	1	
广西壮族自治区国土资源厅	The Guangxi Zhuang Zizhiqu Region Department of Land and Resources		
海南省国土环境资源厅	Department of Land and Environmental Resources of Hainan Province	2	
重庆市国土资源和房屋管理局	Chongqing Administration of Land, Resources and Housing		
四川省国土资源厅	Department of Land and Resources of Sichuan Province		
贵州省国土资源厅	Department of Land and Resources of Guizhou Province		
云南省国土资源厅	Department of Land and Resources of Yunnan Province		
西藏自治区国土资源厅	Department of Land and Resources of Tibet Zizhiqu Region		
陕西省国土资源厅	Department of Land and Resources of Shaanxi Province		
甘肃省国土资源厅	Department of Land and Resources of Gansu Province	4	
青海省国土资源厅	Department of Land and Resources of Qinghai Province	2	
宁夏回族自治区国土资源厅	The Ningxia Hui Autonomous Region Department of Land and Resources		
新疆维吾尔自治区国土资源厅	Department of Land and Resources of Xinjiang Uygur Zizhiqu		
新疆生产建设兵团国土资源局	Bureau of Land and Resources of Xinjiang Production and Construction Corps		

填报说明：统计范围包括省（自治区、直辖市）国土资源主管部门和部直属单位及其所属的具有独立法人地位的科学研究与技术开物馆、经研院、规划院、信息中心、整治中心、油气中心、宝玉石中心、图书馆等。省（自治区、直辖市）国土资源部门属单位参照部属

Instructions for filling: The statistics concludes land and resources administrative agencies of the provincial, municipal and county level, and geological museum, Chinese academy of land and resources economics, China land surveying and planning institute, Information center of MLR, China center,China geological library. If no special instructions, statistical data refer to the annual newly added data.

——按单位分列

Talented Personnel by Units

高层次科技人才培养、流动/人 High-level scientific and technological talented personnel training and flow				
进入省部级以上人才计划/人 Plan of Talented Personnel at and above Provincial- and Ministerial Levels/person			高层次科技人员流动/人 Situation of High-level Scientific and Technological Talented Personnel Flow/person	
千人计划 ThousandTalents Plan	部科技创新人才工程 Scientific and Technological Innovative Talent Project of MLR	省级科技人才计划 Provincial-level Scientific and Technological Talent Plan	新增 Newly Increased	减少 Reduced
	27	108	512	57
2	8	46	373	41
1		16	107	44
	1		1	
			2	
	2	1	1	
		1	7	10
	1		8	3
	5			
		1	2	
	1		9	2
	1		4	
	1		1	
	6		6	
	2	6	2	1
	1		2	
			13	1
		2	3	
			8	18
			11	1
1		3		
		2	17	6
			10	2

发机构、转制科研机构、信息文献机构、开展科研和开发活动的事业单位。部属单位：中国地质调查局及其所属事业单位、科研院所，博单位范围填报。如无特别说明，统计数据均指本年度新增数据。

the units with the status as independent legal person affiliated to MLR. Units affiliated to MLR.: China geological survey and its affiliates, China land consolidation and rehabilitation center, Gas and oil resources center for strategic of MLR, National gems and jewelry technology administrative

国土资源科技人才情况

Land and Resource Scientific and Technological

年份/单位	Year/Units	
	2013	95
	2014	141
	2015	79
国土资源部信息中心	Information Center of Ministry of Land and Resources	
国土资源部咨询研究中心	Consulting & Research Center Ministry of Land & Resources	
国土资源部土地整治中心	China Land Consolidation and Rehabilitation	6
中国国土资源经济研究院	Chinese Academy of Land & Resources Economics	1
中国地质博物馆	The Geological Museums of China	
国土资源部油气资源战略研究中心	Strategic Resources Center of Oil and Gas，MLR	
国土资源部不动产登记中心	Real Estate Registration Center,MLR,PRC	
中国国土资源航空物探遥感中心	China Aero Geophsical Survey & Remote Sensing Center for Land Resources	2
中国地质环境监测院	China Geological Environment Monitoring Academy	13
国土资源实物地质资料中心	Geological Material Center,MLR	1
中国地质图书馆	National Geological Library of China	
国土资源部珠宝玉石首饰管理中心	National Gems & Jenelry Technology Administrative Center	
中国地质调查局发展研究中心	Development Research Center of China Geological Survey	1
中国地质调查局天津地质调查中心	Tianjin Institute of Geology and Mineral Resources,CGS	11
中国地质调查局沈阳地质调查中心	Shenyang Institute of Geology and Mineral Resources,CGS	
中国地质调查局西安地质调查中心	Xi'an Institute of Geology and Mineral Resources,CGS	3
中国地质调查局南京地质调查中心	Nanjing Institute of Geology and Mineral Resources,CGS	
中国地质调查局成都地质调查中心	Chengdu Institute of Geology and Mineral Resources,CGS	2
中国地质调查局武汉地质调查中心	Wuhan Institute of Geology and Mineral Resources,CGS	
青岛海洋地质研究所	Qingdao Institute of Marine Geology	3
广州海洋地质调查局	Guangzhou Marine Geological Survey	1
中国地质科学院	Chinese Academy of Geological Sciences(CAGS)	3
中国地质科学院地质研究所	Institute of Geology, CAGS	5
中国地质科学院矿产资源研究所	Institute of Mineral Resources, CAGS	
中国地质科学院水文地质环境地质研究所	Institute of Hydrogeology and Environmental Geology, CAGS	3
中国地质科学院地球物理地球化学勘查研究所	Institute of Geophysical and Geochemical Exploration, CAGS	17
中国地质调查局水文地质环境地质调查中心	Institute of Hydrogeology and Environmental Geology,CGS	
中国地质科学院勘探技术研究所	Institute of Exploration Techniques, CAGS	1
中国地质科学院探矿工艺研究所	Chengdu Institute of Exploration Technology, CAGS	
北京探矿工程研究所	Beijing Institute of Exploration Engineering	
中国地质科学院郑州矿产综合利用研究所	Zhengzhou Institute of Multipurpose Utilization of Mineral Resources, CAGS	
中国地质科学院成都综合利用研究所	Chengdu Institute of Multipurpose Utilization of Mineral Resources, CAGS	
中国地质调查局油气资源调查中心	China Geological Survey Bureau of Oil and Gas Resources Research Center	5
中国地质科学院地质力学研究所	Institute of Geology, Chinese Academy of Geological Sciences	1
中国地质科学院岩溶地质研究所	Institute of Karst Geology, Chinese Academy of Geological Sciences	
国家地质实验测试中心	National Geological Test Center	

——按部属事业单位分列

Talented Personnel by Units Affiliated to MLR

高层次科技人才培养、流动 High-level Scientific and Technological Talented Personnel Training and Flow					
进入省部级以上人才计划/人 Plan of Talented Personnel at and above Provincial- and Ministerial Levels/person				高层次科技人员流动/人 Situation of High-level Scientific and Technological Talented Personnel Flow/person	
新世纪百千万人才工程 New Century National Hundred, Thousand and Ten Thousand Talent Project	千人计划 Thousand Talents Plan	部科技创新人才工程 Scientific and Technological Innovative Talent Project of MLR	省级科技人才计划 Provincial-level Scientific and Technological Talent Plan	新增 Newly Increased	减少 Reduced
10		63	22	165	35
10	1	31	91	143	42
3	1	33	41	147	56
				1	
		6		4	
			1	5	1
				1	2
					1
			2	7	9
1		5	7	7	4
			1	4	
				7	1
		1			
			11	17	4
				3	4
		2	1	1	1
			2	22	4
		2	1	3	1
		1		13	1
		3			
		4		15	2
			3	7	6
2		5	10	1	9
				11	1
		1		2	
				6	
		3	2	8	3
	1				
				2	2

国土资源科技研发情况

Land and Resource Scientific

年份/地区	Year/Region	科技研发与投入 项目总数/项 Total Number of Projects/project	国家级 State Level	部级 Ministerial Level	省级 Provincial Level	本单位 The Current Unit
2013		1055	35	154	512	328
2014		947	43	189	515	190
2015		837	29	130	519	159
北京市国土资源局	Beijing Municipal Bureau of Land and Resources	9		2	2	5
天津市国土资源和房屋管理局	Tianjin City Land Resources and Housing Authority					
河北省国土资源厅	Department of Land and Resources of Hebei Province	21		1	20	
山西省国土资源厅	Department of Land and Resources of Shanxi Province					
内蒙古自治区国土资源厅	Nei Mongol Zizhiqu Region Department of Land and Resources	14		5	9	
辽宁省国土资源厅	Department of Land and Resources of Liaoning Province	3		2		1
吉林省国土资源厅	Department of land and resources of Jilin Province	13		6	7	
黑龙江省国土资源厅	Department of land and resources of Heilongjiang Province	13	1	6	6	
上海市规划和国土资源管理局	Shanghai City Planning and Land Resources Administration	45		4	15	26
江苏省国土资源厅	Department of Land and Resources of Jiangsu Provincial	74	3	26	25	20
浙江省国土资源厅	Department of Land and Resources of Zhejiang Province	30	2	4	11	13
安徽省国土资源厅	Department of Land and Resources of Anhui Province	101		3	92	6
福建省国土资源厅	Department of Land and Resources of Fujian Province					
江西省国土资源厅	Department of Land and Resources of Jiangxi Province					
山东省国土资源厅	Department of Land and Resources of Shandong Province	19	4	6	9	
河南省国土资源厅	Department of Land and Resources of Henan Province	21		1	20	
湖北省国土资源厅	Department of Land and Resources of Hubei Province	22		3	19	
湖南省国土资源厅	Department of Land and Resources of Hunan Province	74	5	5	7	57
广东省国土资源厅	Department of Land and Resources of Guangdong Province	31	2	3	26	
广西壮族自治区国土资源厅	The Guangxi Zhuang Zizhiqu Region Department of Land and Resources	41		3	29	9
海南省国土环境资源厅	Department of Land and Environmental Resources of Hainan Province	1			1	
重庆市国土资源和房屋管理局	Chongqing Administration of Land, Resources and Housing	161	8	15	131	7
四川省国土资源厅	Department of Land and Resources of Sichuan Province	33	1	7	18	7
贵州省国土资源厅	Department of Land and Resources of Guizhou Province					
云南省国土资源厅	Department of Land and Resources of Yunnan Province					
西藏自治区国土资源厅	Department of Land and Resources of Tibet Zizhiqu Region					
陕西省国土资源厅	Department of Land and Resources of Shaanxi Province	10	2	1	7	
甘肃省国土资源厅	Department of Land and Resources of Gansu Province	17		7	7	3
青海省国土资源厅	Department of Land and Resources of Qinghai Province	56		13	40	3
宁夏回族自治区国土资源厅	The Ningxia Hui Autonomous Region Department of Land and Resources	14	1	7	6	
新疆维吾尔自治区国土资源厅	Department of Land and Resources of Xinjiang Uygur Autonmos Region	12			12	
新疆生产建设兵团国土资源局	Bureau of Land and Resources of Xinjiang Production and Construction Corps	2				2

——按单位分列

Research by Units

Scientific and Technological R & D and Input					科技基础条件平台建设 / 个 Sci-tech Basic Conditions Platform Construction			
项目年度经费总数/万元 Total Annual Fund of The Project/10^4yuan								
	国家级 State Level	部级 Ministerial Level	省级 Provincial Level	本单位 The Current Unit	重点实验室/个 Key Laboratory/laboratory	监督检验测试中心/个 Center of Supervision, Inspection and Analysis/center	野外科学观测研究基地/个 Field Observation and Research Base/base	科普基地/个 Science Popularization Base/base
81301	3334	20938	47362	9112	21	7	31	56
66671	2339	24453	31144	7121	11	13	17	18
51129	3399	13622	29846	3633	16	10	22	60
1286		276	66	944				
3154		80	2974		2		1	18
1613		671	543				1	
422		322		100	1	4	5	5
280		260	19					
571		243	328					
90		103	115	272				
9367	648	4262	4282	175				
215			215					
1563		301	1197	65	3	2	2	
1156	80	566	430	80	1			
3154		80	2974		2		1	18
2137	1657	480			1	2	1	
1777	95	152	130	1400		1	1	2
1502	299	821	382					
5074		378	4606	90				1
2853	169	628	1974	81	2			
1472	131	228	870	213	2	1	7	6
1802	231	194	1378					
693		338	320	35	1		2	5
7648		2543	4937	168	1			
1655	89	696	870					
1235			1235				1	5
10				10				

国土资源科技研发情况
Land and Resource Scientific

年份/单位	Year/Units	项目 Total Number	国家级 State Level
	2013	2106	414
	2014	1636	366
	2015	1883	612
国土资源部信息中心	Information Center of Ministry of Land and Resources	31	21
国土资源部咨询研究中心	Consulting & Research Center Ministry of Land & Resources	8	
国土资源部土地整治中心	China Land Consolidation and Rehabilitation	8	1
中国国土资源经济研究院	Chinese Academy of Land & Resources Economics	107	
中国地质博物馆	The Geological Museums of China	20	1
国土资源部油气资源战略研究中心	Strategic Resources Center of Oil and Gas， MLR	5	
国土资源部不动产登记中心	Real Estate Registration Center,MLR,PRC		
中国国土资源航空物探遥感中心	China Aero Geophsical Survey & Remote Sensing Center for Land Resources	11	5
中国地质环境监测院	China Geological Environment Monitoring Academy	48	7
国土资源实物地质资料中心	Geological Material Center,MLR	13	
中国地质图书馆	National Geological Library of China	32	
国土资源部珠宝玉石首饰管理中心	National Gems & Jenelry Technology Administrative Center	18	
中国地质调查局发展研究中心	Development Research Center of China Geological Survey	79	
中国地质调查局天津地质调查中心	Tianjin Institute of Geology and Mineral Resources,CGS	25	14
中国地质调查局沈阳地质调查中心	Shenyang Institute of Geology and Mineral Resources,CGS	1	
中国地质调查局西安地质调查中心	Xi'an Institute of Geology and Mineral Resources,CGS	56	36
中国地质调查局南京地质调查中心	Nanjing Institute of Geology and Mineral Resources,CGS	78	18
中国地质调查局成都地质调查中心	Chengdu Institute of Geology and Mineral Resources,CGS	97	22
中国地质调查局武汉地质调查中心	Wuhan Institute of Geology and Mineral Resources,CGS	70	13
青岛海洋地质研究所	Qingdao Institute of Marine Geology	53	45
广州海洋地质调查局	Guangzhou Marine Geological Survey	13	13
中国地质科学院	Chinese Academy of Geological Sciences(CAGS)	37	3
中国地质科学院地质研究所	Institute of Geology, CAGS	204	125
中国地质科学院矿产资源研究所	Institute of Mineral Resources, CAGS		
中国地质科学院水文地质环境地质研究所	Institute of Hydrogeology and Environmental Geology, CAGS	86	27
中国地质科学院地球物理地球化学勘查研究所	Institute of Geophysical and Geochemical Exploration, CAGS	96	19
中国地质调查局水文地质环境地质调查中心	Institute of Hydrogeology and Environmental Geology,CGS	37	34
中国地质科学院勘探技术研究所	Institute of Exploration Techniques, CAGS	28	8
中国地质科学院探矿工艺研究所	Chengdu Institute of Exploration Technology, CAGS	20	5
北京探矿工程研究所	Beijing Institute of Exploration Engineering	20	6
中国地质科学院郑州矿产综合利用研究所	Zhengzhou Institute of Multipurpose Utilization of Mineral Resources, CAGS	64	4
中国地质科学院成都综合利用研究所	Chengdu Institute of Multipurpose Utilization of Mineral Resources, CAGS	61	8
中国地质调查局油气资源调查中心	China Geological Survey Bureau of oil and Gas Resources Research Center	76	71
中国地质科学院地质力学研究所	Institute of Geology, Chinese Academy of Geological Sciences	114	48
中国地质科学院岩溶地质研究所	Institute of Karst Geology, Chinese Academy of Geological Sciences	150	25
国家地质实验测试中心	National Geological Test Center	117	33

——按部属事业单位分列

Research by Units Affiliated to MLR

科技研发与投入Scientific and Technological R & D and Input								科技基础条件平台建设 Sci-tech Basic Conditions Platform Construction			
总数/项 of Projects/project			项目年度经费总数/万元 Total Annual Fund of The Project/10^4yuan								
部级 Minist-erial Level	省级 Provin-cial Level	本单位 The Current Unit		国家级 State Level	部级 Ministerial Level	省级 Provincial Level	本单位 The Current Unit	重点实验室/个 Key Laboratory/ laboratory	监督检验测试中心/个 Center of Supervision, Inspection and Analysis/ center	野外科学观测研究基地/个 Field Observation and Research Base/base	科普基地/个 Science Populariz-ation Base/base
1053	57	517	386169	98218	224666	1719	18437	34	18	36	14
1032	63	134	308136	16969	268232	4279	3104	23	16	25	71
866	93	202	37875	140050	293876	3266	4172	29	11	29	92
10			13971	13806	165			1			
2		6	400		80		320				
6			1023		1023			2		8	1
73	19		7631		7519	112		1			
15			4969	18	4935						1
5			5076		5076						
5	1		5735	5106	609	20					
41			14830	4462	10368					3	3
13			5450		5450				1	1	1
18			4075		4010						1
2		16	270				270				
79			16740		16740			1			
11			1194	318	876				1		
1			192		192				1	1	
4	16		1309	846	430	33		2	1	5	1
47	3		18320	761	15370	448			1		
75			41359	380	40979			1	1	1	
57			20436	86	20350			1	1	1	1
2	6		1022	719	264	39		3			1
											78
34			3666	97	3570						
79			20347	8674	11673			5		1	
23	7	29	15332	1569	12893	199	671	2	1	1	1
47		30	13240	1057	11718		466	2	1		
3			15230	14320	910						
20			8279	325	7954						
15			5744	61	5683						
14			2810	650	2160						1
20	1	33	5672	48	4665		832	2	1	1	
17	5	1	4971	41	3805	8	3	1			
3		2	82996	82563	135		298				
44		22	13800	1273	12032		495	2		2	1
26	35	34	14048	1810	10259	1400	457	3	1	4	1
55		29	5736	1060	4315		361				

国土资源科技成果情况
Land and Resource Development

年份/单位	Year/Region	核心论文/篇 Core Journal Papers/paper	被SCI、EI、ISTP收录/次 Papers Indexed/Abstracted in SCI, EI, and ISTP/time	科技著作/部 Scientific and Technological Works/monograph	申请专利/件 Patent Application/case	已授权专利 Authorized Patent
	2013	811	61	33	64	45
	2014	566	71	37	65	60
	2015	676	95	27	96	63
北京市国土资源局	Beijing Municipal Bureau of Land and Resources					
天津市国土资源和房屋管理局	Tianjin City Land Resources and Housing Authority					
河北省国土资源厅	Department of Land and Resources of Hebei Province	15	5	3		
山西省国土资源厅	Department of Land and Resources of Shanxi Province					
内蒙古自治区国土资源厅	Department of Land and Resources of Nei Mongol Zizhiqu				1	1
辽宁省国土资源厅	Department of Land and Resources of Liaoning Province			7		
吉林省国土资源厅	Department of land and resources of Jilin Province	4		1		
黑龙江省国土资源厅	Department of land and resources of Heilongjiang Province	3		1		
上海市规划和国土资源管理局	Shanghai City Planning and Land Resources Administration	16				
江苏省国土资源厅	Department of Land and Resources of Jiangsu Provincial	70	6	2		
浙江省国土资源厅	Department of Land and Resources of Zhejiang Province	17	4		1	
安徽省国土资源厅	Department of Land and Resources of Anhui Province	25			2	4
福建省国土资源厅	Department of Land and Resources of Fujian Province					
江西省国土资源厅	Department of Land and Resources of Jiangxi Province					
山东省国土资源厅	Department of Land and Resources of Shandong Province	16	6	2	8	6
河南省国土资源厅	Department of Land and Resources of Henan Province	15	5	3		
湖北省国土资源厅	Department of Land and Resources of Hubei Province	86	31		40	24
湖南省国土资源厅	Department of Land and Resources of Hunan Province	190	16	3	7	7
广东省国土资源厅	Department of Land and Resources of Guangdong Province	51	2		9	1
广西壮族自治区国土资源厅	The Guangxi Zhuang Zizhiqu Region Department of Land and Resources	1				
海南省国土环境资源厅	Department of Land and Environmental Resources of Hainan Province					
重庆市国土资源和房屋管理局	Chongqing Administration of Land, Resources and Housing	83	12	1	18	17
四川省国土资源厅	Department of Land and Resources of Sichuan Province	11	2	1	1	1
贵州省国土资源厅	Department of Land and Resources of Guizhou Province					
云南省国土资源厅	Department of Land and Resources of Yunnan Province					
西藏自治区国土资源厅	Department of Land and Resources of Tibet Zizhiqu					
陕西省国土资源厅	Department of Land and Resources of Shaanxi Province	45	5	3	5	2
甘肃省国土资源厅	Department of Land and Resources of Gansu Province					
青海省国土资源厅	Department of Land and Resources of Qinghai Province	22			4	
宁夏回族自治区国土资源厅	The Ningxia Hui Autonomous Region Department of Land and Resources	6	1			
新疆维吾尔自治区国土资源厅	Department of Land and Resources of Xinjiang Uygur Zizhiqu					
新疆生产建设兵团国土资源局	Bureau of Land and Resources of Xinjiang Production and Construction Corps					

——按单位分列

and Achievements by Units

科技成果 Scientific and technological achievements													国际科技合作 International Scientific and Technological Cooperation
申请软件著作权 Apply For software copyright	省部级以上科技奖励/项 Scientific and Technological Rewards at and above The Provincial and Ministerial Levels/project			科技奖项/人 Scientific and Technological Prizes/person			国土资源标准/个 Standards of Land and Resources/number				科学技术普及 Scientific and Technological Popularization		举办国际科技会议/次 Holding International Scientific and Technological Meetings/meeting
		国家级 State Level	省部级 Provincial-and Ministerial Levels		李四光奖 J.S. Lee Prize	黄汲清奖 Huang Jiqing (Huang T.K.) Prize		国家标准 State Standard	行业标准 Industrial Standard	地方标准 Local Standard	科普作品/种 Popular Science Work/kind	主题科普活动/次 Thematic Science Popularization Activity/time	
26	90	6	84	1	1		52	3	7	43	64	664	3
30	62	3	59				72	11	32	29	25	128	2
64	94		94	2	2		44	4	18	22	35	317	3
												3	
	3		3				5	1		4	7	11	
											4	12	1
	2		2				5		5				
							2		1	1			
	1		1				1			1			
	5		5									1	
	2		2				3		3		2	5	
	1		1				5		5			2	
8	4		4								2	26	
6	16		16				3			3			
	3		3				5	1		4	7	11	
	1		1				2			2	1	11	
7	11		11				4		1	3	3	26	1
8	3		3									120	
	2		2				1			1	2	13	
1												4	
6	5		5				6	2	3	1		1	
1	17		17								2	50	1
16	3		3	1	1						3	8	
	1		1									8	
4	13		13	1	1							3	
7							2			2	2	2	
	1		1										

国土资源科技成果情况

Land and Resource Development and

年份/单位	Year/Units	核心论文/篇 Core Journal Papers/paper	被SCI、EI、ISTP收录/次 Papers Indexed/abstracted in SCI, EI, and ISTP/time	科技著作/部 Scientific and Technolo-gical Works/monograph	申请专利/件 Patent Application/case	已授权专利 Authorized Patent
	2013	2364	680	154	177	117
	2014	1685	690	80	174	127
	2015	1983	594	177	167	124
国土资源部信息中心	Information Center of Ministry of Land and Resources	8	4	4		
国土资源部咨询研究中心	Consulting & Research Center Ministry of Land & Resources					
国土资源部土地整治中心	China Land Consolidation and Rehabilitation	27	1	4		
中国国土资源经济研究院	Chinese Academy of Land & Resources Economics	82		13		
中国地质博物馆	The Geological Museums of China	11	2	1	22	1
国土资源部油气资源战略研究中心	Strategic Resources Center of Oil and Gas,MLR	11	1			
国土资源部不动产登记中心	Real Estate Registration Center,MLR,PRC					
中国国土资源航空物探遥感中心	China Aero Geophsical Survey & Remote Sensing Center for Land Resources	61	18	7	6	3
中国地质环境监测院	China Geological Environment Monitoring Academy	53	15	3		3
国土资源实物地质资料中心	Geological Material Center,MLR	40				
中国地质图书馆	National Geological Library of China	18		2		
国土资源部珠宝玉石首饰管理中心	National Gems & Jenelry Technology Administrative Center	2	1			
中国地质调查局发展研究中心	Development Research Center of China Geological	175	7	16	4	
中国地质调查局天津地质调查中心	Tianjin Institute of Geology and Mineral	73	16	1		
中国地质调查局沈阳地质调查中心	Shenyang Institute of Geology and Mineral	35	3	2		
中国地质调查局西安地质调查中心	Xi'an Institute of Geology and Mineral Resources,CGS	106	22	6	2	5
中国地质调查局南京地质调查中心	Nanjing Institute of Geology and Mineral	39	10	1	15	9
中国地质调查局成都地质调查中心	Chengdu Institute of Geology and Mineral	150	39	4		
中国地质调查局武汉地质调查中心	Wuhan Institute of Geology and Mineral	65	23	19		
青岛海洋地质研究所	Qingdao Institute of Marine Geology	134	54		14	14
广州海洋地质调查局	Guangzhou Marine Geological Survey	26	3			2
中国地质科学院	Chinese Academy of Geological Sciences(CAGS)	29	11	3		1
中国地质科学院地质研究所	Institute of Geology, CAGS	80	121	3	3	3
中国地质科学院矿产资源研究所	Institute of Mineral Resources, CAGS					
中国地质科学院水文地质环境地质研究所	Institute of Hydrogeology and Environmental Geology, CAGS	69	37	2	23	23
中国地质科学院地球物理地球化学勘查研究所	Institute of Geophysical and Geochemical Exploration, CAGS	104	22	1	3	1
中国地质调查局水文地质环境地质调查中心	Institute of Hydrogeology and Environmental Geology,CGS	57	9	1	5	6
中国地质科学院勘探技术研究所	Institute of Exploration Techniques, CAGS	1			11	11
中国地质科学院探矿工艺研究所	Chengdu Institute of Exploration Technology, CAGS	20	1		7	
北京探矿工程研究所	Beijing Institute of Exploration Engineering			21	1	
中国地质科学院郑州矿产综合利用研究所	Zhengzhou Institute of Multipurpose Utilization of Mineral Resources, CAGS	70	6	1	15	17
中国地质科学院成都综合利用研究所	Chengdu Institute of Multipurpose Utilization of Mineral Resources, CAGS	48	4	1	21	11
中国地质调查局油气资源调查中心	China Geological Survey Bureau of Oil and Gas Resources Research Center	43	17	1	6	3
中国地质科学院地质力学研究所	Institute of Geology, Chinese Academy of Geological	165	107	58	2	2
中国地质科学院岩溶地质研究所	Institute of Karst Geology, Chinese Academy of Geological Sciences	141	30	2	5	5
国家地质实验测试中心	National Geological Test Center	40	10		2	4

——按部属事业单位分列

Achievements by Units Affiliated to MLR

科技成果 Scientific and Technological Achievements													国际科技合作 International Scientific and Technological Cooperation
申请软件著作权 Apply For software copyright	省部级以上科技奖励/项 Scientific and Technological Rewards at and above The Provincial and Ministerial Levels/project			科技奖项/人 Scientific and Technological Prizes/person			国土资源标准/个 Standards of Land and Resources/number				科学技术普及 Scientific and Technological Popularization		
		国家级 State Level	省部级 Provincial-and Ministerial Levels		李四光奖 J.S. Lee Prize	黄汲清奖 Huang Jiqing (Huang T.K.) Prize		国家标准 State Stand-ard	行业标准 Industrial Standard	地方标准 Local Standard	科普作品/种 Popular Science Work/kind	主题科普活动/次 Thematic Science Popularizat-ion Activity/time	举办国际科技会议/次 Holding International Scientific and Technological Meetings/meeting
56	72	4	68	3	3		31	10	22		30	87	40
63	54	5	47	1		1	8	2	6		4	76	23
92	66	3	65	1	1		17	4	13		9	87	39
	13		13										1
	4		4									14	1
2	2		2										2
1											3	41	
3													1
24	4		4									2	
1	2		2				4	1	3		1	1	2
5	1		1								1	2	
2	2		2				1		1		3	6	
							4	3	1				
23	9		9				3		3			1	
	3		3									1	
	2		2										
	2		2									2	
	3		3				1		1				
1	2		2	1	1							2	1
	3		3									1	1
2	1		1									3	5
2		2											8
												3	3
	2		2										5
	2		2									2	1
4	1		1										
3	1		1										
	1	1					2		2				1
10	9												
1	1		1				1		1			1	
	2		2									1	1
1	1											2	
2	1		1								1		3
1												1	3
4							1		1			1	

主要统计指标解释

高层次科技人员 科技人员是指本单位固定人员中从事各类科技活动的人员。高层次科技人员是指副高级以上专业技术职称人员或博士。在高层次科技人员流动中，新增就是报告期内新增加的高层次科技人员数，减少就是报告期内减少的高层次科技人员数。

省部级以上人才计划 指入选省部级以上人才计划的人员，包括入选国家新世纪百千万人才工程、国家千人计划、部科技创新人才工程、省级科技人才计划（人选省科技厅、国土资源厅组织的有关科技人才培养计划）等人员。

项目总数 指报告期内在研的各类科研项目数，包括报告期内新立项目、已立项正在研究的项目、报告期内结题项目。国家级是指国家科技计划项目，包括国家自然科学基金、“973”计划、科技支撑计划、“863”计划、科技基础条件平台计划、国家科技重大专项、国际科技合作计划等；部级是指国土资源部科技计划及国土资源领域重大专项科研项目，包括部门科技计划项目、国土资源大调查、金土工程、海洋保障工程、危机矿山接替资源找矿、油气战略选区、第二次全国土地调查、地质矿产保障工程、矿产资源节约与综合利用、部公益性行业科研专项等。省级是指省级科技计划及省级国土资源专项科研项目，包括各省（自治区、直辖市）科技厅、国土资源厅立项的科技计划项目、国土资源专项安排的科技项目。本单位是指各单位用科研业务事业费、自有资金开展的科研项目。

为避免重复填报，均由项目承担单位中排名最靠前的部系统内单位填写，国土资源部系统内单位共同承担的项目不重复填报。

项目年度经费总数 指报告期内在研的各类科研项目本年度经费总和。没有项目年度经费数据的，填报本年度到账经费。

重点实验室 指报告期内新命名或批准建设的国家级、省部级重点实验室，包括国土资源部与教育部共建、与各省共建的实验室。

监督检验测试中心 指报告期内，通过国土资源部评审命名的国土资源部质量监督检验测试中心。

野外科学研究观测基地 指报告期内，通过国土资源部评审命名的国土资源部野外科学研究观测基地。

科普基地 指报告期内，通过国土资源部评审命名的国土资源部科普基地。

核心论文 指在国际或在全国性核心期刊上以第一作者身份发表的论文。被SCI、EI、ISTP收录主要指由美国出版的科学引文索引（SCI）、科学技术会议索引（ISTP）和工程索引（EI）三种检索系统中收录的科技人员发表的期刊论文和会议论文。

科技著作 指经过正式出版单位编印出版的科技专著、大专院校教科书、科普著作。为避免重复统计，只统计以本机构科技人员为第一作者的论文和著作。同一书名为部，与书的发行量无关。

申请专利 指报告期内，向国内外知识产权行政部门提出专利申请并被受理的件数。已授权专利是指报告期内，由国内外知识产权行政部门向本单位授予专利权的件数。专利包括发明专利、实用新型专利和外观设计专利三类。

软件著作权 指软件的开发或者其他权利人依据有关著作权法律的规定，对于软件作品所享有的各项专有权利。

省部级以上科技奖励 指报告期内，获得的国家级、省部级科技奖励的数目。国家级包括国家自然科学奖、国家技术发明奖、国家科技进步奖。省部级包括以国务院各部门名义颁发的或省（自治区、直辖市）（科委）名义颁发的重大科技成果奖和科技进步奖等。获奖项目填报，由获奖项目承担单位排名最靠前的部系统内单位填写，多个部系统内单位共同获奖的不重复填报。

科技奖项 指报告期内获得李四光奖（包括李四光地质科学荣誉奖、李四光野外地质工作者奖、李四光地质科技研究者奖、李四光地质教师奖）、黄汲清奖（包括黄汲清野外地质工作者奖、黄汲清地质科技研究者奖、黄汲清地质教师奖）的地质科技工作者。

国土资源标准 指报告期内发布的制订、修订的国土资源标准数目，由制订、修订单位中排名最靠前的系统内单位填写，多个系统内单位共同编制的不重复填报。

科普作品 指报告期内出版的图书、期刊、音像制品等科普作品。只统计第一作者为本单位科技人员的作品。

主题科普活动 指报告期内，本单位作为活动第一承担单位开展的国土资源领域科普活动。

举办国际科技会议 指报告期内，本单位组织的两个或两个以上国家的科技人员在一个共同的场合就一个或一组共同感兴趣的课题相互交流信息、开展研讨的活动。

Explanatory Notes on Main Statistical Indicators

High-level scientific and technological talented personnel—Scientific and technological personnel refer to persons who conduct various kinds of scientific and technological activities in the fixed staff and workers in the current units. High-level scientific and technological personnel refer to persons with a professional technical title at and above the associate senior level or doctors. In the flow of high-level scientific and technological talented personnel, newly increased refers to the number of high-level scientific and technological personnel newly increased during the reporting period; reduced refers to the number of high-level scientific and technological talented personnel reduced during the reporting period.

Plan of Talented Personnel at and above Provincial and Ministerial Levels—refers to persons selected into the Plan of Talented Personnel at and above Provincial and Ministerial Levels, including those selected into the New Century National Hundred, Thousand and Ten Thousand Talent Project, Scientific and Technological Innovative Talent Project of MLR, and provincial-level scientific and technological talent plans (scientific and technological talented people training plans sponsored by departments (bureaus) of science and technology and departments (bureaus) of land and resources of provinces).

Total number of projects—refers to the number of various kinds of ongoing scientific research projects, including those filed newly during the reporting year, those that have been filed and are under research, and those whose research has been finished. The state-level projects refer to the projects in state scientific and technological plans, including the National Natural Science Foundation of China, National Key Basic Research Development Plan (973 Plan), State Science and Technology Support Program, State High-Tech Research and Development Program (863 Program), National Program for Sci-Tech Basic Conditions Platform Construction, major state special projects of science and technology, and plan for international scientific and technological cooperation. The ministerial-level projects refer to the scientific and technological plans of MLR and major special scientific and technological projects in areas of land and resources, including projects of scientific and technological plans of various sectors, land and resources survey, Golden Land Project, Marine Guarantee Project, succession and substitute resource exploration in crisis mines, oil and gas strategic candidate areas, second national land survey, geological and mineral resources guarantee project, saving and total utilization of mineral resources, and special scientific research project of MLR public-welfare industries. The provincial-level projects refer to provincial-level scientific and technological plans and provincial-level special scientific research projects of land and resources, including projects of scientific and technological plans filed by scientific and technological departments of various provinces (autonomous regions and municipalities under the Central Government) and departments of land and resources and scientific and technological projects arranged by special land and resources projects. The current unit refers to scientific research projects carried out by various units using operating expenses of scientific research and free funds.

In order to avoid filling out repeatedly, this item should be filled out by the unit within the MLR system which ranks first among the units undertaking the projects, while the project undertaken jointly by the units within the MLR system must not be filled out repeatedly.

Total annual fund of the project—refers to the total sum of funds of various ongoing scientific research projects in the current year during the reporting period. For the projects without the data of yearly funds, the funds credited into the account in the current year are filled in.

Key laboratory—refers to the state and provincial level key laboratories newly named or established after approval during the reporting period, including those established jointly by MLR and the Ministry of Education and by MLR and provinces.

Center of supervision, inspection and analysis—refers to the centers of quality supervision, inspection and analysis of MLR examined, evaluated, and named by MLR during the reporting period.

Field Observation and Research Base—refer to the bases of field observation and research of MLR examined, evaluated,and named by MLR during the reporting period.

Science popularization base—refers to the science popularization base of MLR examined, evaluated and named by MLR during the reporting period.

Core journal papers—refer to those papers published as the first author in international journals or domestic core journals. Papers indexed/abstracted in SCI, EI and ISTP mainly refer to papers published by scientific and technological personnel in academic journals and proceedings which are indexed/abstracted in three retrieval systems: SCI (Science Citation Index), ISTP (Index to Scientific & Technical Proceedings) and EI (Engineering Index) published in the United States.

Scientific and technological works—refer to scientific and technological monographs, text-books of universities and colleges, and popular science books compiled, printed, and published by formal publishing establishments. In order to evade repetition in statistical survey, only the papers and works whose first authors are scientific and technological persons of the current organization are included in the statistics. The books with the same title are considered to be one entry, which is unrelated to the quantity of distribution of the books.

Patent application—refer to the number of patent applications submitted to foreign or domestic administrative departments in charge of intellectual property rights and accepted by them during the reporting period. The authorized patents refer to the number of patent rights granted to the current units by foreign and domestic administrative departments in charge of intellectual property rights. Patents include invention patent, practical new patent and design patent.

Software Copyright—refer to all the proprietary rights enjoyed by the software developers or other right holders in accordance with the provisions of the law about copyright.

Scientific and technological rewards at and above the provincial and ministerial levels—refer to the number of state and provincial level scientific and technological rewards won during the reporting period. The state-level rewards include the National Natural Science Prize of China, State Technological Invention Prize, and State Scientific and Technological Progress Prize, and the provincial-level rewards include prizes of important scientific and technological results and scientific and technological progress prizes issued in the name of various departments of the State Council or issued in the name of governments (commissions of science and technology) of provinces (autonomous regions and municipalities directly under the Central Government). The project winning a reward is filled in by the unit of the MLR system which ranks first among the units undertaking the reward-winning project. The reward must not be filled in repeatedly if several units within the MLR system win the prize together.

Scientific and technological prizes—refer to geological scientific and technological workers winning the J.S. Lee Prize (including J.S. Lee Special (Honorary) Prize for Geological Sciences, J.S. Lee Prize for Field Geological Workers, J.S. Lee Prize for Geological Scientific and Technological Researchers, and J.S. Lee Prize for Geological Teachers), and Huang Jiqing (T.K. Huang) Prize (including Huang Jiqing Prize for Field Geological Workers, Huang Jiqing Prize for Geological Scientific and Technological Researchers, and Huang Jiqing Prize for

Geological Teachers).

Standards of land and resources—refer to the number of standards of land and resources formulated and revised during the reporting period. It is filled in by the unit within the MLR system which ranks first among the formulating and revising units. It must not be filled in repeatedly if several units within the MLR system win the prize together.

Popular science works—refer to popular science works such as books, periodicals and audio-video products. Only the scientific and technological personnel in the first author's unit are calculated in the statistics.

Thematic science popularization activity—refers to the science popularization activity in the land and resource areas carried out by the current unit as the first unit undertaking the activity during the reporting period.

Holding international scientific and technological meetings—refers to the activity in which the current unit organizes scientific and technological personnel of two or more than two countries to conduct idea exchange and discussion of one topic or a group of topics of common interest at a public site during the reporting period.

六、测　　绘

Chapter 6　Surveying and Mapping

数字成果
Digital

年份/地区	Year/Region	合计 Total		1：5万	
		图幅数 Sheet	面积/平方千米 Area/km^2	图幅数 Sheet	面积/平方千米 Area/km^2
	2013	343072	26849624	31940	12685779
	2014	346388	9974639	97347	8667362
	2015	343072	14612759	31940	12685779
北　京	Beijing	18299	23965		
天　津	Tianjin	17958	12613		
河　北	Hebei	9018	10794	1	400
山　西	Shanxi	8640	80964		
内蒙古	Inner Mongolia	7294	167596		
辽　宁	Liaoning	1524	37670		
吉　林	Jilin	4438	96669		
黑龙江	Heilongjiang	25336	4448323	10908	4217060
上　海	Shanghai	34526	17466		
江　苏	Jiangsu	3387	91449		
浙　江	Zhejiang	14092	118549		
安　徽	Anhui	12716	50204		
福　建	Fujian	32	241		
江　西	Jiangxi	2150	22363		
山　东	Shandong	4471	33118		
河　南	Henan	8606	85039		
湖　北	Hubei	223	6000		
湖　南	Hunan	25330	70813		
广　东	Guangdong	2864	579		
广　西	Guangxi	13031	24310		
海　南	Hainan	1732	318377	762	302337
重　庆	Chongqing	1882	103		
四　川	Sichuan	20958	3049210	6672	2834725
贵　州	Guizhou	6132	105971		
云　南	Yunnan	3118	53396	1	460
西　藏	Tibet	1171	33780		
陕　西	Shaanxi	21657	4985657	12418	4859520
甘　肃	Gansu	1585	30619		
青　海	Qinghai	4985	16611		
宁　夏	Ningxia	1008	22531		
新　疆	Xinjiang	2133	16583		
青　岛	Qingdao				
大　连	Dalian				
宁　波	Ningbo	588	426		
深　圳	Shenzhen	1122	80		
厦　门	Xiamen	1208	89		
重庆测绘院	Chongqing Institute of Surveying and Mapping,SBSM	2651	481852	1178	471277
中国地图出版集团	China Map Publishing Group				
中国测绘科学研究院	Chinese Academy of Surveying & Mapping	57207	98751		
国家基础地理信息中心	Notional Geomatics Center of China				
中国资源卫星应用中心	China Centre for Resources Satelite Data and Application				
国家测绘产品质量检验中心	National Quality Inspection and Testing Center for Surveying and Mapping Products				

生产情况

Products

数字线划地图（DLG） Digital Line Graphic									
1∶1万		1∶5000		1∶2000		1∶1000		1∶500	
图幅数 Sheet	面积/平方千米 Area/km^2	图幅数 Sheet	面积/平方千米 Area/km^2	图幅数 Sheet	面积/平方千米 Area/km^2	图幅数 Sheet	面积/平方千米 Area/km^2	图幅数 Sheet	面积/平方千米 Area/km^2
72758	1483632	4105	41970	122885	113580	44708	9470	4387	7160
43272	1183886	8460	49086	60964	56023	53781	13261	82561	4999
72758	1622042	4105	111705	122885	113579	44708	9468	4384	65706
933	16410			8916	7132			423	8450
				15620	12496			117	2338
989	9256					2652	802	336	5376
3183	80067			559	559	168	42	296	4730
6694	167356			120	120	480	120		
1524	37670								
4438	96669								
7155	167698			460	428	3149	496	217	3471
322	6341			9809	7847	13723	2745	534	10672
3387	91449								
4320	105531			9702	9673				
1807	48355	10	3	689	536	3578	863	447	6632
8	218			24	23				
892	22246			28	28	160	40	49	1070
1251	32448			420	420	400	100	150	2400
3200	83194	79	421	457	421	4387	976	28	483
223	6000								
1730	49148			21500	21500	180	45	120	1920
				706	77			502	2158
10347	23620			473	473	57	15	203	2154
594	16000					376	40		
								69	1175
3903	114347	1534	95731	3490	3490	3106	777	141	2253
3990	105320			1236	601	34	4	46	872
1556	45972	1053	6320	498	498			146	10
1171	33780								
3900	124185			1311	1249	1860	578	124	2168
1218	30450	16	100	16	16	169	42	11	166
601	15706			931	233	3453	673		
688	22511							20	320
670	16499							84	1463
				588	426				
						1122	80		
						242	45	45	966
60	1445	1413	9130						
2004	52151			45332	45334	5412	987	279	4459

数字成果
Digital

年份/地区	Year/Region	合计 Total		1∶5万	
		图幅数 Sheet	面积/平方千米 Area/km^2	图幅数 Sheet	面积/平方千米 Area/km^2
	2013	232511	3873390	6903	2702002
	2014	138053	2178192	1092	481265
	2015	272531	2567361	126	50460
北　京	Beijing				
天　津	Tianjin	696	11900		
河　北	Hebei	19773	194703		
山　西	Shanxi	4419	16899		
内蒙古	Inner Mongolia	8007	176415		
辽　宁	Liaoning	1524	37670		
吉　林	Jilin	922	20051		
黑龙江	Heilongjiang	2761	108193	125	50000
上　海	Shanghai	9830	8000		
江　苏	Jiangsu				
浙　江	Zhejiang	14009	115191		
安　徽	Anhui	7626	27934		
福　建	Fujian	1344	6570		
江　西	Jiangxi	1598	21187		
山　东	Shandong	3580	9670		
河　南	Henan	1365	4610		
湖　北	Hubei	7174	165900		
湖　南	Hunan	9952	46009		
广　东	Guangdong	3375	2583		
广　西	Guangxi	426	426		
海　南	Hainan	60	1128		
重　庆	Chongqing				
四　川	Sichuan	16146	249338		
贵　州	Guizhou	13096	352000		
云　南	Yunnan	3236	46375	1	460
西　藏	Tibet	1171	33780		
陕　西	Shaanxi	7944	72522		
甘　肃	Gansu	3466	86650		
青　海	Qinghai	7982	58460		
宁　夏	Ningxia	646	11761		
新　疆	Xinjiang	18643	456374		
青　岛	Qingdao				
大　连	Dalian				
宁　波	Ningbo	2320	1700		
深　圳	Shenzhen	403	2000		
厦　门	Xiamen				
重庆测绘院	Chongqing Institute of Surveying and Mapping,SBSM	1783	18945		
中国地图出版集团	China Map Publishing Group				
中国测绘科学研究院	Chinese Academy of Surveying & Mapping	97254	202419		
国家基础地理信息中心	Notional Geomatics Center of China				
中国资源卫星应用中心	China Centre for Resources Satelite Data and Application				
国家测绘产品质量检验中心	National Quality Inspection and Testing Center for Surveying and Mapping Products				

生产情况　续表 1

Products　Continued 1

数字高程模型（DEM） Digital Elevation Model									
1∶1万		1∶5000		1∶2000		1∶1000		1∶500	
图幅数 Sheet	面积/平方千米 Area/km^2	图幅数 Sheet	面积/平方千米 Area/km^2	图幅数 Sheet	面积/平方千米 Area/km^2	图幅数 Sheet	面积/平方千米 Area/km^2	图幅数 Sheet	面积/平方千米 Area/km^2
38349	995948	7021	47062	114970	115450	44619	10903	20649	2024
64363	1639115	3553	24462	25117	23424	37893	9370	6035	555
88223	2265440	4662	122591	124464	117555	36906	10105	18150	1211
		696	11900						
8108	188000	600	3750	349	349	2920	2117	7796	487
520	13000			3899	3899				
7047	176175			480	120	480	120		
1524	37670								
922	20051								
2616	58188					20	5		
				9830	8000				
4320	105531			9689	9660				
988	26285					6638	1649		
228	6500							1116	70
830	20420			768	768				
360	9000			420	420	400	100	2400	150
164	4256	16	80			1185	274		
7174	165900								
1372	38029			7780	7780	800	200		
				3375	2583				
				426	426				
60	1128								
5121	147367	1534	95731	3996	4867	5495	1373		
13096	352000								
1496	44176			1739	1739				
1171	33780								
1355	71188			1160	457	3607	774	1822	103
3466	86650								
2141	57347					5841	1113		
470	11750							176	11
18643	456374								
				2320	1700				
		403	2000						
370	9815	1413	9130						
4661	124860			78233	74789	9520	2380	4840	390

数字成果
Digital

年份/地区	Year/Region	合计 Total		1∶5万	
		图幅数 Sheet	面积/平方千米 Area/km^2	图幅数 Sheet	面积/平方千米 Area/km^2
	2013	14565	169147		
	2014	10228	143463	8	3072
	2015	21706	753812	1087	488380
北 京	Beijing				
天 津	Tianjin				
河 北	Hebei				
山 西	Shanxi				
内蒙古	Inner Mongolia				
辽 宁	Liaoning	687	16915		
吉 林	Jilin				
黑龙江	Heilongjiang	54	17280	54	17280
上 海	Shanghai				
江 苏	Jiangsu				
浙 江	Zhejiang				
安 徽	Anhui	1530	22957		
福 建	Fujian				
江 西	Jiangxi	711	17064		
山 东	Shandong				
河 南	Henan	369	160		
湖 北	Hubei				
湖 南	Hunan	10626	96880		
广 东	Guangdong				
广 西	Guangxi				
海 南	Hainan				
重 庆	Chongqing				
四 川	Sichuan	707	28280		
贵 州	Guizhou	1656	414		
云 南	Yunnan				
西 藏	Tibet				
陕 西	Shaanxi	1212	4056		
甘 肃	Gansu	1218	30450		
青 海	Qinghai	227	6356		
宁 夏	Ningxia	1676	41900		
新 疆	Xinjiang				
青 岛	Qingdao				
大 连	Dalian				
宁 波	Ningbo				
深 圳	Shenzhen				
厦 门	Xiamen				
重庆测绘院	Chongqing Institute of Surveying and Mapping,SBSM	1033	471100	1033	471100
中国地图出版集团	China Map Publishing Group				
中国测绘科学研究院	Chinese Academy of Surveying & Mapping				
国家基础地理信息中心	Notional Geomatics Center of China				
中国资源卫星应用中心	China Centre for Resources Satelite Data and Application				
国家测绘产品质量检验中心	National Quality Inspection and Testing Center for Surveying and Mapping Products				

生产情况 续表 2

Products Continued 2

数字栅格地图（DRG）Digital Raster Graphic									
1∶1万		1∶5000		1∶2000		1∶1000		1∶500	
图幅数 Sheet	面积/平方千米 Area/km^2	图幅数 Sheet	面积/平方千米 Area/km^2	图幅数 Sheet	面积/平方千米 Area/km^2	图幅数 Sheet	面积/平方千米 Area/km^2	图幅数 Sheet	面积/平方千米 Area/km^2
5709	158360	412	2572	4956	4956	3120	780	368	38
4156	136625			3000	3000	3064	766		
9086	256365	21	220	8067	8014	3445	833		
687	16915								
851	22660			267	214	412	83		
711	17064								
		16	80			353	80		
2826	89080			7800	7800				
707	28280								
						1656	414		
183	3660	5	140			1024	256		
1218	30450								
227	6356								
1676	41900								

数字成果

Digital

年份/地区	Year/Region	合计 Total		1：5万	
		图幅数 Sheet	面积/平方千米 Area/km²	图幅数 Sheet	面积/平方千米 Area/km²
	2013	682988	10684135	14553	6779217
	2014	579776	10170713	11380	4499414
	2015	852759	14925628	21774	9166718
北　京	Beijing				
天　津	Tianjin	2688	11900		
河　北	Hebei	17487	227534		
山　西	Shanxi	57873	802898		
内蒙古	Inner Mongolia	14446	301372		
辽　宁	Liaoning	64792	153738		
吉　林	Jilin	33	20051		
黑龙江	Heilongjiang	159915	305963	178	66960
上　海	Shanghai	9830	8000		
江　苏	Jiangsu	4585	205200	424	102600
浙　江	Zhejiang	25985	329916	94	14770
安　徽	Anhui	13149	108468		
福　建	Fujian	4336	34556		
江　西	Jiangxi	13028	38010		
山　东	Shandong	10030	166670		
河　南	Henan	4693	89799		
湖　北	Hubei				
湖　南	Hunan	48369	242838		
广　东	Guangdong	14906	26324		
广　西	Guangxi	24740	466655		
海　南	Hainan	7925	187755	406	147514
重　庆	Chongqing	146	1003		
四　川	Sichuan	22574	1746141	3918	1482900
贵　州	Guizhou	9742	660618	1500	653124
云　南	Yunnan	7342	440945	1	460
西　藏	Tibet	1173	33820		
陕　西	Shaanxi	42876	1145313	2277	793000
甘　肃	Gansu	1313	32828		
青　海	Qinghai	6935	29144		
宁　夏	Ningxia	2441	56237		
新　疆	Xinjiang	7687	45668		
青　岛	Qingdao				
大　连	Dalian				
宁　波	Ningbo	3440	15550		
深　圳	Shenzhen	1170	4000		
厦　门	Xiamen	4000	4000		
重庆测绘院	Chongqing Institute of Surveying and Mapping,SBSM	40083	618640	1530	612000
中国地图出版集团	China Map Publishing Group				
中国测绘科学研究院	Chinese Academy of Surveying & Mapping	203027	6364075	11446	5293390
国家基础地理信息中心	Notional Geomatics Center of China				
中国资源卫星应用中心	China Centre for Resources Satelite Data and Application				
国家测绘产品质量检验中心	National Quality Inspection and Testing Center for Surveying and Mapping Products				

生产情况　续表 3

Products　Continued 3

数字正射影像（DOM） Digital Orthophoto Map									
1∶1万		1∶5000		1∶2000		1∶1000		1∶500	
图幅数 Sheet	面积/平方千米 Area/km²	图幅数 Sheet	面积/平方千米 Area/km²	图幅数 Sheet	面积/平方千米 Area/km²	图幅数 Sheet	面积/平方千米 Area/km²	图幅数 Sheet	面积/平方千米 Area/km²
104604	2718778	39971	278090	387203	379902	87569	22620	44082	3096
134587	3574101	64792	629831	218884	212045	85808	19306	30949	5291
141635	3923322	15800	87126	465082	530327	156296	32200	29994	2034
		2688	11900						
11697	213165	600	3750	834	2652	4287	1067		
25869	792962			8376	8376	12425	859	11203	701
12016	300400			486	486	1944	486		
3724	92670			61068	61068				
3648	83758			132285	132285	23660	5915		
				9830	8000				
4161	102600								
8272	297557			17619	17590				
1188	32955			4457	73688	7504	1825		
1206	34371							3130	185
773	18831	1976	11858	8460	6873	1819	448		
6810	166000			420	420	400	100	2400	150
3513	89473	16	80			1164	246		
6999	201468			41370	41370				
295	7434	1600	10434	8871	7066	4140	1390		
15362	456935			8880	9596	498	124		
98	34000			6000	6000	1421	241		
		116	1003						
7031	251390	25	100	5868	9541	5732	2210		
				5796	6360	1200	300	544	34
1496	44176			2259	2259			4	50
1173	33820								
12447	327092			25035	24669	1356	451	1761	102
1313	32828								
1094	28031					5841	1113		
2249	56225							192	12
1735	43009			1811	1811	3180	795	961	53
		1020	3850	2320	1700				
262	2000	908	2000						
				4000	4000				
108	2795					38445	3845		
7096	177377	6821	42151	109037	104518	41280	10786	9799	748

地图

Map

年份/地区	Year/Region	地形图/幅		
			1∶5万	1∶1万
	2013	120235	17811	16396
	2014	81567	14246	8967
	2015	196803	32019	38070
北　京	Beijing			
天　津	Tianjin	587		587
河　北	Hebei	1580	1	60
山　西	Shanxi	5111		2729
内蒙古	Inner Mongolia	1638		504
辽　宁	Liaoning	1362		962
吉　林	Jilin	190		
黑龙江	Heilongjiang	21913	11715	4365
上　海	Shanghai	34526		322
江　苏	Jiangsu			
浙　江	Zhejiang	12286		2088
安　徽	Anhui	772		
福　建	Fujian	3985		
江　西	Jiangxi	992		830
山　东	Shandong			
河　南	Henan	6819		4147
湖　北	Hubei	6528		223
湖　南	Hunan	10776		2209
广　东	Guangdong	1825		
广　西	Guangxi	2014		323
海　南	Hainan	1390	1042	
重　庆	Chongqing			
四　川	Sichuan			
贵　州	Guizhou	17013	7889	3212
云　南	Yunnan	19992	664	8679
西　藏	Tibet	1775	1	772
陕　西	Shaanxi			
甘　肃	Gansu	10501	9177	661
青　海	Qinghai	5599		2683
宁　夏	Ningxia	6262		766
新　疆	Xinjiang	1988		1104
青　岛	Qingdao	1922		512
大　连	Dalian			
宁　波	Ningbo	230		
深　圳	Shenzhen	5789		
厦　门	Xiamen			
重庆测绘院	Chongqing Institute of Surveying and Mapping,SBSM	3622	1530	108
中国地图出版集团	China Map Publishing Group			
中国测绘科学研究院	Chinese Academy of Surveying & Mapping	7816		224
国家基础地理信息中心	Notional Geomatics Center of China			
中国资源卫星应用中心	China Centre for Resources Satelite Data and Application			
国家测绘产品质量检验中心	National Quality Inspection and Testing Center for Surveying and Mapping Products			

编制情况
Compilation

Topographic Map/sheet				专题地图/册 Thematic Map/copy	地图集/册 Atlas/copy	电子地图/册 Digital Map/copy
1∶5000	1∶2000	1∶1000	1∶500			
1743	17686	23592	40564	3719	502	400
1097	17841	17689	21335	5362	445	719
3606	36541	29913	53850	1977	245	105
				14	1	
				7	3	
599		280	640	7	3	
	527		1855	30	8	
	120	984		21	2	
	400					
			190	3		1
	437	2353	3043	151	5	7
	9809	13723	10672		3	2
				8	2	
	2750	212	7236	34	11	45
	214	558		2	1	
	24		3961			
		160		28	1	2
				152	4	2
		2282	390	11	1	
	930	924	4451			
60	8345	130	32	51		3
	194		1631	485	2	15
		571	1120	13	3	2
		140	208			
				72	11	5
		560	594	203	166	2
1534	3224	1923	1614			7
	4368	110	322	6	1	3
	570					
		35	240	525	9	3
	368	240	160	10		2
	2516	3632	1384	18		
	480	41	738		1	
	105	10	1389	35	6	4
	3					
			222			
	8		5376	10	1	
	413					
1413	18	105	448			
				81		
	718	940	5934			

公开版地图、测绘图书出版情况
Publishing of Maps and Books of Surveying and Mapping

年份/地区	Year /Region	品种/种 Variety/kind					总印张/千印张 Number of Printed Sheets/1000 sheets				
		纸质地图 Paper Map			电子地图 Electronic Map	图书 Book	纸质地图 Paper Map			电子地图 Electronic Map	图书 Book
		新版 New Edition	重版 Reprint	再版 Second Edition			新版 New Edition	重版 Reprint	再版 Second Edition		
	2013	643	851	141	71	2631	12866	56237	5475		550860
	2014	555	1046	74	143	2377	11201	47555	930		548743
	2015	619	1197	80	99	2385	9564	46956	1170		693183
黑龙江	Heilongjiang	63	119			121	679	3754			1295
福 建	Fujian	34					1046				
山 东	Shandong	74	29			12	427	480			519
湖 南	Hunan	194		45		108	299		489		2641
广 东	Guangdong	12	51	10		8	76	294	57		65
四 川	Sichuan	82	173			105	1316	2698			4724
陕 西	Shaanxi	8		4			1897		40		167541
中国地图出版集团	China Map Publishing Group	152	825	21	99	2031	3825	39730	584		516398

测绘成果提供情况（2015年）

Surveying and Mapping Products（2015）

地　区	Region	地形图/张 Topographic map/sheet	测绘基准成果/点 Measuring Basis/point	航摄成果/片 Aerophotogrammetry/sheet	卫星遥感资料/平方千米 Satellite remote sensing data/km²
合计	**Total**	**1415284**	**114822**	**1230861**	**105951999**
北　京	Beijing	5742	12447		
天　津	Tianjin		7		394621
河　北	Hebei	1332	1134	43240	
山　西	Shanxi	3711	343		300009
内蒙古	Inner Mongolia	5676	5827	24270	149702
辽　宁	Liaoning	1469	891		360000
吉　林	Jilin	3767	4923	180000	
黑龙江	Heilongjiang	3688	4197		
上　海	Shanghai	132158	5426		496447
江　苏	Jiangsu	1703	8029	8643	13262
浙　江	Zhejiang	543	1208	14069	39170
安　徽	Anhui	7263	3406	1611	2548179
福　建	Fujian	2490	917	10969	
江　西	Jiangxi	6592	5282	364834	
山　东	Shandong	1571	429	2403	1477838
河　南	Henan	2956	329	18460	6000
湖　北	Hubei	695	2098	40045	2349351
湖　南	Hunan	2141	1002	156886	349600
广　东	Guangdong	3893	2018	1242	
广　西	Guangxi	5660	8379	30000	285676
海　南	Hainan	111	600	42065	1131
重　庆	Chongqing	1692	382	3649	
四　川	Sichuan	1337	6091	17764	
贵　州	Guizhou	4983	6837	247611	423728
云　南	Yunnan	7383	7867		
西　藏	Tibet	1561	491		
陕　西	Shaanxi	7143	2222	102	454800
甘　肃	Gansu	8288	1864		168063
青　海	Qinghai	1383	1259	900	52210
宁　夏	Ningxia	1658	75	8620	
新　疆	Xinjiang	9092	11452		11200
青　岛	Qingdao		33		
大　连	Dalian	139			5559
宁　波	Ningbo	5580	122		7557
深　圳	Shenzhen	846	187		11610
厦　门	Xiamen	2051	20		1007003
国家基础地理信息中心	National Geomatics Center of China	1168987	7028	13478	95039284

附：其他资料

Appendix: Other Data

我国主要矿产品

China's Imports and Exports of

矿产品名称	Mineral Commodity	进口 Inports			
		国家（地区）	Country (Region)	数量/吨 Quantity/ton	占总量/% Percentage
煤炭	**Coal**	**合 计**	**Total**	**204174477**	**100.0**
		印度尼西亚	Indonesia	73705870	36.1
		澳大利亚	Australia	70861682	34.7
		朝鲜	D.P.R.Korea	19627746	9.6
		俄罗斯联邦	Russian Federation	15796677	7.7
		蒙古	Mongolia	14388508	7.0
		加拿大	Canada	5712225	2.8
		菲律宾	Philippines	2742688	1.3
		越南	Vietnam	719512	0.4
		其他国家或地区	Other Countries or Regions	619569	0.3
石油原油	**Crude Oil**	**合 计**	**Total**	**335498957**	**100.0**
		沙特阿拉伯	Saudi Arabia	50551802	15.1
		俄罗斯联邦	Russian Federation	42433036	12.6
		安哥拉	Angola	38702197	11.5
		伊拉克	Iraq	32108023	9.6
		阿曼	Oman	32068283	9.6
		伊朗	Iran	26614587	7.9
		委内瑞拉	Venezuela	16007917	4.8
		科威特	Kuwait	14427008	4.3
		巴西	Brazil	13924300	4.2
		阿联酋	United Arab Emirates	12568433	3.7
		哥伦比亚	Colombia	8867311	2.6
		南苏丹共和国	Republic of South Sudan	6606018	2.0
		刚果(布)	Congo	5863193	1.7
		哈萨克斯坦	Kazakhstan	4991019	1.5
		澳大利亚	Australia	2388736	0.7
		利比亚	Libya	2146791	0.6
		加纳	Ghana	2132634	0.6
		其他国家或地区	Other Countries or Regions	23097669	6.9

进出口情况（2015年）

Major Mineral Commodities（2015）

		出口 Exports					
金额/千美元 Value/US$1000	占总值/% Percentage	国家（地区）	Country (Region)	数量/吨 Quantity/ton	占总量/% Percentage	金额/千美元 Value/US$1000	占总值/% Percentage
12128211	**100.0**	合 计	**Total**	**5334422**	**100.0**	**498763**	**100.0**
3391358	28.0	韩国	R.O.Korea	2070390	38.8	207655	41.6
5297764	43.7	日本	Japan	1587391	29.8	179429	36.0
1053607	8.7	越南	Vietnam	1051301	19.7	55092	11.0
1046226	8.6	中国台湾省	Taiwan, China	414926	7.8	35214	7.1
536636	4.4	朝鲜	D.P.R.Korea	71400	1.3	7606	1.5
555590	4.6	伊朗	Iran	37838	0.7	4335	0.9
133672	1.1	泰国	Thailand	22375	0.4	1167	0.2
43445	0.4	菲律宾	Philippines	22023	0.4	1486	0.3
69913	0.6	其他国家或地区	Other Countries or Regions	56778	1.1	6779	1.4
134454322	**100.0**	合 计	**Total**	**2865567**	**100.0**	**1545645**	**100.0**
20773896	15.5	日本	Japan	1548330	54.0	647533	41.9
17232970	12.8	印度	India	448086	15.6	291069	18.8
15944959	11.9	韩国	R.O.Korea	284851	9.9	185180	12.0
12677341	9.4	阿联酋	United Arab Emirates	228687	8.0	193864	12.5
13945186	10.4	伊朗	Iran	185513	6.5	121970	7.9
10769984	8.0	美国	United States	88282	3.1	45465	2.9
5094983	3.8	马来西亚	Malaysia	58869	2.1	49986	3.2
5713897	4.2	新加坡	Singapore	22949	0.8	10578	0.7
5304564	3.9						
5129170	3.8						
3058439	2.3						
2324328	1.7						
2319993	1.7						
1887217	1.4						
1011292	0.8						
948965	0.7						
968572	0.7						
9348566	7.0						

我国主要矿产品进出口
China's Imports and Exports of Major

矿产品名称	Mineral Commodity	进口 Inports			
		国家（地区）	Country (Region)	数量/吨 Quantity/ton	占总量/% Percentage
铁矿砂及其精矿	**Iron Ore Fines and Concentrate**	**合计**	**Total**	**952843993**	**100.0**
		澳大利亚	Australia	607359007	63.7
		巴西	Brazil	191646925	20.1
		南非	South Africa	45378308	4.8
		乌克兰	Ukraine	20215867	2.1
		伊朗	Iran	13159379	1.4
		秘鲁	Peru	10705173	1.1
		智利	Chile	9709758	1.0
		加拿大	Canada	9408939	1.0
		毛里塔尼亚	Mauritania	7472958	0.8
		俄罗斯联邦	Russian Federation	7204489	0.8
		蒙古	Mongolia	5875639	0.6
		委内瑞拉	Venezuela	4444980	0.5
		塞拉利昂	Sierra Leone	2562953	0.3
		利比里亚	Liberia	2557779	0.3
		印度尼西亚	Indonesia	2448000	0.3
		其他国家或地区	Other Countries or Regions	12693839	1.3
锰矿砂及其精矿	**Manganese Ore Fines and Concentrate**	**合计**	**Total**	**15762575**	**100.0**
		南非	South Africa	6412182	40.7
		澳大利亚	Australia	4297604	27.3
		加蓬	Gabon	1880980	11.9
		巴西	Brazil	1517075	9.6
		马来西亚	Malaysia	574517	3.6
		加纳	Ghana	539983	3.4
		科特迪瓦	Ivory Coast	226792	1.4
		摩洛哥	Morocco	62783	0.4
		其他国家或地区	Other Countries or Regions	250659	1.6
铜矿砂及其精矿	**Copper Ore Fines and Concentrate**	**合计**	**Total**	**13293775**	**100.0**
		智利	Chile	3743244	28.2
		秘鲁	Peru	2654088	20.0
		蒙古	Mongolia	1418423	10.7
		澳大利亚	Australia	849283	6.4
		美国	United States	671348	5.1
		墨西哥	Mexico	647037	4.9
		加拿大	Canada	436711	3.3
		老挝	Laos	253382	1.9
		伊朗	Iran	231058	1.7
		毛里塔尼亚	Mauritania	230029	1.7
		哈萨克斯坦	Kazakhstan	227486	1.7
		其他国家或地区	Other Countries or Regions	1931686	14.5

情况（2015年） 续表 1

Mineral Commodities（2015） Continued 1

		出口 Exports					
金额/千美元 Value/US$1000	占总值/% Percentage	国家（地区）	Country (Region)	数量/吨 Quantity/ton	占总量/% Percentage	金额/千美元 Value/US$1000	占总值/% Percentage
57681818	**100.0**	**合 计**	**Total**	**109606**	**100.0**	**8486**	**100.0**
35898128	62.2	日本	Japan	97615	89.1	7090	83.5
12180159	21.1	马来西亚	Malaysia	9870	9.0	977	11.5
3056567	5.3	泰国	Thailand	906	0.8	87	1.0
1515886	2.6	印度尼西亚	Indonesia	317	0.3	80	0.9
692073	1.2	越南	Vietnam	309	0.3	88	1.0
593840	1.0	韩国	R.O.Korea	249	0.2	89	1.0
674351	1.2	塔吉克斯坦	Tajikistan	120	0.1	28	0.3
697908	1.2	阿尔及利亚	Algeria	105	0.1	5	0.1
409798	0.7	中国澳门特别行政区	Macao,China	28	很少	7	0.1
449064	0.8	南非	South Africa	21	很少	1	很少
258993	0.4	蒙古	Mongolia	20	很少	3	很少
277617	0.5	中国台湾省	Taiwan, China	20	很少	23	0.3
141722	0.2	澳大利亚	Australia	18	很少	5	0.1
138945	0.2	巴西	Brazil	6	很少	很少	很少
76364	0.1	孟加拉国	Bangladesh	2	很少	3	很少
620403	1.1						
1993578	**100.0**	**合 计**	**Total**	**17214**	**100.0**	**4799**	**100.0**
731022	36.7	越南	Vietnam	6850	39.8	1459	30.4
656338	32.9	日本	Japan	4802	27.9	822	17.1
253828	12.7	印度尼西亚	Indonesia	2050	11.9	1008	21.0
194829	9.8	肯尼亚	Kenya	1410	8.2	588	12.3
41189	2.1	坦桑尼亚	Tanzania	550	3.2	263	5.5
54890	2.8	朝鲜	D.P.R.Korea	240	1.4	48	1.0
29014	1.5	摩洛哥	Morocco	182	1.1	101	2.1
9107	0.5	泰国	Thailand	142	0.8	72	1.5
23361	1.2	其他国家或地区	Other Countries or Regions	988	5.7	438	9.1
19276696	**100.0**	**合 计**	**Total**	**14083**	**100.0**	**18937**	**100.0**
5690258	29.5	菲律宾	Philippines	10292	73.1	15329	80.9
3725750	19.3	中国香港特别行政区	Hongkong, China	3712	26.4	3541	18.7
2279427	11.8	意大利	Italy	78	0.6	67	0.4
1198621	6.2	韩国	R.O.Korea	1	很少	很少	很少
1008112	5.2						
1010935	5.2						
706536	3.7						
355153	1.8						
279688	1.5						
321260	1.7						
222676	1.2						
2478280	12.9						

我国主要矿产品进出口

China's Imports and Exports of Major

矿产品名称	Mineral Commodity	进口 Inports			
		国家（地区）	Country (Region)	数量/吨 Quantity/ton	占总量/% Percentage
镍矿砂及其精矿	**Nickel Ore Fines and Concentrate**	**合计**	**Total**	**35275060**	**100.0**
		菲律宾	Philippines	34278326	97.2
		澳大利亚	Australia	224133	0.6
		印度尼西亚	Indonesia	174110	0.5
		西班牙	Spain	129640	0.4
		越南	Vietnam	93271	0.3
		巴西	Brazil	86618	0.2
		津巴布韦	Zimbabwe	57268	0.2
		其他国家或地区	Other Countries or Regions	231694	0.7
钴矿砂及其精矿	**Cobalt Ore Fines and Concentrate**	**合计**	**Total**	**227699**	**100.0**
		刚果(金)	Congo, D.R.	224709	98.7
		赞比亚	Zambia	1936	0.9
		坦桑尼亚	Tanzania	1018	0.4
		刚果(布)	Congo	24	很少
		美国	United States	12	很少
氧化铝	**Alumina**	**合计**	**Total**	**4653846**	**100.0**
		澳大利亚	Australia	2865959	61.6
		印度	India	682591	14.7
		越南	Vietnam	484010	10.4
		巴西	Brazil	329532	7.1
		美国	United States	114921	2.5
		牙买加	Jamaica	82019	1.8
		苏里南	Suriname	51503	1.1
		日本	Japan	15308	0.3
		其他国家或地区	Other Countries or Regions	28003	0.6
铅矿砂及其精矿	**Lead Ore Fines and Concentrate**	**合计**	**Total**	**1899259**	**100.0**
		美国	United States	343306	18.1
		澳大利亚	Australia	282947	14.9
		秘鲁	Peru	232827	12.3
		俄罗斯联邦	Russian Federation	192646	10.1
		朝鲜	D.P.R.Korea	95126	5.0
		波兰	Poland	84806	4.5
		土耳其	Turkey	83855	4.4
		墨西哥	Mexico	78251	4.1
		德国	Germany	62570	3.3
		南非	South Africa	51676	2.7
		伊朗	Iran	43765	2.3
		其他国家或地区	Other Countries or Regions	347484	18.3

情况（2015年） 续表 2

Mineral Commodities（2015） Continued 2

金额/千美元 Value/US$1000	占总值/% Percentage	出口 Exports 国家（地区）	Country (Region)	数量/吨 Quantity/ton	占总量/% Percentage	金额/千美元 Value/US$1000	占总值/% Percentage
2652223	**100.0**	**合 计**	**Total**	**9359**	**100.0**	**9140**	**100.0**
1780734	67.1	澳大利亚	Australia	9359	100.0	9140	100.0
239476	9.0						
3201	0.1						
101129	3.8						
93083	3.5						
117878	4.4						
49231	1.9						
267491	10.1						
447908	**100.0**						
443096	98.9						
3063	0.7						
1690	0.4						
32	很少						
27	很少						
1630977	**100.0**	**合 计**	**Total**	**292601**	**100.0**	**139469**	**100.0**
951427	58.3	伊朗	Iran	228186	78.0	88007	63.1
232652	14.3	阿联酋	United Arab Emirates	28331	9.7	10956	7.9
164212	10.1	韩国	R.O.Korea	11095	3.8	6842	4.9
112785	6.9	朝鲜	D.P.R.Korea	8185	2.8	3292	2.4
45427	2.8	美国	United States	4779	1.6	11178	8.0
27716	1.7	日本	Japan	2106	0.7	2474	1.8
19013	1.2	越南	Vietnam	1796	0.6	5329	3.8
28433	1.7	中国台湾省	Taiwan, China	1247	0.4	1980	1.4
49312	3.0	其他国家或地区	Other Countries or Regions	6876	2.3	9411	6.7
2080995	**100.0**	**合 计**	**Total**	**1113**	**100.0**	**357**	**100.0**
350924	16.9	越南	Vietnam	576	51.8	204	57.1
310534	14.9	中国香港特别行政区	Hongkong, China	537	48.2	153	42.9
397651	19.1						
209603	10.1						
50334	2.4						
36326	1.7						
111534	5.4						
144429	6.9						
49605	2.4						
68943	3.3						
39037	1.9						
312075	15.0						

我国主要矿产品进出口
China's Imports and Exports of Major

矿产品名称	Mineral Commodity	进口 Inports			
		国家（地区）	Country (Region)	数量/吨 Quantity/ton	占总量/% Percentage
锌矿砂及其精矿	**Zinc Ore Fines and Concentrate**	**合 计**	**Total**	**3237264**	**100.0**
		澳大利亚	Australia	1271512	39.3
		秘鲁	Peru	928117	28.7
		俄罗斯联邦	Russian Federation	114655	3.5
		玻利维亚	Bolivia	84645	2.6
		蒙古	Mongolia	76400	2.4
		智利	Chile	68635	2.1
		摩洛哥	Morocco	63141	2.0
		西班牙	Spain	56852	1.8
		哈萨克斯坦	Kazakhstan	56523	1.7
		朝鲜	D.P.R.Korea	55502	1.7
		其他国家或地区	Other Countries or Regions	461282	14.2
锡矿砂及其精矿	**Tin Ore Fines and Concentrate**	**合 计**	**Total**	**291383**	**100.0**
		缅甸	Myanmar	285593	98.0
		老挝	Laos	2037	0.7
		俄罗斯联邦	Russian Federation	1925	0.7
		玻利维亚	Bolivia	1050	0.4
		印度尼西亚	Indonesia	204	0.1
		马来西亚	Malaysia	138	很少
		其他国家或地区	Other Countries or Regions	436	0.1
铬矿砂及其精矿	**Chromite Ore Fines and Concentrate**	**合 计**	**Total**	**10396499**	**100.0**
		南非	South Africa	7574598	72.9
		土耳其	Turkey	1035869	10.0
		阿尔巴尼亚	Albania	485226	4.7
		伊朗	Iran	391652	3.8
		阿曼	Oman	336522	3.2
		巴基斯坦	Pakistan	301858	2.9
		马达加斯加	Madagascar	170468	1.6
		菲律宾	Philippines	31334	0.3
		其他国家或地区	Other Countries or Regions	68972	0.7
钨矿砂及其精矿	**Tungsten Ore Fines and Concentrate**	**合 计**	**Total**	**4833**	**100.0**
		蒙古	Mongolia	1200	24.8
		俄罗斯联邦	Russian Federation	1170	24.2
		卢旺达	Rwanda	1057	21.9
		缅甸	Myanmar	485	10.0
		巴西	Brazil	158	3.3
		朝鲜	D.P.R.Korea	140	2.9
		日本	Japan	137	2.8
		其他国家或地区	Other Countries or Regions	486	10.1

情况（2015年） 续表3

Mineral Commodities（2015） Continued 3

金额/千美元 Value/US$1000	占总值/% Percentage	出口 Exports					
		国家（地区）	Country (Region)	数量/吨 Quantity/ton	占总量/% Percentage	金额/千美元 Value/US$1000	占总值/% Percentage
1998765	**100.0**	**合计**	**Total**	**8754**	**100.0**	**6362**	**100.0**
822891	41.2	韩国	R.O.Korea	8352	95.4	6008	94.4
573076	28.7	中国香港特别行政区	Hongkong, China	214	2.4	123	1.9
52074	2.6	菲律宾	Philippines	100	1.1	148	2.3
60189	3.0	中国台湾省	Taiwan, China	50	0.6	6	0.1
58802	2.9	印度尼西亚	Indonesia	34	0.4	67	1.1
43981	2.2	日本	Japan	4	很少	10	0.2
36358	1.8						
34714	1.7						
28871	1.4						
20459	1.0						
267350	13.4						
373613	**100.0**		**Total**	**24**	**100.0**	**511**	**100.0**
356669	95.5						
9654	2.6						
2272	0.6						
1990	0.5						
74	很少						
217	0.1						
2737	0.7						
1789422	**100.0**	**合计**	**Total**	**3276**	**100.0**	**1173**	**100.0**
1203451	67.3	越南	Vietnam	2033	62.1	573	48.8
243989	13.6	新加坡	Singapore	598	18.3	375	32.0
101038	5.6	韩国	R.O.Korea	239	7.3	61	5.2
76683	4.3	古巴	Cuba	150	4.6	64	5.5
40162	2.2	委内瑞拉	Venezuela	135	4.1	47	4.0
65781	3.7	日本	Japan	57	1.7	28	2.4
33941	1.9	德国	Germany	48	1.5	21	1.8
6836	0.4	缅甸	Myanmar	15	0.5	4	0.3
17541	1.0	其他国家或地区	Other Countries or Regions	1	很少	很少	很少
35951	**100.0**	**合计**	**Total**	**307**	**100.0**	**3209**	**100.0**
6127	17.0	越南	Vietnam	237	77.2	2232	69.6
12814	35.6	澳大利亚	Australia	25	8.1	391	12.2
9381	26.1	美国	United States	25	8.1	392	12.2
2011	5.6	英国	United Kingdom	20	6.5	194	6.0
1892	5.3						
491	1.4						
1184	3.3						
2051	5.7						

我国主要矿产品进出口
China's Imports and Exports of Major

矿产品名称	Mineral Commodity	进口 Inports			
		国家（地区）	Country (Region)	数量/吨 Quantity/ton	占总量/% Percentage
钼矿砂及其精矿	**Molybdenum Ore Fines and Concentrate**	**合 计**	**Total**	**14105**	**100.0**
		智利	Chile	5561	39.4
		蒙古	Mongolia	3547	25.1
		墨西哥	Mexico	1381	9.8
		秘鲁	Peru	1152	8.2
		美国	United States	1109	7.9
		朝鲜	D.P.R.Korea	815	5.8
		缅甸	Myanmar	151	1.1
		吉尔吉斯斯坦	Kyrgyzstan	121	0.9
		其他国家或地区	Other Countries or Regions	268	1.9
钛矿砂及其精矿	**Titanium Ore Fines and Concentrate**	**合 计**	**Total**	**1880394**	**100.0**
		印度	India	508033	27.0
		肯尼亚	Kenya	386160	20.5
		澳大利亚	Australia	305144	16.2
		俄罗斯联邦	Russian Federation	205676	10.9
		莫桑比克	Mozambique	129434	6.9
		越南	Vietnam	123413	6.6
		塞内加尔	Senegal	64039	3.4
		其他国家或地区	Other Countries or Regions	158495	8.4
铌钽钒矿砂及其精矿	**Nb-Ta-V Ore Fines and Concentrate**	**合 计**	**Total**	**5140**	**100.0**
		尼日利亚	Nigeria	2699	52.5
		卢旺达	Rwanda	745	14.5
		塞拉利昂	Sierra Leone	539	10.5
		巴西	Brazil	288	5.6
		刚果(金)	Congo, D.R.	215	4.2
		马来西亚	Malaysia	133	2.6
		埃塞俄比亚	Ethiopia	132	2.6
		美国	United States	104	2.0
		泰国	Thailand	64	1.2
		其他国家或地区	Other Countries or Regions	221	4.3
锑精矿	**Antimony Concentrate**	**合 计**	**Total**	**43006**	**100.0**
		澳大利亚	Australia	14044	32.7
		塔吉克斯坦	Tajikistan	11911	27.7
		俄罗斯联邦	Russian Federation	4410	10.3
		吉尔吉斯斯坦	Kyrgyzstan	2700	6.3
		缅甸	Myanmar	2614	6.1
		秘鲁	Peru	1773	4.1
		其他国家或地区	Other Countries or Regions	5554	12.9

情况（2015年） 续表4

Mineral Commodities（2015） Continued 4

		出口 Exports					
金额/千美元 Value/US$1000	占总值/% Percentage	国家（地区）	Country (Region)	数量/吨 Quantity/ton	占总量/% Percentage	金额/千美元 Value/US$1000	占总值/% Percentage
90438	**100.0**	**合计**	**Total**	**4190**	**100.0**	**36600**	**100.0**
33159	36.7	泰国	Thailand	2197	52.4	14789	40.4
19093	21.1	韩国	R.O.Korea	1257	30.0	14214	38.8
11543	12.8	日本	Japan	258	6.2	2916	8.0
7661	8.5	美国	United States	120	2.9	1251	3.4
11156	12.3	中国台湾省	Taiwan, China	120	2.9	1643	4.5
4376	4.8	越南	Vietnam	116	2.8	387	1.1
1250	1.4	荷兰	Netherlands	54	1.3	681	1.9
14	很少	印度	India	48	1.1	516	1.4
2186	2.4	其他国家或地区	Other Countries or Regions	20	0.5	203	0.6
273723	**100.0**	**合计**	**Total**	**33385**	**100.0**	**16409**	**100.0**
62182	22.7	韩国	R.O.Korea	17324	51.9	3023	18.4
38864	14.2	印度	India	4593	13.8	3207	19.5
80222	29.3	泰国	Thailand	4319	12.9	4003	24.4
24686	9.0	印度尼西亚	Indonesia	2258	6.8	1865	11.4
17969	6.6	日本	Japan	980	2.9	1000	6.1
17492	6.4	阿根廷	Argentina	806	2.4	702	4.3
7819	2.9	新加坡	Singapore	760	2.3	709	4.3
24489	8.9	其他国家或地区	Other Countries or Regions	2345	7.0	1900	11.6
108960	**100.0**						
30695	28.2						
33512	30.8						
10868	10.0						
3432	3.1						
12062	11.1						
801	0.7						
6515	6.0						
2720	2.5						
496	0.5						
7859	7.2						
107017	**100.0**	**合计**	**Total**	**117**	**100.0**	**763**	**100.0**
56332	52.6	越南	Vietnam	100	85.5	166	21.8
21992	20.6	中国香港特别行政区	Hongkong, China	17	14.5	597	78.2
11939	11.2						
2748	2.6						
4530	4.2						
2013	1.9						
7463	7.0						

我国主要矿产品进出口

China's Imports and Exports of Major

矿产品名称	Mineral Commodity	进口 Inports			
		国家（地区）	Country (Region)	数量/吨 Quantity/ton	占总量/% Percentage
稀土金属矿	**Rare Earths**	**合计**	**Total**	**327**	**100.0**
		越南	Vietnam	278	85.0
		马来西亚	Malaysia	48	14.7
		朝鲜	D.P.R.Korea	1	0.3
		澳大利亚	Australia	很少	很少
		中国台湾省	Taiwan,China	很少	很少
		土耳其	Turkey	很少	很少
稀土金属及其混合物	**Rare Earths and Mixtures**	**合计**	**Total**	**40**	**100.0**
		泰国	Thailand	40	100.0
		奥地利	Austria	很少	很少
		德国	Germany	很少	很少
		韩国	R.O.Korea	很少	很少
		美国	United States	很少	很少
		日本	Japan	很少	很少
		英国	United Kingdom	很少	很少
稀土化合物及混合物	**REE Compounds and Mixtures**	**合计**	**Total**	**10625**	**100.0**
		马来西亚	Malaysia	4806	45.2
		美国	United States	3220	30.3
		越南	Vietnam	1278	12.0
		缅甸	Myanmar	392	3.7
		中国	China	202	1.9
		奥地利	Austria	199	1.9
		日本	Japan	180	1.7
		法国	France	151	1.4
		其他国家或地区	Other Countries or Regions	197	1.9
磷矿	**Phosphate Rock**	**合计**	**Total**	**7172**	**100.0**
		越南	Vietnam	6758	94.2
		丹麦	Denmark	400	5.6
		马达加斯加	Madagascar	12	0.2
		伊朗	Iran	1	很少
		约旦	Jordan	1	很少
		其他国家或地区	Other Countries or Regions	很少	很少

情况（2015年） 续表5

Mineral Commodities（2015） Continued 5

		出口 Exports					
金额/千美元 Value/US$1000	占总值/% Percentage	国家（地区）	Country (Region)	数量/吨 Quantity/ton	占总量/% Percentage	金额/千美元 Value/US$1000	占总值/% Percentage
534	**100.0**						
145	27.2						
363	68.0						
20	3.7						
2	0.4						
3	0.6						
1	0.2						
2118	**100.0**	**合 计**	**Total**	**5596**	**100.0**	**82674**	**100**
1759	83.1	日本	Japan	3612	64.5	65925	79.7
14	0.7	荷兰	Netherlands	686	12.3	4356	5.3
1	很少	西班牙	Spain	303	5.4	1263	1.5
很少	很少	美国	United States	214	3.8	1754	2.1
313	14.8	印度	India	210	3.8	937	1.1
27	1.3	中国香港特别行政区	Hongkong, China	203	3.6	1362	1.6
4	0.2	意大利	Italy	123	2.2	682	0.8
		韩国	R.O.Korea	87	1.6	3145	3.8
		其他国家或地区	Other Countries or Regions	158	2.8	3250	3.9
91314	**100.0**	**合 计**	**Total**	**29227**	**100.0**	**290164**	**100.0**
45821	50.2	美国	United States	10002	34.2	79373	27.4
11715	12.8	日本	Japan	9065	31.0	78789	27.2
11630	12.7	意大利	Italy	2202	7.5	9397	3.2
6119	6.7	荷兰	Netherlands	1842	6.3	27298	9.4
914	1.0	韩国	R.O.Korea	1699	5.8	21515	7.4
143	0.2	越南	Vietnam	877	3.0	20909	7.2
7375	8.1	德国	Germany	794	2.7	9888	3.4
1533	1.7	法国	France	382	1.3	12327	4.2
6064	6.6	其他国家或地区	Other Countries or Regions	2364	8.1	30668	10.6
858	**100.0**	**合 计**	**Total**	**242524**	**100.0**	**30731**	**100.0**
543	63.3	韩国	R.O.Korea	168098	69.3	21332	69.4
262	30.5	日本	Japan	70877	29.2	8774	28.6
5	0.6	菲律宾	Philippines	3549	1.5	625	2.0
2	0.2						
5	0.6						
41	4.8						

我国主要矿产品进出口
China's Imports and Exports of Major

矿产品名称	Mineral Commodity	进口 Inports			
		国家（地区）	Country (Region)	数量/吨 Quantity/ton	占总量/% Percentage
磷肥	**Phosphate Fertilizer**	**合计**	**Total**	**586020**	**100.0**
		挪威	Norway	175560	30.0
		俄罗斯联邦	Russian Federation	149139	25.4
		比利时	Belgium	70111	12.0
		摩洛哥	Morocco	61435	10.5
		芬兰	Finland	39661	6.8
		罗马尼亚	Romania	24057	4.1
		美国	United States	22081	3.8
		突尼斯	Tunisia	15861	2.7
		其他国家或地区	Other Countries or Regions	28115	4.8
钾肥	**Potash Fertilizer**	**合计**	**Total**	**10029148**	**100.0**
		白俄罗斯	Belarus	2600411	25.9
		俄罗斯联邦	Russian Federation	2367280	23.6
		加拿大	Canada	2272266	22.7
		以色列	Israe	955403	9.5
		约旦	Jordan	688866	6.9
		老挝	Laos	322332	3.2
		德国	Germany	307836	3.1
		挪威	Norway	175560	1.8
		智利	Chile	142882	1.4
		其他国家或地区	Other Countries or Regions	196312	2.0
盐	**Salt**	**合计**	**Total**	**6022927**	**100.0**
		印度	India	3051904	50.7
		澳大利亚	Australia	2332207	38.7
		国(地)别不详	Unknown	445459	7.4
		墨西哥	Mexico	164481	2.7
		丹麦	Denmark	11423	0.2
		巴基斯坦	Pakistan	5584	0.1
		美国	United States	3480	0.1
		其他国家或地区	Other Countries or Regions	8389	0.1
硫黄	**Sulfur**	**合计**	**Total**	**11931464**	**100.0**
		沙特阿拉伯	Saudi Arabia	2377623	19.9
		阿联酋	United Arab Emirates	1563095	13.1
		伊朗	Iran	1285938	10.8
		哈萨克斯坦	Kazakhstan	1220512	10.2
		韩国	R.O.Korea	1144379	9.6
		日本	Japan	990703	8.3
		加拿大	Canada	758757	6.4
		卡塔尔	Qatar	638743	5.4
		土库曼斯坦	Turkmenistan	503561	4.2
		印度	India	438400	3.7
		其他国家或地区	Other Countries or Regions	1009753	8.5

情况（2015年） 续表 6

Mineral Commodities（2015） Continued 6

		出口 Exports					
金额/千美元 Value/US$1000	占总值/% Percentage	国家（地区）	Country (Region)	数量/吨 Quantity/ton	占总量/% Percentage	金额/千美元 Value/US$1000	占总值/% Percentage
328123	**100.0**	合 计	**Total**	**13200571**	**100.0**	**5484015**	**100.0**
112661	34.3	印度	India	4000198	30.3	1834122	33.4
60216	18.4	巴西	Brazil	1842228	14.0	694315	12.7
39352	12.0	印度尼西亚	Indonesia	1248191	9.5	375381	6.8
33547	10.2	越南	Vietnam	1004500	7.6	436432	8.0
20160	6.1	澳大利亚	Australia	760126	5.8	269700	4.9
13886	4.2	巴基斯坦	Pakistan	680556	5.2	298957	5.5
11309	3.4	泰国	Thailand	522119	4.0	232135	4.2
8979	2.7	美国	United States	513300	3.9	234592	4.3
28013	8.5	其他国家或地区	Other Countries or Regions	2629353	19.9	1108381	20.2
3293838	**100.0**	合 计	**Total**	**382686**	**100.0**	**165844**	**100.0**
827335	25.1	日本	Japan	117973	30.8	47746	28.8
746461	22.7	韩国	R.O.Korea	103728	27.1	36280	21.9
726072	22.0	菲律宾	Philippines	37784	9.9	11670	7.0
306011	9.3	老挝	Laos	19047	5.0	12495	7.5
218552	6.6	比利时	Belgium	18000	4.7	12761	7.7
94357	2.9	厄瓜多尔	Ecuador	10212	2.7	3632	2.2
106631	3.2	南非	South Africa	9780	2.6	6241	3.8
112661	3.4	墨西哥	Mexico	8100	2.1	5120	3.1
49355	1.5	缅甸	Myanmar	7553	2.0	3626	2.2
106403	3.2	其他国家或地区	Other Countries or Regions	50509	13.2	26273	15.8
243175	**100.0**	合 计	**Total**	**1306942**	**100.0**	**75474**	**100.0**
75482	31.0	日本	Japan	447534	34.2	22167	29.4
95153	39.1	韩国	R.O.Korea	365082	27.9	17723	23.5
21446	8.8	越南	Vietnam	96023	7.3	5034	6.7
8198	3.4	菲律宾	Philippines	75166	5.8	4201	5.6
3849	1.6	马来西亚	Malaysia	62765	4.8	3801	5.0
1093	0.4	孟加拉国	Bangladesh	40741	3.1	2253	3.0
30168	12.4	中国香港特别行政区	Hongkong, China	37982	2.9	3053	4.0
7786	3.2	其他国家或地区	Other Countries or Regions	181649	13.9	17242	22.8
1778582	**100.0**	合 计	**Total**	**4188**	**100.0**	**1449**	**100.0**
372616	21.0	缅甸	Myanmar	1058	25.3	333	23.0
228776	12.9	菲律宾	Philippines	707	16.9	259	17.9
196059	11.0	印度尼西亚	Indonesia	634	15.1	212	14.6
140861	7.9	朝鲜	D.P.R.Korea	608	14.5	150	10.4
172222	9.7	贝宁	Benin	200	4.8	47	3.2
146499	8.2	马达加斯加	Madagascar	200	4.8	59	4.1
119286	6.7	加拿大	Canada	116	2.8	50	3.5
104960	5.9	中国香港特别行政区	Hongkong, China	104	2.5	31	2.1
70523	4.0	韩国	R.O.Korea	83	2.0	27	1.9
69626	3.9	泰国	Thailand	80	1.9	55	3.8
157154	8.8	其他国家或地区	Other Countries or Regions	398	9.5	226	15.6

我国主要矿产品进出口
China' s Imports and Exports of Major

矿产品名称	Mineral Commodity	进口 Inports			
		国家（地区）	Country (Region)	数量/吨 Quantity/ton	占总量/% Percentage
天然石墨	**Natural Graphite**	**合计**	**Total**	**84536**	**100.0**
		朝鲜	D.P.R.Korea	82809	98.0
		日本	Japan	521	0.6
		德国	Germany	374	0.4
		美国	United States	159	0.2
		马达加斯加	Madagascar	150	0.2
		英国	United Kingdom	130	0.2
		韩国	R.O.Korea	106	0.1
		其他国家或地区	Other Countries or Regions	287	0.3
高岭土	**Kaolin**	**合计**	**Total**	**396043**	**100.0**
		美国	United States	305987	77.3
		巴西	Brazil	47434	12.0
		英国	United Kingdom	22005	5.6
		日本	Japan	5131	1.3
		德国	Germany	4408	1.1
		澳大利亚	Australia	2817	0.7
		马来西亚	Malaysia	1735	0.4
		葡萄牙	Portuguesa	1680	0.4
		法国	France	1438	0.4
		泰国	Thailand	936	0.2
		其他国家或地区	Other Countries or Regions	2472	0.6
重晶石	**Barite**	**合计**	**Total**	**6739**	**100.0**
		朝鲜	D.P.R.Korea	5804	86.1
		西班牙	Spain	253	3.8
		英国	United kingdom	241	3.6
		韩国	R.O.Korea	235	3.5
		德国	Germany	45	0.7
		泰国	Thailand	45	0.7
		中国	China	42	0.6
		其他国家或地区	Other Countries or Regions	74	1.1
大理石	**Marble**	**合计**	**Total**	**6757567**	**100.0**
		土耳其	Turkey	3225425	47.7
		埃及	Egypt	934849	13.8
		意大利	Italy	460676	6.8
		伊朗	Iran	398590	5.9
		西班牙	Spain	388229	5.7
		巴基斯坦	Pakistan	308891	4.6
		葡萄牙	Portuguesa	265534	3.9
		希腊	Greece	215881	3.2
		其他国家或地区	Other Countries or Regions	559492	8.3

情况（2015年） 续表 7

Mineral Commodities（2015） Continued 7

		出口 Exports					
金额/千美元 Value/US$1000	占总值/% Percentage	国家（地区）	Country (Region)	数量/吨 Quantity/ton	占总量/% Percentage	金额/千美元 Value/US$1000	占总值/% Percentage
20518	**100.0**	**合 计**	**Total**	**250674**	**100.0**	**246370**	**100.0**
11020	53.7	日本	Japan	102636	40.9	94898	38.5
5277	25.7	韩国	R.O.Korea	28703	11.5	66590	27.0
1093	5.3	印度	India	18976	7.6	9564	3.9
454	2.2	德国	Germany	13374	5.3	12048	4.9
12	0.1	美国	United States	13048	5.2	11313	4.6
397	1.9	荷兰	Netherlands	11473	4.6	4849	2.0
929	4.5	阿曼	Oman	10080	4.0	1058	0.4
1336	6.5	其他国家或地区	Other Countries or Regions	52384	20.9	46050	18.7
108638	**100.0**	**合 计**	**Total**	**1177500**	**100.0**	**110782**	**100.0**
73220	67.4	中国台湾省	Taiwan, China	390261	33.1	11331	10.2
12310	11.3	中国香港特别行政区	Hongkong, China	231792	19.7	5800	5.2
5433	5.0	韩国	R.O.Korea	100531	8.5	11079	10.0
12757	11.7	越南	Vietnam	92745	7.9	10751	9.7
1073	1.0	日本	Japan	60577	5.1	9556	8.6
1398	1.3	马来西亚	Malaysia	48397	4.1	8593	7.8
206	0.2	泰国	Thailand	42519	3.6	7833	7.1
229	0.2	印度尼西亚	Indonesia	35825	3.0	10289	9.3
487	0.4	菲律宾	Philippines	32606	2.8	4146	3.7
172	0.2	印度	India	29814	2.5	6083	5.5
1353	1.2	其他国家或地区	Other Countries or Regions	112433	9.5	25321	22.9
926	**100.0**	**合 计**	**Total**	**2071746**	**100.0**	**272515**	**100.0**
299	32.3	美国	United States	965786	46.6	111197	40.8
92	9.9	沙特阿拉伯	Saudi Arabia	534458	25.8	61667	22.6
106	11.4	荷兰	Netherlands	191046	9.2	33572	12.3
250	27.0	印度尼西亚	Indonesia	67363	3.3	7969	2.9
38	4.1	意大利	Italy	44926	2.2	7300	2.7
32	3.5	日本	Japan	43000	2.1	8478	3.1
41	4.4	西班牙	Spain	37002	1.8	7427	2.7
68	7.3	其他国家或地区	Other Countries or Regions	188165	9.1	34905	12.8
1274230	**100.0**	**合 计**	**Total**	**99817**	**100.0**	**19474**	**100.0**
641673	50.4	中国台湾省	Taiwan, China	70476	70.6	6778	34.8
126757	9.9	印度	India	8805	8.8	1967	10.1
111743	8.8	泰国	Thailand	7071	7.1	2987	15.3
73659	5.8	意大利	Italy	6474	6.5	2199	11.3
77228	6.1	印度尼西亚	Indonesia	2105	2.1	971	5.0
53639	4.2	中国香港特别行政区	Hongkong, China	1306	1.3	547	2.8
40371	3.2	马来西亚	Malaysia	635	0.6	1621	8.3
35644	2.8	斯里兰卡	Sri Lanka	428	0.4	21	0.1
113516	8.9	其他国家或地区	Other Countries or Regions	2517	2.5	2383	12.2

我国主要矿产品进出口
China's Imports and Exports of Major

矿产品名称	Mineral Commodity	进口 Inports			
		国家（地区）	Country (Region)	数量/吨 Quantity/ton	占总量/% Percentage
花岗石	**Granite**	**合计**	**Total**	**5492379**	**100.0**
		印度	India	3950840	71.9
		巴西	Brazil	583802	10.6
		芬兰	Finland	216350	3.9
		葡萄牙	Portuguesa	206955	3.8
		挪威	Norway	169331	3.1
		南非	South Africa	91388	1.7
		日本	Japan	34371	0.6
		美国	United States	32059	0.6
		安哥拉	Angola	31055	0.6
		其他国家或地区	Other Countries or Regions	176228	3.2
菱镁矿	**Magnesite**	**合计**	**Total**	**150115**	**100.0**
		朝鲜	D.P.R.Korea	136538	91.0
		日本	Japan	9355	6.2
		以色列	Israel	1841	1.2
		美国	United States	938	0.6
		英国	United Kingdom	328	0.2
		墨西哥	Mexico	316	0.2
		韩国	R.O.Korea	234	0.2
		荷兰	Netherlands	154	0.1
		其他国家或地区	Other Countries or Regions	411	0.3
石膏	**Gypsum**	**合计**	**Total**	**201527**	**100.0**
		泰国	Thailand	159991	79.4
		阿曼	Oman	18000	8.9
		西班牙	Spain	16137	8.0
		美国	United States	2599	1.3
		德国	Germany	1344	0.7
		英国	United Kingdom	1007	0.5
		日本	Japan	819	0.4
		意大利	Italy	625	0.3
		其他国家或地区	Other Countries or Regions	1005	0.5
石棉	**Asbestos**	**合计**	**Total**	**108892**	**100.0**
		俄罗斯联邦	Russian Federation	96508	88.6
		哈萨克斯坦	Kazakhstan	12378	11.4
		荷兰	Netherlands	6	很少
		澳大利亚	Australia	很少	很少
		德国	Germany	很少	很少
		美国	United States	很少	很少
		其他国家或地区	Other Countries or Regions	很少	很少

情况（2015年） 续表 8

Mineral Commodities（2015） Continued 8

		出口 Exports					
金额/千美元 Value/US$1000	占总值/% Percentage	国家（地区）	Country (Region)	数量/吨 Quantity/ton	占总量/% Percentage	金额/千美元 Value/US$1000	占总值/% Percentage
989473	**100.0**	**合 计**	**Total**	**1590336**	**100.0**	**79248**	**100.0**
641927	64.9	中国台湾省	Taiwan, China	533772	33.6	12496	15.8
141148	14.3	中国澳门特别行政区	Macao,China	435744	27.4	4400	5.6
34561	3.5	中国香港特别行政区	Hongkong, China	426880	26.8	4828	6.1
27333	2.8	德国	Germany	49521	3.1	3723	4.7
46511	4.7	韩国	R.O.Korea	33444	2.1	24958	31.5
16383	1.7	挪威	Norway	24308	1.5	4509	5.7
10218	1.0	意大利	Italy	15655	1.0	1298	1.6
10930	1.1	泰国	Thailand	10149	0.6	2921	3.7
7404	0.7	比利时	Belgium	8200	0.5	672	0.8
53058	5.4	其他国家或地区	Other Countries or Regions	52663	3.3	19443	24.5
61296	**100.0**	**合 计**	**Total**	**2140942**	**100.0**	**540516**	**100.0**
25286	41.3	日本	Japan	515578	24.1	117391	21.7
27946	45.6	美国	United States	295156	13.8	83160	15.4
5061	8.3	韩国	R.O.Korea	272972	12.8	53127	9.8
1463	2.4	荷兰	Netherlands	253110	11.8	67960	12.6
322	0.5	中国台湾省	Taiwan, China	204717	9.6	32641	6.0
352	0.6	印度尼西亚	Indonesia	72697	3.4	17305	3.2
114	0.2	俄罗斯联邦	Russian Federation	60810	2.8	31697	5.9
159	0.3	马来西亚	Malaysia	53150	2.5	8830	1.6
593	1.0	其他国家或地区	Other Countries or Regions	412752	19.3	128405	23.8
24421	**100.0**	**合 计**	**Total**	**391974**	**100.0**	**28669**	**100.0**
8541	35.0	韩国	R.O.Korea	284278	72.5	9324	32.5
437	1.8	越南	Vietnam	35081	8.9	1633	5.7
7964	32.6	刚果(布)	Congo	12597	3.2	641	2.2
2719	11.1	蒙古	Mongolia	10537	2.7	388	1.4
890	3.6	日本	Japan	8878	2.3	2322	8.1
1264	5.2	中国台湾省	Taiwan,China	8408	2.1	1484	5.2
1447	5.9	印度尼西亚	Indonesia	6035	1.5	767	2.7
209	0.9	俄罗斯联邦	Russian Federation	5434	1.4	248	0.9
950	3.9	其他国家或地区	Other Countries or Regions	20726	5.3	11862	41.4
35696	**100.0**	**合 计**	**Total**	**31634**	**100.0**	**15791**	**100.0**
31631	88.6	印度尼西亚	Indonesia	17101	54.1	8097	51.3
4043	11.3	越南	Vietnam	4695	14.8	1785	11.3
16	很少	泰国	Thailand	3323	10.5	1232	7.8
很少	很少	印度	India	3171	10.0	1576	10.0
很少	很少	老挝	Laos	562	1.8	259	1.6
4	很少	中国台湾省	Taiwan, China	410	1.3	210	1.3
2	很少	其他国家或地区	Other Countries or Regions	2372	7.5	2632	16.7

我国主要矿产品进出口
China's Imports and Exports of Major

矿产品名称	Mineral Commodity	进口 Inports			
		国家（地区）	Country (Region)	数量/吨 Quantity/ton	占总量/% Percentage
水泥	**Cement**	**合计**	**Total**	**108605**	**100.0**
		日本	Japan	82771	76.2
		法国	France	5830	5.4
		泰国	Thailand	5562	5.1
		中国台湾省	Taiwan, China	4356	4.0
		荷兰	Netherlands	3512	3.2
		美国	United States	2090	1.9
		克罗地亚	Croatia	906	0.8
		英国	United Kingdom	747	0.7
		其他国家或地区	Other Countries or Regions	2831	2.6
滑石	**Talc**	**合计**	**Total**	**34558**	**100.0**
		朝鲜	D.P.R.Korea	6562	19.0
		韩国	R.O.Korea	6174	17.9
		荷兰	Netherlands	4816	13.9
		奥地利	Austria	4296	12.4
		巴基斯坦	Pakistan	3478	10.1
		美国	United States	3332	9.6
		意大利	Italy	1315	3.8
		其他国家或地区	Other Countries or Regions	4585	13.3
萤石	**Fluorite**	**合计**	**Total**	**167784**	**100.0**
		蒙古	Mongolia	102379	61.0
		越南	Vietnam	42505	25.3
		缅甸	Myanmar	12882	7.7
		墨西哥	Mexico	5982	3.6
		朝鲜	D.P.R.Korea	3363	2.0
		泰国	Thailand	498	0.3
		中国	China	84	0.1
		意大利	Italy	28	很少
		其他国家或地区	Other Countries or Regions	63	很少
天然硼酸盐及硼酸	Natural Borate and Boracic Acid	合计	Total	8153	100.0
		玻利维亚	Bolivia	8022	98.4
		智利	Chile	102	1.3
		美国	United States	26	0.3
		中国台湾省	Taiwan, China	2	很少
		德国	Germany	1	很少
		荷兰	Netherlands	很少	很少
天然硼砂及精矿	**Natural Borax and Concentrate**	**合计**	**Total**	**370650**	**100.0**
		土耳其	Turkey	330442	89.2
		玻利维亚	Bolivia	39381	10.6
		智利	Chile	790	0.2
		韩国	R.O.Korea	24	很少
		日本	Japan	12	很少
		阿根廷	Argentina	1	很少

注：一些矿产品的进口量或出口量由于数量较小，只列出了合计数而未按国别分列。

Note：Few sums of imports or exports of some mineral commodities are not divided by country because of the comparatively small amount of that.

资料来源：中国海关统计数据。

Source：China Customs statistical data.

情况（2015年） 续表 9

Mineral Commodities（2015） Continued 9

		出口 Exports					
金额/千美元 Value/US$1000	占总值/% Percentage	国家（地区）	Country (Region)	数量/吨 Quantity/ton	占总量/% Percentage	金额/千美元 Value/US$1000	占总值/% Percentage
17269	**100.0**	**合 计**	**Total**	**15752898**	**100.0**	**775423**	**100.0**
3152	18.3	孟加拉国	Bangladesh	3380026	21.5	110464	14.2
3823	22.1	美国	United States	1657299	10.5	83756	10.8
1044	6.0	澳大利亚	Australia	1279599	8.1	57627	7.4
154	0.9	中国香港特别行政区	Hongkong, China	1217099	7.7	69732	9.0
2705	15.7	刚果(布)	Congo	920170	5.8	41567	5.4
2915	16.9	蒙古	Mongolia	879806	5.6	37645	4.9
355	2.1	新加坡	Singapore	801797	5.1	38044	4.9
508	2.9	肯尼亚	Kenya	577503	3.7	18568	2.4
2613	15.1	其他国家或地区	Other Countries or Regions	5039599	32.0	318020	41.0
18840	**100.0**	**合 计**	**Total**	**625297**	**100.0**	**155031**	**100.0**
782	4.2	日本	Japan	138020	22.1	41952	27.1
3536	18.8	韩国	R.O.Korea	101809	16.3	16351	10.5
2886	15.3	泰国	Thailand	88698	14.2	26580	17.1
2426	12.9	美国	United States	54895	8.8	15540	10.0
705	3.7	印度尼西亚	Indonesia	44393	7.1	9402	6.1
2438	12.9	中国台湾省	Taiwan, China	32994	5.3	4244	2.7
1494	7.9	马来西亚	Malaysia	23437	3.7	5540	3.6
4573	24.3	其他国家或地区	Other Countries or Regions	141051	22.6	35422	22.8
25865	**100.0**	**合 计**	**Total**	**336659**	**100.0**	**89374**	**100.0**
14666	56.7	日本	Japan	80686	24.0	23122	25.9
7545	29.2	印度	India	73183	21.7	20087	22.5
1367	5.3	韩国	R.O.Korea	50027	14.9	10419	11.7
1336	5.2	中国台湾省	Taiwan, China	26478	7.9	6927	7.8
384	1.5	荷兰	Netherlands	24696	7.3	6453	7.2
95	0.4	美国	United States	14975	4.4	4000	4.5
42	0.2	加拿大	Canada	12995	3.9	3470	3.9
18	0.1	中国香港特别行政区	Hongkong, China	12674	3.8	3804	4.3
412	1.6	其他国家或地区	Other Countries or Regions	40945	12.2	11092	12.4
1864	100.0	合 计	Total	1525	100.0	488	100.0
1797	96.4	韩国	R.O.Korea	1160	76.1	167	34.2
36	1.9	吉尔吉斯斯坦	Kyrgyzstan	124	8.1	49	10.0
27	1.4	日本	Japan	122	8.0	147	30.1
1	0.1	朝鲜	D.P.R.Korea	39	2.6	19	3.9
3	0.2	以色列	Israel	36	2.4	43	8.8
很少	很少	越南	Vietnam	22	1.4	15	3.1
		其他国家或地区	Other Countries or Regions	22	1.4	48	9.8
140504	**100.0**	**合 计**	**Total**	**1344**	**100.0**	**423**	**100.0**
130421	92.8	中国台湾省	Taiwan, China	601	44.7	93	22.0
9856	7.0	印度尼西亚	Indonesia	440	32.7	180	42.6
183	0.1	日本	Japan	280	20.8	141	33.3
12	很少	新西兰	New Zealand	20	1.5	4	0.9
31	很少	叙利亚	Syrian	2	0.1	4	0.9
1	很少	危地马拉	Guatemala	1	0.1	1	0.2